AF406877

La solución
de los innovadores

Diseño de tapa:
JUAN PABLO OLIVIERI

Traducción:
GERARDO GAMBOLINI

Clayton M. Christensen
Michael E. Raynor

La solución
de los innovadores

Crear y sostener un crecimiento exitoso

GRANICA

ARGENTINA - ESPAÑA - MÉXICO - CHILE - URUGUAY

ARGENTINA
Ediciones Granica S.A.
Lavalle 1634 3º G / C1048AAN Buenos Aires, Argentina
granica.ar@granicaeditor.com
atencionaempresas@granicaeditor.com
Tel.: +52 (55) 5360-1010. ⓧ 5537315932

MÉXICO
Ediciones Granica México S.A. de C.V.
Calle Industria N° 82 - Colonia Nextengo - Delegación Azcapotzalco
Ciudad de México - C.P. 02070 México
granica.mx@granicaeditor.com
Tel.: +52 (55) 5360-1010 - ⓧ 5537315932

URUGUAY
granica.uy@granicaeditor.com
Tel.: +59 (82) 413-6195 - Fax: +59 (82) 413-3042

CHILE
granica.cl@granicaeditor.com
Tel.: +56 2 8107455

ESPAÑA
granica.es@granicaeditor.com
Tel.: +34 (93) 635 4120

www.granicaeditor.com

ISBN 978-987-8935-94-2

Hecho el depósito que marca la ley 11.723

Impreso en Argentina. *Printed in Argentina*

Christensen, Clayton
   La solución de los innovadores : crear y sostener un crecimiento exitoso / Clayton Christensen ; Raynor Michael. - 1a.
edición especial - Ciudad Autónoma de Buenos Aires : Granica, 2023.
   354 p. ; 22 x 15 cm.

   ISBN 978-987-8935-94-2

   1. Administración de Empresas. I. Michael, Raynor. II. Título.
   CDD 658.4063

Índice

Agradecimientos

He pasado gran parte de las últimas dos décadas dándoles vueltas a dos cuestiones. La primera: es fácil explicar por qué fracasan las empresas mal gestionadas, pero muchas de las firmas más famosas y mejor manejadas de la historia han perdido su posición de liderazgo, también. ¿Por qué es tan difícil sostener el éxito? *El dilema de los innovadores* resumía lo que he descubierto sobre ese interrogante. No son solo los errores de manejo los que causan el fracaso. Ciertas prácticas que son esenciales para el éxito de una empresa –como satisfacer las necesidades de sus mejores clientes y concentrar las inversiones donde la rentabilidad es más atractiva– también pueden provocar el fracaso.

La segunda analiza la oportunidad en el dilema: si yo quisiera montar una empresa que pueda volverse importante y exitosa y que termine destronando a las firmas que ahora lideran una industria, ¿cómo podría hacerlo? Si en efecto hay razones predecibles que hacen tambalear una empresa, podríamos ayudar a los *managers* a evitar esas causas de fracaso, ayudándolos además a tomar decisiones que conduzcan de manera previsible al crecimiento exitoso. Eso es *La solución de los innovadores*.

El desafío de esa investigación rápidamente sobrepasó mis facultades, y he contado con la ayuda de algunas personas extraordinarias para completar la tarea. Michael Raynor, quien me ha tutorado desde el día en que llegué a Harvard como estudiante de doctorado, ha sido un colega excepcional. Describir como "incisiva" su comprensión integrada de las artes, las letras, el discurso filosófico y la historia sería subestimar su intelecto. Seguro de que podría identificar y corregir las fallas en mi evidencia y mi lógica examinando el borrador de mis ideas con las lentes de las distintas disciplinas académicas dominadas por Michael, le pedí que se uniera a mí como coautor. Michael ha compatibilizado este trabajo con sus deberes de esposo, padre y director de investigaciones en Deloitte Consulting, viajando todo el tiempo entre Toronto y Boston. Agradezco profundamente su cincelar generoso, humilde y persistente para que estas ideas tengan la forma correcta. Nos hemos hecho grandes amigos.

Scott Anthony, Mark Johnson y Matt Eyring han abandonado o pospuesto carreras mucho más lucrativas para unirse a mí en este esfuerzo. Como mi principal socio de investigación, Scott manejó nuestro equipo de investigadores, escribió estudios de casos cruciales, me ayudó a enseñar y explicar conceptos complicados y revisó y pulió cada borrador de este libro. Mark y Matt, a través de nuestra firma *Innosight,* han traducido esos conceptos en herramientas y procesos prácticos para ayudar a los *managers* a construir empresas que sean importantes y exitosas –y con ello me han enseñado cómo pueden interactuar nuestros descubrimientos con la realidad empresarial–. Mi gerente de oficina, Christine Gaze, y cada uno de mis socios de investigación, Sally Aaron, Mick Bass, Will Clark, Jeremy Dann, Tara Donovan, Taddy Hall, John Kenagy, Michael y Amy Overdorf, Nate Redmond, Erik Roth y David Sundahl me han ayudado a mantenerme al tanto del enorme volumen de ideas interesantes, oportunidades para la investigación y la autoría, y solicitudes de asistencia que entran y salen de mi oficina. Ellos nos han ayudado laboriosamente a conseguir los datos, la lógica y el lenguaje correctos para cada objetivo.

Tengo una profunda deuda con la Escuela de Negocios de Harvard *[Harvard Business School]* y mis colegas en dicha institución. La aguda investigación de los profesores Clark Gilbert y Steve Spear ha sido excepcionalmente valiosa. Otros profesores, como Kent Bowen, Joseph Bower, Hank Chesbrough, Kim

Clark, Tom Eisenmann, Lee Fleming, Frances Frei, Alan Mac-Cormack, Gary Pisano, Richard Rosenbloom, Bill Sahlman, Don Sull, Richard Tedlow, Stefan Thomke, Michael Tushman y Steve Wheelwright, también han moldeado lo que hemos llegado a entender –como lo han hecho los profesores Rebecca Henderson, Paul Carlile, James Utterback y Eric von Hippel del MIT, Robert Burgelman de Stanford y Stuart Hart de la UNC–. El extraordinario beneficio del método de enseñanza de casos de Harvard es que el docente puede llevar al aula ejemplos que no comprende, hacer preguntas a los estudiantes en el contexto de un caso y luego escuchar y aprender de algunas de las personas más brillantes del mundo. Expreso mi amor y mi gratitud a mis estudiantes por prepararse tan exigentemente cada día para enseñarse unos a otros y enseñar a su profesor en gran medida. Es un sistema de aprendizaje sin igual.

He buscado también el consejo de algunos de los ejecutivos y pensadores de negocios más capaces del mundo. Matt Verlinden y Steve King de Integral, Geoffrey Moore del Chasm Group, Tony Ulwick de Strategyn, Crawford del Prete de IDC, Andy Grove de Intel, Ken Dobler de Johnson & Johnson, Dan Carp y Willy Shih de Kodak, Dennis Hunter de Applied Materials, Michael Putz de Cisco, Chris Rowen de Tensilica, Bill George de Medtronic, Meir Weinstein de EMC, Michael Packer y Kelly Martin de Merrill Lynch, Mark Ross de Cypress Semiconductor, y Ron Dollens, Ginger Graham y Rod Nash de Guidant; todos ellos me han asesorado.

Y tengo la deuda más profunda con mi familia. Mis hijos, Matthew, Ann, Michael, Spencer y Katie han discutido, usado y mejorado mis conclusiones a través de su propio trabajo y capacitación. Mi esposa, Christine, es la persona más inteligente que he conocido. Sus estándares de claridad y exhaustividad son inflexibles, y su lenguaje e intelecto están impresos en cada concepto de este libro –lo que es notable, dado que gran parte de su asesoramiento fue brindado al final de largos días llenos de las presiones de la maternidad y su generoso servicio a los demás–. Ella me trae luz y amor, como a cada persona que conoce, todos los días. La academia puede ser para algunos una empresa de búsquedas solitarias. Contrariamente, yo tengo la suerte de trabajar dentro de una comunidad de hombres y mujeres desinteresados, humildes, inteligentes e intelectualmente audaces que, como grupo, han logrado los avances sustanciales resumidos en este libro. Doy gracias por haber podido cumplir mi papel en ese esfuerzo.

CLAYTON M. CHRISTENSEN
Boston, Massachusetts

Como Clayton, expreso mi gratitud a las muchas personas que compartieron con nosotros sus experiencias y talentos. Sin su buena disposición a ser parte de nuestros procesos de aprendizaje, ni este libro ni nuestras respectivas carreras serían posibles.

La libertad de que he gozado dentro de Deloitte Research, hasta donde sé, no tiene parangón en la industria de la consultoría. La firma ha ido más allá de simplemente tolerar mis emprendimientos personales, de los que este libro ciertamente es uno: los ha alentado activamente, haciendo posible la exploración de una forma distinta de crear y compartir conocimientos. Les estoy particularmente agradecido a Ann Baxter, gerente de Deloitte Research, y Larry Scott, líder global de Deloitte Consulting's Strategy and Operations, por posibilitar la puesta en marcha de esta iniciativa, y a mucha otra gente de Deloitte Consulting y Deloitte & Touche por su entusiasmo y apoyo, que han mantenido y acelerado ese impulso.

Estas pocas frases son una de las pocas oportunidades que tendré de agradecer para la posteridad mi deuda intelectual con Clayton. Mi primer contacto con el trabajo de Clayton fue como estudiante de doctorado en la Escuela de Negocios de Harvard. En sus escritos, hallé una infrecuente combinación de elegancia teórica, rigor intelectual, análisis de datos creativo y relevancia gerencial. Cuando leí *El dilema de los innovadores*, yo, como muchos otros, sentí que me habían quitado un velo de los ojos, y que lo que antes había visto solo vagamente, si acaso, era de pronto traído a la luz. El trabajo de Clayton se ha vuelto para mí un estándar al que sigo aspirando, y es por lo tanto un privilegio haber tenido la oportunidad de contribuir a y ser parte del desarrollo y la elaboración continuos de esas ideas. Durante mis estudios de doctorado, tuve la suerte de tener a Clayton como profesor. En el transcurso de nuestro trabajo conjunto en este libro, él pasó a ser un mentor, colega y amigo.

Dejo para el final la persona a quien más le debo: mi esposa, Annabel. Su amor y su apoyo han sido incondicionales durante los años de mis estudios de doctorado, durante las inevitables ausencias relacionadas con mi carrera como consultor, durante mi compromiso con este y otros proyectos (pero con este sobre todo) y durante los otros diversos desafíos resultantes del camino un tanto extraño que he elegido. Sin ella, y sin nuestra hija, Charlotte, no tendría nada que valga la pena perseguir.

MICHAEL E. RAYNOR
Mississauga, Ontario

CAPÍTULO 1

El imperativo de crecimiento

Los mercados financieros presionan implacablemente a los ejecutivos para crecer y seguir creciendo más rápido cada vez. ¿Es posible tener éxito con ese mandato?, las innovaciones que pueden satisfacer las demandas de crecimiento de los inversores, ¿no requieren asumir riesgos que son inaceptables para esos mismos inversores? ¿Hay una salida para ese dilema?

Este libro trata el tema de cómo generar nuevo crecimiento en los negocios. El crecimiento es importante porque las empresas crean valor accionario a través del crecimiento rentable. Sin embargo, hay sólida evidencia de que, una vez que el negocio principal de una empresa ha madurado, la búsqueda de nuevas plataformas de crecimiento implica riesgos abrumadores. Aproximadamente una de cada diez empresas puede sostener más allá de unos pocos años la clase de crecimiento que se traduce en un aumento superior al promedio en la rentabilidad para los accionistas.[1] Con demasiada frecuencia, el intento mismo de crecer causa el derrumbe de toda la corporación. En consecuencia, la mayoría de los ejecutivos se hallan en una situación sin salida: los mercados de valores les exigen crecer, pero es difícil saber cómo crecer. Perseguir el crecimiento de manera incorrecta puede ser peor que no crecer en absoluto.

Consideremos AT&T. Tras la desinversión de sus servicios de telefonía local ordenada por el gobierno en 1984, AT&T se convirtió principalmente en proveedora de servicios de telecomunicaciones de larga distancia. El acuerdo de ruptura liberó a la empresa para invertir en nuevos negocios, de modo que la gerencia comenzó casi inmediatamente a buscar vías de crecimiento y el valor accionario que el crecimiento genera.

El primer intento de ese tipo surgió de la opinión ampliamente compartida de que los sistemas informáticos y las redes de telefonía iban a converger. AT&T trató primero de construir su propia división informática a fin de posicionarse en esa intersección, pero solo consiguió tener pérdidas anuales de u$s 200 millones. En lugar de retirarse de un negocio que había demostrado ser inexpugnable desde el exterior, en 1991 la empresa decidió apostar más fuerte todavía, adquiriendo NCR, en ese momento la quinta mayor fabricante de computadoras del mundo, por u$s 7.400 millones. Eso resultó ser solo un pago inicial: AT&T perdió otros u$s 2.000 millones tratando de hacer funcionar la adquisición. AT&T finalmente abandonó esa visión de crecimiento en 1996, vendiendo NCR por u$s 3.400 millones, aproximadamente un tercio de lo que había invertido en la oportunidad.

Pero la empresa *tenía* que crecer. Así, incluso cuando la adquisición de NCR estaba fracasando, AT&T estaba buscando oportunidades de crecimiento en tecnologías más cercanas a su esencia. A la luz del éxito de los servicios inalámbricos que varias de sus compañías telefónicas derivadas habían logrado, en 1994 la empresa compró McCaw Cellular, a la sazón la mayor proveedora de servicios inalámbricos de los Estados Unidos, por u$s 11.600 millones, gastando finalmente un total de u$s 15.000 millones en su propio negocio inalámbrico. Cuando posteriormente los analistas de Wall Street se quejaban de no poder valuar en forma adecuada el negocio inalámbrico combinado de mayor crecimiento dentro de la empresa de telefonía fija de menor crecimiento, AT&T decidió crear una acción negociada por separado para el negocio inalámbrico en 2000. Eso valuó el negocio en u$s 10.6 billion, unos dos tercios de la inversión que AT&T había hecho en el emprendimiento.

Sin embargo esa jugada dejó a las acciones de telefonía fija de AT&T exactamente donde habían comenzado, y la empresa *tenía* que crecer. Así, en 1998 se embarcó en una estrategia para entrar en y reinventar el negocio de la telefonía local con tecnología de banda ancha. Adquirir TCI y MediaOne por un precio combinado de u$s 112.000 millones convirtió a AT&T Broadband en el mayor operador de cable de los Estados Unidos. Pero entonces, más rápido que de lo que cualquiera podría haber previsto, las dificultades de implementación e integración demostraron ser insuperables. En 2000, AT&T acordó vender sus activos de cable a Comcast por u$s 72.000 millones.[2]

En poco más de diez años, AT&T había malgastado unos u$s 50.000 millones y destruido aún más en valor accionario –todo con la esperanza de *crear* valor accionario a través del crecimiento–.

La mala noticia es que AT&T no es un caso especial. Tomemos la Cabot Corporation, la mayor productora mundial de negro de humo, un componente que imparte a productos como los neumáticos muchas de sus propiedades más importantes. Esta corporación es muy fuerte desde hace mucho tiempo, pero los mercados principales no crecieron rápidamente. Para generar el crecimiento que construye valor accionario, a principios de la década de 1980 los ejecutivos de Cabot lanzaron varias iniciativas agresivas en materiales avanzados, adquiriendo un conjunto de empresas de metales especiales y cerámicas de alta tecnología. Las mismas constituían plataformas operativas en las que la compañía introduciría nueva tecnología de procesamiento y de materiales que estaba emergiendo de sus propios laboratorios de investigación y del trabajo que había patrocinado en el MIT.

Wall Street saludó con entusiasmo esas inversiones para acelerar el crecimiento de Cabot y llevó el precio de las acciones de la compañía a triplicar el nivel al que había languidecido antes de esas iniciativas. Pero cuando las pérdidas generadas por las inversiones de Cabot en esos negocios comenzaron a hundir las ganancias de toda la corporación, Wall Street golpeó las acciones. Mientras que el mercado general se apreció a una tasa vigorosa entre 1988 y 1991, las acciones de Cabot cayeron más de la mitad de su valor. A principios de la década de 1990, sintiendo la presión para aumentar las ganancias, la junta directiva de Cabot trajo una nueva administración cuyo mandato era cerrar los nuevos negocios y volver a enfocarse en su negocio principal. Cuando Cabot recuperó rentabilidad, Wall Street duplicó entusiastamente el precio de sus acciones. El problema, por supuesto, fue que ese despegue dejó al equipo de la nueva administración en la misma situación que sus predecesores: buscando desesperadamente oportunidades de crecimiento para negocios maduros con perspectivas limitadas.[3]

Podríamos citar muchos casos de compañías que hicieron intentos similares para crear plataformas de nuevo crecimiento una vez que el negocio principal había madurado. Todas siguen un patrón muy similar. Cuando el negocio principal se acerca a la madurez y los inversores demandan nuevo crecimiento, los ejecutivos desarrollan estrategias aparentemente sensatas para generarlo. Pero aunque invierten agresivamente, sus planes no logran crear suficientemente rápido el crecimiento que necesitan; los inversores golpean las acciones; la administración es despedida, y Wall Street recompensa al nuevo equipo ejecutivo simplemente por restaurar el *statu quo* anterior: un negocio principal rentable pero de bajo crecimiento.[4]

Incluso firmas en expansión enfrentan una variante del imperativo de crecimiento. No importa cuán rápido esté dándose el crecimiento, no es lo suficientemente veloz. La razón: los inversores tienen una molesta tendencia a descontar en el valor *presente* del precio de las acciones de una empresa la tasa de crecimiento que *prevén* que la empresa logrará. Así, aun si el negocio principal de una empresa está creciendo vigorosamente, la única manera en que su administración pueda proporcionar a los accionistas una tasa de rendimiento en el futuro que supere la media del mercado ajustada al riesgo es crecer *más rápido* de lo que los accionistas esperan. Los cambios en el precio de las acciones no son impulsados simplemente por la *dirección* del crecimiento sino también, en gran medida, por los cambios *inesperados* de la *tasa de cambio* en las ganancias y los flujos de efectivo de las empresas. Por consiguiente, una compañía que se prevé que crezca al 5 por ciento y que efectivamente sigue creciendo al 5 por ciento y otra compañía que se prevé que crezca al 25 por ciento y muestra un crecimiento del 25 por ciento producirán ambas para futuros inversores una tasa de rendimiento ajustada al riesgo promedio del mercado en el futuro.[5] Las empresas deben presentar la tasa de crecimiento que el mercado está proyectando solo para evitar que el precio de sus acciones caiga. Para impulsar el precio de sus acciones deben exceder la previsión general de la tasa de crecimiento. Esa es una carga pesada y omnipresente en todo ejecutivo predispuesto a mejorar el valor para los accionistas.[6]

En realidad es incluso más difícil que eso. Esa astuta horda de inversores no solo descuenta la tasa esperada de crecimiento de los negocios *existentes* de una empresa en el valor presente del precio de sus acciones, sino que también descuenta el crecimiento de áreas de negocio nuevas, aún por establecer, que esperan que el equipo directivo pueda crear en el futuro. La magnitud de la apuesta del mercado por el crecimiento derivado de fuentes desconocidas se basa, en general, en el historial de la empresa. Si el mercado ha quedado impresionado con la capacidad histórica de una empresa para aprovechar sus fortalezas y generar nuevas áreas de negocio, el componente del precio de sus acciones basado en el crecimiento derivado de fuentes desconocidas será grande. Si los esfuerzos pasados de una empresa para crear negocios de nuevo crecimiento no han dado fruto, su valuación de mercado estará dominada por el flujo de caja proyectado a partir de negocios conocidos y afianzados.

La Tabla 1-1 presenta el precio de las acciones de un número de empresas *Fortune* 500 el 21 de agosto de 2002. El análisis, realizado por una firma consultora, muestra el porcentaje del precio de las acciones de cada compañía que era atribuible al efectivo generado por los activos existentes frente al efectivo que los inversores esperaban que fuese generado por nuevas inversiones.[7] De esa muestra, la compañía que estaba obligada en ese momento a generar el mayor porcentaje de su crecimiento total por inversiones futuras era Dell Computer. Solo el 22 por ciento del precio de sus acciones a u\$s 28,05 se explicaba por el efectivo arrojado por los activos actuales (en ese momento) de la empresa, mientras que el 78 por ciento de la valuación de Dell reflejaba la confianza de los inversores en que la compañía podría invertir en activos nuevos que generarían enormes cantidades de efectivo. El 66 por ciento de la valuación de mercado de Johnson & Johnson's y el 37 por ciento de la de Home Depot se basaban en expectativas de crecimiento a partir de inversiones todavía por hacer. Esas compañías estaban obligadas a lograr números *grandes*. Contrariamente, solo el 5 por ciento de la valuación del precio de las acciones de General

Motors en esa fecha se basaba en futuras inversiones. Aunque ese es un espantoso reflejo del historial de la antigua administración de GM en la creación de negocios de nuevo rendimiento, significa que si el equipo directivo actual hace un mejor trabajo, el precio de las acciones de la empresa podría responder generosamente.

Tabla 1-1.
Porción del valor de mercado de firmas de élite que se basaba en rendimientos esperados de nuevas inversiones el 21 de agosto de 2002

Clasificación *Fortune* 500	Nombre de la empresa	Precio de la acción	El porcentaje de la valuación se basaba en:	
			Nuevas inversiones	Activos existentes
53	Dell Computer	$ 28.05	78%	22 %
47	Johnson & Johnson	$ 56.20	66 %	34 %
35	Procter & Gamble	$ 90.76	62 %	38 %
6	General Electric	$ 32.80	60 %	40 %
77	Lockheed Martin	$ 62.16	59 %	41 %
1	Wal-Mart Stores	$ 53,88	50 %	50 %
65	Intel	$ 19.15	49 %	51 %
49	Pfizer	$ 34,91	48 %	52 %
9	IBM	$ 81,93	46 %	54 %
24	Merck	$ 53,60	44 %	56 %
92	Cisco System	$15.00	42 %	58 %
18	Home Depot	$33,86	37 %	63 %
16	Boeing	$28.36	30 %	70 %
11	Verizon	$31.80	21 %	79 %
22	Kroger	$22.20	13 %	87 %
32	Sears Roebuck	$36.94	8 %	92 %
37	AOL Time Warner	$35.00	8 %	92 %
3	General Motors	$49.40	5 %	95 %
81	Phillips Petroleum	$35.00	3 %	97 %

Fuente: CSFB/HOLT; análisis de Deloitte Consulting.

Probablemente el desafío más abrumador para generar crecimiento es que, si uno fracasa una vez en generarlo, las chances de que alguna vez pueda generarlo en el futuro son muy bajas. Esa es la conclusión de un notable estudio, *Stall Points*, que la Corporate Strategy Board publicó en 1998.[8] El estudio examinó 172 compañías que habían estado un tiempo en la lista de las 50 empresas más grandes confeccionada por *Fortune* entre 1955 y 1995. Solo el 5 por ciento de esas empresas pudieron sostener una tasa de crecimiento real de más del 6 por ciento, ajustada a la inflación, a lo largo de toda su permanencia en ese grupo. El otro 95 por ciento alcanzó un punto en el que su crecimiento simplemente se estancó, a tasas iguales o inferiores a la tasa de crecimiento del producto nacional bruto (PNB). El estancamiento es comprensible, dado que prevemos que todos los mercados en crecimiento se saturen y maduren. Lo que asusta es que de todas esas compañías cuyo crecimiento se había estancado, solo el 4 por ciento pudo reactivar exitosamente su crecimiento aun a una tasa del 1 por ciento por encima del crecimiento del PNB. En otras palabras, una vez que el crecimiento se había estancado, resultó casi imposible reiniciarlo.

Los mercados de valores castigaron brutalmente a esas compañías que permitieron que se estancara su crecimiento. El veintiocho por ciento de ellas perdieron más del 75 por ciento de su capitalización de mercado. El cuarenta y uno por ciento vio caer su valor de mercado entre el 50 y el 75 por ciento al estancarse, y el 26 por ciento de las firmas perdieron entre el 25 y el 50 por ciento de su valor. El restante 5 por ciento perdió menos del 25 por ciento de su capitalización de mercado. Esto, por supuesto, aumentó la presión sobre los directores para regenerar crecimiento, y para hacerlo rápidamente –lo que volvía aún más difícil tener éxito–. Los gerentes no pueden escapar al mandato de crecimiento.[9] Sin embargo, las probabilidades de éxito, si la historia sirve de guía, son terriblemente bajas.

¿La innovación es una caja negra?

¿Por qué es tan difícil lograr y mantener el crecimiento? Una respuesta común es culpar a los directivos por no generar nuevo crecimiento –implicando que gente más capaz y con más visión podría haberlo hecho–. El enfoque de *solucionar el problema hallando un mejor gerente* podría tener asidero si los fracasos en la recuperación del crecimiento fueran hechos aislados. Sin embargo, un estudio tras otro concluye que aproximadamente un 90 por ciento de las empresas que cotizan en bolsa se han mostrado incapaces de sostener durante más de unos pocos años una curva de crecimiento que genere rendimientos para los accionistas por encima del promedio.[10] A menos que creamos que el 90 por ciento de los gerentes de firmas importantes están por debajo del promedio en términos de talento, tiene que haber una explicación más profunda de por qué una gran mayoría de buenos gerentes no ha podido resolver el problema de sostener el crecimiento.

Una segunda explicación común de la incapacidad de compañías que fueron prósperas para sostener el crecimiento es que sus gerentes se vuelven reacios al riesgo. Pero los hechos refutan también esa idea. Los ejecutivos de empresas a menudo apuestan el futuro de proyectos multimillonarios a una innovación. IBM apostó su granja al sistema de computación *mainframe* S/360, y ganó. Du-Pont gastó u$s 400 millones en una planta para hacer tela de Kevlar para neumáticos, y perdió. Corning puso miles de millones en juego para construir su negocio de fibra óptica, y ganó a lo grande. Más recientemente, la compañía vendió muchos de sus otros negocios a fin de invertir más en comunicación por fibra óptica, y salió aporreada. *Muchos* de los ejecutivos que no lograron crear crecimiento empresarial sostenido han mostrado un estómago fuerte para los riesgos.

Hay una tercera y ampliamente aceptada explicación de por qué el crecimiento parece tan difícil de lograr repetidamente y bien, pero tampoco nos parece una razón bien fundada: crear negocios de nuevo crecimiento es simplemente impredecible. Muchos creen que las probabilidades de éxito son solo eso, probabilidades, y que son bajas. Muchos de los pensadores empresariales más agudos han aceptado la suposición de que crear crecimiento es riesgoso e impredecible, y por lo tanto han usado su talento para ayudar a ejecutivos a manejar esa imprevisibilidad. Las recomendaciones de alentar ideas diversas o "dejar que florezcan mil flores", crear un Silicon Valley adentro, errar rápido *(fail fast)* y acelerar las presiones de selección son todas maneras de lidiar con la supuesta imprevisibilidad de la innovación exitosa.[11] La estructura de la industria del capital de riesgo es en realidad un testimonio de la creencia generalizada de que no podemos predecir qué negocio de nuevo crecimiento será exitoso. La máxima de la industria dice que de cada diez inversiones –hechas todas en la creencia de que serán exitosas– dos fracasarán rotundamente, seis sobrevivirán como los heridos que caminan y dos lograrán los jonrones sobre los que gira el éxito de toda la cartera. Debido a esa creencia de que el proceso de creación de negocios es indescifrable, pocos han buscado abrir la caja negra para estudiar el *proceso* mediante el cual se crean negocios de nuevo crecimiento.

Nosotros no aceptamos que el crecimiento de la mayoría de las empresas se estanca porque las probabilidades de éxito del siguiente negocio de crecimiento que lanzan son extremadamente bajas. Los resultados históricos ciertamente pueden parecer azarosos, pero creemos que eso es porque el proceso de crear negocios de nuevo crecimiento no ha sido todavía bien comprendido. En este libro intentamos abrir la caja negra y estudiar los procesos que conducen al éxito o el fracaso en los negocios de nuevo crecimiento.

Para ilustrar por qué es importante entender los procesos que generan esos resultados, consideremos estas series de números:

1, 2, 3, 4, 5, 6
75, 28, 41, 26, 38, 64

¿Cuál de ellas diría usted que es azarosa, y cuál es predecible? La primera serie parece predecible: los números siguientes deberían ser 7 y 8. Pero, ¿y si le dijéramos que en realidad esos son los números ganadores de una lotería, sacados de un bolillero, mientras que la segunda serie es la secuencia de rutas estatales y vecinales que uno seguiría en un *tour* por el norte de la Península Superior de Michigan para ir de Sault Ste. Marie, Ontario, a Saxon, Wisconsin? Dado el trayecto indicado por las primeras seis rutas, se puede predecir de modo fiable los dos números siguientes –2 y 122– con la ayuda de un mapa. La lección: no es posible saber, solo por mirar los resultados del proceso, si el proceso que creó esos resultados puede generar un efecto predecible. Se debe entender el proceso en sí.

Las fuerzas que moldean la innovación

¿Qué puede hacer más predecible el proceso de la innovación? Esa búsqueda *no* implica aprender a predecir lo que los *individuos* podrían hacer. Más bien, exige entender las *fuerzas* que actúan sobre los individuos involucrados en la construcción de negocios –fuerzas que influyen poderosamente en lo que los gerentes eligen y en lo que no pueden elegir hacer–.

Rara vez una idea para un negocio de nuevo crecimiento surge completamente acabada de la cabeza de un empleado innovador. No importa lo bien articulada que pueda estar una idea, debe ser moldeada y modificada, a menudo de manera significativa, a medida que toma cuerpo en un plan de negocios que pueda obtener fondos de la corporación. En el camino se topa con una serie de fuerzas altamente predecibles. Los gerentes, como individuos, pueden ser distintos e impredecibles, pero todos enfrentan fuerzas que son similares en su mecanismo de acción, su *timing* y su impacto en el carácter del producto y el plan de negocios que la empresa, en definitiva, intenta implementar.[12] Entender y manejar esas fuerzas puede hacer más predecible la innovación.

La acción y el impacto de esas fuerzas en la conversión de ideas en planes de negocios se ilustra en un estudio de caso de Big Idea Group (BIG), una compañía que identifica, desarrolla y comercializa ideas para juguetes nuevos.[13] Después de citar a un alto ejecutivo de una empresa de juguetes multimillonaria, quien se quejaba de que hacía años no había ninguna idea interesante para juguetes nuevos, el estudio describe cómo ataca BIG ese problema –o más bien, esa oportunidad–.

BIG invita a madres, niños, aficionados y jubilados que tienen ideas para nuevos juguetes a asistir a las "Big Idea Hunts", que convoca en localidades de todo el país. Esos invitados presentan sus ideas a un panel de expertos en cuya intuición los ejecutivos de BIG confían. Cuando el panel ve una buena idea, BIG obtiene la licencia del inventor y en los meses siguientes moldea la idea convirtiéndola en un plan de negocios con un prototipo de trabajo que consideran que venderá. BIG concede entonces la licencia del producto a una empresa de juguetes, la que lo produce y comercializa a través de sus propios canales. BIG ha sido extraordinariamente exitosa en hallar, desarrollar y desplegar en el mercado una serie de productos de crecimiento realmente interesantes.

¿Cómo puede haber tal florecimiento de oportunidades de nuevos productos de alto potencial en el sistema de BIG, y tal escasez de oportunidades en una empresa de juguetes multimillonaria? Al discutir el caso, los estudiantes suelen sugerir que los desarrolladores de productos de esa gran empresa simplemente no son creativos, o que sus ejecutivos son demasiado reacios al riesgo. Si esos diagnósticos fueran ciertos, la empresa solo necesitaría hallar gerentes más creativos que pudieran pensar de manera innovadora. Pero un desfile de gente ha pasado por la empresa, y nadie logró resolver la aparente falta de ideas para juguetes atractivos. ¿Por qué?

La respuesta está en el proceso por el cual las ideas toman forma. Los gerentes de mando medio juegan un papel crucial en *todo* proceso de innovación de una empresa, pues ellos convierten ideas parcialmente desarrolladas en planes de negocios maduros, con el fin de obtener fondos de los altos directivos. Son los gerentes de mando medio quienes deben decidir cuáles de las ideas que les surgen o les llegan apoyarán y presentarán a los gerentes *senior* para su aprobación, y cuáles simplemente dejarán languidecer. Esa es una razón clave de por qué las empresas emplean gerentes de mando medio en primer lugar. Su trabajo es separar las buenas ideas de las malas y hacer las buenas ideas tanto mejores que obtengan rápidamente financiación de los altos directivos.

¿Cómo separan y moldean? Los gerentes de mando medio generalmente dudan en apoyar con toda su fuerza nuevos conceptos de productos cuyo mercado no está asegurado. Si un mercado no se materializa, la empresa habrá malgastado millones de dólares. Por lo tanto, el sistema exige que los mandos medios respalden sus propuestas con datos creíbles sobre el tamaño y el crecimiento potencial de los mercados a los que apunta cada idea. Las opiniones y el *feedback* de clientes importantes suman considerablemente a la credibilidad cuando se sostiene que una idea tiene potencial. ¿De dónde viene esa evidencia, dado que el producto aún no ha sido completamente desarrollado? Por lo general viene de clientes y mercados existentes de productos similares que han sido exitosos en el pasado.

En ese proceso de modelado también intervienen factores personales. Gerentes que respaldan ideas que fracasan a menudo ven efectivamente truncadas sus perspectivas de ascenso. De hecho, gerentes ambiciosos dudan en proponer ideas que los altos directivos probablemente no aprobarán. Si promueven una idea que luego sus superiores consideran débil, su reputación de buen juicio puede verse manchada entre los mismos ejecutivos a los que esperan impresionar. Por otra parte, los programas de desarrollo de las empresas rara vez dejan a sus gerentes intermedios más talentosos durante más de unos pocos años en una posición –los cambian a nuevas tareas para ampliar sus habilidades y experiencia–. Pero esto significa que los gerentes de mando medio que quieren ganarse una reputación por mostrar resultados tenderán a promover solamente aquellas ideas de nuevo crecimiento que reditúen dentro del tiempo que permanecen cumpliendo con ese trabajo específico.

En otras palabras, el proceso de clasificar y empaquetar ideas en planes que puedan obtener financiación moldea esas ideas para que se parezcan a las ideas que fueron aprobadas y tuvieron éxito en el pasado. De hecho, los procesos han evolucionado para descartar propuestas de negocios que apuntan a mercados donde la demanda podría ser pequeña.

El problema de los gerentes que buscan crecimiento, por supuesto, es que los mercados de crecimiento interesante de mañana hoy son pequeños.

Por eso es que los altos directivos de la gran empresa de juguetes y de BIG pueden vivir en el mismo mundo y ver sin embargo cosas tan diferentes. En toda empresa considerable, no solo en la industria del juguete, el conjunto de ideas que han sido procesadas y empaquetadas para su aprobación por el mando superior es muy diferente de la población de ideas que bullen en el fondo.

La escasez de ideas rara vez es el problema central de una empresa que lucha para lanzar negocios de nuevo crecimiento atractivos. Las ideas nuevas potencialmente innovadoras parecen ser reconvertidas inexorablemente en intentos de hacer aún más felices a los clientes ya existentes. Nosotros creemos que muchas de las ideas que surgen de ese proceso de empaquetado y moldeado como innovaciones de imitación podrían fácilmente ser convertidas en planes de negocio que generen crecimiento realmente disruptivo. Los gerentes que entiendan esas fuerzas y aprendan a aprovecharlas al tomar decisiones clave desarrollarán negocios de crecimiento exitosos en forma mucho más regular de lo que históricamente ha parecido posible.[14]

De dónde viene la previsibilidad: las buenas teorías

La búsqueda de previsibilidad en un empeño tan complejo como el de la innovación no es quijotesca. Lo que otorga previsibilidad a cualquier área es un cuerpo de *teoría* bien investigada –explicaciones contingentes de qué causa qué y por qué–. Los ejecutivos a menudo rebajan el valor de la teoría de la gestión porque está asociada a la palabra *teórico*, lo que connota "poco práctico". Pero la teoría es absolutamente *práctica*. La ley de gravedad, por ejemplo, es en realidad teoría –y es útil. Nos permite predecir que si nos lanzamos de un precipicio, caeremos–.[15]

Aunque la mayoría de los gerentes no se consideran guiados por la teoría, en realidad son consumidores voraces de teoría. Cada vez que los gerentes hacen planes o toman medidas, se basan en un modelo mental en el fondo de su cabeza que los lleva a creer que la medida que toman conducirá al resultado deseado.[16] El problema es que los gerentes rara vez son conscientes de las teorías que están usando –y a menudo usan las teorías equivocadas para la situación en que están–. Es la ausencia de teorías de causa y efecto confiables y conscientes lo que hace que el éxito en la construcción de nuevos negocios parezca aleatorio.

Para ayudar a los ejecutivos a saber si y cuándo pueden confiar en las recomendaciones de los libros o artículos de gestión empresaria (incluido este) que leen para orientarse cuando crean sus negocios, en las secciones siguientes describimos un modelo de cómo se construyen y se usan las buenas teorías. Volveremos reiteradas veces a ese modelo para ilustrar cómo las malas teorías han hecho tropezar a constructores de crecimiento en el pasado, y cómo el uso de una teoría sólida puede eliminar muchas de las causas de fracaso.[17]

Cómo se construyen las teorías

El proceso de elaborar una teoría sólida ha sido investigado en varias disciplinas, y los académicos parecen coincidir en que tiene tres etapas. Comienza describiendo el fenómeno que queremos entender. En física, el fenómeno podría ser el comportamiento de las partículas de alta energía. En la construcción de nuevos negocios, los fenómenos de interés son las cosas que hacen los innovadores en su esfuerzo por tener éxito y cuáles son los resultados de esas acciones. Las malas teorías de la gestión surgen cuando los investigadores observan impacientemente una o dos historias exitosas y suponen haber visto suficiente.

Una vez que el fenómeno ha sido correctamente caracterizado, los investigadores pueden empezar la segunda etapa, que es clasificar el fenómeno en categorías o tipos. La diabetes juvenil diferenciada de la diabetes de inicio en la edad adulta es un ejemplo de esto en la medicina. La integración vertical y la horizontal son tipos de diversificación empresaria. Los investigadores necesitan clasificar a fin de resaltar las diferencias más significativas en el complejo espectro de los fenómenos.

En la tercera etapa, los investigadores articulan una teoría que postula qué es lo que hace que el fenómeno ocurra, y por qué. La teoría también debe mostrar si y por qué el mismo mecanismo causal podría producir resultados diferentes, dependiendo de la categoría o la situación. El proceso de construcción de teorías es reiterativo, porque los investigadores y los gerentes siguen revisando esos tres pasos, puliendo su habilidad para predecir qué acciones producirán qué resultados, bajo qué circunstancias.[18]

Entender las categorías

La etapa media de este ciclo –entender las categorías correctamente– es la clave para desarrollar una teoría útil. Para comprender por qué, imagine que va a ver a su médico por un conjunto particular de síntomas, y antes de que llegue a describir qué lo aqueja, el médico le da una receta y le dice "tome dos de estas y llámeme en la mañana".

"Pero, ¿cómo sabe que esto me ayudará?", pregunta usted. "No le he dicho qué tengo".

"¿Por qué no funcionaría?", le dice el doctor. "Curó a mis dos pacientes anteriores".

Ningún paciente cuerdo aceptaría un medicamento de ese modo. Pero académicos, consultores y gerentes habitualmente recetan y aceptan de esa manera remedios para problemas de gestión. Cuando algo ha funcionado para algunas empresas "de primera línea", rápidamente sugieren a todas las otras empresas que tomar la misma medicina será bueno para ellas también. Una de las razones por las que los resultados de la innovación parecen ser aleatorios es que muchos de los que escriben sobre estrategia y gestión ignoran la clasificación. Observan unas pocas empresas exitosas y escriben un libro recomendando que otros gerentes hagan las mismas cosas para ser exitosos ellos también, sin considerar la posibilidad de que podría haber algunas circunstancias en las que su solución favorita sea una mala idea.[19]

Por ejemplo, hace treinta años, muchos escritores afirmaban que la integración vertical era la clave del extraordinario éxito de IBM. Pero a finales de la década de 1990 leímos que la *no*-integración explicaba el triunfo de titanes de la tercerización como Cisco y Dell. Los autores de evangelios de "mejores prácticas" como esos no son mejores que el médico descrito hace un instante. La cuestión crítica que esos investigadores necesitan resolver es ¿cuáles son las *circunstancias* en que la integración es crucial en términos competitivos, y cuándo es más probable que una estrategia de asociación y tercerización conduzca al éxito?

Como los pensadores que elaboran teorías se esfuerzan en determinar la clasificación correcta y relevante de las circunstancias, pocas veces pueden definir las circunstancias de manera inmediata. Los primeros estudios casi siempre ordenan las observaciones de los investigadores en categorías definidas por las características o *atributos* de los fenómenos. Sus afirmaciones sobre las acciones o hechos que conducen a los resultados en este punto solo pueden ser aseveraciones sobre la *correlación* entre los atributos y los resultados, no sobre la causalidad. Eso es lo mejor que pueden hacer en los primeros ciclos de construcción de teorías.

Para ilustrar esto, consideremos la crónica de los intentos de volar hechos por el hombre. Los primeros investigadores observaron una fuerte correlación entre poder volar y tener plumas y alas. Poseer esos atributos tenía una alta *correlación* con la capacidad de volar, pero cuando los humanos trataron de seguir las "mejores prácticas" de las criaturas voladoras más exitosas atándose alas con plumas en los brazos, saltando de un precipicio y aleteando con fuerza, no fueron exitosos –porque, por fuerte que fuera la correlación, los aspirantes a aviadores no habían entendido el mecanismo causal fundamental que permitía volar a ciertos animales–. Solo cuando el estudio de la dinámica de los fluidos hecho por Bernoulli lo ayudó a articular el mecanismo por el cual las superficies aerodinámicas crean sustentación, el vuelo humano comenzó a ser *posible*. Pero entender el mecanismo en sí todavía no era suficiente para hacer la capacidad de volar perfectamente *predecible*. Hacía falta más investigación, que incluyera cuidadosa experimentación y medición bajo diferentes condiciones, para identificar las *circunstancias* en las que ese mecanismo producía o no producía el resultado deseado.

Cuando el mecanismo no resultaba en un vuelo exitoso, los investigadores tenían que descifrar cuidadosamente por qué había que conducía al fracaso en las circunstancias en que el resultado no era el esperado. Una vez que las categorías pudieron ser expresadas en términos de los diferentes tipos de circunstancias en las que los aviadores podrían encontrarse, estos pudieron predecir las condiciones en que volar era o no era posible. Pudieron desarrollar tecnologías y técnicas para volar exitosamente en aquellas circunstancias en que el vuelo era viable. Y enseñar a los aviadores cómo reconocer cuando las circunstancias estaban cambiando, para que pudiesen cambiar sus métodos adecuadamente. Entender el mecanismo (qué causa qué, y por qué) hizo posible volar; entender los tipos de circunstancias hizo predecible el vuelo.[20]

¿Cómo supieron los investigadores de la aviación cuáles eran los límites cruciales entre esos tipos de circunstancia? Mientras un cambio en las condiciones no requiriese un cambio en la forma en que el piloto manejaba el avión, el límite entre esas condiciones no importaba. Los límites de circunstancia que importaban eran aquellos que exigían un cambio sustancial en las técnicas de pilotaje a fin de mantener el avión volando exitosamente.

Avances similares en la investigación de la gestión empresaria aumentan la previsibilidad de crear negocios de nuevo crecimiento. Yendo más allá de afirmaciones correlativas como "las grandes empresas son lentas para innovar", o "en nuestro muestreo de compañías exitosas, cada una estaba manejada por un CEO que había sido promovido desde adentro", el investigador de avances descubre primero el mecanismo causal fundamental que está detrás de los casos exitosos.

Eso les permite a aquellos que están buscando "una respuesta" ir más allá de la mentalidad alas-y-plumas de copiar las características de las empresas exitosas. El basamento de la previsibilidad solo comienza a construirse cuando el investigador ve al mismo mecanismo causal crear un resultado diferente del que esperaba –una anomalía–. Eso lo induce a determinar qué había en la circunstancia o circunstancias en que ocurrió la anomalía que hizo que el mismo mecanismo produjera un resultado diferente.

¿Cómo podemos saber cuál es la clasificación correcta? Como en la aviación, el límite entre circunstancias es importante solo cuando los ejecutivos necesitan usar técnicas de gestión sustancialmente diferentes para tener éxito en las distintas circunstancias definidas por ese límite. Si la misma explicación de causa y efecto conduce al mismo resultado en dos circunstancias, la distinción entre esas circunstancias no es significativa a los fines de la previsibilidad.

Para saber con certeza en qué circunstancias están, los gerentes también deben saber en qué circunstancias no están. Cuando se definen tipos de circunstancias colectivamente exhaustivas y mutuamente excluyentes, las cosas se vuelven predecibles: podemos afirmar qué causará qué y por qué, y podemos predecir cómo podría variar esa declaración de causalidad de acuerdo a las circunstancias. Las teorías construidas sobre tipos de circunstancias se vuelven fáciles de usar para las empresas, porque los gerentes viven y trabajan en circunstancias, no en atributos.[21]

Cuando los gerentes hacen preguntas como "¿Esto se aplica a mi industria?" o "¿Se aplica a negocios de servicio así como a negocios de productos?" en realidad están preguntando para entender las circunstancias. En nuestros estudios hemos observado que los métodos de clasificación basados en la industria o basados en productos/servicios casi nunca constituyen un fundamento útil para una teoría fiable. *El dilema de los innovadores*, por ejemplo, describía cómo el mismo mecanismo que permitió a empresas nuevas o "entrantes" derrotar a las firmas consolidadas líderes en unidades de disco y computadoras también hizo caer a las empresas líderes en excavadoras mecánicas, acero, venta al por menor, motocicletas, software de contabilidad y controladores de motor.[22] Las circunstancias que importaban no eran en qué industria estaba uno. Más bien, había un mecanismo –el proceso de asignación de recursos– que hacía que los líderes consolidados ganaran las peleas competitivas cuando una innovación era financieramente atractiva para su modelo de negocios. El mismo mecanismo paralizaba a los líderes consolidados cuando eran atacados por innovadores disruptivos cuyos productos, modelos de rentabilidad y clientes no eran atractivos.

Solo podemos confiar en una teoría cuando su explicación de qué acciones conducirán al éxito describe cómo variará eso cuando las circuns-

tancias de una compañía cambian.[23] Esta es una de las principales razones por las que los resultados de los esfuerzos de innovación han parecido bastante aleatorios: la clasificación mal hecha ha llevado a recomendaciones "de talla única" que, a su vez, han llevado a malos resultados en muchas circunstancias.[24] Lo que da previsibilidad a nuestra vida es la capacidad de empezar a pensar y actuar de una manera condicionada a las circunstancias.

Solemos admirar la intuición que parecen tener los emprendedores exitosos para construir negocios. Cuando ejercen su intuición acerca de qué acciones conducirán a los resultados deseados, en realidad están empleando teorías que les permiten percibir lo que es correcto hacer en diferentes circunstancias. No nacieron sabiendo esas teorías: las aprendieron a través de un conjunto de experiencias y mentores en etapas anteriores de su vida.

Si algunas personas han aprendido las teorías que llamamos intuición, nuestra esperanza es que esas teorías también puedan ser enseñadas a otros. Esa es la aspiración de este libro. Esperamos ayudar a gerentes que están tratando de crear negocios de nuevo crecimiento a usar la mejor investigación que hemos podido reunir para que puedan aprender cómo cuadrar sus acciones con las circunstancias a fin de obtener los resultados que necesitan. A medida que nuestros lectores utilicen estas formas de pensar una y otra –vez, esperamos que los procesos de pensamiento implícitos en esas teorías puedan volverse parte de su intuición también.

Hemos escrito este libro desde la perspectiva de altos directivos de compañías afianzadas que tienen a su cargo mantener la salud y la vitalidad de sus firmas. Sin embargo, creemos que nuestras ideas serán igualmente valiosas para emprendedores independientes, empresas de creación reciente e inversionistas de capital de riesgo. Simplemente en aras de la brevedad, usaremos el término producto cuando describimos lo que una empresa produce o provee. No obstante, pretendemos que esto abarque negocios de productos y de servicios, porque los conceptos de este libro se aplican sin inconvenientes en ambos casos.

La sinopsis de este libro

El dilema de los innovadores resumía una teoría que explica cómo, en ciertas circunstancias, el mecanismo de asignación de recursos para maximizar las ganancias hace colapsar a empresas bien administradas. En contraste, *La solución de los innovadores* resume un conjunto de teorías que pueden guiar a los gerentes que necesitan crear nuevos negocios con resultados predecibles para volverse los disruptores en lugar de los disrumpidos[*] –y en definitiva acabar con los competidores afianzados y bien administrados–. Para tener éxito de manera predecible, los disruptores deben ser buenos teóricos. A medida que moldean su negocio de crecimiento deben alinear cada proceso y cada decisión críticos para adaptarse a la circunstancia disruptiva.

Como construir negocios de crecimiento exitosos es un tópico tan vasto, este libro se concentra en nueve de las decisiones más importantes que todos los gerentes deben tomar al crear crecimiento –decisiones que representan acciones clave que impulsan el éxito en la caja negra de la innovación–. Cada capítulo presenta una teoría específica que los gerentes pueden usar para tomar una de esas decisiones de modo que mejore considerablemente sus probabilidades de éxito. Parte de esa teoría ha surgido de nuestros propios estudios, pero estamos en deuda con muchos otros académicos en mucho de lo que sigue. Aquellos cuyo trabajo aprovechamos contribuyeron a aumentar la previsibilidad en la creación de negocios porque sus premisas de causalidad fueron elaboradas a partir de categorías basadas en circunstancias. Es por su cuidadosa labor que creemos que los gerentes pueden comenzar a usar esas teorías explícitamente cuando toman esas decisiones, confiando en que sus predicciones serán aplicables y fiables ante las circunstancias en que se encuentren.

La siguiente lista resume las cuestiones que abordamos:

---

[*] Traducimos el término inglés *disruptee* como "disrumpido", neologismo empleado hoy en el mundo empresarial para referirse a la persona o empresa amenazada o afectada por la disrupción. *[N. del T.]*

- *Capítulo 2:* ¿Cómo podemos derrotar a nuestros competidores más poderosos? ¿Qué estrategias causarán que los competidores nos derroten, y qué cursos de acción podrían realmente darnos la ventaja?

- *Capítulo 3:* ¿Qué productos deberíamos desarrollar? ¿Qué mejoras de productos previos los clientes recompensarán gustosamente con precios premium, y a cuáles responderán con indiferencia?

- *Capítulo 4:* ¿Qué clientes iniciales conformarán la base más fiable sobre la que construir un negocio exitoso?

- *Capítulo 5:* ¿Qué actividades requeridas para diseñar, producir, vender y distribuir nuestro producto debería realizar internamente nuestra empresa, y cuáles deberíamos delegar a nuestros socios y proveedores?

- *Capítulo 6:* ¿Cómo podemos estar seguros de que mantenemos fuertes ventajas competitivas que generan ganancias atractivas? ¿Cómo podemos saber cuándo va a ocurrir la comoditización, y qué podemos hacer para seguir teniendo rendimientos atractivos?

- *Capítulo 7:* ¿Cuál es la mejor estructura organizativa para este emprendimiento? ¿Qué unidad(es) organizativa(s) y qué gerentes deberían contribuir a y ser responsables de su éxito?

- *Capítulo 8:* ¿Cómo resolvemos bien los detalles de una estrategia ganadora? ¿Cuándo es importante la flexibilidad, y cuándo la flexibilidad nos hará fracasar?

- *Capítulo 9:* ¿El capital de inversión de quién nos ayudará a tener éxito, y el de quién podría ser el beso de la muerte? ¿Qué fuentes de dinero nos ayudarán más en diferentes etapas de nuestro desarrollo?

• *Capítulo 10:* ¿Qué papel debería desempeñar el CEO en el mantenimiento del crecimiento del negocio? ¿Cuándo deberían los CEOs mantener las manos alejadas del negocio, y cuándo deberían involucrarse?

Las cuestiones expuestas en esos capítulos son cruciales, pero no constituyen una lista exhaustiva de las cuestiones que deberían ser relevantes para iniciar un negocio de nuevo crecimiento. Simplemente esperamos haber abordado las más importantes de modo que, aunque no podemos librar por completo de riesgo la creación de negocios de nuevo crecimiento, *podamos* ayudar a los gerentes a dar pasos importantes en esa dirección.

NOTAS

1. Aunque no hemos hecho un meta-análisis, hay cuatro estudios recientemente publicados que parecen converger en esta estimación de que aproximadamente una de cada diez empresas logra mantener el crecimiento de manera exitosa. Chris Zook y James Allen observaron en su estudio de 2001, *Profit from the Core* (Boston: Harvard Business School Press), que solo el 13 por ciento de una muestra de 1854 empresas pudieron crecer consistentemente a lo largo de un período de diez años. Richard Foster y Sarah Kaplan publicaron un estudio ese mismo año, *Creative Destruction* (New York: Currency/Doubleday), en el siguieron a 1008 empresas desde 1962 hasta 1998. Descubrieron que solo 160, aproximadamente el 16 por ciento, pudieron simplemente sobrevivir a ese marco temporal, y concluyeron que la empresa de resultados perpetuamente superiores es una quimera, algo que jamás ha existido. Por su parte, Jim Collins publicó en 2001 su *Good to Great* (New York: HarperBusiness), en el que examinó un universo de 1435 empresas a lo largo de treinta años (1965-1995). Collins encontró solo 126, aproximadamente el 9 por ciento, que habían logrado superar los promedios del mercado de valores durante una década o más. Las conclusiones de la Corporate Strategy Board en *Stall Points* (Washington, DC: Corporate Strategy Board, 1988), que están sintetizadas en detalle en el texto, muestran que el 5 por ciento de las empresas *Fortune* 500 mantuvo con éxito su crecimiento, y otro 4 por ciento logró reactivar cierto grado de crecimiento tras haberse estancado. Todos estos estudios respaldan nuestra afirmación de que el 10 por ciento de probabilidad de tener éxito en la búsqueda de crecimiento sostenido es, en todo caso, una estimación generosa.

2. Como todas esas transacciones incluyen acciones, las mediciones del valor "real" de las diferentes ventas es ambiguo. Aunque cuando realmente se cierra un trato se puede fijar un valor definitivo, el valor implícito de la transacción en el momento en que se anuncia un trato puede ser útil: indica qué estaban dispuestas a pagar y a aceptar las respectivas partes en un momento dado. Los cambios en el precio de las acciones tras el anuncio de la operación dependen a menudo de otros hechos, exógenos, que tienen poco que ver con la operación en sí. Siempre que fue posible, hemos usado el valor de las transacciones en el momento de su anuncio y no de su cierre. Las fuentes de datos sobre esas diversas transacciones incluyen:

NCR
"Fatal Attraction (AT&T's Failed Merger with NCR)," *The Economist*, 23 March 1996.
"NCR Spinoff Completes AT&T Restructure Plan," *Bloomberg Business News*, 1 January 1997.

McCaw y AT&T Wireless Sale
'*The Wall Street Journal*, 21 September 1994. "AT&T Splits Off AT&T Wireless," AT&T news release, 9 July 2001.

AT&T, TCI y MediaOne
"AT&T Plans Mailing to Sell TCI Customers Phone, Web Services," The Wall Street Journal, 10 March 1999.
"The AT&T-Mediaone Deal: What the FCC Missed," *Business Week*, 19 June 2000.
"AT&T Broadband to Merge with Comcast Corporation in $72 Billion Transaction," AT&T news release, 19 December 2001.
"Consumer Groups Still Questioning Comcast-AT&T Cable Merger," Associated Press Newswires, 21 October 2002.

3. Cuando volvió a concentrarse en su negocio principal, el precio de las acciones de Cabot superó al mercado entre 1991 y 1995, por dos razones. Por un lado, la demanda de negro de humo aumentó en Asia y en Norteamérica al aumentar las ventas de automóviles, incrementando en consecuencia la demanda de neumáticos. Por el otro, otros dos productores norteamericanos de negro de humo abandonaron la industria porque no querían hacer la inversión requerida en controles ambientales, aumentando así el poder de fijación de precios de Cabot. La mayor demanda y la menor oferta se tradujeron en un tremendo incremento en la rentabilidad de las operaciones tradicionales de Cabot con negro de humo, lo que se reflejó en el precio de las acciones de la empresa. Entre 1996 y 2000, sin embargo, el precio de sus acciones volvió a deteriorarse, reflejando la escasez de perspectivas de crecimiento.

4. Un importante estudio de la tendencia de las empresas a hacer inversiones que no logran crear crecimiento es el realizado por el profesor Michael C. Jensen: "The Modern Industrial Revolution, Exit, and the Failure of Internal Control Systems," *Journal of Finance* (julio, 1993): 831–880. El profesor Jensen leyó además este documento como su discurso presidencial ante la American Finance Association. Un dato interesante: muchas de las firmas que Jensen señala por haber cosechado productivamente el crecimiento de sus inversiones eran empresas innovadoras disruptivas –un concepto clave en este libro–.

   La unidad de análisis en nuestra investigación, como en el estudio de Jensen, es la firma individual, no el sistema más amplio de creación de crecimiento que se observa en una economía capitalista de libre mercado. Trabajos como los de Joseph Schumpeter, *Theory of Economic Development* (Cambridge, MA: Harvard University Press, 1934) y *Capitalism, Socialism, and Democracy* (New York: London, Harper & Brothers, 1942), son obras seminales, emblemáticas, que abordan el entorno en el que funcionan las empresas. Lo que nosotros sostenemos aquí es que, cualquiera que sea el historial de las economías de libre mercado en la generación de crecimiento a nivel macro, el historial de las empresas individuales es bastante pobre. Es el rendimiento de las firmas dentro de un mercado competitivo a lo cual esperamos contribuir.

5. Esta sencilla historia se complica un poco por la aparente incorporación que hace el mercado de una disminución esperada en la tasa de crecimiento de cualquier empresa. El análisis empírico sugiere que el mercado no espera que ninguna empresa crezca, o sobreviva siquiera, de manera eterna. Por lo tanto, parece incorporar en los precios vigentes una declinación prevista en las tasas de crecimiento de los niveles vigentes y la eventual disolución de la firma. Esta es la razón de la importancia de los valores finales en la mayoría de los modelos de valuación. Ese período de declinación se calcula utilizando el análisis de regresión, y las estimaciones varían mucho. Así, en sentido estricto, si se espera que una empresa crezca al 5 por ciento con un período de declinación de cuarenta años, y cinco años en ese período de cuarenta sigue creciendo al 5 por ciento, el precio de las acciones aumentaría a tasas que generaran rendimientos económicos para los accionistas, porque el período de declinación de cuarenta años volvería a empezar. Sin embargo, como esa calificación se aplica tanto a empresas que crecen al 5 por ciento como a aquellas que crecen al 25 por ciento, no cambia el punto en el que hacemos hincapié, que es que el mercado es un capataz severo, y cumplir meramente con las expectativas no genera una recompensa significativa.

6. En promedio, en el curso de su larga historia, por supuesto, las empresas de crecimiento más rápido producen retornos más altos. Sin embargo, esas empresas habrán producido retornos más altos que las firmas de crecimiento

más lento solo para inversores del pasado. Si los mercados descuentan eficientemente, los inversores que obtienen rendimientos superiores a la media son aquellos que tuvieron la suerte de comprar acciones en el pasado cuando la tasa de crecimiento futuro no había sido totalmente descontada en el precio de las acciones. Los que compraron cuando el crecimiento futuro potencial ya había sido descontado en el precio de las acciones no recibirían una rentabilidad superior a la del mercado. Una fuente excelente para este argumento es el trabajo de Alfred Rappaport y Michael J. Mauboussin, *Expectations Investing: Reading Stock Prices for Better Returns* (Boston: Harvard Business School Press, 2001). Rappaport y Mauboussin guían a los inversores sobre métodos para detectar cuándo pueden ser incorrectas las expectativas de un mercado para el crecimiento de una empresa.

7. Esos fueron los precios de cierre del mercado para las acciones ordinarias de esas empresas el 21 de agosto de 2002. Esa fecha en particular no tiene importancia: es solo el momento en el que se hizo el análisis. HOLT Associates, una unidad de Credit Suisse First Boston (CSFB), efectuó esos cálculos utilizando metodología propia aplicada a datos financieros disponibles públicamente. El porcentaje futuro es una medida de cuánto se puede atribuir el precio actual de las acciones de una empresa a los flujos de efectivo actuales y cuánto se debe a las expectativas de crecimiento y rendimiento futuro que tienen los inversores. Como CSFB/HOLT lo define,

> *El porcentaje futuro es el porcentaje del valor total de mercado que el mercado asigna a la inversión futura esperada de la empresa. El porcentaje futuro empieza con el valor total de mercado (deuda más capital) menos la parte atribuida al valor presente de los activos e inversiones existentes y divide esto por el valor de mercado total de la deuda y el capital.*

CSFB/Holt calcula el valor presente de los activos existentes como el valor presente de los flujos de efectivo asociados con la liquidación de los activos y la liberación del capital de trabajo no amortizable asociado. La metodología de valuación de HOLT CFROI incluye una declinación de cuarenta años de retornos iguales a los retornos promedio totales del mercado.

Porcentaje futuro = [total deuda y capital (mercado) − valor presente de activos existentes] / [total deuda y capital (mercado)].

Las empresas de la Tabla 1-1 no son un ranking secuencial de empresas *Fortune* 500, porque algunos de los datos requeridos para efectuar esos cálculos no estaban disponibles en el caso de algunas compañías. Las empresas que muestra la tabla fueron elegidas solamente a fines ilustrativos, y de ninguna manera para sugerir que el precio de las acciones de ninguna compañía probablemente aumente o disminuya. Para más información sobre la metodología usada por HOLT, véasehttp://www.hotvalue.com.

8. Véase *Stall Points* (Washington, DC: Corporate Strategy Board, 1998).

9. En el texto nos hemos concentrado solamente en las presiones que los mercados de capital imponen a las empresas para crecer, pero hay muchas

otras fuentes de fuerte presión. Aquí solo mencionaremos un par. En primer lugar, cuando una empresa está creciendo, hay mayores oportunidades para que los empleados sean ascendidos a nuevos puestos administrativos que se abren encima de ellos. Por lo tanto, el potencial de crecimiento en responsabilidad y capacidad administrativa es mucho mayor en una firma que crece que en una empresa estancada. Cuando el crecimiento se ralenta, los gerentes sienten que sus posibilidades de progreso se verán reducidas no por su talento y rendimiento personal, sino por los muchos años que deberán pasar antes de que los gerentes más antiguos que están por encima de ellos se retiren. Cuando ocurre esto, muchos de los empleados más idóneos tienden a irse de la empresa, afectando la capacidad de la empresa para regenerar crecimiento.

La inversión en nuevas tecnologías también se vuelve difícil. Cuando una empresa que crece se queda sin capacidad y debe construir una nueva planta o tienda, es fácil emplear la última tecnología. Cuando una firma ha dejado de crecer y tiene exceso de capacidad de fabricación, las propuestas de inversión en nueva tecnología por lo general no prosperan, porque el costo total de capital y el costo promedio de fabricación para producir con la nueva tecnología son comparados con el costo marginal de producir en una planta totalmente depreciada. Como resultado de esto, las empresas en crecimiento suelen tener una ventaja tecnológica sobre los competidores de crecimiento lento. Pero esa ventaja no radica tanto en la sabiduría visionaria de los gerentes como en la diferencia en las circunstancias de crecimiento *versus* no-crecimiento.

10. En la nota 1 se sustenta en detalle esta estimación.
11. Por ejemplo, véase James Brian Quinn, *Strategies for Change: Logical Incrementalism* (Homewood, IL: R.D. Irwin, 1980). Quinn sugiere que el primer paso que necesitan dar los ejecutivos de empresas es "dejar que florezcan mil flores", atender luego a la más prometedora y dejar que el resto se marchite. Desde esa perspectiva, la clave para una innovación exitosa radica en elegir las flores correctas de las que ocuparse –y esa decisión debe basarse en percepciones intuitivas complejas, calibradas por la experiencia–.

Un trabajo más reciente de Tom Peters (*Thriving on Chaos: Handbook for a Management Revolution* [New York: Knopf/Random House, 1987]) insta a los gerentes innovadores a "errar rápido" –buscar nuevas ideas de negocios en pequeña escala y de modo que generen *feedback* rápidamente para saber si una idea es viable o no–. Los defensores de este enfoque instan a los ejecutivos de empresas a no castigar los fracasos, porque solo a través de intentos repetidos surgirán nuevos negocios exitosos.

Otros se basan en analogías con la evolución biológica, en la que las mutaciones surgen de maneras que parecen ser aleatorias. La teoría evolucionista plantea que si un organismo mutante prospera o muere depende de su adecuación al "entorno de selección" –las condiciones dentro de las cuales debe competir contra otros organismos por los recursos requeridos para prosperar–. Por lo tanto, al creer que las buenas y las malas innovaciones surgen aleatoriamente, esos investigadores aconsejan a los ejecutivos de empresas concentrarse en crear un "entorno de selección" en el que las nuevas ideas de negocio viables se escojan por sobre las malas lo más rápido posible. Gary Hamel, por ejemplo, propone crear un "Silicon Valley adentro" –un entorno en el que las estructuras existentes son constantemente desmanteladas, recombinadas de maneras nuevas y testeadas a fin de dar con algo que realmente funcione. (Véase Gary Hamel, *Leading the Revolution* [Boston: Harvard Business School Press, 2001])–.

No somos críticos de esos libros. Pueden ser muy útiles, dado el estado de comprensión actual, porque si los procesos que generan innovaciones fueran realmente aleatorios, un contexto en el cual los gerentes pudieran acelerar el surgimiento y el testeo de ideas ciertamente ayudaría. Pero si el proceso no es intrínsecamente aleatorio, como nosotros afirmamos, abordar solamente el contexto es tratar el síntoma, no la fuente del problema.

Para entender por qué, consideremos los estudios de la famosa capacidad de 3M para crear una corriente de innovaciones generadoras de crecimiento. Un punto persistentemente destacado en esos estudios es la "regla del 15 por ciento" de 3M. En 3M, a muchos empleados se les da el 15 por ciento de su tiempo para que se dediquen a desarrollar sus propias ideas para negocios de nuevo crecimiento. Ese "relax" en la forma en que la gente emplea su tiempo es respaldado con un presupuesto de capital que los empleados pueden usar para financiar sus posibles motores de crecimiento a modo de prueba.

Pero, ¿qué guía brinda esa política a una ingeniera de pruebas en 3M? Se le da un 15 por ciento de tiempo de "relax" para que cree negocios de nuevo crecimiento. Se le dice además que lo que se le ocurra estará sometido primero a las presiones de selección del mercado interno y luego a las presiones de selección del mercado externo. Todo eso es información útil. Pero nada de eso ayuda a esa ingeniera a generar una nueva idea o a decidir cuál de las diversas ideas que podría generar merece ser más desarrollada. Este aprieto se extiende a gerentes y ejecutivos en todos los niveles de la organización. De un ingeniero de pruebas a un gerente medio, un jefe de unidades de negocio y un CEO, no basta con ocuparse solamente de crear un contexto para la innovación que clasifique los frutos de esa innovación. Al fin y al cabo, todo gerente debe crear algo sustancioso, y el éxito de esa creación radica en las decisiones que los gerentes deben tomar.

Todos estos enfoques generan un "retroceso infinito". Al llevar el mercado "adentro", simplemente apuntalamos el problema: ¿cómo pueden decidir los gerentes qué ideas serán desarrolladas hasta el momento en que sean sometidas a las presiones de selección de su mercado interno? Llevar el mercado aún más adentro solo genera el mismo problema. En última instancia, los innovadores deben juzgar en qué trabajarán y cómo lo harán –y lo que deben considerar al tomar decisiones es lo que hay en la caja negra. Aceptar la aleatoriedad en la innovación, entonces, no es un peldaño en el camino hacia una mayor comprensión; es una barrera–.

El Dr. Gary Hamel fue uno de los primeros estudiosos de este problema en plantear con el profesor Christensen la posibilidad de que la gestión de la innovación tenga realmente el potencial de producir resultados predecibles. Le expresamos nuestro agradecimiento por sus provechosas ideas.

12. Los académicos que nos hicieron conocer esas fuerzas son el profesor Joseph Bower, de la *Harvard Business School,* y el profesor Robert Burgelman, de la *Stanford Business School.* Tenemos con ellos una profunda deuda intelectual. Véase Joseph L. Bower, *Managing the Resource Allocation Process* (Homewood, IL: Richard D. Irwin, 1970); Robert Burgelman y Leonard Sayles, *Inside Corporate Innovation* (New York: Free Press, 1986); y Robert Burgelman, *Strategy Is Destiny* (New York: Free Press, 2002).

13. Clayton M. Christensen y Scott D. Anthony, "What's the BIG Idea?" Case 9-602-105 (Boston: Harvard Business School, 2001).

14. Hemos elegido conscientemente frases como "aumentar la probabilidad de éxito" porque es improbable que la construcción de negocios se vuelva alguna vez completamente predecible, por al menos tres razones. La primera radica en la naturaleza de los mercados competitivos. Las empresas cuyas acciones fueran totalmente predecibles serían relativamente fáciles de derrotar. Por lo tanto, a todas las empresas les interesa comportarse de maneras profundamente impredecibles. Una segunda razón es el desafío computacional asociado a cualquier sistema con una gran cantidad de resultados posibles. El ajedrez, por ejemplo, es un juego totalmente determinado: después del primer movimiento de las blancas, las negras siempre deberían simplemente abandonar. Pero el número de partidas posibles es tan grande, y el desafío computacional tan abrumador, que los resultados de las partidas, incluso entre supercomputadoras, siguen siendo impredecibles. Una tercera razón es sugerida por la teoría de la complejidad, que sostiene que incluso sistemas totalmente determinados que no superan nuestras capacidades computacionales pueden así y todo generar resultados profundamente aleatorios. Evaluar hasta qué punto se pueden predecir los resultados de la innovación, y la importancia de cualquier incertidumbre o imprevisibilidad residual sigue siendo un profundo desafío teórico con importantes implicaciones prácticas.

15. El desafío de mejorar la previsibilidad ha sido abordado con cierto éxito en algunas de las ciencias naturales. Muchas áreas de la ciencia parecen hoy claras –predecibles, gobernadas por leyes claras de causa y efecto, por ejemplo–. Pero no siempre fue así: muchos hechos del mundo natural les parecían muy aleatorios e inmensamente complejos a los antiguos y a los primeros científicos. La investigación apegada minuciosamente al método

científico trajo la previsibilidad sobre la cual se ha construido tanto progreso. Aun cuando nuestras teorías más avanzadas han convencido a los científicos de que el mundo no es determinista, al menos los fenómenos son predeciblemente aleatorios.

Las enfermedades infecciosas, por ejemplo, parecían atacar azarosamente. En el pasado, la gente no entendía qué las causaba. Quién sobrevivía y quién no, parecía impredecible. Sin embargo, aunque el resultado parecía aleatorio, el proceso que conducía a los resultados no era aleatorio –solo no era suficientemente comprendido–. En el caso de muchos cánceres hoy, como en el mundo de los capitalistas de riesgo, las probabilidades de supervivencia de los pacientes solo pueden expresarse en porcentajes. Pero esto no es porque los resultados sean impredecibles. Simplemente todavía no entendemos el proceso.

16. Peter Senge llama a las teorías modelos mentales (véase Peter Senge, *The Fifth Discipline* [New York: Bantam Doubleday Dell, 1990]). Nosotros consideramos usar el término *teoría*. Hicimos eso para ser provocadores, para incitar a los profesionales a valorar algo que es realmente valioso.

17. Una descripción completa del proceso de construcción de teorías y de las formas en que escritores y académicos de temática empresarial ignoran y violan los principios fundamentales de ese proceso puede leerse en un trabajo que está actualmente bajo revisión, "The Process of Theory Building", escrito por Clayton Christensen, Paul Carlile y David Sundahl. Copias impresas o electrónicas del mismo pueden solicitarse a través de la oficina del profesor Christensen, cchristensen@hbs.edu. Los académicos en que nos hemos basado al sintetizar el modelo de construcción de teorías presentado en ese trabajo (y muy brevemente resumido en este libro) son, en orden alfabético: E. H. Carr, *What Is History?* (New York: Vintage Books, 1961); K. M. Eisenhardt, "Building Theories from Case Study Research," *Academy of Management Review* 14, no. 4 (1989): 532–550; B. Glaser and A. Straus, *The Discovery of Grounded Theory: Strategies of Qualitative Research* (London: Wiedenfeld and Nicholson, 1967); A. Kaplan, *The Conduct of Inquiry: Methodology for Behavioral Research* (Scranton, PA: Chandler, 1964); R. Kaplan, "The Role for Empirical Research in Management Accounting," *Accounting, Organizations and Society* 4, no. 5 (1986): 429–452; T. Kuhn, *The Structure of Scientific Revolutions* (Chicago: University of Chicago Press, 1962); M. Poole and A. Van de Ven, "Using Paradox to Build Management and Organization Theories," *Academy of Management Review* 14, no. 4 (1989): 562–578; K. Popper, *The Logic of Scientific Discovery* (New York: Basic Books, 1959); F. Roethlisberger, *The Elusive Phenomena* (Boston: Harvard Business School Division of Research, 1977); Arthur Stinchcombe, "The Logic of Scientific Inference," capítulo 2 en *Constructing Social Theories* (New York: Harcourt, Brace & World, 1968); Andrew Van de Ven, "Professional Science for a Professional School," en *Breaking the Code of Change*, eds. Michael Beer

and Nitin Nohria (Boston: Harvard Business School Press, 2000); Karl E. Weick, "Theory Construction as Disciplined Imagination," *Academy of Management Review* 14, no. 4, (1989): 516-e531; y R. Yin, *Case Study Research* (Beverly Hills, CA: Sage Publications, 1984).

18. Lo que estamos diciendo es que el éxito de una teoría debe medirse por la precisión con que puede predecir resultados en toda la gama de situaciones en que se encuentran los gerentes. Por lo tanto, no estamos buscando la "verdad" en ningún sentido platónico, absoluto; nuestra pauta es la practicidad y la utilidad. Si posibilitamos que los gerentes alcancen los resultados que buscan, habremos tenido éxito. Medir el éxito de teorías basándonos en su utilidad es una tradición respetada en la filosofía de la ciencia, expresada más plenamente en la escuela del positivismo lógico. Véase, por ejemplo, R. Carnap, *Empiricism, Semantics and Ontology* (Chicago: University of Chicago Press, 1956); W. V. O. Quine, *Two Dogmas of Empiricism* (Cambridge, MA: Harvard University Press, 1961); y W. V. O. Quine, *Epistemology Naturalized* (New York: Columbia University Press, 1969).

19. Esta es una grave deficiencia de gran parte de la investigación de gestión. Los econometristas llaman a esta práctica "muestreo en la variable dependiente". Muchos autores, y muchos que se consideran académicos serios, están tan ansiosos por probar el valor de sus teorías que evitan deliberadamente el hallazgo de anomalías. En la investigación de estudio de casos, esto se hace seleccionando cuidadosamente ejemplos que respalden la teoría. En la investigación académica más formal, se lo hace llamando "valores atípicos" a los puntos de datos que no cuadran con el modelo, y hallando una justificación para excluirlos del análisis estadístico. Ambas prácticas limitan seriamente la utilidad de lo que se escribe. En realidad es el descubrimiento de fenómenos que la teoría existente no puede explicar lo que permite a los investigadores construir una teoría mejor que se base en un mejor esquema de clasificación. Necesitamos hacer investigación que *busque anomalías,* no que evite anomalías.

Hemos instado a los estudiantes de doctorado que buscan preguntas de investigación potencialmente productivas para sus tesis a preguntar simplemente cuándo no funcionará una teoría "de moda" –por ejemplo, "¿Cuándo es una mala idea la reingeniería de procesos?"–. O, "¿Usted podría alguna vez querer tercerizar algo que *es* su capacidad principal, y hacer internamente algo que *no es* su capacidad principal?" Formular preguntas de este tipo siempre mejora la validez de la teoría original. Esa oportunidad de mejorar nuestra comprensión a menudo existe incluso para trabajos de investigación muy bien hechos y de mucho prestigio. Por ejemplo, una conclusión importante en el extraordinario libro de Jim Collins, *From Good to Great* (New York: HarperBusiness, 2001), es que los ejecutivos de esas empresas exitosas no eran hombres y mujeres carismáticos y llamativos. Eran personas humildes que respetaban las opiniones de otros. Una buena oportunidad para ampliar la validez de la investigación de Collins es hacer una pregunta como, "¿Hay circunstancias en las que usted realmente *no quiere* ser un CEO humilde, no carismático?" Nosotros sospechamos que las hay –y definir las diferentes circunstancias en las que el carisma y la humildad son virtudes o vicios podría ser muy útil para las juntas de directores–.

20. Agradecemos a Matthew Christensen, del Boston Consulting Group, por sugerir esta ilustración del mundo de la aviación como un modo de explicar que entender las categorías es la base para brindar previsibilidad a un empeño. Nótese lo importante que era para los investigadores detectar las circunstancias en las que los mecanismos de sustentación y estabilización no resultaban en un vuelo exitoso. Fue la búsqueda misma de fallas lo que hizo posible el éxito de manera regular. Lamentablemente, muchos de quienes se dedican a la investigación de gestión parecen ansiosos por *no* señalar casos que su teoría no predijo específicamente. Se dedican a evitar las anomalías más que a buscar anomalías, y contribuyen en consecuencia a perpetuar la imprevisibilidad. Por eso, atribuimos mucha responsabilidad por la observada imprevisibilidad de la construcción de negocios a la misma gente cuya profesión es estudiar y escribir sobre estos problemas. Ocasionalmente, nosotros podemos caer en el mismo problema. Podemos afirmar que al desarrollar y refinar las teorías resumidas en este libro hemos buscado realmente detectar excepciones o anomalías que la teoría no habría predicho; al hacerlo, hemos mejorado las teorías considerablemente. Pero las anomalías siguen existiendo. En los casos en que somos conscientes de ello, hemos tratado de señalarlas en el texto o las notas de este libro. Si algunos de nuestros lectores saben de anomalías que estas teorías aún no pueden explicar, los invitamos a que nos informen sobre ellas para que, juntos, podamos trabajar para mejorar aún más la previsibilidad de los negocios.

21. En estudios sobre el modo en que las empresas enfrentan el cambio tecnológico, por ejemplo, los primeros investigadores sugerían categorías basadas en características, como cambio gradual *versus* cambio radical y cambio de producto *versus* cambio de proceso. Cada categorización respaldaba una teoría, basada en la correlación, acerca de la forma en que probablemente se vean afectadas por el cambio las nuevas empresas participantes y las empresas ya afianzadas, y cada una representaba una mejora en el poder predictivo respecto de los esquemas de categorización anteriores. En esta etapa del proceso casi nunca hay una teoría considerada mejor por consenso. Los estudiosos de este proceso en general han señalado que esa confusión es una etapa importante pero inevitable en la construcción de teorías. Véase Thomas Kuhn, *The Structure of Scientific Revolutions* (Chicago: University of Chicago Press, 1962). Kuhn describe en detalle las energías invertidas por los defensores de las diversas teorías rivales en esta etapa, antes de que surja un paradigma.

A su vez, uno de los manuales más influyentes para la investigación de la gestión y las ciencias sociales es el escrito por Barney G. Glaser y Anselm L. Strauss (*The Discovery of Grounded Theory: Strategies of Qualitative Research* [London: Wiedenfeld and Nicholson, 1967]). Aunque ellos llaman a su concepto clave "teoría fundamentada", el libro trata en realidad sobre la categorización, porque ese proceso es primordial para la construcción de una teoría válida. La expresión "teoría sustantiva" que usan ellos es similar a la nuestra de "categorías basadas en atributos". Glaser y Strauss describen cómo una comunidad de investigadores que construyen conocimiento a la larga logra transformar su conocimiento en "teoría formal", lo que nosotros llamamos "categorías basadas en circunstancias".

22. Clayton M. Christensen, *The Innovator's Dilemma: When New Technologies Cause Great Firms to Fail* (Boston: Harvard Business School Press, 1997).

23. Los gerentes necesitan saber si una teoría se aplica en su situación, si deben confiar en ella. Un libro muy útil sobre este tópico es el de Robert K. Yin, *Case Study Research: Design and Methods* (Beverly Hills, CA: Sage Publications, 1984). Basándonos en el libro de Yin, diríamos que la amplitud de aplicabilidad de una teoría, lo que Yin llama su validez externa, se establece de acuerdo con la solidez de su esquema de categorización. No hay otra forma de estimar dónde se aplica una teoría y dónde no. Para entender por qué, consideremos el modelo de innovación disruptiva que surgió del estudio de la industria del disco duro en los primeros capítulos de *El dilema de los innovadores*. La inquietud planteada por los lectores de ese estudio, por supuesto, era si la teoría se aplicaba también a otras industrias. *El dilema de los innovadores* trataba de abordar esas inquietudes mostrando cómo la misma teoría que explicaba quiénes tuvieron éxito y quiénes fracasaron con los discos duros explicaba también qué sucedía con las excavadoras mecánicas, el acero, la venta al por menor, las motocicletas, los software de contabilidad, los controladores de motor, el cuidado de la diabetes y las computadoras. Se eligió la variedad para mostrar la amplitud de la aplicabilidad de la teoría. Pero eso no calmó las inquietudes. Los lectores siguieron preguntando si la teoría se aplicaba a los productos químicos, el software de base de datos, y otras áreas.

Aplicar una teoría a una industria tras otra no puede demostrar su aplicabilidad, porque siempre dejará a los gerentes preguntándose si no habrá algo en sus circunstancias actuales que vuelva no confiable a la teoría. Una teoría puede usarse con confianza en la predicción solo cuando las categorías que definen sus contingencias son claras. Algunos investigadores académicos, en un esfuerzo bien intencionado por no excederse en la validez de lo que pueden afirmar y no afirmar justificadamente, se esmeran en aclarar las "condiciones de contorno" dentro de las cuales sus conclusiones pueden ser confiables. Eso está muy bien. Pero, a menos que se preocupen por definir cuáles son las otras circunstancias que están más allá de las "condiciones de contorno" de su estudio, circunscriben su contribución a un cuerpo teórico útil.

24. Una ilustración de lo importante que es entender correctamente las categorías puede verse en la fascinante yuxtaposición de dos libros recientes, sólidamente fundamentados, escritos por estudiantes de administración muy capaces, que presentan argumentos convincentes para soluciones diametralmente opuestas a un problema. Cada equipo de investigadores aborda el mismo problema subyacente –el desafío de mostrar crecimiento rentable y persistente–. En *Creative Destruction* (New York: Currency/Doubleday, 2001), Richard Foster y Sarah Kaplan sostienen que si las empresas esperan crear riqueza de manera sostenida y a una tasa comparable a la del mercado más amplio, deben estar dispuestas a explorar radicalmente nuevos modelos de negocios y causarse la turbulencia que caracteriza a los mercados de capitales. Al mismo tiempo, otro estudio, *Profit from the Core* (Boston: Harvard Business School Press, 2001), efectuado por los consultores de Bain, Chris Zook y James Allen, se basó en la misma evidencia fenomenológica –que solo una minúscula minoría de empresas pueden mantener rendimientos por encima del mercado durante un tiempo significativo–. Pero *su* libro alienta a las empresas a enfocarse en y mejorar sus negocios consolidados antes que intentar anticiparse o incluso responder a los caprichos de los inversores de capital buscando generar nuevo crecimiento en mercados menos relacionados. Mientras que Foster y Kaplan promueven sus conclusiones con relación a la idoneidad histórica del gradualismo en un contexto de continuidad competitiva y abogan por un cambio más radical a la luz de las exigencias de hoy, Zook y Allen sostienen que el foco es atemporal y sigue siendo la clave del éxito. Sus prescripciones son mutuamente excluyentes. ¿El consejo de quiénes deberíamos seguir? En la actualidad, los gerentes que lidian con sus propios problemas de crecimiento no tienen otra opción que elegir un bando en función de la reputación de los autores y los respaldos de la sobrecubierta. La respuesta es que hay una gran oportunidad para que los investigadores centrados en las circunstancias se basen en el valioso trabajo preliminar que ambos conjuntos de autores han establecido. La pregunta que ahora necesita respuesta es: ¿cuáles son las circunstancias en las que enfocarse en o cerca del núcleo producirán lucro y crecimiento sostenidos, y cuáles son las circunstancias en las que la destrucción creativa de *Fosteresca*, más abarcadora, es el enfoque que tendrá éxito?

CAPÍTULO 2

¿Cómo podemos derrotar a nuestros competidores más poderosos?

¿Cómo podemos saber antes de la batalla si podremos derrotar a la competencia? ¿Por qué la disrupción ha mostrado ser una estrategia tan eficaz para hacer que poderosos competidores incumbentes huyan de los competidores entrantes, en lugar de pelear con ellos? ¿Cómo podemos convertir nuestra idea de negocios en una de esas estrategias disruptivas? ¿Podemos realmente predecir quiénes serán los ganadores en una carrera por el crecimiento innovador? ¿Y si pudiéramos elegir nuestras batallas competitivas sabiendo que podríamos ganar prácticamente cada vez? ¿Y si supiéramos de antemano qué estrategias de crecimiento tendrían éxito y cuáles fracasarían?*

Desde hace mucho, los gerentes buscan maneras de predecir el resultado de las batallas competitivas. Algunos han reparado en las características de las empresas involucradas, prediciendo que las compañías más grandes con más recursos para encarar un problema derrotarán a las competidoras más pequeñas. Es interesante la frecuencia con que CEOs de empresas grandes y ricas en recursos basan sus estrategias en esa teoría, a pesar de la reiterada evidencia de que el nivel de recursos comprometidos a menudo tiene poca relación con el resultado.

---

* La traducción conservará el término "Incumbente", registrado ya en el *Diccionario de americanismos* de la Asociación de Academias de la Lengua Española. En economía y negocios, se denominan incumbentes a las empresas dominantes afianzadas en cada sector del mercado. *[N. del T.]*

Otros han considerado las características del cambio: cuando las innovaciones son graduales, las empresas consolidadas líderes en una industria probablemente refuercen su predominio; sin embargo, comparadas con las empresas entrantes, serán conservadoras e ineficaces para explotar la innovación de vanguardia.[1] En la introducción señalamos que las predicciones fundadas en categorías basadas en características, como lo son estas, resultan poco fiables.

El estudio de la innovación que estamos desarrollando propone otra manera de entender cuándo ganarán las empresas incumbentes y cuándo es probable que las derroten las compañías entrantes. *El dilema de los innovadores* identificaba dos categorías distintas basadas en las *circunstancias* de la innovación: de apoyo o sustentadoras, y disruptivas. En *circunstancias de apoyo* –cuando la carrera implica hacer productos mejores que puedan venderse por más dinero a clientes atractivos– observamos que casi siempre prevalecen las firmas incumbentes. En *circunstancias disruptivas* –cuando el desafío es comercializar un producto más simple y más conveniente que se vende por menos dinero y apunta a un conjunto de clientes nuevos o poco atractivos– es probable que las empresas entrantes derroten a las incumbentes. Este es el fenómeno que con tanta frecuencia derrota a las empresas exitosas. Por supuesto, eso implica que la mejor forma que tienen las empresas nuevas de atacar a los competidores afianzados es ser disruptivas con ellos.

Pocas tecnologías o ideas de negocios son intrínsecamente sustentadoras o disruptivas. Más bien, su impacto disruptivo debe ser convertido en una estrategia cuando los gerentes transforman la idea en un plan y lo implementan. Los constructores exitosos de nuevo crecimiento saben –ya sea intuitiva o explícitamente– que las estrategias disruptivas aumentan considerablemente las probabilidades de éxito competitivo.

El propósito de este capítulo es analizar el modelo de innovación disruptiva desde la perspectiva del disrumpido y desde la del disruptor, a fin de ayudar a los constructores de crecimiento a moldear sus estrategias para que escojan las batallas disruptivas que pueden ganar. Como la disrupción ocurre ya sea que la queramos o no, este capítulo también ayudará a los gerentes de empresas afianzadas a capturar el crecimiento disruptivo, en lugar de ver a sus empresas barridas por él.

El modelo de innovación disruptiva

El dilema de los innovadores identificaba tres elementos críticos de la disrupción, como se muestra en la Figura 2-1.

En primer lugar, en cada mercado hay una tasa de mejora que los clientes pueden utilizar o absorber, representada por la línea discontinua que asciende suavemente a lo largo del gráfico.

Por ejemplo, las empresas automotrices siguen brindándonos nuevos y mejorados motores, pero no podemos utilizar todo el rendimiento o utilidad *[performance]* que ponen a disposición bajo el capó. Factores como los atascamientos de tráfico, límites de velocidad y cuestiones de seguridad suelen restringir la cantidad de rendimiento que podemos usar.

Figura 2-1.
El modelo de innovación disruptiva

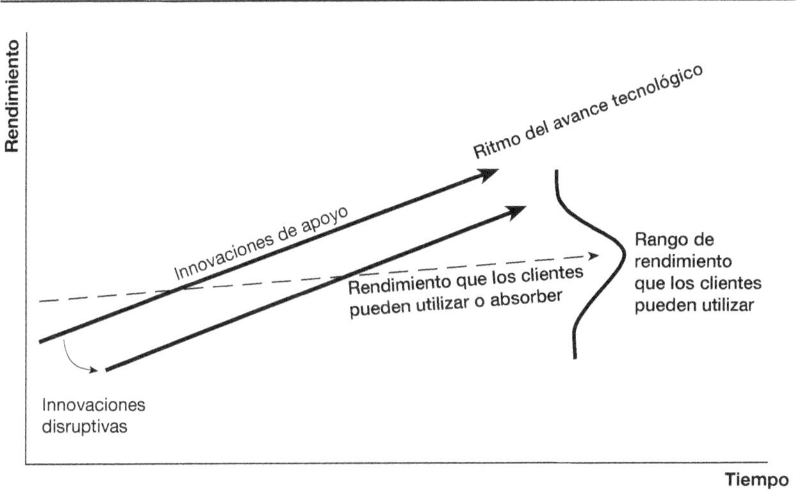

Para simplificar el gráfico, mostramos en una sola línea la capacidad de los clientes de utilizar las mejoras. En realidad, hay una distribución de clientes alrededor de ese meridiano: hay muchas de esas líneas, o niveles, en un mercado –un rango indicado por la curva de distribución, a la derecha–. Los clientes de los niveles más altos o exigentes tal vez nunca estén satisfechos con lo mejor que hay a disposición, y los de los niveles más bajos o menos exigentes tal vez estén más que satisfechos con muy poco.[2] Esa línea discontinua representa la tecnología que es "suficientemente buena" para satisfacer las necesidades de los clientes.

En segundo lugar, en cada mercado hay una trayectoria de mejora claramente diferente que las empresas innovadoras informan a medida que introducen productos nuevos y mejorados. Ese ritmo del avance tecnológico casi siempre supera la capacidad de los clientes para aprovecharlo, en cualquiera de los niveles del mercado, como indican las líneas continuas más empinadas en la Figura 2-1. Así, una empresa cuyos productos están posicionados exactamente en las necesidades actuales de los clientes probablemente excederá lo que esos mismos clientes puedan utilizar en el futuro. Esto ocurre porque las empresas siguen esforzándose por hacer mejores productos que puedan vender con mayores márgenes de ganancia a clientes todavía no satisfechos de los niveles exigentes del mercado.

Para visualizar esto, retrocedamos a 1983, cuando la gente comenzó a usar computadoras personales para procesamiento de texto. La gente a menudo tenía que detener los dedos para dejar que el chip Intel 286 le siguiera el ritmo. Como se observa en el lado izquierdo de la Figura 2-1, la tecnología no era suficientemente buena. Pero los procesadores de hoy ofrecen mucha más velocidad de la que los usuarios corrientes pueden usar –aunque en los niveles más exigentes del mercado sigue habiendo algunos clientes insatisfechos que necesitan chips más rápidos todavía–.

El tercer elemento crítico del modelo es la distinción entre innovación de apoyo e innovación disruptiva. La *innovación de apoyo* apunta a clientes de alta gama, con mejor rendimiento que el anteriormente disponible. Algunas innovaciones de apoyo son las mejoras graduales que las buenas empresas desarrollan año tras año. Otras son los productos de avanzada que dejan atrás a la competencia. Pero no importa lo difícil que sea tecnológicamente la innovación: los competidores consolidados casi siempre ganan las batallas de tecnología sustentadora. Como esa estrategia implica hacer un producto mejor que puedan vender con mayores márgenes de ganancia a sus mejores clientes, los competidores consolidados tienen poderosas motivaciones para librar batallas sustentadoras. Y tienen los recursos para ganar.

Las *innovaciones disruptivas*, en contraste, no tratan de ofrecer mejores productos a clientes afianzados de los mercados existentes. En vez de ello, alteran y redefinen esa trayectoria introduciendo productos y servicios que no son tan buenos como los productos actualmente disponibles. Pero las tecnologías disruptivas ofrecen otros beneficios –por lo general, son productos más simples, más convenientes y menos caros que apuntan a clientes nuevos o menos exigentes–.[3]

Una vez que un producto disruptivo logra posicionarse en un mercado nuevo o de baja gama, comienza el ciclo de mejora. Y como el ritmo de avance tecnológico supera la capacidad de aprovecharlo de los clientes, la tecnología que antes no era suficientemente buena con el tiempo mejora lo suficiente para intersectar con las necesidades de clientes más exigentes. Cuando eso sucede, los disruptores están en un camino que a la larga derrotará a las empresas incumbentes. Esta distinción es importante para los innovadores que buscan crear negocios de nuevo crecimiento. Mientras que los líderes actuales de la industria casi siempre triunfan en las batallas de innovación de apoyo, las disrupciones exitosas han sido lanzadas más a menudo por empresas entrantes.[4]

La disrupción tiene un efecto paralizante en los líderes de la industria. Con procesos de asignación de recursos diseñados y perfeccionados para financiar innovaciones de apoyo, su constitución los hace incapaces de responder. Están siempre motivados para ascender de nivel en el mercado, y casi nunca lo están para defenderse de los mercados nuevos o de baja gama que los disruptores encuentran atractivos. Llamamos a ese fenómeno *motivación asimétrica*. Ese es el núcleo del dilema del innovador, y el comienzo de la solución del innovador.

La disrupción en acción: cómo las mini-acerías derrotaron a las empresas siderúrgicas integradas

La disrupción de acerías integradas provocada por mini-acerías, cuya crónica fue parcialmente analizada en *El dilema de los innovadores,* es un clásico ejemplo de por qué los líderes consolidados son mucho más fáciles de derrotar si la idea para un producto o negocio nuevos es convertida en una disrupción.

Históricamente, la mayor parte del acero del mundo ha venido de enormes acerías integradas que hacen todo, desde aglomerar el mineral de hierro, el coque y la caliza en altos hornos hasta laminar productos terminados en el otro extremo. Hoy cuesta aproximadamente 8000 millones de dólares construir una nueva acería integrada de esas características. En contraste, las mini-acerías funden chatarra de acero en hornos de arco eléctrico –cilindros que tienen aproximadamente veinte metros de diámetro y diez metros de alto–. Como pueden producir acero fundido de manera rentable en una planta tan pequeña, las mini-acerías no necesitan realizar las operaciones de laminado y terminación en gran escala que se requieren para manejar la producción de altos hornos eficientes –por eso se las llama *mini-acerías*–. Pero lo más importante es que la tecnología sencilla de las mini-acerías puede fabricar acero de cualquier calidad determinada a un costo un 20 por ciento menor que una acería integrada.

El acero es una *commodity*. Uno pensaría que todas las empresas siderúrgicas integradas del mundo habrían adoptado agresivamente esa tecnología sencilla y de menor costo. Sin embargo, hasta el año 2000 ninguna acería integrada había invertido exitosamente en una mini-acería, aun cuando las mini-acerías habían crecido hasta representar casi la mitad de la producción de acero de Norteamérica, así como una cuota importante de otros mercados.[5]

Podemos explicar por qué algo que tiene tanto sentido ha sido tan difícil para las acerías integradas. Las mini-acerías se volvieron tecnológicamente viables por primera vez a mediados de la década de 1960. Como en sus hornos de arco eléctrico funden fragmentos de química incierta y variada, la calidad del acero que podían producir inicialmente esas mini-plantas era baja. De hecho, el único mercado que aceptaba la producción de las mini-acerías era el mercado de barras de refuerzo para hormigón. Las especificaciones para las barras de refuerzo son imprecisas, de modo que ese era un mercado ideal para productos de baja y variable calidad.

Cuando las mini-acerías atacaron el mercado de las barras de refuerzo, las acerías integradas se alegraron de librarse del negocio de esa *commodity*, sujeto a una competencia feroz. Debido a las diferencias en sus estructuras de costos y a las oportunidades de inversión que cada uno enfrentaba, el mercado de barras de refuerzo era visto de manera muy distinta por el disruptor y el disrumpido. Para los productores integrados, los márgenes de utilidad bruta en barras de refuerzo rondaban el 7 por ciento, y la categoría entera de ese producto representaba solamente el 4 por ciento del tonelaje de la industria. Era la menos atractiva de cualquiera de los niveles del mercado en los que pudieran invertir para crecer. Así que, cuando las mini-acerías lograron posicionarse en el mercado de las barras de refuerzo, las acerías integradas reconfiguraron sus líneas para fabricar productos más rentables.

En contraste, con un 20 por ciento de ventaja en los costos, las mini-acerías gozaron de ganancias atractivas en la competencia por las barras contra las acerías integradas –hasta 1979, cuando finalmente consiguieron expulsar del mercado de barras de refuerzo a la última acería integrada–. Las estadísticas históricas de precios muestran que el precio de las barras se derrumbó entonces en un 20 por ciento. Mientras las mini-acerías pudieron competir contras las acerías integradas con sus mayores costos, el juego les era rentable. Pero tan pronto como las mini-acerías de costos bajos se enfrentaron entre sí en un mercado de productos básicos, la recompensa por la victoria fue que ninguna de ellas podía obtener ganancias atractivas con las barras de refuerzo.[6] Y peor aún, cuando todas buscaron rentabilidad convirtiéndose en productoras más eficientes, descubrieron que, en una *commodity* como las barras de refuerzo, las reducciones de costos significaban supervivencia pero no rentabilidad.[7]

Pero las mini-acerías pronto alzaron la mirada, y lo que vieron les trajo alivio. Si lograban resolver cómo fabricar productos de acero más grandes y mejores –como barras más gruesas y perfiles de hierro en ángulo– podrían embolsar toneladas de dinero, porque en ese nivel del mercado, como se muestra en la Figura 2-2, las acerías integradas estaban obteniendo márgenes de rentabilidad brutos de un 12 por ciento –casi el doble de los márgenes que habían obtenido en su momento con las barras de refuerzo–. Ese mercado era además dos veces más grande que el del segmento de las barras, representando aproximadamente el 8 por ciento del tonelaje de la industria. Cuando las mini-acerías resolvieron cómo hacer productos de acero más grandes y mejores y atacaron ese nivel del mercado, las acerías integradas se sintieron casi aliviadas de deshacerse también del negocio de las barras y perfiles.

Figura 2-2.
Márgenes brutos

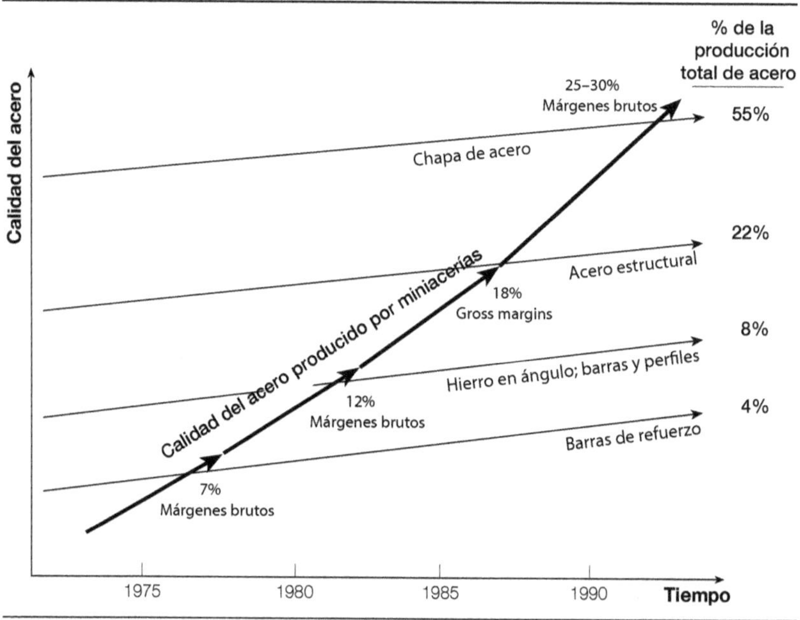

Fuentes: American Iron and Steel Institute; entrevistas con ejecutivos de empresas. Nótese que los porcentajes de tonelaje no suman el 100 por ciento porque hay otras categorías especiales de acero.

Esas eran *commodities* sujetas a una competencia feroz comparadas con sus productos de márgenes más altos, mientras que, para las mini-acerías, eran una oportunidad atractiva comparadas con las barras de refuerzo y su margen más bajo. Así es que, cuando las mini-acerías ampliaron su capacidad para fabricar hierro en ángulo y barras más gruesas, las acerías integradas cerraron sus líneas de producción o las reconfiguraron para fabricar productos más rentables. Con una ventaja del 20 por ciento en los costos, las mini-acerías gozaron de ganancias significativas en la competencia contra las acerías integradas hasta 1984, cuando finalmente lograron expulsar del mercado de perfiles y barras a la última acería integrada. Una vez más, las mini-acerías repitieron su recompensa: con mini-acerías con costos bajos compitiendo entre sí, el precio de las barras y perfiles cayó un 20 por ciento, y ya no se obtenían ganancias atractivas. ¿Qué podían hacer?

Continuar subiendo de nivel en el mercado y pasar a las vigas estructurales parecía ser la siguiente respuesta obvia. Los márgenes brutos en ese sector eran de un enorme 18 por ciento, y el mercado era tres veces más grande que el negocio de las barras y perfiles. La mayoría de los tecnólogos pensaban que las mini-acerías serían incapaces de laminar vigas estructurales. Muchas de las propiedades requeridas para cumplir con las especificaciones del acero utilizado en la construcción de edificios y puentes eran proporcionadas al acero en los procesos de laminado de las grandes acerías integradas, y simplemente no podrían obtenerse en las instalaciones reducidas de las mini-acerías. Pero lo que los expertos técnicos no tenían en cuenta era lo desesperadamente motivadas que estarían las mini-acerías para solucionar ese problema, porque era la única forma en que podrían ganar dinero atractivo. Las mini-acerías lograron innovaciones extraordinariamente ingeniosas en su paso del hierro en ángulo a las vigas doble T –cosas como el molde "hueso de perro" de Chaparral Steel en su colada continua, cuando nadie había imaginado que se pudiera hacer–. Aunque jamás se podría haber predicho cuál sería la solución técnica, *podía* predecirse con absoluta certeza que las mini-acerías estuviesen fuertemente motivadas para resolver el problema. La necesidad sigue siendo la madre de la invención.

Al principio de su invasión en el terreno de las vigas estructurales, lo más grande que las mini-acerías podían producir eran pequeñas vigas de seis pulgadas como las que soportan las casas rodantes. Atacaron el extremo inferior del mercado de vigas estructurales, y una vez más las acerías integradas estuvieron casi aliviadas de deshacerse de ellas. Eran un producto sujeto a una competencia feroz, comparado con sus otros productos con márgenes más altos, en los que concentrar la inversión podría generar un volumen más atractivo. Para las mini-acerías, al contrario, eran un producto atractivo, comparado con los márgenes que estaban obteniendo con las barras de refuerzo y el hierro en ángulo. Así, cuando las mini-acerías ampliaron su capacidad para laminar vigas estructurales, las acerías integradas cerraron sus fábricas de vigas estructurales para centrarse en productos de chapa de acero más rentables. Con una ventaja del 20 por ciento en los costos, las mini-acerías gozaron de ganancias considerables mientras pudieron competir con las acerías integradas. Pero entonces, a mediados de la década de 1990, cuando finalmente consiguieron expulsar del mercado de las vigas estructurales a la última acería integrada, los precios se derrumbaron de nuevo. Una vez más, la recompensa por la victoria fue el final de la ganancia.

La secuencia se repitió cuando la mini-acería líder, Nucor, atacó el negocio de las chapas de acero. Su capitalización de mercado eclipsa ahora a la de la US Steel, la más grande de las empresas siderúrgicas integradas. Bethlehem Steel está en bancarrota al momento de escribir esto.

Esta no es una historia de mal manejo de las empresas siderúrgicas. Es una historia de gerentes racionales que enfrentan el dilema del innovador: ¿deberíamos invertir para proteger el extremo menos rentable de nuestro negocio, a fin de retener a nuestros clientes más leales y más sensibles al precio? ¿O deberíamos invertir para fortalecer nuestra posición en los niveles más rentables de nuestro negocio, con clientes que nos recompensen con precios premium por productos mejores?

Los ejecutivos que enfrentan este dilema vienen en todas las variedades: tímidos, enérgicos, analíticos y orientados a la acción. En un mundo no estructurado sus acciones podrían ser imprevisibles. Pero como responsables de grandes industrias incumbentes, enfrentan fuerzas poderosas y predecibles que los inducen a huir en vez de pelear cuando son atacados desde abajo. Por eso es que transformar una idea de negocios en una disrupción es una estrategia efectiva para derrotar a un competidor afianzado. La disrupción funciona porque es *mucho* más fácil derrotar a los competidores cuando son inducidos a huir en vez de pelear.

Las fuerzas que impulsan a las empresas bien gestionadas a subir de categoría están *siempre* en acción, en todas las empresas y todas las industrias. Sea que las firmas entrantes ya hayan disrumpido o no a los líderes consolidados, las fuerzas están operando, conduciendo, como es de esperar, en una sola dirección. No es solamente un fenómeno de las "empresas tecnológicas" como las de microelectrónica, software, fotónica o bioquímica. De hecho, cuando usamos en este libro el término *tecnología*, se refiere al proceso que toda empresa utiliza para convertir recursos de mano de obra, materiales, capital, energía e información en resultados de mayor valor. A los fines de crear crecimiento de manera previsible, diferenciar entre "alta tecnología" y "baja tecnología" no es la forma correcta de categorizar el mundo. Todas las empresas tienen tecnología, y todas están sujetas a esas fuerzas fundamentales.

El papel de la innovación de apoyo en la generación de crecimiento

Debemos dejar bien en claro que *no* estamos en contra de la búsqueda agresiva de innovación de apoyo. Hay una serie de libros agudos que ofrecen técnicas de administración para ayudar a las empresas a sobresalir en innovaciones de apoyo, y su contribución es importante.[8] Casi siempre una gran cantidad de empresas similares ingresan a una industria en los primeros años de la misma, y adelantarse a esa multitud –ascender más decisivamente que las demás en la trayectoria de la innovación de apoyo– es crucial para la *explotación* exitosa de la oportunidad disruptiva. Pero esa es la raíz del dilema: las innovaciones de apoyo son tan importantes y atractivas, comparadas con las disruptivas, que las mejores empresas con estrategias de apoyo ignoran sistemáticamente las amenazas y oportunidades disruptivas hasta que el juego ha terminado.

La innovación de apoyo básicamente implica ofrecer un producto mejor. Iniciar una nueva empresa con una innovación de apoyo no necesariamente es una mala idea: las empresas enfocadas a veces pueden desarrollar productos nuevos más rápidamente que las firmas más grandes por los conflictos y distracciones que un espectro más amplio crea a menudo. Pero la teoría de la disrupción propone que una vez que hayan establecido la viabilidad de su producto superior, los emprendedores que hayan entrado en una trayectoria de apoyo se volteen y le vendan el negocio a uno de los líderes de la industria que están detrás de ellos. Si se ejecuta exitosamente, adelantarse a los líderes en una curva de apoyo y luego vender el negocio rápidamente puede ser una forma sencilla de obtener un retorno financiero atractivo. Esa es una práctica común en la industria de la salud, y fue el bien documentado mecanismo mediante el cual Cisco Systems "tercerizó" (y financió con capital accionario en vez de con dinero para gastos) gran parte de su desarrollo de productos de apoyo en la década de 1990.

Sin embargo, la estrategia de una tecnología de apoyo *no* es una forma viable de construir negocios de nuevo crecimiento. Si uno crea y trata de vender un producto mejor en un mercado consolidado para captar los mejores clientes de competidores afianzados, los competidores tenderán a pelear antes que a huir.[9] Este consejo es válido incluso cuando el entrante es una gran corporación con bolsillos ostensiblemente más profundos que los de la empresa incumbente.

Por ejemplo, las cajas registradoras electrónicas fueron una innovación radical pero de apoyo con relación a las cajas registradoras electromecánicas, cuyo mercado estaba dominado por la National Cash Register (NCR). NCR pasó *totalmente* por alto la llegada de la nueva tecnología en la década de 1970 –tan desacertadamente que, de hecho, las ventas de productos de NCR literalmente cayeron a cero–. Las registradoras electrónicas eran tan superiores que no había ninguna razón para comprar un producto electromecánico salvo como una antigüedad. No obstante, NCR sobrevivió gracias a los ingresos por servicios durante más de un año, y cuando finalmente introdujo su propia caja registradora electrónica, su extensa estructura de ventas rápidamente captó la misma cuota de mercado de la que la empresa había gozado en el terreno electromecánico.[10] Los intentos que hicieron IBM y Kodak en las décadas de 1970 y 1980 para derrotar a Xerox en el negocio de las fotocopiadoras de alta velocidad son otro ejemplo. Esas empresas eran *mucho* más grandes, y sin embargo no lograron ganarle a Xerox en una competencia de tecnología de apoyo.

De manera similar, los gigantes corporativos RCA, General Electric y AT&T no pudieron superar a IBM en la trayectoria de la tecnología de apoyo de los servidores u ordenadores centrales *[mainframe]*. A pesar de los enormes recursos gastados en el intento, no pudieron hacer mella en la posición de IBM. Al final, fueron los fabricantes disruptivos de computadoras personales, no las grandes corporaciones que eligieron una pelea directa por la innovación de apoyo, quienes superaron a IBM en el campo de las computadoras. Airbus entró en la industria de la construcción aeronáutica enfrentándose a Boeing, pero hacer eso requirió cuantiosos subsidios de gobiernos europeos. En el futuro, el crecimiento más rentable en la industria de la construcción aeronáutica probablemente vendrá de firmas con estrategias disruptivas como Embraer y Bombardier's Canadair, cuyos *jets* regionales están ampliando agresivamente el mercado desde abajo.[11]

Disrupción es un término *relativo*

Una idea que es disruptiva para un negocio puede ser de apoyo para otro. Dadas las claras probabilidades a favor de las empresas incumbentes en las carreras de apoyo pero a favor de las entrantes en las carreras disruptivas, recomendamos una regla estricta:

si su idea para un producto o negocio parece disruptiva para algunas empresas consolidadas pero podría representar una mejora *de apoyo* para otras, usted debe empezar de nuevo. Necesita definir una oportunidad que sea disruptiva respecto de *todos* los jugadores consolidados del mercado al que apunta, o no debe invertir en la idea. Si esa idea representa una innovación de apoyo para una empresa incumbente importante, usted está eligiendo una pelea que es muy poco probable que gane.

Tomemos Internet, por ejemplo. Durante los últimos años de la década de 1990, hubo inversores que pusieron billones en empresas basadas en Internet, convencidos de su potencial "disruptivo". Una razón importante de por qué muchos de ellos fracasaron fue que Internet era una innovación de apoyo con respecto a los modelos de negocios de una gran cantidad de empresas. Antes de la llegada de Internet, Dell Computer, por ejemplo, vendía computadoras directamente a los clientes por correo y por teléfono. Ese negocio ya era un disruptor de gama baja, ascendiendo en su trayectoria. Los vendedores telefónicos de Dell tenían que estar altamente capacitados para guiar a sus clientes en cuanto a las diversas configuraciones de componentes que eran o no factibles. Luego ingresaban manualmente la información en los sistemas de cumplimiento de pedidos de Dell.

Para Dell, Internet fue una tecnología de apoyo. Hizo que los procesos comerciales centrales funcionaran mejor, y ayudó a Dell a ganar más dinero en la forma en que se estructuró para ganar dinero. Pero la misma estrategia de vender directamente a los clientes vía Internet fue muy disruptiva para el modelo de negocios de Compaq, porque la estructura de costos y los procesos comerciales de la empresa estaban apuntados a la distribución minorista en tienda.

La teoría de la disrupción concluiría que si Dell (y Gateway) no hubiera existido, los minoristas de computadoras emergentes basados en Internet podrían haber tenido éxito en disrumpir a competidores como Compaq. Pero como Internet fue de apoyo para las poderosas firmas incumbentes, los minoristas de computadoras entrantes no prosperaron.

Un modelo de negocios disruptivo es un valioso activo empresarial

Un modelo de negocios disruptivo que pueda generar ganancias atractivas a los precios de descuento requeridos para ganar clientes en la gama baja es un activo de crecimiento extraordinariamente valioso. Cuando sus ejecutivos llevan el modelo de negocios a un mercado de más categoría para hacer productos de mayor rendimiento que se venden a precios más altos, gran parte del aumento en los precios va a las ganancias netas –y sigue yendo allí mientras el disruptor pueda seguir ascendiendo, compitiendo marginalmente contra el disrumpido y sus costos más altos–. Cuando una empresa trata de llevar un modelo comercial de mayor costo a un mercado de gama más baja para vender productos a precios más bajos, casi nada de los ingresos incrementales va a las ganancias netas. Son absorbidos en los gastos generales. Por eso, como analizamos en el Capítulo 7, las firmas consolidadas que esperan captar el crecimiento creado por la disrupción necesitan hacerlo desde dentro de un negocio autónomo con una estructura de costos que ofrezca tanto margen de altura como sea posible para una posterior migración ascendente rentable.

Ascender en la trayectoria hacia niveles de mercado de márgenes sucesivamente más altos y deshacerse de productos menos rentables en la gama baja es algo que todos los buenos gerentes deben hacer para mantener fuertes sus márgenes y firme el precio de sus acciones. Quedarse quietas no es una opción, porque las firmas que dejan de ascender se encuentran en una situación como la de las barras de refuerzo, peleando con productos difíciles de diferenciar contra competidores cuyos costos son similares.[12]

Esto en definitiva significa que al hacer lo que deben hacer, las empresas preparan el camino para su propia disrupción. Ese es el dilema del innovador. Pero es también el comienzo de la solución del innovador. La disrupción no garantiza el éxito, pero sin duda ayuda. *El dilema de los innovadores* mostraba que seguir una estrategia de disrupción aumentaba las probabilidades de crear un negocio de crecimiento exitoso del 6 por ciento al 37 por ciento.[13] Como el curso de acción de la empresa consolidada está tan claramente señalado, también es claro lo que deben hacer los ejecutivos que buscan crear negocios de nuevo crecimiento: apuntar a productos y mercados que las empresas consolidadas tienden a ignorar o de los que quieren huir. Muchas de las trayectorias de crecimiento más rentables de la historia fueron iniciadas por innovaciones disruptivas.

Dos tipos de disrupción

A fin de simplificar, *El dilema de los innovadores* presentaba el diagrama de la innovación disruptiva solamente en dos dimensiones. En realidad, hay dos tipos diferentes de disrupciones, que pueden visualizarse mejor añadiendo un tercer eje al diagrama de la disrupción, como se muestra en la Figura 2-3.

Figura 2-3.
La tercera dimensión del modelo de innovación disruptiva

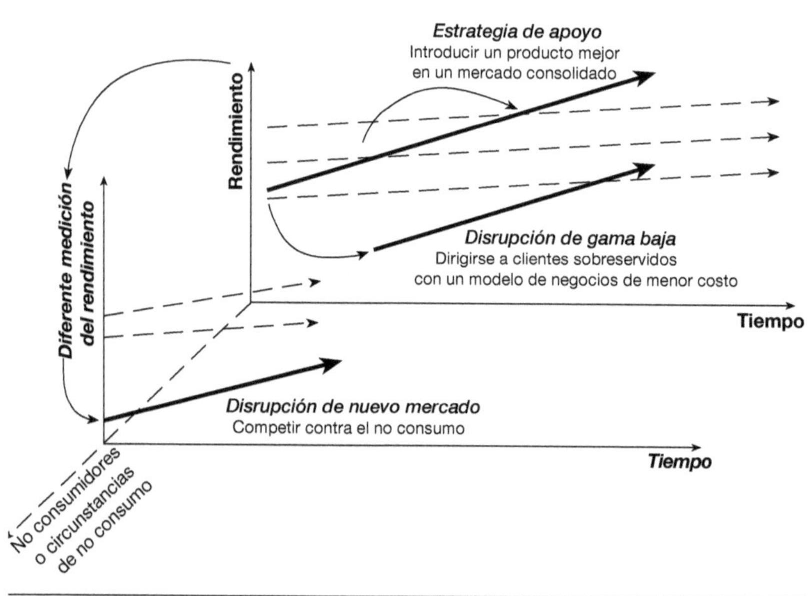

Los ejes vertical y horizontal son como antes: el rendimiento del producto en el eje vertical y el tiempo trazado en la dimensión horizontal. El tercer eje representa nuevos clientes y nuevos contextos para el consumo.

Las dimensiones originales –tiempo y rendimiento– definen una determinada aplicación comercial en la que los clientes compran y usan un producto o servicio. En términos geométricos, esa aplicación y el conjunto de clientes están en un plano de competencia y consumo, que *El dilema de los innovadores* llama *red de valor*. Una red de valor es el contexto en el que una firma establece una estructura de costos y procesos operativos y trabaja con proveedores y socios en el canal de distribución para responder rentablemente a las necesidades comunes de una clase de clientes. Dentro de una red de valor, la estrategia competitiva de cada firma, y particularmente su estructura de costos y la elección de los mercados y clientes a los que servir, determinan sus percepciones del valor económico de una innovación. A su vez, esas percepciones moldean las recompensas y las amenazas que las firmas esperan experimentar a través de innovaciones disruptivas *versus* innovaciones de apoyo.[14]

La tercera dimensión que se extiende hacia nosotros en el diagrama representa nuevos contextos de consumo y competencia, que son nuevas redes de valor. Estas constituyen o bien nuevos clientes que antes no tenían el dinero o las habilidades para comprar y usar el producto, o situaciones diferentes en las que un producto puede ser usado –generadas por mejoras en la simplicidad, la portabilidad y el costo del producto–. Para cada una de esas nuevas redes de valor puede trazarse un eje vertical representando el rendimiento de un producto como se define en ese contexto (que es una medida diferente de lo que se valora en la red de valor original).

Diferentes redes de valor pueden surgir a diferentes distancias de la original a lo largo de la tercera dimensión del diagrama. En el análisis que sigue, nos referiremos a las disrupciones que crean una nueva red de valor en el tercer eje llamándolas *disrupciones de nuevo mercado*. En contraste, las *disrupciones de gama baja* son aquellas que atacan a los clientes menos redituables y más sobre-servidos del extremo inferior de la red de valor original.

Disrupciones de nuevo mercado

Decimos que las disrupciones de nuevo mercado compiten contra el "no consumo" porque los productos de nuevo mercado disruptivos son tanto más asequibles y más simples de usar que le permiten a toda una nueva población de gente comenzar a adquirirlos y usarlos, y hacerlo en un marco más conveniente. La computadora personal y la primera radio de bolsillo a baterías de Sony fueron disrupciones de nuevo mercado, ya que sus clientes iniciales eran consumidores nuevos –no habían tenido o usado la generación anterior de productos y servicios–. Las fotocopiadoras de escritorio Canon también fueron una disrupción de nuevo mercado, pues le permitieron a la gente comenzar a hacer cómodamente sus propias fotocopias en un rincón de su oficina, en lugar de llevar sus originales al centro de fotocopiado de alta velocidad de la empresa, donde un técnico tenía que realizar el trabajo. Cuando Canon hizo tan cómodo el fotocopiado, la gente terminó haciendo *muchas* más copias. El desafío de los disruptores de nuevo mercado es crear una nueva red de valor, en la que el no consumo, no la empresa incumbente, es lo que debe ser derrotado.

Aunque las disrupciones de nuevo mercado inicialmente compiten contra el no consumo en su única red de valor, a medida que su rendimiento mejora se vuelven suficientemente buenas para sacar a los clientes de su red de valor original y llevarlos a una nueva, empezando con el nivel menos exigente. La innovación disruptiva no invade el mercado dominante; en vez de ello, saca a los clientes de la red de valor dominante y los lleva a una nueva porque esos clientes encuentran más conveniente usar el nuevo producto.

Como las disrupciones de nuevo mercado compiten contra el no consumo, los líderes incumbentes no padecen ningún dolor y sienten muy poca amenaza hasta que la disrupción está en sus etapas finales. De hecho, cuando la disrupción empieza a sacar clientes de la gama baja de la red de valor original, las firmas consolidadas en realidad lo celebran porque, mientras suben de nivel en su propio mundo, durante un tiempo reemplazan los ingresos de márgenes bajos que les roban los disruptores por ingresos de márgenes más altos generados por innovaciones de apoyo.[15]

Disrupciones de gama baja

Llamamos *disrupciones de gama baja* a aquellas que se establecen en el extremo inferior de su red de valor original o principal. Disrupciones como las mini-acerías, el descuento al por menor y la entrada de fabricantes de automóviles coreanos en el mercado norteamericano han sido claras disrupciones de gama baja, ya que no crearon nuevos mercados —eran simplemente modelos de bajo costo que crecieron eligiendo a los clientes menos atractivos de las firmas incumbentes—. Aunque son muy diferentes, las disrupciones de nuevo mercado y las de gama baja generan ambas el mismo dilema embarazoso para las empresas incumbentes. Las disrupciones de nuevo mercado las inducen a ignorar a los atacantes, y las de gama baja las incitan a huir del ataque.

La disrupción de gama baja ha ocurrido varias veces en la venta minorista.[16] Por ejemplo, los grandes almacenes de servicio completo tenían un modelo de negocios que les permitía rotar los inventarios tres veces por año. Necesitaban obtener márgenes brutos de un 40 por ciento para ganar dinero con su estructura de costos. Por lo tanto ganaban un 40 por ciento tres veces al año, para un retorno anual del 120 por ciento sobre el capital invertido en inventario (ROCII). En la década de 1960, minoristas de descuento como Wal-Mart y Kmart atacaron la gama baja del mercado de las tiendas por departamento, o grandes almacenes[*] —bienes durables de marca nacional tales como pintura, artículos de ferretería, utensilios de cocina, juguetes y artículos deportivos, que eran de un uso tan familiar que podían venderse solos—. Los clientes de esa gama del mercado estaban sobre-servidos por los grandes almacenes, pues no necesitaban vendedores de piso capacitados que los ayudaran a conseguir lo que querían. El modelo de negocios de descuento les permitía a esas firmas ganar dinero con márgenes brutos de alrededor del 23 por ciento, en promedio.

---

[*] En inglés, *department stores*: tiendas divididas en sectores para diferentes categorías de productos. En español se las conoce como tiendas por departamento, tiendas departamentales o grandes almacenes. La traducción usará indistintamente esos términos. *[N. del T.]*

Sus políticas de inventario y sus procesos operativos les permitían rotar de inventario más de cinco veces al año, de modo que ellas también tenían un ROCII anual de aproximadamente un 120 por ciento. Los minoristas de descuento no admitían niveles de rentabilidad inferiores –su modelo de negocios simplemente generaba ganancias aceptables a través de una fórmula diferente–.[17]

Para las firmas consolidadas es muy difícil no huir de un disruptor de gama baja. Consideremos, por ejemplo, la elección que los ejecutivos de grandes almacenes de servicio completo tenían que hacer cuando los minoristas de descuento atacaban los bienes durables de marca en el extremo inferior de las múltiples mercancías de sus empresas. La decisión crucial en la asignación de recursos de los minoristas es el uso del espacio de piso o las estanterías. Una opción para los ejecutivos de grandes almacenes era asignar más espacio a productos con márgenes mayores, como cosméticos y ropa de alta costura, cuyos márgenes brutos a menudo superaban el 50 por ciento. Como su modelo de negocios rotaba el inventario tres veces al año, esa opción prometía un ROCII de 150 por ciento.

La alternativa era defender el negocio de los bienes durables de marca, que los minoristas de descuento estaban atacando con precios un 20 por ciento inferiores a los de las tiendas por departamento. Competir contra los minoristas en esos niveles haría que los márgenes cayeran de golpe un 20 por ciento, lo cual, dadas en promedio las tres rotaciones de inventario que eran propias de su modelo de negocio, implicaba un ROCII del 60 por ciento. Por lo tanto, tenía absoluto sentido que las tiendas por departamento de servicio completo huyeran –para salir de los mismos niveles del mercado a los que los minoristas de descuento buscaban entrar–.[18]

Muchas disrupciones son híbridas, combinando abordajes de nuevo mercado y de gama baja, como muestra la secuencia del tercer eje en la Figura 2-3. Southwest Airlines, por ejemplo, es en realidad un disruptor híbrido. Inicialmente apuntó a clientes que no volaban –gente que anteriormente usaba automóviles y autobuses–. Pero la empresa sacó también clientes de la gama baja de la red de valor principal de las aerolíneas. Charles Schwab es un disruptor híbrido. Con sus comisiones con descuento robó algunos clientes de corredores de servicio completo, pero también creó nuevos mercados permitiéndole a gente que tradicionalmente no invertía capital –estudiantes, por ejemplo– empezar a tener y negociar acciones.[19]

La Figura 2-4 muestra dónde estaban posicionados al comienzo algunos de los disruptores más exitosos de la historia en la secuencia de la disrupción de nuevo mercado a gama baja. El apéndice de este capítulo ofrece una breve explicación histórica de cada uno de los productos o empresas disruptivos que muestra el gráfico. Por supuesto, ese no es un censo completo de las empresas disruptivas, y su posicionamiento en el gráfico es solo aproximativo.

Figura 2-4.

Ejemplos de empresas y productos cuyo origen estuvo en la disrupción

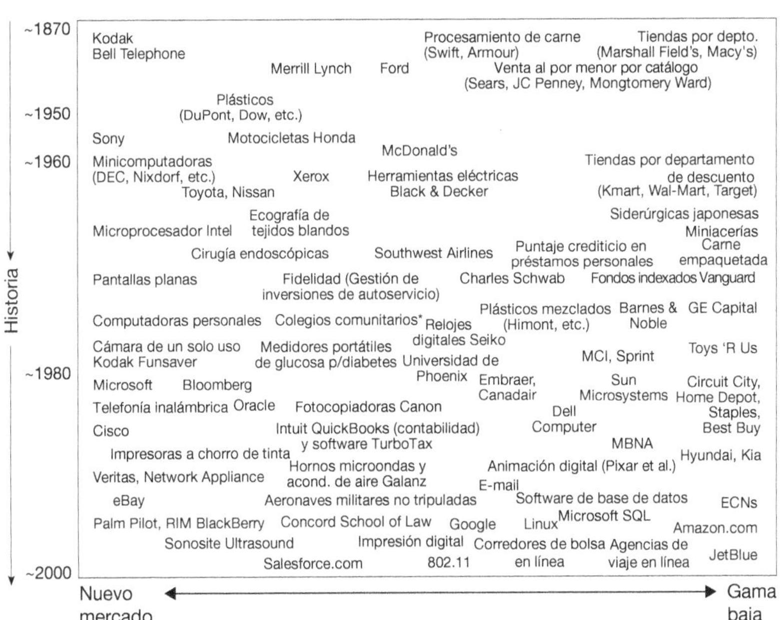

* En los Estados Unidos, los *community colleges* son instituciones de educación superior de dos años de estudio que otorgan títulos intermedios llamados *grados de asociado* [*associate degrees*], ofreciendo una alternativa para obtener las licenciaturas [*bachelor's degrees*] que otorgan las universidades con programas de cuatro años. [*N. del T.*]

No obstante, la selección sí transmite nuestra sensación de que la disrupción es una fuente esencial de crecimiento. El predominio de empresas japonesas como Sony, Nippon Steel, Toyota, Honda y Canon en el período 1960-1980 y la ausencia de empresas japonesas disruptoras en la década de 1990, por ejemplo, explican mucho acerca de por qué la economía japonesa se ha estancado. Muchas de las compañías japonesas más influyentes crecieron en forma espectacular disrumpiendo a otras; pero la estructura del sistema económico japonés inhibe la generación de nuevas olas de crecimiento disruptivo, en parte porque hoy podrían amenazar a esas empresas.[20]

El gráfico muestra también que la disrupción es una fuerza continua que siempre está operando –lo que significa que los disruptores de una generación se vuelven más tarde los disrumpidos–. El modelo Ford T, por ejemplo, generó la primera ola masiva de crecimiento disruptivo en automóviles. Toyota, Nissan y Honda generaron luego la ola siguiente, y las automotrices coreanas Hyundai y Kia iniciaron ahora la tercera. El negocio de larga distancia de línea fija de AT&T, que fue disruptivo para Wester Union, está siendo disrumpido por la larga distancia inalámbrica. Fabricantes de plásticos como Dow, DuPont y General Electric siguen disrumpiendo la industria del acero, incluso cuando la gama baja de estos está siendo devorada por proveedores de plásticos de poliolefina como Himont.

Moldear ideas para volverse disruptivo: tres pruebas de fuego

Al comienzo de este capítulo mencionamos que pocas tecnologías o ideas de productos son intrínsecamente sustentadoras o disruptivas cuando surgen de la mente del innovador. En lugar de eso, atraviesan un proceso de desarrollo y moldeado hasta convertirse en un plan estratégico para obtener financiación. Muchas –pero no todas– de las ideas iniciales que son convertidas en innovaciones de apoyo podrían fácilmente ser convertidas en planes de negocios disruptivos con un potencial de crecimiento mucho mayor. Pero el proceso de moldeado debe ser manejado conscientemente, y no dejado a las decisiones dispersas e instintivas de quienes redactan planes de negocios.

Los ejecutivos deben responder tres series de preguntas para determinar si una idea tiene potencial disruptivo. La primera serie explora si la idea puede convertirse en una disrupción de nuevo mercado. Para que ocurra eso, al menos una y generalmente ambas preguntas deben ser respondidas afirmativamente:

- ¿Hay una gran población de personas que tradicionalmente no han tenido el dinero, el equipamiento o la habilidad para hacer esto por sí mismas y como resultado han prescindido de ello por completo o han necesitado pagarle a alguien con más pericia para que lo hiciera por ellas?
- ¿Para usar el producto o servicio los clientes necesitan ir a un sitio centralizado incómodo?

Si la tecnología puede desarrollarse de modo que una gran población de gente pueda comenzar a tener y usar, en un contexto más cómodo, algo que anteriormente solo estaba disponible para gente más capacitada o más adinerada en un sitio centralizado incómodo, entonces hay potencial para moldear y convertir la idea en una disrupción de nuevo mercado.

La segunda serie de preguntas explora el potencial para una disrupción de gama baja. Esto es posible si pueden responderse afirmativamente estas dos preguntas:

- ¿Hay clientes en la gama baja del mercado a los que les gustaría comprar un producto con menos rendimiento (pero suficientemente bueno) si pudieran conseguirlo a un precio menor?
- ¿Podemos crear un modelo de negocios que nos permita obtener ganancias atractivas a los precios de descuento requeridos para conquistar el mercado de esos clientes sobre-servidos de la gama baja?

A menudo, las innovaciones que permiten disrupciones de la gama baja son mejoras que reducen los gastos generales posibilitando que una empresa obtenga retornos atractivos con márgenes brutos más bajos, junto con mejoras en la fabricación o los procesos de negocio que rotan los activos más rápidamente.

Una vez que la innovación pasa la prueba de nuevo mercado o de gama baja, hay una tercera pregunta crítica, o prueba de fuego, que responder afirmativamente:

- ¿La innovación es disruptiva para *todas* las firmas incumbentes importantes de la industria? Si parece ser de apoyo para uno o más jugadores importantes de la industria, las probabilidades favorecerán a ese jugador, y es poco probable que la empresa entrante gane.

Si una idea no pasa la prueba de fuego, no puede ser convertida en una disrupción. Puede ser prometedora como tecnología de apoyo, pero en ese caso no esperaríamos que fuera la base de un negocio de nuevo crecimiento para una empresa entrante.

Como resumen, la tabla 2-1 sintetiza y contrasta las características de las tres estrategias que las empresas podrían seguir para crear negocios de nuevo crecimiento: innovaciones de apoyo, disrupciones de gama baja y disrupciones de nuevo mercado. Compara el rendimiento o las características del producto fijado como objetivo, los clientes o mercados fijados como objetivo, y las consecuencias del modelo de negocio que implica cada camino. Esperamos que los gerentes puedan usar esto como una plantilla para poder categorizar y ver las implicancias de los diferentes planes que les podrían presentar para su aprobación.

Los ejecutivos pueden usar esta categorización y la prueba de fuego para ver las consecuencias competitivas de estrategias alternativas mientras moldean una idea. Para ilustrar, examinaremos tres interrogantes: si Xerox podría disrumpir a Hewlett-Packard en el negocio de las impresoras a chorro de tinta, cómo crear crecimiento en el negocio de acondicionadores de aire, y si la banca *online* tenía (o tiene) el potencial para crear negocios de nuevo crecimiento disruptivos.

Tabla 2-1.
Tres abordajes para crear negocios de nuevo crecimiento

Dimensión	Innovaciones de apoyo	Disrupciones de gama baja	Disrupciones de nuevo mercado
Rendimiento deseado del producto o servicio	*Mejora del rendimiento en los atributos más valorados por los clientes más exigentes de la industria.* Esas mejoras pueden ser de un carácter gradual o de vanguardia.	Rendimiento que es suficientemente bueno de acuerdo con la medición tradicional del rendimiento en la gama baja del mercado principal.	Rendimiento menor en los "atributos" tradicionales, pero *rendimiento mejorado en atributos nuevos –generalmente simplicidad y comodidad–*.
Clientes apuntados o aplicación comercial	Los clientes *más atractivos (es decir, rentables)* de los mercados principales que están dispuestos a pagar por rendimiento mejorado.	*Clientes sobre-servidos* en la gama más baja del mercado principal.	Apunta al *no-consumo*: clientes que tradicionalmente no han tenido el dinero o la habilidad para comprar *y usar el producto*.
Impacto en el modelos de negocios requerido (procesos y estructura de costos)	Mejora o mantiene los márgenes de ganancia explotando *los procesos y la estructura de costos existentes* y haciendo mejor uso de las ventajas competitivas actuales.	Utiliza *un abordaje operativo o financiero nuevo o ambos* –una combinación diferente de márgenes de ganancia bruta menores y una mayor utilización de activos que puede generar retornos atractivos a los precios de descuento requeridos para ganar clientes en la gama baja del mercado.	El modelo de negocios debe generar dinero a precios más bajos por unidad vendida, y a volúmenes de producción de unidades que inicialmente serán pequeños. El margen bruto en dólares por unidad vendida será significativamente menor.

¿Podría Xerox disrumpir a Hewlett-Packard?

En realidad no sabemos si Xerox ha considerado la posibilidad de crear un negocio nuevo del tipo que examinaremos aquí, y usamos los nombres de las empresas solo para hacer más vívido el ejemplo. Hemos basado este escenario solamente en información de fuentes públicas. Según se dice, Xerox ha desarrollado una excelente tecnología de impresión por inyección de tinta. ¿Qué pude hacer con eso? Podría tratar de aventajar a Hewlett-Packard haciendo la mejor impresora a chorro de tinta del mercado. Sin embargo, aunque pudiera hacer una impresora mejor, Xerox estaría librando una batalla de tecnología de apoyo contra una empresa con mayores recursos y con más en juego. HP podría ganar esa batalla. Pero, ¿podría Xerox elaborar una estrategia disruptiva para esa tecnología? Consideraremos primero las condiciones para una estrategia de gama baja.

Para determinar si esa estrategia es viable, los gerentes de Xerox deberían investigar si los clientes de los niveles más bajos del mercado estarían dispuestos a comprar una impresora "suficientemente buena" que sea más barata que las predominantes.[21] En los niveles más altos del mercado, los clientes parecen dispuestos a pagar significativamente más por una impresora más rápida que produzca imágenes más nítidas. Pero los consumidores de los niveles menos exigentes se están volviendo cada vez más indiferentes a las mejoras. Es probable que estuvieran interesados en alternativas menos costosas. De modo que la primera pregunta tiene una respuesta afirmativa.

La pregunta siguiente es si Xerox podría definir un modelo de negocios capaz de generar retornos atractivos a los precios de descuento requeridos para ganar clientes en la gama baja. Las posibilidades aquí no se ven bien. HP y otras empresas ya tercerizan la fabricación y montaje de componentes a las fuentes de menor costo en el mundo. HP hace su dinero vendiendo cartuchos de tintas –cuya fabricación también está tercerizada por proveedores de bajo costo–. Xerox podría entrar en el mercado vendiendo cartuchos de tinta a precios menores, pero a menos que pudiera definir una estructura de costos generales y procesos comerciales que permitiese rotar los activos más rápido, no podría sostener una estrategia de producto de disrupción de gama baja.[22]

Eso significa que necesitaremos evaluar el potencial para una disrupción de nuevo mercado –competir contra el no consumo–. ¿Hay una población grande, no explotada, de dueños de computadoras que no tienen el dinero o la habilidad para comprar y usar una impresora? Probablemente no. Hewlett-Packard ya compitió exitosamente contra el no consumo cuando lanzó sus impresoras a chorro de tinta asequibles y fáciles de usar.

¿Y qué hay de tentar a quienes ya tienen computadoras para que compren más impresoras, permitiendo el consumo en un contexto nuevo, más cómodo? Bien, eso podría lograrse. Los documentos creados en computadoras portátiles *(notebooks)* no son fáciles de imprimir. Los usuarios de esas computadoras tienen que encontrar una impresora fija y conectarse a ella a través de una red o un cable de impresora, o deben transferir el archivo a través de un medio extraíble a una computadora que esté conectada a una impresora. Si Xerox incorporase una impresora liviana y asequible en la base o el lomo de una computadora portátil para que las personas en movimiento puedan obtener copias impresas cuando y donde las necesitaran, la empresa probablemente podría ganar clientes aunque la impresora no fuera tan buena como una impresora fija a chorro de tinta. Solo los ingenieros de Xerox podrían determinar si la idea es tecnológicamente factible. Pero, como estrategia, eso pasaría las pruebas de fuego.[23]

Si Xerox intentara eso, esperaríamos que al principio HP ignore esa disrupción de nuevo mercado, porque el mercado sería mucho más pequeño que el de la impresora fija. El negocio de impresoras de HP es enorme, y la empresa necesita grandes fuentes de nuevos ingresos para sostener su crecimiento. Para poner a HP frente a un dilema del innovador, Xerox debería desarrollar un modelo de negocios que fuera atractivo para Xerox pero no para los gerentes de HP y otras importantes empresas consolidadas que fabrican impresoras. Es posible que eso implicara precios de cartuchos de tinta para impresoras portátiles integradas suficientemente bajos para que los ejecutivos del negocio de impresoras a chorro de tinta de HP encontraran poco atractivo el mercado, comparado con las inversiones que podrían hacer para ascender de mercado en pos de las mayores ganancias que podrían obtener compitiendo contra impresoras fijas láser, de mayor costo.

Condiciones para el crecimiento en el negocio de acondicionadores de aire

Es bien sabido que el mercado de acondicionadores de aire de ventana es un mercado maduro, dominado por gigantes como Carrier y Whirlpool. ¿Podría una empresa como Hitachi vencerlos en ese terreno? Si Hitachi tratara de entrar a ese mercado con un producto más silencioso que ofreciera más características y mayor eficiencia energética, pronosticaríamos una derrota.[24] ¿Es viable una disrupción de gama baja? Nuestra sensación es que en la gama baja del mercado existente hay clientes sobreservidos. Demuestran eso optando por los modelos más baratos que pueden encontrar, rehusándose a pagar precios premium por los productos alternativos que hay a su disposición. Hitachi podría expandir sus ya importantes operaciones de fabricación en China, haciendo acondicionadores de aire para exportar a economías desarrolladas. Eso podría traer un éxito modesto, pero transitorio, porque después de que las empresas consolidadas respondieran montando sus propias operaciones de fabricación en China, Hitachi se vería encerrada en una batalla con competidores cuyos costos son similares y cuya distribución e infraestructura de servicios son fuertes, y en la que los clientes a los que se apunta ya han manifestado su reticencia a pagar precios premium por productos mejores. Emplear mano de obra barata constituye un modelo de negocios de bajo-costo solo hasta que los competidores hacen uso de la misma opción.

Pero, ¿qué tal una disrupción de nuevo mercado? Hay cientos de millones de no consumidores de acondicionadores de aire hogareños en China a los que ese mercado les está vedado, porque los aparatos caros y de mucho consumo eléctrico ofrecidos tradicionalmente no encajan con el bolsillo o el departamento de la familia promedio. Si Hitachi pudiera diseñar un producto de u\$s 49.95 que encajara fácilmente en la ventana de un departamento atestado de Shangai y redujera la temperatura y la humedad de una habitación de 3x3 metros con diez amperios de corriente, la cosa podría ponerse interesante –porque una vez que Hitachi tuviera un modelo de negocios capaz de generar dinero a ese precio, atacar el resto del mercado mundial de más categoría sería fácil–. Entre paréntesis, mientras los ejecutivos occidentales están comprensiblemente preocupados por la amenaza que representa para ellos el bajo costo de fabricación en China, nuestra conjetura es que el mayor activo competitivo de China es la insondable cantidad de no consumo en sus mercados, lo que los vuelve un terreno fértil para muchos tipos de empresas disruptivas de nuevos mercados.

El potencial de la banca por Internet

Cuando hacemos las preguntas de prueba sobre la banca por Internet, concluimos que la disrupción no es posible usando esa tecnología. En primer lugar, no hay una gran población de personas que no hayan podido abrir y mantener una cuenta bancaria por falta de dinero o de habilidad. La penetración de los bancos existentes en ese mercado es alta. Eso descarta una disrupción de nuevo mercado para la banca por Internet.

En segundo lugar, ¿hay actualmente clientes de banco en la gama baja que aceptarían gustosos una cuenta bancaria con menos beneficios y características a fin de tener el servicio a un precio inferior? El predominio de la publicidad que promociona cuentas sin costo es un testimonio de que esos clientes existen. Pero, ¿es posible diseñar un modelo de negocios que le ofreciera a una banca *online* ganancias atractivas a los precios de descuento requeridos para ganar clientes en la gama baja? Eso es problemático. El costo del dinero es similar para todos los bancos. E*Trade Bank y Sony Bank están buscando respuestas para la cuestión del modelo de negocios de bajo costo.

Como la idea probablemente no reúna las condiciones para una disrupción de nuevo mercado o de baja gama, es probable que los bancos consolidados implementen la banca por Internet como una innovación de apoyo. En cuanto a la tercera prueba, ya hay muchos bancos y cooperativas de crédito, con solo un número limitado de oficinas, que realizan gran parte de sus negocios por correo. La banca por Internet tendría un impacto de apoyo en sus modelos de negocios.

La disrupción es una teoría: un modelo conceptual de causa y efecto que hace posible predecir mejor los resultados de batallas competitivas en diferentes circunstancias. Las asimetrías de la motivación señaladas en este capítulo son fuerzas económicas naturales que actúan sobre toda la gente de negocios, todo el tiempo. Históricamente, esas fuerzas casi siempre hicieron caer a los líderes de la industria cuando las ha aprovechado un atacante, porque las estrategias disruptivas se basan en competidores que hacen los que es en su mejor y más urgente interés: satisfacer a sus clientes más importantes e invertir donde las ganancias son más atractivas. En un mundo que busca ganancias, esa es una muy buena apuesta.

Sin embargo, no todas las ideas innovadoras pueden ser convertidas en estrategias disruptivas, porque no están dadas las precondiciones necesarias; en esas situaciones, es mejor licenciar la oportunidad o dejarla a las firmas que ya están consolidadas en el mercado. En ocasiones, empresas entrantes simplemente han atrapado a las firmas líderes distraídas en las nubes y tuvieron éxito con una estrategia de innovación de apoyo. Pero esto es raro. La disrupción no garantiza el éxito: solo ayuda con un elemento importante en la fórmula total. Quienes crean negocios de nuevo crecimiento necesitan ponerse del lado correcto de una serie de otros desafíos, a lo que ahora nos referiremos.

Apéndice: una breve descripción de las estrategias disruptivas de las firmas señaladas en la Figura 2-4

La tabla 2 2- resume brevemente nuestra idea de las raíces disruptivas del éxito de las empresas que se muestran en la Figura 2-4. Por limitaciones de espacio, se han omitido muchos detalles importantes. Las empresas, en su mayoría, están ordenadas alfabéticamente en lugar de cronológicamente. No pretendemos ser sólidos historiadores de los negocios, y en consecuencia solo podemos presentar aquí una lista parcial de empresas disruptivas. Por otra parte, suele ser difícil identificar el año específico en que se lanzó la estrategia disruptiva de cada empresa. Algunas firmas existieron durante un tiempo considerable, a menudo en otras líneas comerciales, antes de implementar la estrategia disruptiva que las llevó finalmente al éxito. En algunos casos, parece más fácil visualizar la disrupción en términos de una categoría de producto en vez de dando el nombre de una empresa en particular. Por ello, pedimos a nuestros lectores que consideren esta información solo como una sugerencia y no como algo definitivo

Tabla 2-2.
Estrategias disruptivas y empresas

Empresa o producto	Descripción
802.11	Este es un protocolo para la transferencia inalámbrica masiva de datos. Ha comenzado a disrumpir redes locales cableadas. Su limitación actual es que las señales no pueden alcanzar largas distancias.
Amazon.com	Una disrupción de gama baja respecto de las librerías tradicionales.
Barnes & Noble	Comenzó como vendedora local de libros, en su mayoría excedentes de stock. Evolucionó para convertirse en la principal minorista de descuento de libros de edición todavía activa.
Procesamiento de carne	En la década de 1880, Swift y Armour iniciaron enormes negocios centralizados de mataderos que transportaban medias reses en vagones refrigerados a carnicerías locales. Eso disrumpió el negocio de los mataderos locales.
Bell Telephone	El teléfono original de Bell tenía un alcance de señal de solo tres millas, y fue rechazado por la Western Union, cuyo negocio era la telegrafía de larga distancia, y en consecuencia no podía usarlo. Bell inició una disrupción de nuevo mercado, ofreciendo comunicaciones locales y, a medida que la tecnología mejoró, atrajo a la telefonía a clientes de la red de valor de la telegrafía de larga distancia.

Empresa o producto	Descripción
Black & Decker	Antes de 1960, las herramientas eléctricas manuales eran pesadas y robustas, diseñadas para profesionales, y muy caras. B&D introdujo una línea de herramientas con carcasa de plástico y motores universales que durarían solo de veinticinco a treinta horas de operación, lo que en realidad era más que adecuado para la mayoría de los aficionados al "hágalo-usted-mismo" que hacen unos pocos agujeros por mes. En dólares de hoy, B&D llevó el costo de esas herramientas de u\$s 150 a u\$s 20, permitiendo a toda una nueva población tener y usar sus propias herramientas.
Plásticos mezclados	Esas mezclas de plásticos de poliolefina económicos tales como el polipropileno, vendidas por firmas como Himont, crean materiales compuestos que en gran medida comparten las mejores propiedades de sus materiales constituyentes. Están mejorando a un ritmo asombroso, disrumpiendo mercados que tradicionalmente habían sido el área de plásticos de ingeniería fabricados por empresas como GE Plastics.
Bloomberg L.P.	Bloomberg comenzó suministrando datos financieros básicos a analistas de inversiones y corredores de bolsa. Poco a poco mejoró sus ofertas de datos y análisis e ingresó posteriormente al negocio de la información económica. Como resultado, disrumpió sustancialmente a Dow Jones y Reuters. Más recientemente, ha creado su propia red de compensación electrónica para disrumpir el mercado bursátil. Los emisores de títulos públicos pueden subastar sus ofertas iniciales a través del sistema Bloomberg, disrumpiendo a los bancos de inversión.
Carne empaquetada	El modelo de "carne empaquetada" de Iowa Beef Packers completó la disrupción de las operaciones de sacrificio locales. En lugar de enviar grandes medias reses a cortadores de carne locales para seguir reduciendo las piezas, IBP cortó las reses en cortes terminados o casi terminados para colocar directamente en góndolas de supermercado.
Fotocopiadoras Canon	Hasta principios de la década de 1980, cuando la gente necesitaba fotocopias tenía que llevar sus originales al centro de fotocopiado de la empresa, donde un técnico debía realizar el trabajo. Tenía que hacerlo un técnico, porque la máquina Xerox de alta velocidad que había era muy complicada y necesitaba mantenimiento frecuente.

Empresa o producto	Descripción
Fotocopiadoras Canon	Cuando Canon y Ricoh introdujeron sus fotocopiadoras de mostrador, estas eran lentas, producían copias de baja resolución y no agrandaban, reducían ni intercalaban. Pero eran tan baratas y simples de usar que la gente podía permitirse poner una en un rincón de su oficina. Al principio la gente todavía llevaba sus trabajos de gran volumen al centro de fotocopiado. Pero poco a poco Canon mejoró sus máquinas a tal punto que, hoy en día, el acceso inmediato y cómodo al copiado de alta calidad, con todas las funciones, es casi un derecho constitucional en la mayor parte de los lugares de trabajo.
Venta minorista por catálogo	Sears, Roebuck y Montgomery Ward se establecieron como minoristas de catálogo, permitiéndole a la gente de las áreas rurales de Estados Unidos comprar cosas que tradicionalmente no habían sido accesibles. Su modelo de negocios, que significaba cuatro rotaciones anuales de inventario y márgenes brutos del 30 por ciento, fue disruptivo respecto del modelo de servicio completo de las grandes tiendas, que requerían márgenes brutos del 40 por ciento porque rotaban sus inventarios solo tres veces por año. Más tarde, Sears, Roebuck y Montgomery Ward ascendieron a un nivel más alto del mercado, montando tiendas minoristas.
Charles Schwab	Comenzó en 1975 como uno de los primeros corredores de descuento. A finales de la década de 1990, Schwab creó una organización aparte para construir un negocio de operaciones en línea. Fue tan exitoso que la empresa incorporó su organización original a la disruptiva.
Circuit City, Best Buy	Disrumpieron los departamentos de electrónica de consumo de grandes almacenes de servicio completo y de descuento, lo que las catapultó al mercado de ropa de mayor margen.
Cisco	El *router* de Cisco usa tecnología de conmutación de paquetes para dirigir el flujo de información por el sistema de telecomunicaciones, en lugar de la tecnología de conmutación de circuitos de los líderes consolidados de la industria como Lucent, Siemens y Nortel. La tecnología divide la información en "sobres" virtuales llamados paquetes y los envía a través de Internet. Cada paquete podría tomar una ruta diferente hasta el destino direccionado; cuando llegan, los paquetes se ponen en el orden correcto y se "abren" para que el destinatario vea.

Empresa o producto	Descripción
Cisco	Como este proceso implicaba un retardo de latencia de unos segundos, la conmutación de paquetes no podía usarse para telecomunicaciones de voz. Pero fue suficientemente bueno como para permitir que surgiera un nuevo mercado: las redes de datos. La tecnología ha mejorado a tal punto que hoy el retardo de latencia de una llamada de voz por conmutación de paquetes es imperceptiblemente mayor que el de una llamada por conmutación de circuitos, posibilitando el VOIP o telefonía de voz sobre protocolo de Internet.
Colegios comunitarios	En algunos estados, hasta el 80 por ciento de los graduados de respetables universidades de cuatro años toman en colegios comunitarios, mucho menos costosos, algunos o todos los cursos de educación general que se les exigen, y transfieren luego esos créditos a la universidad –que (involuntariamente) se está convirtiendo en proveedora de cursos de nivel superior–. Algunos colegios comunitarios han empezado a ofrecer títulos de cuatro años. La inscripción en ellos está creciendo, en muchos casos por estudiantes no tradicionales que, de otro modo, no tomarían esos cursos.
Facultad de Derecho de Concord	Fundada por Kaplan, una unidad de la Washington Post Company, la Facultad de Derecho en línea ha atraído una multitud de estudiantes (principalmente) no tradicionales. La acreditación de la facultad permite a sus graduados dar el examen del colegio de abogados de California, y la tasa de éxito de sus graduados es comparable a la de aquellos de muchas otras facultades de derecho. Sin embargo, muchos de sus estudiantes no se inscriben para ser abogados. Quieren saber derecho para que los ayude a tener éxito en otras carreras.
Puntaje crediticio	Un método expresado como fórmula para determinar la solvencia, sustituyendo los juicios subjetivos de los oficiales de préstamos bancarios. Desarrollado por Fair Isaac, una firma de Minneapolis. Usado inicialmente para otorgar tarjetas de crédito de las tiendas Sears y Penney's. Al mejorar la tecnología, se usó para tarjetas de crédito generales, y luego en préstamos para automóviles, hipotecas y ahora en préstamos para pequeñas empresas.

Empresa o producto	Descripción
Dell Computer	El modelo de Dell de venta al por menor directo al cliente y su modelo de fabricación de alto rendimiento y alta rotación de activos le permitió situarse debajo de Compaq, IBM y Hewlett-Packard como disruptora de gama baja en computadoras personales. Clayton Christensen, el consumidor quintaesencial de gama baja, escribió su tesis doctoral sobre una computadora portátil Dell comprada en 1981 porque era la computadora portátil más barata del mercado. Debido a la reputación de Dell de ofrecer una calidad marginal, los estudiantes necesitaban un permiso especial de Harvard para usar becas doctorales para comprar una Dell en lugar de una computadora de una marca más reputada. Hoy en día, Dell provee la mayor parte de las computadoras de la Escuela de Negocios de Harvard.
Tiendas por departamento	Tiendas por departamento como Z.C.M.I. en Salt Lake City, Marshall Field's en Chicago y Macy's en Nueva York disrumpieron a pequeños tenderos. Las tiendas por departamento hicieron dinero acelerando las rotaciones de inventario a tres veces por año, lo que les permitió obtener atractivas ganancias con un 40 por ciento de márgenes brutos. Como sus vendedores estaban mucho menos informados sobre los productos, al principio las tiendas por departamento tuvieron que empezar por el extremo más simple de la gama de mercancías, con productos que eran de uso tan conocido que se vendían solos.
Animación digital	El costo fijo y la habilidad requerida para hacer un largometraje animado fueron históricamente tan altos que casi nadie pudo hacerlo salvo Disney. La tecnología de animación digital permite ahora a muchas más empresas (como Pixar) competir contra Disney.
Impresión digital	La impresión offset está siendo disrumpida por la capacidad de impresoras locales a chorro de tinta y láser para imprimir documentos en color personalizados con una velocidad y calidad en constante mejora. Inicialmente se afianzó en aplicaciones tales como folletos de ventas, etc.
Tiendas departamentales de descuento	Tiendas por departamento como Korvette's en Nueva York, y más tarde Kmart, Wal-Mart y Target, disrumpieron a las tiendas departamentales de servicio completo. Las tiendas de descuento hicieron dinero acelerando las rotaciones de inventario a cinco veces por año, lo que les permitió obtener atractivas ganancias con un 23 por ciento de márgenes brutos.

Empresa o producto	Descripción
Tiendas departamentales de descuento (cont.)	Como sus vendedores estaban mucho menos informados sobre los productos, al principio las tiendas departamentales de descuento tuvieron que empezar por el extremo más simple de la variedad de mercancías, con bienes durables de marca que eran de uso tan conocido que se vendían solos. Posteriormente ascendieron a un nivel más alto del mercado, comercializando productos textiles como ropa.
eBay	La mayoría de las *start-ups* de Internet de finales de la década de 1990 trataron de usar Internet como una innovación respecto de los modelos de negocios de empresas consolidadas. eBay fue una notable excepción, porque siguió una estrategia de nuevo mercado disruptiva –permitir a los propietarios de coleccionables que nunca podrían atraer la atención de los ejecutivos de casas de subasta vender cosas que ya no necesitaban–.
Sistemas de compensación electrónica	Los sistemas o redes de compensación electrónica (ECNs, por su sigla en inglés) permiten que los compradores y vendedores de acciones las intercambien a través de una computadora, a una fracción del costo de hacerlo en una bolsa de valores formal. Island, una de las principales ECNs, puede correr en una estación de trabajo un volumen que asciende a un 20 por ciento del volumen de NASDAQ.
E-mail	E-mail disrumpió a los servicios postales. El volumen de comunicación personal que se realiza por carta está cayendo precipitadamente, dejando al a los servicios postales con la entrega de revistas, facturas y correo no deseado.
Aviones regionales Embraer y Canadair	El negocio de los aviones regionales de pasajeros está en auge, ya que la capacidad de sus *jets* en los últimos quince años ha aumentado de 30 a 50, 70 y ahora 106 asientos. Como Boeing y Airbus compiten por hacer aviones más grandes y más rápidos para vuelos transcontinentales y transoceánicos, su crecimiento se estancó; la industria se ha consolidado (fueron fusionadas Lockheed y MacDonell-Douglas); y el crecimiento está en el nivel inferior del mercado.
Cirugía endoscópica	La cirugía mínimamente invasiva fue ignorada de manera activa por los cirujanos más importantes porque la técnica solo podía aplicarse a las operaciones más sencillas. Pero ha mejorado a tal punto que incluso ciertas operaciones de corazón relativamente complicadas se hacen a través de un pequeño puerto. El impacto disruptivo ha sido principalmente sobre fabricantes de equipamiento y hospitales.

Empresa o producto	Descripción
Fidelity Management	Creó la gestión financiera personal de "autoservicio" a través de sus familias de fondos mutuos fáciles de comprar, cuentas 401k, productos de seguros, etc. Fidelity fue fundada unos años después de la Segunda Guerra Mundial, pero comenzó sus movimientos disruptivos en la década de 1970, podemos decir.
Pantallas planas (Sharp y otras)	Generalmente pensamos que las tecnologías disruptivas no son caras, y a mucha gente la desconcierta que podamos llamar disruptivas a las pantallas planas. ¿No han surgido del nivel superior del mercado? En realidad, no. Las pantallas planas LCD comenzaron en los relojes digitales y pasaron luego a las calculadoras, *notebooks* y pequeños televisores portátiles. Esas eran aplicaciones que tradicionalmente no tenían pantallas electrónicas, y las pantallas LCD eran mucho más baratas que los medios alternativos de llevar las imágenes a ellas. Las pantallas planas han comenzado ahora a invadir el mercado principal de los monitores de computación y las pantallas de televisores hogareños, disrumpiendo al tubo de rayos catódicos. Pueden mantener precios premium sustanciales por su carácter bidimensional.
Ford	El modelo T de Henry Ford era tan barato que permitió tener uno a una población mucho más grande de personas que tradicionalmente no podían acceder a un automóvil.
Galanz	La empresa china Galanz capturó cerca del 40 por ciento del mercado mundial de hornos microondas en la década de 1990. Aunque la compañía podría haber seguido una estrategia de disrupción de gama baja, usando la mano de obra china de bajo costo para apuntar a la exportación, eligió en cambio ser una disruptora de nuevo mercado, haciendo hornos que eran suficientemente pequeños y de consumo eléctrico suficientemente bajo como para ser usados en los pequeños departamentos chinos , y que eran suficientemente económicos como para que pudieran acceder a ellos quienes no tenían uno. Una vez que elaboraron un modelo de negocios que podía dar ganancias a precios aceptables para el mercado doméstico chino, competir con el resto del mundo fue sumamente fácil.
GE Capital	Disrumpió porciones importantes de los mercados históricos de los bancos comerciales, principalmente a través de estrategias disruptivas de gama baja.

Empresa o producto	Descripción
Google	Google y sus motores rivales de búsqueda por Internet están disrumpiendo a guías telefónicas de todo tipo, incluidas las Páginas Amarillas.
Motocicletas Honda	La Honda Super Cub, introducida a finales de la década de 1950, disrumpió a fabricantes de motocicletas grandes y estruendosas como Harley-Davidson, Triumph, BMW y otros. Se afianzó como una bicicleta recreativa todoterreno motorizada, siendo mejorada posteriormente. A Honda se sumaron Yamaha, Kawasaki y Suzuki.
Impresoras a chorro de tinta	Fueron un disrupción para la impresora láser y una tecnología de apoyo respecto de la impresora de matriz de puntos. Situamos la impresora a chorro de tinta en el extremo "nuevo mercado" del espectro de la disrupción porque su tamaño compacto, su peso liviano y su costo inicial bajo permitieron a toda una nueva generación de dueños de computadoras –principalmente estudiantes– tener y usar una impresora. Aunque al principio eran lentas y producían imágenes borrosas, las impresoras a chorro de tinta son ahora la principal impresora preferida.
Microprocesador Intel	El primer microprocesador de Intel, en 1971, solo podía ser el cerebro de una calculadora de cuatro funciones. Los fabricantes de computadoras cuyo sistema de circuitos se basa en microprocesadores disrumpieron a las firmas que fabricaban servidores y minicomputadoras, cuya lógica se basaba en tableros de cableado impreso.
Software contable QuickBooks de Intuit	Mientras que los líderes consolidados de la industria de los programas contables permitían que gerentes de pequeñas empresas manejaran todo tipo de informes sofisticados para su análisis, QuickBooks, que fue un derivado del software de finanzas personales de Intuit, Quicken, básicamente los ayudó a realizar un seguimiento de su efectivo. Creó un nuevo mercado enorme entre propietarios de negocios muy pequeños (la mayoría con menos de cinco empleados) que tradicionalmente no llevaban sus libros en computadora. En menos de dos años del lanzamiento, Intuit captó el 85 por ciento del mercado de programas contables para pequeños negocios –principalmente generando nuevo crecimiento–. El robo de clientes de las empresas consolidadas vino más tarde, cuando la funcionalidad de QuickBooks mejoró.

Empresa o producto	Descripción
Turbo Tax de Intuit	El software contable basado en la PC está disrumpiendo a servicios de preparación de impuestos personales como los de H&R Block.
Fabricantes de acero japoneses	Firmas como Nippon Steel, Nippon Kokkan, Kobe Steel y Kawasaki Steel comenzaron su crecimiento exportando acero de muy baja calidad a mercados occidentales a partir de finales de la década de 1950. Cuando sus clientes aumentaron (incluidos fabricantes disruptores japoneses de automóviles como Toyota), la industria del acero japonesa tuvo que aumentar drásticamente su capacidad, permitiendo la incorporación de la tecnología siderúrgica más avanzada –como el vaciado continuo y los hornos de oxígeno básico– en las nuevas plantas. Esto aceleró de manera vertiginosa su trayectoria ascendente en el mercado.
JetBlue	Mientras que Southwest Airlines siguió inicialmente una estrategia de disrupción de nuevo mercado, el enfoque de JetBlue es la disrupción de gama baja. Su viabilidad a largo plazo depende de la motivación de las aerolíneas principales para huir del ataque, como hicieron las acerías integradas y las grandes tiendas de servicio completo.
Kodak	Hasta finales del siglo XIX, la fotografía era sumamente complicada. Solamente profesionales podían tener y operar el costoso equipamiento. La sencilla cámara Brownie "apunta y dispara" permitió a los consumidores sacar sus propias fotos. Estos podían luego enviar el rollo de film a Kodak, que lo revelaba y enviaba de vuelta por correo.
Kodak Funsaver	La cámara Kodak FunSaver de un solo uso nació tras un parto doloroso dentro de Kodak, porque su modelo de ganancia y sus márgenes brutos estaban por debajo de lo que Kodak podía ganar vendiendo rollos de película, y la calidad de las imágenes no era tan buena como las de aquellas tomadas con las cámaras de 35 mm de alta calidad. Pero Kodak la comercializó a través de una división diferente, y la vendió casi exclusivamente a gente que de todas maneras no habría comprado rollos porque no tenía una cámara. Aunque tiene potencial para ascender de mercado y captar una parte contra las cámaras tradicionales con una nueva marca, Maxx, nos preocupa que Kodak pueda haber dejado de ir en esa dirección.

Empresa o producto	Descripción
Fabricantes coreanos de automóviles (Hyundai y Kia)	En la década de 1990, fabricantes coreanos, entre ellos Hyundai y Kia, ganaron más puntos de cuota de mercado mundial que las automotrices de cualquier otro país. Y sin embargo, pocas de las firmas consolidadas están preocupadas, porque sus ganancias han puesto un pie en lo que, para las firmas consolidadas, es la parte de menor beneficio del mercado.
Linux	Lo disruptivo del sistema operativo Linux solo puede determinarse respecto de las alternativas que hay hoy en el mercado. Su despliegue más exitoso hasta ahora es dentro del mercado de los sistemas operativos para servidores –intercalado entre los sistemas UNIX de gama alta y el sistema operativo Windows NT de Microsoft (que viene ascendiendo disruptivamente en el mercado contra UNIX desde hace un tiempo).
MBNA	Señalamos anteriormente que el puntaje crediticio es un método expresado como fórmula para determinar la solvencia de un solicitante de préstamo. Originalmente se implementó en bancos comerciales como una tecnología de apoyo, para reducir los costos de la evaluación crediticia. Sin embargo, en la década de 1990 fue implementado en modelos comerciales "monolínea" de alto volumen y bajo costo por firmas como MBNA, Capital One y First USA, que disrumpieron sustancialmente el negocio de tarjetas de crédito de los bancos comerciales. De hecho, al momento de escribir esto, Citybank es el único banco comercial importante que queda con un negocio de tarjetas de crédito considerable y lucrativo.
McDonald's	La industria de la comida rápida fue una disruptora híbrida, haciendo tan económico y cómodo el comer afuera que creó una ola de crecimiento masivo en la industria de "comer afuera". Sus primeras víctimas fueron los restaurantes-cafeterías familiares. En la última década, la llegada de los patios de comida ha hecho ascender en el mercado la comida rápida. Por supuesto, los restaurantes caros y románticos todavía prosperan en la gama alta.
MCI, Sprint	Estas firmas fueron disruptoras de gama baja respecto del negocio telefónico de larga distancia de AT&T. Disfrutaron de una oportunidad única para hacer eso porque las tarifas de larga distancia de AT&T se fijaron por regulación a niveles artificialmente altos a fin de subsidiar el servicio telefónico residencial local.

Empresa o producto	Descripción
Merrill Lynch	El mantra de Charles Merrill en 1912 era "Traer Wall Street a Main Street". Empleando corredores de bolsa asalariados en lugar de a comisión, hizo el comercio de acciones suficientemente económico como para que los norteamericanos de ingresos medios pudieran convertirse en inversores de capital. A lo largo de los siguientes 90 años, Merrill Lynch ascendió en el mercado hacia inversores de mayor patrimonio neto. La mayoría de las casas de bolsa que ocupaban asientos en la Bolsa de Valores de Nueva York en las décadas de 1950 y 1960 dejaron de existir porque Merrill Lynch las disrumpió.
Microsoft	Su sistema operativo era inadecuado comparado con los de los fabricantes de servidores y minicomputadoras, con UNIX y con el sistema de Apple. Pero su migración de DOS a Windows y a Windows NT está llevando a la empresa a ascender en el mercado, a tal punto que el mundo de UNIX está seriamente amenazado. Microsoft, a su vez, enfrenta la amenaza de Linux. Véase también SQL.
Minicomputadoras	Compañías como Digital Equipment, Prime, Wang, Data General y Nixdorf fueron disruptoras de nuevo mercado respecto de los fabricantes de servidores. Su relativa simplicidad y precio bajo permitieron a los departamentos de las empresas (particularmente los de ingeniería) tener sus propias computadoras en lugar de tener que depender de servidores incómodos que normalmente estaban optimizados para generar informes financieros.
Corredores de bolsa en línea	El comercio de acciones en línea es una tecnología de apoyo respecto de los modelos comerciales de corredores de descuento como Ameritrade y es disruptiva respecto de corredores de servicio completo como Merrill Lynch. Para Schwab, que comenzó como un simple corredor de descuento pero ascendió hacia el mercado principal a mediados de la década de 1990, el comercio basado en Internet fue suficientemente disruptivo como para que la empresa tuviera que montar una división aparte.
Agencias de viaje en línea.	Habilitadas por la emisión electrónica de boletos, agencias de viaje en línea como Expedia y Travelocity disrumpieron tan profundamente a agencias físicas de servicio completo como American Express, que muchas aerolíneas han recortado drásticamente las comisiones considerables que habían pagado históricamente a las agencias de viaje.

Empresa o producto	Descripción
Oracle	El software de base de datos relacional de Oracle fue disruptivo respecto del de los líderes anteriores, Cullinet e IBM, cuyos software de base de datos jerárquica o transaccional corrían en servidores y se usaban para generar informes financieros estándar. Las bases de datos relacionales corrían en minicomputadoras (y más tarde en computadoras basadas en microprocesador). Usuarios sin gran experiencia en programación podían fácilmente crear sus propios informes y análisis personalizados usando la arquitectura relacional modular de Oracle.
Palm Pilot, RIM BlackBerry	Los dispositivos de mano son disrupciones de nuevo mercado respecto de las computadoras portátiles.
Computadoras personales	Las computadoras basadas en microprocesador hechas por firmas como Apple, IBM y Compaq fueron auténticas disrupciones de nuevo mercado, ya que durante años fueron vendidas y usadas en su única red de valor antes de que empezaran a captar ventas de computadoras profesionales de alta gama.
Plásticos	Los plásticos como categoría disrumpieron la industria del acero y la madera, ya que la "calidad" de las partes plásticas solía ser inferior a las del acero y la madera de acuerdo con el criterio de medición por el que se evaluaba el rendimiento en aplicaciones tradicionales. Pero su bajo costo y facilidad de moldeo crearon muchas aplicaciones nuevas, y los plásticos han sacado muchas aplicaciones de las redes de valor tradicionales del acero y la madera para llevarlas a la red de los plásticos. La disrupción es particularmente evidente si uno mira dónde se usaban los plásticos en los automóviles hace treinta años y ahora.
Medidores portátiles de glucosa en sangre para diabetes	Disrumpieron a los fabricantes de las grandes máquinas de testeo de los laboratorios de hospitales, permitiendo a pacientes con diabetes monitorear ellos mismos sus niveles de glucosa en sangre.
Salesforce.com	Esta empresa, con su sistema sencillo y económico basado en Internet, está disrumpiendo a los principales proveedores de software para gestionar la relación con los clientes, como Siebel Systems.
Relojes Seiko	¿Recuerdas cuando los relojes Seiko eran esos relojes de plástico negros baratos y desechables? Seiko, Citizen y Texas Instruments (que posteriormente se retiraron) revolucionaron las industrias relojeras estadounidenses y europeas.

Empresa o producto	Descripción
Sonosite	Esta firma fabrica un dispositivo manual de ultrasonido que permite ahora a los profesionales de la salud, que antes necesitaban la asistencia de técnicos altamente capacitados y un equipamiento costoso, mirar dentro del cuerpo de los pacientes a su cuidado y efectuar por lo tanto diagnósticos más exactos y tempranos. La empresa fracasó durante un tiempo tratando de implementar su producto como una innovación de apoyo. Pero mientras se estaba escribiendo este libro parece haber iniciado su avance disruptivo en forma notable.
Sony	Sony fue pionera en el uso de transistores en electrónica de consumo. Sus radios y televisores portátiles disrumpieron a firmas como RCA, que fabricaba grandes televisores y radios usando tecnología de tubos de vacío. Durante las décadas de 1960 y 1970, Sony lanzó una serie de disrupciones de nuevo mercado, con productos tales como reproductores de video, videograbadoras de mano, reproductores de cassettes, el Walkman y el disquete de 3,5 pulgadas.
Southwest Airlines	Fue una disruptora híbrida, porque su estrategia original era competir contra los automóviles y autobuses y volar hacia y desde aeropuertos no usuales. Además, como sus precios eran tan bajos, también ganó mercado de las aerolíneas consolidadas. Así como Wal-Mart disfruta de protección en sus ganancias por estar en pequeñas ciudades cuyo mercado solo puede admitir una tienda de descuento, muchas de las rutas de Southwest ofrecen la misma protección.
Software de base de datos Microsoft SQL	El software de base de datos Microsoft SQL está disrumpiendo a Oracle, que ha ascendido en el mercado hacia costosos sistemas empresariales integrados. A su vez, el producto Access de Microsoft está disrumpiendo al SQL.
Staples	Con sus competidores directos Office Max y Office Depot, Staples disrumpió a pequeñas papelerías así como a distribuidores comerciales de material de oficina.
Mini-acerías	Han estado disrumpiendo a acerías integradas de todo el mundo desde mediados de la década de 1960, como se relata en el texto.
Sun Microsystems	Sun, Apollo (HP) y Silicon Graphics, que construyeron sus sistemas en torno a microprocesadores RISC, se establecieron esencialmente en la misma red de valor que las minicomputadoras, y las disrumpieron. A su vez, esas firmas están siendo disrumpidas por fabricantes de computadoras basadas en microprocesadores CISC, como Compaq y Bell.

Empresa o producto	Descripción
Toyota	Toyota entró en el mercado de Estados Unidos con automóviles subcompactos baratos, como el Corona. Estos eran tan económicos que gente que tradicionalmente no podía permitirse comprar un automóvil nuevo, ahora pudo hacerlo, o las familias podían adquirir un segundo vehículo. Ahora Toyota fabrica el Lexus, de alta gama. Nissan migró de su Datsun al Infinit, y Honda pasó de su CVCC al Acura.
Toys 'R Us	Disrumpió las secciones de juguetes de tiendas por departamento de servicio completo y de descuento, lo que las hizo enfocarse en el mercado de la ropa, con márgenes más altos.
Ecografía	La tecnología por ultrasonido, o ecografía, es disruptiva respecto de los rayos X. Hewlett-Packard, Accuson y ATL crearon una industria multimillonaria con las imágenes de tejidos blandos. Los principales fabricantes de equipos de rayos X, como General Electric, Siemens y Philips, se convirtieron en líderes en las dos principales revoluciones de tecnología de apoyo en imágenes: la tomografía computarizada (TC) y las imágenes por resonancia magnética (IRM). Como la ecografía fue una disrupción de nuevo mercado, ninguna de las firmas fabricantes de rayos X participó en ultrasonido sino hasta muy recientemenete, cuando adquirieron importantes empresas de equipos de ultrasonido.
Universidad de Phoenix	Una unidad de Apollo, la Universidad de Phoenix está disrumpiendo las universidades de cuatro años y ciertos programas de posgrado profesional. Comenzó brindando cursos de formación de empleados para empresas, a menudo *de facto* pero a veces por contrato formal. Sus programas se han extendido abarcando una variedad de programas de inscripción abierta que otorgan títulos. Hoy es una de las instituciones educativas más grandes de Estados Unidos y una de las principales proveedoras de educación en línea.
Aeronaves no tripuladas	Estas máquinas se desarrollaron inicialmente como blancos no tripulados para descubrir emplazamientos antiaéreos ocultos. Pasaron luego a roles de vigilancia, y en la guerra de Afganistán de 2001-2002 pasaron por primera vez a roles limitados de portación de armas.
Vanguard	Los fondos indexados fueron una disrupción de gama baja respecto de los fondos mutuos administrados. Al momento de escribir esto, los activos de Vanguard habían crecido hasta rivalizar de cerca con los del ex líder indiscutido de fondos mutuos, Fidelity Management.

Empresa o producto	Descripción
Veritas y Network Appliance	El almacenamiento conectado a la red y las redes de área de almacenamiento IP son enfoques disruptivos para el almacenamiento de datos empresariales con respecto a los sistemas de almacenamiento centralizados suministrados por empresas como EMC. Algunos de estos sistemas de almacenamiento distribuido en red son tan sencillos de agrandar que un asistente de oficina puede simplemente "encajar" un servidor de almacenamiento adicional en una red.
Telefonía inalámbrica	Los teléfonos inalámbricos celulares y digitales están en una senda disruptiva contra los teléfonos fijos desde hace veinte años. Al principio eran teléfonos grandes para automóviles, de mucho consumo de energía y con eficacia irregular, pero gradualmente mejoraron a punto tal que, según algunas estimaciones, casi un quinto de los usuarios de teléfonos móviles han elegido "cortar el cordón" y manejarse sin servicio de telefonía fija. La viabilidad del negocio de larga distancia por vía alámbrica está ahora en peligro.
Xerox	La fotocopia fue una disrupción de nuevo mercado respecto de la impresión *offset*, permitiendo a los no impresores hacer copias en la comodidad de su lugar de trabajo. Las primeras máquinas de Xerox eran tan caras y complejas que estaban alojadas en centros de fotocopiado corporativos atendidos por técnicos.

NOTAS

1. En el Capítulo 1 mencionamos que en las primeras etapas de la construcción de teorías lo mejor que los académicos pueden hacer es sugerir categorías que estén definidas por los atributos de los fenómenos. Esos estudios son peldaños importantes en la senda del progreso. Uno de esos libros importantes es el de Richard Foster, *Innovation: The Attacker's Advantage* (New York: Summit Books, 1986). Otro estudio predijo que los líderes caerán cuando la innovación implique el desarrollo de competencias tecnológicas completamente nuevas. Véase Michael L. Tushman y Philip Anderson, "Technological Discontinuities and Organizational Environments," *Administrative Science Quarterly* 31 (1986). La investigación del profesor del MIT James M. Utterback y sus colegas sobre los diseños dominantes ha sido particularmente decisiva para mover ese cuerpo teórico hacia la categorización basada en las circunstancias. Véase, por ejemplo, James M. Utterback y William J. Abernathy, "A Dynamic Model of Process and Product

Innovation" *Omega* 33, no. 6 (1975): 639-656; y Clayton M. Christensen, Fernando F. Suarez y James M. Utterback, "Strategies for Survival in Fast-Changing Industries", *Management Science* 44, no. 12 (2001): 207-220.

2. Los clientes exigentes son aquellos clientes que están dispuestos a pagar por mejoras en alguna dimensión del rendimiento –velocidades más rápidas, tamaños más pequeños, mayor confiabilidad, etcétera–. Los clientes menos exigentes o no exigentes son aquellos clientes que preferirían hacer una compensación diferente, aceptando menos rendimiento (velocidades más lentas, tamaños menores, menor confiabilidad, etc.) a cambio de precios proporcionalmente más bajos. Describimos esas trayectorias como líneas rectas porque empíricamente, cuando se grafican en papel semilogarítmico, de hecho son rectas, sugiriendo que nuestra capacidad para utilizar mejoras aumenta a un ritmo exponencial –aunque menos profundo que la trayectoria del avance tecnológico–.

3. Tras ver a estudiantes y gerentes leer, interpretar y hablar sobre la distinción entre tecnologías de apoyo y disruptivas, hemos observado una tendencia humana llamativamente común a tomar un nuevo concepto, nuevos datos o una nueva manera de pensar y transformarlos para que encajen con modelos mentales existentes. De allí que muchas personas han equiparado nuestro uso del término *innovación de apoyo* con su marco preexistente de innovación "gradual", y han equiparado el término *tecnología disruptiva* con las palabras, *radical, revolucionaria, original,* o *diferente.* Entonces concluyen que las ideas disruptivas (como ellas definen el término) son buenas y ameritan inversión. Lamentamos que eso ocurra, porque nuestras comprobaciones se relacionan con una definición muy específica de lo disruptivo, como se expone en el texto. Es por mesa razón que en este libro hemos sustituido el término *innovación disruptiva* por el término *tecnología disruptiva* –para minimizar la posibilidad de que los lectores distorsionen el concepto a fin de que encaje en lo que creemos que es una manera incorrecta de categorizar las circunstancias–.

4. *El dilema de los innovadores* señala que las únicas veces en que las empresas consolidadas tuvieron éxito al enfrentarse a tecnologías disruptivas fueron aquellas en que las firmas consolidadas crearon una organización totalmente aparte y le dieron carta blanca para construir un negocio completamente nuevo con un modelo de negocios completamente nuevo. Cuando las minicomputadoras disrumpieron a los servidores, IBM pudo mantenerse en la cima de su industria porque compitió en el mercado de las minicomputadoras con una unidad de negocios diferente. Y cuando apareció la computadora personal, IBM abordó esa disrupción creando una unidad de negocio autónoma en Florida. Hewlett-Packard siguió siendo líder en impresoras para computadoras personales porque creó una división para fabricar y vender impresoras a chorro de tinta completamente independiente de su división de impresoras de Boise, que fabricaba y vendía impresoras láser. Desde la pu-

blicación de *El dilema de los innovadores*, una serie de empresas que se enfrentaron a la disrupción lograron hacerse líderes en esa ola disruptiva montando unidades organizacionales separadas para abordar la disrupción. Charles Schwab se convirtió en el principal corredor de bolsa en línea; Teradyne, fabricante de equipos de prueba de semiconductores, se convirtió en líder en testers informatizados, e Intel introdujo su chip Celeron, que recuperó la gama baja del mercado de microprocesadores. Esperamos que a medida que más empresas consolidadas aprendan a abordar las disrupciones a través de unidades de negocio independientes cuando se enfrentan a oportunidades disruptivas, las probabilidades que históricamente eran abrumadoramente favorables para las firmas entrantes y sus patrocinadores de capital de riesgo se vuelvan más favorables para los líderes consolidados que buscan crear oportunidades de nuevo crecimiento.

5. Una excepción a esta afirmación se da en Japón, donde un par de acerías integradas posteriormente adquirieron mini-acerías existentes.

6. La simple idea de los economistas de que el precio se determina en la intersección de las curvas de oferta y demanda explica este fenómeno. El precio gravita hacia el costo en efectivo del productor marginal, o de mayor costo, cuya capacidad se requiere para que la oferta satisfaga la cantidad demandada. Cuando los productores marginales eran acerías integradas de alto costo, las mini-acerías podían ganar dinero en las barras de refuerzo. Ese mismo mecanismo destruyó la rentabilidad transitoria para las mini-acerías de cada nivel subsiguiente del mercado, como se describe en el texto que sigue.

7. En su libro "What Is Strategy?", *Harvard Business Review*, November-December 1996, 61-78, Michael Porter argumenta convincentemente que la reducción de costos rara vez crea una ventaja competitiva.

8. Recomendamos en particular: Steven C. Wheelwright y Kim B. Clark, *Revolutionizing New Product Development* (New York: The Free Press, 1992); Stefan Thomke, *Experimentation Matters: Unlocking the Potential of New Technologies for Innovation* (Boston: Harvard Business School Press, 2003); Stefan Thomke y Eric von Hippel, "Customers as Innovators: A New Way to Create Value," *Harvard Business Review*, April 2002, 74-81; y Eric von Hippel, *The Sources of Innovation* (New York: Oxford University Press, 1988).

9. Este modelo explica muy claramente por qué las principales aerolíneas de los Estados Unidos son crónicamente tan poco rentables. Southwest Airlines comenzó como disruptora de nuevo mercado (un concepto definido en el Capítulo 3), compitiendo contra Texas por clientes que, de otro modo, no habrían volado sino que habrían usado automóviles y autobuses. La aerolínea ha crecido cuidadosamente en aeropuertos no importantes, manteniéndose alejada de la competición frontal contra los aeropuertos principales. Son los disruptores de baja gama de esta industria –aerolíneas como JetBlue, AirTran, People Express, Florida Air, Reno Air, Midway, Spirit, Presidential y muchas otras– las que crean la baja rentabilidad crónica.

En la mayor parte de otras industrias, cuando los líderes son atacados por disruptores de gama baja, pueden huir a un nivel más alto del mercado y mantener la rentabilidad (y a menudo mejorarla) durante cierto tiempo. Las acerías integradas huyeron hacia un nivel de mercado más alto alejado de las mini-acerías. Las tiendas por departamento de servicio completo huyeron hacia la ropa, el amoblamiento hogareño y los cosméticos cuando las tiendas por departamento de descuento atacaron bienes durables de marca como ferretería, pintura, juguetes, artículos deportivos y utensilios de cocina del extremo de bajo margen en la variedad de mercancías. Hoy en día, las tiendas por departamento de descuento como Target y Wal-Mart están huyendo mercado arriba hacia la ropa, el amoblamiento hogareño y los cosméticos ya que tiendas de descuento de bienes durables como Circuit City, Toys 'R Us, Staples, Home Depot y Kitchens Etc. atacan la gama baja; y así sucesivamente.

El problema en las aerolíneas es que las principales no pueden huir a un nivel de mercado más alto. Su estructura de costos fijos altos les hace imposible abandonar la gama baja. Por lo tanto, los disruptores de gama baja entran fácilmente y atacan; sin embargo, cuando uno de ellos se vuelve suficientemente grande, las aerolíneas principales dicen basta, y se dan vuelta y pelean. Por eso es que, hasta la fecha, ningún disruptor de gama baja ha sobrevivido por más que unos pocos años. Pero como la disrupción de gama baja por parte de empresas nuevas es tan fácil de iniciar, las aerolíneas principales nunca pueden elevar los precios de la gama baja a niveles de rentabilidad atractivos.

10. Esta historia es relatada en un maravilloso trabajo académico de Richard S. Rosenbloom, "From Gears to Chips: The Transformation of NCR and Harris in the Digital Era", Harvard Business School Business History Seminar, Boston, 1988.

11. Sería una tontería afirmar que es imposible crear empresas de nuevo crecimiento con una estrategia de apoyo para superar a la competencia. Es más acertado decir que las probabilidades de éxito son muy, muy bajas. Pero algunas empresas entrantes tuvieron éxito. Por ejemplo, en la década de 1990 EMC Corporación le quitó a IBM la gama alta del negocio de almacenamiento de datos con una arquitectura de productos diferente a la de IBM. Pero todo lo que podemos decir es que los productos de EMC eran mejores que los de IBM en las mismas aplicaciones que satisfacía IBM. El negocio de impresoras a chorro de tinta de Hewlett-Packard fue una tecnología de apoyo respecto de la impresora de matriz de puntos, un mercado dominado por Epson. Y sin embargo, Epson lo perdió. El motor a chorro fue una innovación radical pero de apoyo respecto del motor aeronáutico de pistón. Dos de los fabricantes de motores de pistón, RollsRoyce y Pratt & Whitney, navegaron con éxito la transición a los motores a chorro. Otros, como Ford, no lo hicieron. General Electric fue una empresa entrante

en la revolución del motor a chorro, y se volvió muy exitosa. Estas son anomalías que la teoría de la disrupción no puede explicar. Aunque nos inclinamos a suponer que la mayoría de los gerentes están la mayor parte del tiempo en control de sus negocios y los manejan de manera competente, también es cierto que a veces los gerentes simplemente están en las nubes.

12. Esto explica en parte, por ejemplo, por qué Dell Computer ha sido un disruptor tan exitoso –porque ascendió en el mercado para competir contra fabricantes de estaciones de trabajo y servidores con mayores costos como Microsystems–. En contraste, Gateway no prosperó en la misma medida, aunque tenía inicialmente un modelo de negocios similar, pero no ascendió tan agresivamente en el mercado y está atascada con costos indiferenciables vendiendo computadoras indiferenciables. Creemos que esta visión representa un apéndice útil a la idea inicial del profesor Michael Porter de que hay dos tipos viables de estrategia: diferenciación y bajo costo (Michael Porter, *Competitive Strategy* [New York: Free Press, 1980]). La investigación de la disrupción añade una dimensión dinámica al trabajo de Porter. Esencialmente, una estrategia de bajo costo produce una rentabilidad atractiva solo hasta que los competidores de costos más altos son expulsados de un nivel del mercado. Después, el competidor de bajo costo necesita ascender para poder competir nuevamente contra oponentes de mayores costos. Sin la capacidad de ascender, una estrategia de gama baja se vuelve una estrategia de costos iguales.

13. Véase Clayton M. Christensen, *The Innovator's Dilemma* (Boston: Harvard Business School Press, 1997), 130.

14. El concepto de redes de valor fue introducido en Clayton M. Christensen, "Value Networks and the Impetus to Innovate", capítulo 2 de *El dilema de los innovadores*. El profesor Richard S. Rosenbloom de la Escuela de Negocios de Harvard identificó originalmente la existencia de redes de valor cuando asesoró las primeras investigaciones de Christensen. En gran medida, la situación en una red de valor corresponde a un "equilibrio de Nash" desarrollado por el Premio Nobel John Nash (quien se hizo más renombrado aún a través de la película *A Beautiful Mind [Una mente brillante]*). En un equilibrio de Nash, dado el entendimiento de la Empresa A de la estrategia óptima interesada (máximo beneficio) de cada una de las otras compañías del sistema, la Empresa A no puede ver ninguna estrategia mejor para sí misma que la que está siguiendo actualmente. Lo mismo es válido para todas las otras empresas del sistema. Por lo tanto, ninguna de las compañías halla motivación para cambiar de curso, y en consecuencia todo el sistema es relativamente indiferente al cambio. Cuando las empresas de una red de valor están en un equilibrio de Nash, se crea un lastre que restringe la rapidez con la que los clientes pueden comenzar a utilizar nuevas innovaciones. Esta aplicación de equilibrios de Nash a la adopción de innovaciones fue introducida recientemente en Bhaskar Chakravorti, *The Slow*

Pace of Fast Change (Boston: Harvard Business School Press, 2003). Aunque Chakravorti no hizo la vinculación él mismo, su concepto es una buena manera de visualizar dos cosas sobre el modelo de innovación disruptiva. Explica por qué el ritmo del avance tecnológico supera la capacidad de los clientes de utilizar el avance. También explica por qué competir contra el no consumo, crear una red de valor completamente nueva, a menudo es a la larga una manera más fácil de atacar un mercado consolidado.

15. Ocasionalmente, algunas personas han concluido que cuando el líder incumbente no es eliminado instantáneamente por la disrupción, las fuerzas de la disrupción de algún modo han dejado de operar, y que los atacantes están siendo mantenidos a raya. (Véase, por ejemplo, Constantinos Charitou y Constantinos Markides, "Responses to Disruptive Strategic Innovation," *MIT Sloan Management Review*, Winter 2003, 55.) Esas conclusiones reflejan una comprensión superficial del fenómeno, porque la disrupción es un proceso y no un acontecimiento. Las fuerzas están operando todo el tiempo en todas las industrias. En algunos casos, las fuerzas pueden tardar décadas en abrirse camino en una industria. En otros, podría llevarles algunos años.

    Pero las fuerzas –que en realidad son la búsqueda de la ganancia asociada con la ventaja competitiva– siempre están trabajando. De manera similar, otros escritores han señalado en ocasiones que el líder de una industria en realidad no es eliminado por una disrupción, sino que esta aprovecha hábilmente la oportunidad. Entonces concluyen que la teoría de la disrupción es falsa. Esta también es una lógica errónea. Cuando vemos volar un avión, eso no desmiente la ley de la gravedad. La gravedad sigue ejerciendo fuerza sobre el avión que vuela –es solo que los ingenieros resolvieron cómo lidiar con la fuerza–. Cuando vemos una empresa tener éxito en la disrupción, es porque el equipo administrativo resolvió cómo aprovechar las fuerzas para facilitar el éxito.

16. Véase Clayton M. Christensen y Richard S. Tedlow, "Patterns of Disruption in Retailing," *Harvard Business Review*, January-February 2000, 42-45.

17. Wal-Mart finalmente pudo crear procesos que rotaban los activos más rápido que Kmart. Eso le permitió obtener retornos más altos a márgenes de utilidad bruta similares, dándole a Wal-Mart una tasa más alta de crecimiento sostenible.

18. La razón de que para las firmas instaladas como tiendas por departamento de servicio completo sea mucho más fácil huir de la disrupción en vez de pararse a pelear es que en el corto plazo el inventario y la rotación de activos son difíciles de cambiar. Las tiendas por departamento de servicio completo ofrecían a los clientes una selección de productos mucho más amplia (más SKUs –números de referencia únicos– por categoría), lo que inevitablemente deprimía las rotaciones de inventario. Las tiendas de descuento no solo ofrecían una gama de productos más estrecha, enfocada solamente

en los artículos de más rápida rotación, sino que además su infraestructura física generalmente ponía toda la mercancía en el piso de ventas. En contraste, las tiendas por departamento a menudo tenían que mantener depósitos para reponer las cantidades limitadas de cualquier artículo dado que pudiera colocarse en sus estantes cargados de SKUs. Por eso, cuando las tiendas de descuento disruptivas invadían desde abajo un nivel de su variedad de mercancías, las tiendas por departamento no podían bajar rápidamente los márgenes y acelerar las rotaciones. Ascender en el mercado donde los márgenes seguían siendo adecuados fue siempre la alternativa más viable y atractiva.

19. Las disrupciones de gama baja son un ejemplo directo de lo que el economista Joseph Schumpeter llamó "destrucción creativa". Las disrupciones de gama baja generan una reducción de costos significativa en una industria –pero eso lo logran las firmas entrantes al destruir a las incumbentes–. La disrupción de nuevo mercado, en contraste, implica un período de creación creativa sustancial –nuevo consumo– antes de que tenga lugar la destrucción de lo viejo.

20. Para una investigación más profunda del impacto macroenonómico de la disrupción, véase Clayton M. Christensen, Stuart L. Hart y Thomas Craig, "The Great Disruption," Foreign Affairs 80, no. 2 (MarchApril 2001): 80-95; y Stuart L. Hart y Clayton M. Christensen, "The Great Leap: Driving Innovation from the Base of the Pyramid," *MIT Sloan Management Review*, Fall 2002, 51-56. El artículo de *Foreign Affairs* sostiene que la disrupción fue el motor fundamental del milagro económico japonés de las décadas de 1960, 1970 y 1980. Al igual que otras empresas, esos disruptores –Sony, Toyota, Nippon Steel, Canon, Seiko, Honda y otros– han ascendido a la gama alta, produciendo ahora algunos de los productos de mayor calidad del mundo en sus respectivos mercados. Como las empresas norteamericanas y europeas a las que disrumpieron, los gigantes de Japón están ahora atascados en la gama alta de sus mercados, donde no hay crecimiento. La razón de que la economía norteamericana no se estancara durante un período largo después de que sus principales empresas quedaran atrapadas en la gama alta fue que la gente podía dejar esas empresas, juntar capital de riesgo en el descenso e iniciar nuevas olas de crecimiento disruptivo. La economía japonesa, en cambio, carece de la movilidad en el mercado laboral y la infraestructura de capital de riesgo que permite hacer eso. Por eso Japón jugó el juego disruptivo una vez y se benefició generosamente. Pero está atascado. Realmente parece haber raíces microeconómicas en el malestar macroeconómico del país. El artículo de *Sloan* se basa en el de *Foreign Affairs*, sosteniendo que las naciones en desarrollo de hoy son un mercado inicial ideal para muchas innovaciones disruptivas, y que la disrupción es una política viable de desarrollo económico.

21. La redacción que empleamos en este párrafo es importante. Cuando los clientes no pueden diferenciar productos entre sí en ningún aspecto que puedan evaluar, la base de elección del cliente a menudo es el precio. Sin embargo, no diríamos que cuando un consumidor compra la alternativa de precio más bajo el eje de la competencia es el costo. La pregunta correcta que debe hacerse es si los clientes estarán dispuestos a pagar precios más altos por más mejoras en funcionalidad, fiabilidad o comodidad. Mientras los clientes recompensen las mejoras pagando precios proporcionalmente más altos, lo tomamos como evidencia de que el ritmo de mejora del rendimiento todavía no ha sobrepasado lo que los clientes pueden usar. Cuando la utilidad marginal que los clientes reciben por mejoras adicionales en cualquiera de esos aspectos se aproxima al cero, el costo es verdaderamente la base de la competencia.

22. Enfatizamos en esta frase la expresión *estrategia de producto* porque ciertamente parece haber margen para otras dos jugadas disruptivas de gama baja en este mercado. Una sería una estrategia de marca privada para disrumpir la marca Hewlett-Packard, La otra sería una estrategia de distribución de bajo costo a través de un minorista en línea como Dell Computer.

23. En realidad hay una cuarta estrategia a ser evaluada aquí –fabricar componentes para vendérselos a Hewlett-Packard y su subsistema de proveedores. Abordaremos esa estrategia con más detalle en los capítulos 4 y 5–.

24. De hecho, en la década de 1990 Matsushita trató de entrar con una estrategia de apoyo exactamente de ese tipo. A pesar de su fuerte marca Panasonic y su capacidad de primer nivel en el montaje de productos electromecánicos, la empresa ha sido derrotada y capturó una mínima cuota del mercado.

CAPÍTULO 3

¿Qué productos querrán comprar los clientes?

¿Qué productos deberíamos desarrollar cuando ejecutamos nuestra estrategia disruptiva? ¿En qué segmentos del mercado deberíamos enfocarnos? ¿Cómo podemos saber con certeza, de antemano, qué características y funciones del producto valorarán y no valorarán los clientes? ¿Cómo deberíamos comunicar a nuestros clientes las ventajas de nuestros productos, y qué estrategia de construcción de marca será mejor para crear valor duradero?

Todas las empresas enfrentan el desafío constante de definir y desarrollar productos que los clientes se apresurarán a comprar. Pero a pesar de los mejores esfuerzos de gente notablemente talentosa, la mayor parte de los intentos de crear nuevos productos exitosos fracasa. Más del 60 por ciento de todos los esfuerzos de desarrollo de nuevos productos son abandonados antes de llegar al mercado. Del 40 por ciento que ve la luz del día, el 40 por ciento no logra ser rentable y es retirado del mercado. Cuando hacemos las cuentas, tres cuartos del dinero gastado en inversiones de desarrollo de producto resulta en productos que no tienen éxito comercial.[1] Esos esfuerzos son todos lanzados con la expectativa de éxito, pero parecen prosperar o fracasar de maneras inesperadas. Una vez más, sostenemos que los fracasos en realidad no son en absoluto aleatorios: son predecibles –y evitables– si los gerentes entienden bien la etapa de categorización de la teoría. De los muchos factores de la construcción de negocios, el desafío de crear productos que gran cantidad de clientes compre a precios rentables pide a gritos una teoría predictiva precisa.

El proceso que los *marketers*[*] llaman segmentación del mercado es, en nuestra jerga, la etapa de categorización de la construcción de teorías. Los gerentes pueden teorizar con precisión qué productos tendrán conexión con sus clientes solo si definen segmentos de mercado que se correspondan con las circunstancias en que se encuentran los clientes cuando toman decisiones de compra. Cuando los gerentes segmentan los mercados de maneras que no se alinean con esas circunstancias, la segmentación en realidad *puede hacer* que fracasen –básicamente porque lleva a los gerentes a apuntar sus nuevos productos a blancos fantasma–.

Comenzamos este capítulo describiendo una manera de pensar la segmentación de mercado que puede diferir de otros enfoques. Creemos que este abordaje, basado en la idea de que los clientes "contratan" productos para hacer "trabajos" específicos, puede ayudar a los gerentes a segmentar sus mercados de modo que reflejen la forma en que sus clientes experimentan la vida. Al hacerlo, este abordaje también puede revelar oportunidades para la innvovación disruptiva.

Revisaremos entonces ese concepto de segmentación del mercado y exploraremos las fuerzas que hacen que incluso los mejores gerentes segmenten sus mercados de manera errónea. Muchos marketers en realidad saben cómo hacer lo que proponemos en este capítulo. El problema es que fuerzas predecibles en empresas operadoras hacen que las compañías segmenten los mercados de manera contraproducente. Finalmente, mostramos cómo la segmentación de mercados según los trabajos que tratan de hacer los clientes aborda otros importantes desafíos de la comercialización –como la gestión de marca y el posicionamiento del producto– para ayudar a crecer a las empresas disruptivas.

En conjunto, estas ideas constituyen una teoría de la forma de conectar las innovaciones disruptivas con los clientes adecuados a fin de crear primero un punto de apoyo en un mercado y crecer luego rentablemente a lo largo de la trayectoria sustentadora hacia productos y servicios dominantes en el mercado.

---

[*] Profesionales o personal especializado en marketing. En adelante se omitirá el uso de itálica. *[N. del T.]*

Pompa y circunstancias en la segmentación de mercados

Gran parte del arte del marketing se concentra en la segmentación: identificar grupos de clientes suficientemente similares como para que el mismo producto o servicio atraiga a todos ellos.[2] La gente de marketing a menudo segmenta los mercados por tipo de producto, por precio o por la demografía y la psicografía de los individuos o las empresas que son sus clientes. Con todo el esfuerzo invertido en la segmentación, ¿por qué las estrategias de innvovación basadas en esos esquemas de categorización o segmentación fracasan tan frecuentemente? La razón, a nuestro juicio, es que esos delineamientos son definidos por los *atributos* de los productos y los clientes. Como vemos una y otra vez en este libro, las teorías que se apoyan en categorizaciones basadas en atributos pueden revelar *correlaciones* entre atributos y resultados. Pero es solo cuando la teoría del marketing ofrece un argumento plausible de causalidad y está construida sobre esquemas de categorización (segmentación) basados en las circunstancias cuando los gerentes pueden afirmar con confianza qué características, funciones y posicionamiento *harán* que los clientes compren un producto.

El marketing predecible requiere comprender las circunstancias en las que los clientes compran o usan cosas. Específicamente, los clientes –personas y empresas– tienen "trabajos" que surgen regularmente y que necesitan hacer. Cuando los clientes se dan cuenta de un trabajo que necesitan hacer en su vida, buscan un producto o servicio que puedan "contratar" para que lo haga. Así es como los clientes experimentan la vida. Sus procesos de pensamiento nacen de la conciencia de necesitar hacer algo, y entonces se disponen a contratar algo o a alguien para que haga el trabajo tan eficaz, conveniente y económicamente como sea posible. Las dimensiones funcionales, sociales y emocionales de los trabajos que los clientes necesitan hacer constituyen las circunstancias en las que compran. En otras palabras, los trabajos que los clientes están tratando de hacer o los resultados que están tratando de alcanzar constituyen una categorización de los mercados basada en las circunstancias.[3] Las empresas que enfocan sus productos en las *circunstancias* en que se encuentran los clientes, antes que en los *clientes* en sí, son las que pueden lanzar productos previsiblemente exitosos. Dicho de otro modo, la unidad esencial de análisis es la *circunstancia* y *no el cliente.*

Para entender por qué esto es así, consideremos los intentos de una cadena de restaurantes de servicio rápido para mejorar las ventas y la rentabilidad de sus batidos.[4] Los marketers de esa cadena segmentó a sus clientes en una variedad de dimensiones psico-conductuales para definir un perfil del cliente que más probablemente compre batidos. En otras palabras, primero estructuró su mercado por producto –batidos– y después lo segmentó por las características de los clientes existentes que consumen batidos. Esos son ambos esquemas de categorización basados en atributos. Entonces reunió paneles de gente con esos atributos e investigó si hacer los batidos más espesos, más chocolatados, más baratos o más abundantes los satisfaría más. La cadena obtuvo clara información sobre lo que querían los clientes, pero ninguna de las mejoras al producto alteró significativamente las ventas o las ganancias.

Un nuevo grupo de investigadores entró en escena entonces para entender qué estaban tratando de obtener para sí los clientes cuando "contrataban" un batido, y ese abordaje ayudó a los gerentes de la cadena a ver cosas que la investigación de mercado tradicional había pasado por alto. Para saber lo que los clientes buscaban cuando contrataban un batido, los investigadores pasaron dieciocho horas en un restaurante durante un día registrando detalladamente quiénes compraban batidos. Anotaron el tiempo de cada compra de batido, qué otros productos compraba el cliente, si el cliente estaba solo o con un grupo, si lo consumía en el restaurante o se lo llevaba, etc. La conclusión más sorprendente de ese trabajo fue que casi la mitad de los batidos eran comprados en las primeras horas de la mañana. Muy a menudo, el batido era el único producto que compraban los clientes, y rara vez se lo consumía en el restaurante.

Los investigadores regresaron para entrevistar a clientes que compraban un batido por la mañana a fin de saber qué estaban tratando de hacer cuando lo compraban, y preguntaron qué otros productos contrataban otros días en lugar del batido cuando tenían que hacer el mismo trabajo. La mayoría de esos clientes matinales de batidos los habían contratado para lograr un conjunto similar de resultados. Les esperaba un viaje largo y aburrido hasta el trabajo y necesitaban algo para hacerlo más interesante. Eran "multitareas" –todavía no tenían hambre, pero sabían que si no ingerían algo ahora, a las 10:00 estarían hambrientos–. Enfrentaban algunas restricciones: tenían prisa, en muchos casos iban con su ropa de trabajo y tenían como mucho una sola mano libre.

Cuando esos clientes buscaban algo que contratar para realizar su trabajo, a veces compraban *bagels*. Pero los *bagels* les dejaban migas en la ropa y en el auto. Si los *bagels* estuvieran recubiertos con queso crema o mermelada, sus dedos y el volante se pondrían pegajosos. A veces contrataban una banana para hacer el trabajo, pero eso se comía demasiado rápido y no resolvía el problema del viaje aburrido. Los sándwiches de salchicha, jamón o huevo que también vendía el restaurante para el desayuno les dejaban las manos y el volante muy grasosos, y si los clientes trataban de estirar el tiempo que tardaban en comer el sándwich, este se enfriaba. Las donas no duraban hasta el ataque de hambre de las 10:00. Resultaba ser que el batido hacía el trabajo mejor que casi cualquier alternativa disponible. Si se lo administraba competentemente, podía llevar hasta veinte minutos absorber el espeso batido a través de la delgada pajilla, resolviendo el problema del viaje aburrido. Se podía ingerir de manera limpia con una sola mano y solo un pequeño riesgo de derrame, y los clientes sentían menos hambre consumiendo un batido que después de recurrir a la mayor parte de las alternativas. A los clientes no les importaba que el batido fuera un alimento saludable, porque volverse saludables no era el trabajo para el que estaban contratando el producto.[5]

Los investigadores observaron que en otros momentos del día solían ser padres los que, además de una comida completa, compraban batidos para sus hijos. ¿Qué trabajo estaban tratando de hacer? Estaban emocionalmente exhaustos de tener que decirles reiteradamente a sus hijos "No" todo el día, y necesitaban sentir que eran padres razonables. Contrataban batidos como una forma inocua de calmar a sus hijos y sentir que eran padres cariñosos. Sin embargo, los batidos no hacían muy bien ese trabajo. Los investigadores veían a padres esperando impacientemente después de terminar su comida mientras sus hijos sorbían con esfuerzo el espeso batido por la pajilla. Muchos batidos eran dejados por la mitad cuando los padres declaraban que el tiempo se había agotado.

Segmentar el mercado por líneas demográficas o psicográficas ciertamente suministra información sobre clientes individuales.[6] Pero el mismo padre ocupado que a la mañana necesita un batido espeso que consuma tiempo, más tarde necesita algo muy diferente para su hijo. Cuando los investigadores preguntaban a clientes que tenían múltiples trabajos en su vida qué atributos de los batidos mejorarían, y cuando luego promediaban la respuesta de cada consumidor con las de otros del mismo segmento demográfico o psicográfico, el resultado conducía a un producto "talla única", uniformado, que no hacía bien ninguno de los trabajos que los clientes estaban tratando de hacer.[7]

¿Contra quién está compitiendo realmente la cadena de servicio rápido a la mañana? Sus estadísticas comparan sus ventas con las ventas de batidos de cadenas competidoras. Pero en la mente de los clientes el batido de la mañana compite contra el aburrimiento, los *bagels*, las bananas, las donas, las bebidas instantáneas para el desayuno y posiblemente el café. A la tarde, los batidos compiten contra las galletas, el helado y las promesas de compras futuras que los padres esperan que sus hijos no recuerden.

Saber para qué trabajo se contrata un producto (y saber qué trabajos hay que no se están haciendo muy bien) puede dar a los innovadores una hoja de ruta mucho más clara para mejorar sus productos para derrotar a la *verdadera* competencia desde la perspectiva del cliente –en cada dimensión del trabajo–. Para abordar el trabajo del viaje aburrido, por ejemplo, la cadena podría agregar trozos diminutos de fruta. Eso resolvería aún mejor el trabajo del viaje aburrido, porque los conductores sentirían aleatoriamente en la boca trozos crujientes y sabrosos, añadiendo un elemento de imprevisibilidad y expectación a una rutina matinal monótona.

(Recordemos, la fruta podría hacer más saludable el batido, pero mejorar la salud no es el trabajo principal para el que se lo contrata). La cadena podría hacer el batido aún más espeso, de modo que durara más. Y podría montar en cada restaurante una máquina de autoservicio que los clientes podrían operar con una tarjeta prepaga, para entrar y salir rápido.

Abordar el trabajo requerido a la tarde implicaría un producto muy diferente –uno menos espeso para que pueda consumirse más rápido, y servido en un envase pequeño de diseño divertido–. Sería un complemento económico de la comida de los niños, para que cuando un niño se lo pidiera, el padre pudiera decir "está bien" sin pensarlo mucho.

Si la cadena de restaurantes implementara innovaciones como esas, que realmente ayudaran a hacer los trabajos, y descartase las mejoras que fueran irrelevantes para los trabajos que el producto debe hacer, tendría éxito, pero no por captar ventas de batidos de cadenas competidoras o por "canibalizar" otros productos de su menú. El crecimiento vendría por ganarles mercado a productos de otras categorías que los clientes usaban a veces, con limitada satisfacción, para hacer sus trabajos. Y tal vez más importante, los productos encontrarían nuevo crecimiento entre "no consumidores". Competir contra el no consumo a menudo ofrece la mayor fuente de crecimiento en un mundo de producto de "talla única" que no hacen satisfactoriamente ningún trabajo. Volveremos sobre este punto en el Capítulo 4.

Usar la segmentación basada en las circunstancias para ganar un punto de apoyo disruptivo

La primera vez que los constructores de un negocio de nuevo crecimiento necesitan determinar lo que los clientes potenciales están realmente tratando de hacer es cuando buscan el punto de apoyo disruptivo –el producto o servicio inicial que es el punto de entrada para una nueva disrupción de mercado–. Cuando los gerentes posicionan un producto disruptivo de lleno en un trabajo que mucha gente está tratando de hacer y que ha sido mal abordado en el pasado, crean una plataforma de lanzamiento para el crecimiento posterior a través de innovaciones de apoyo que construyen sobre la plataforma inicial.[8]

¿Cómo pueden los gerentes identificar esas oportunidades de ganar un punto de apoyo? Quizás nunca sea posible cubrir de entrada todos los aspectos de la introducción de un producto en una disrupción de nuevo mercado, por lo que se vuelve muy importante usar los métodos de descubrimiento de estrategia que delineamos en el Capítulo 8. Sin embargo, creemos que una lupa de trabajos por hacer puede ayudar a los innovadores a llegar al mercado con un producto inicial que esté mucho más cerca de lo que los clientes a la larga descubrirán que valoran. La forma de acercarse tanto como sea posible a ese objetivo es desarrollar hipótesis *observando* atentamente lo que la gente parece estar tratando de conseguir para sí, y preguntarle luego al respecto.[9]

Akio Morita, el fundador de Sony, fue un maestro en observar lo que los clientes estaban tratando de hacer y en unir esas observaciones con soluciones que los ayudaban a hacer el trabajo mejor. Entre 1950 y 1982, Sony construyó exitosamente doce diferentes negocios disruptivos de crecimiento de nuevo mercado. Entre ellos, la primera radio a transistores de bolsillo, alimentada a baterías, lanzada en 1955, y el primer televisor portátil de estado sólido, blanco y negro, lanzado en 1959. Se incluyen también los reproductores de cintas de video; las videograbadoras portátiles; el ahora popular Walkman, introducido en 1979, y los disquetes de 3,5 pulgadas, lanzados en 1981. ¿Cómo encontró Sony la aplicación de esos puntos de apoyo que rindieron un fruto positivo tan tremendo?

Cada decisión de lanzar un producto nuevo durante ese período fue tomada personalmente por Morita y un grupo de confianza de unos cinco socios. Buscaron puntos de apoyo disruptivos observando y preguntando lo que la gente realmente estaba tratando de hacer. Buscaron formas en que la tecnología electrónica de estado sólido miniaturizada pudiera ayudar a una población más grande de gente menos capacitada y menos pudiente a hacer, de manera más cómoda y con menos gastos, los trabajos que ya estaba tratando de hacer a través de medios incómodos e insatisfactorios. Morita y su equipo tuvieron un extraordinario historial en el hallazgo de esos puntos de apoyo para la disrupción.

Curiosamente, 1981 marcó el final de la odisea disruptiva de Sony, y durante los siguientes dieciocho años la empresa no lanzó ningún negocio disruptivo de nuevo crecimiento. Sony siguió siendo innovadora, pero sus innovaciones fueron de un carácter *de apoyo* –productos mejores orientados a mercados existentes–. La PlayStation de Sony, por ejemplo, es un gran producto, pero fue un ingresante tardío en un mercado bien consolidado. Del mismo modo, sus computadoras portátiles Vaio son grandes productos, pero ellas también entraron tarde en un mercado bien consolidado.

¿Cuál fue la causa de ese cambio abrupto en la estrategia de innovación de Sony? A principios de la década de 1980, Morita comenzó a retirarse de la administración activa de la empresa a fin de involucrarse en la política japonesa.[10] Para ocupar su lugar, Sony comenzó a emplear gente con maestrías en administración de empresas para identificar oportunidades de nuevo crecimiento. Esos especialistas trajeron consigo sofisticadas técnicas cuantitativas basadas en atributos para segmentar mercados y determinar el potencial de mercado. Aunque esos métodos descubrieron algunas oportunidades desatendidas en mercados consolidados, fueron ineficaces para sintetizar percepciones a partir de la observación intuitiva. Al buscar un punto de apoyo inicial en una disrupción de nuevo mercado, la observación y los cuestionarios para determinar lo que los clientes están tratando de hacer, junto con estrategias de desarrollo y un *feedback* rápidos, pueden mejorar sustancialmente la probabilidad de que los productos de una empresa concuerden rápidamente con un trabajo que la gente está tratando de realizar.

Innovaciones que sostendrán la disrupción

Ganar un punto de apoyo es solo la primera batalla de la guerra. El crecimiento atractivo se da cuando una innovación *mejora* de maneras que le permitan reemplazar las ofertas vigentes. Esas son mejoras de apoyo respecto de la innovación inicial: mejoras que se extienden para satisfacer las necesidades de clientes cada vez más rentables.

Con las disrupciones de gama baja puede ser fácil determinar la secuencia correcta de mejoras del producto en la marcha hacia niveles más altos del mercado. Una vez que las mini-acerías establecieron su punto de apoyo en el mercado de las barras de refuerzo, por ejemplo, el siguiente paso lógico era bastante obvio: abordar el hierro en ángulo y barras y varillas más gruesas –las categorías del acero que estaban por encima de las barras de refuerzo–. Para Target Stores, el objetivo era replicar la línea de productos, las marcas y el ambiente que anteriormente solo podían encontrarse en tiendas departamentales caras de servicio completo. La tarea de marketing del disruptor de gama baja es extender el modelo de negocios de bajo costo ascendiendo hacia productos que hacen los trabajos que clientes más rentables están tratando de hacer.

Con las disrupciones de nuevo mercado, en cambio, el desafío es *inventar* la senda ascendente, porque nadie ha hecho trayecto antes. Elegir las mejoras correctas es crucial para la marcha disruptiva hacia niveles más altos del mercado. En esto, una vez más, la lógica de la segmentación basada en los trabajos puede ayudar.

Examinemos uno de los mercados más calientes de la última década: los dispositivos electrónicos inalámbricos portátiles. El BlackBerry, un dispositivo portátil de correo electrónico inalámbrico fabricado por la empresa canadiense Research in Motion (RIM), es un importante competidor en esa área. RIM encontró el punto de apoyo disruptivo en un nuevo lugar del tercer eje del diagrama de la disrupción, compitiendo contra el no consumo al llevar la posibilidad de recibir y enviar e-mails a nuevos contextos como las filas de espera, el tránsito público y las salas de conferencia. ¿Qué es lo que sigue, entonces? ¿Cómo sostiene RIM la mejora del producto y la trayectoria de crecimiento de su BlackBerry? Seguramente llegan cada mes a las oficinas de los ejecutivos de RIM decenas de nuevas ideas de mejoras que podrían introducirse en la siguiente generación de BlackBerry. ¿En cuáles de esas ideas debería invertir RIM, y cuáles debería ignorar? Esas son decisiones cruciales, con cientos de millones de dólares de ganancias en juego en un mercado que crece rápidamente.

Los ejecutivos de RIM podrían creer que su mercado se estructura por categorías de productos caracterizados por alguna etiqueta como "Competimos en dispositivos inalámbricos de mano". En ese caso, verán al BlackBerry compitiendo contra productos como la Palm Pilot, el Treo de Handspring, el Clié de Sony, teléfonos móviles fabricados por Nokia, Motorola y Samsung, y dispositivos basados en la Pocket-PC de Microsoft como el I-Paq de Compaq y el Jordana de Hewlett-Packard. Para adelantarse a esos competidores, RIM necesitaría desarrollar productos mejores más rápido que la competencia. El Clié de Sony, por ejemplo, tiene una cámara digital. Los teléfonos de Nokia no solo ofrecen conversación en vivo y mensajes de voz sino también mensajes de texto breves. Las funciones sumamente útiles de calendario, agenda y mantenimiento de notas de la Palm Pilot se han convertido prácticamente en estándares de la industria. ¿Y el hecho de que Compaq y Hewlett-Packard ofrezcan versiones reducidas de Word y Excel significa que RIM se quedará atrás si no hace lo mismo?

Definir el mercado por las características del producto *hace que* los gerentes piensen que, para derrotar a la competencia, RIM necesitaría incorporar algunas de esas características en la siguiente generación de BlackBerry. Los competidores del BlackBerry, por supuesto, estarían pensando lo mismo –todos tratando de incluir en sus productos las características superiores de sus competidores, en una carrera para adelantarse a la manada–.

Como se deja entrever en la Tabla 3-1, nuestra preocupación es que definir segmentos de mercado basándose en el producto en realidad provoca una carrera precipitada hacia productos "talla única" indiferenciables que cumplen de manera deficiente cualquiera de los trabajos específicos para los que podrían contratar los clientes.

Tabla 3-1.
El modo en que uno ve el mercado de dispositivos portátiles
determinará qué características del producto considera relevantes

Visión del producto	Visión demográfica	Visión del trabajo a realizar
Definición del mercado El mercado del dispositivo inalámbrico portátil	*Definición del mercado* El viajante de comercio	*Definición del mercado* Usar pequeños fragmentos de tiempo productivamente
Competidores Palm Pilot, Handspring Treo, Sony Clié, HP Jordana, Compaq I-Paq, teléfonos inalámbricos	*Competidores* Computadoras portátiles, acceso alámbrico a Internet, teléfonos inalámbricos y alámbricos	*Competidores* Teléfonos inalámbricos, *Wall Street Journal*, CNN Airport News, escuchar presentaciones aburridas, no hacer nada
Características a considerar Cámara digital Word Excel Outlook Teléfono de voz Agenda personal Reconocimiento de escritura manual	*Características a considerar* Acceso inalámbrico a Internet; ancho de banda para datos Datos de CRM descargables/ funcionalidad Acceso inalámbrico a agencias de viaje en línea Comercio de acciones en línea Libros electrónicos y manuales técnicos electrónicos	*Características a considerar* Correo electrónico Voz Correo de voz Teléfono de voz Titulares de prensa, actualizaciones frecuentes Juegos sencillos para un solo jugador Listas entretenidas de "top ten" Siempre encendido

Como alternativa, los ejecutivos de RIM podrían segmentar su mercado en términos demográficos –apuntando por ejemplo al viajante de comercio– y agregar entonces al BlackBerry las mejoras del producto que satisfarían las necesidades de esos clientes. Ese encuadre llevaría a RIM a considerar un conjunto muy diferente de innovaciones. Un software reducido de gestión de relaciones con el cliente (CRM, por su sigla en inglés) podría ser considerado esencial, porque permitiría a los vendedores revisar historiales de cuentas y el estado de los pedidos antes de contactar a los clientes. Libros y revistas electrónicos descargables evitarían que los clientes tuvieran que llevar material de lectura voluminoso en sus maletines. El acceso inalámbrico a Internet, con la posibilidad concomitante de modificar reservas de viaje, negociar acciones y encontrar restaurantes a través de satélites de posicionamiento global, podría ser muy atractivo. Un software de informes de gastos junto con la posibilidad de transmitir inalámbricamente informes a la oficina central podría ser muy conveniente.

Todo ejecutivo que haya participado en decisiones para definir y financiar proyectos de innovación se identificará con la tortuosa dificultad que implica responder preguntas como estas. No sorprende que muchos hayan llegado a ver la innovación como un tiro de dados al azar –o peor aún, como un juego de ruleta rusa–.

Pero, ¿y si RIM estructurara los segmentos de ese mercado según los trabajos que la gente está tratando de hacer? No hemos realizado una investigación seria al respecto, pero solo de observar a la gente que saca sus BlackBerry, nos parece que, en su mayoría, esas personas los están contratando para que las ayuden a ser productivas en pequeños fragmentos de tiempo que de otro modo se desperdiciarían. Uno ve usuarios de BlackBerry leyendo e-mails mientras esperan en fila en los aeropuertos. Cuando un ejecutivo pone un siempre encendido BlackBerry sobre una mesa en una reunión, ¿qué está tratando de hacer? En caso de que la reunión se vuelva un poco lenta o aburrida, quiere poder echarle un vistazo discretamente a algunos mensajes, solo para ser un poco más productivo. Cuando el ritmo de la reunión se acelera, puede hacer a un lado el BlackBerry y prestar atención nuevamente.

¿Contra qué está compitiendo el BlackBerry? ¿Qué contratan las personas cuando necesitan ser productivas en pequeños fragmentos de tiempo y no sacan un BlackBerry? A menudo sacan un teléfono inalámbrico. A veces toman el *Wall Street Journal.* A veces anotan algo para sí mismas. A veces miran mecánicamente la CNN Airport Network, o se sientan con la mirada vacía en una reunión aburrida. Desde el punto de vista del *cliente, esos* son los competidores más directos del BlackBerry.

¿Qué mejoras en la plataforma básica de correo electrónico inalámbrico del BlackBerry implica ese encuadre del mercado? El Word, el Excel y el software de CRM probablemente queden fuera –es realmente difícil arrancar, cambiar de velocidad mental, ser productivo y acortar esas actividades en un fragmento de tiempo de cinco minutos–. Tampoco es probable que se contraten cámaras digitales *snap-on* para hacer ese trabajo.

En cambio, la telefonía inalámbrica es fácil de decidir para RIM, porque dejar y responder mensajes de voz es otra manera de ser productivo en pequeños fragmentos de tiempo. Las noticias financieras y la cotización de acciones ayudarían al BlackBerry a competir más eficazmente contra el *Wall Street Journal*. Y juegos sencillos para un solo jugador o listas de *top ten* al estilo Letterman descargadas automáticamente podrían ayudar al BlackBerry a ganar cuota del mercado contra el aburrimiento. Ver el mercado en términos de los trabajos que sus clientes están tratando de realizar definiría para RIM una agenda de innovación basada en la forma en que sus clientes viven sus vidas. La buena noticia para los accionistas de RIM es que ese parece ser el rumbo en el que va el BlackBerry.[11]

Hacer perfectamente ese trabajo de "hazme productivo en pequeños fragmentos de tiempo" no es algo sencillo, por supuesto. Agregar telefonía de voz al BlackBerry aumentaría el consumo de energía. Pero ese es el tipo de desafío clásicamente asociado a la innovación de apoyo. El mayor problema de RIM probablemente no sea la falta de talento en ingeniería, sino decidir en qué problemas debería utilizar ese talento.[12]

¿Qué debería hacer Palm? En el contexto del trabajo para el que se contrata al BlackBerry, una cámara no tiene sentido. ¿Pero podría tener sentido en un producto como la Palm Pilot, que se usa para llevar un registro de las personas? Además de mostrar solamente una tarjeta de identificación, una cámara permitiría a los usuarios almacenar también la imagen de la persona –ayudando a los usuarios de Palm Pilot a organizarse mejor al poder recordar no solo los nombres de la gente sino también sus caras–.[13]

En el mercado japonés de teléfonos móviles, las estrategias de los proveedores de telefonía móvil J-Phone y NTT DoCoMo para añadir una cámara y un visor de fotos al teléfono móvil y proveer los servicios de datos requeridos para enviar y recibir fotos digitales de baja calidad obtuvieron un éxito instantáneo a principios de la década de 2000. ¿Por qué? Algunos años antes, esas firmas habían creado una próspera disrupción de nuevo mercado vendiendo acceso inalámbrico a Internet a través de servicios como el I-Mode de DoCoMo. Sus clientes eran principalmente adolescentes, que contrataban el acceso móvil a Internet para divertirse con sus amigos descargando fondos de pantalla y *ringtones*. La popularidad de las cámaras y visores de fotos de funcionalidad limitada incorporados en los teléfonos de esos adolescentes tiene sentido cuando se la ve con la lente de los trabajos a realizar. Los teléfonos móviles que envían y reciben fotos ofrecen a los jóvenes más y nuevas formas de diversión.

¿Los proveedores europeos y norteamericanos de servicios y telefonía móvil deberían tratar de emular ese éxito incorporando esa funcionalidad en *sus* teléfonos? Suponemos que los teléfonos con cámara despegarán mucho más despacio en esos mercados, porque allí muchos usuarios de telefonía móvil son adultos que parecen haber contratado teléfonos móviles para hacer trabajos o intercambiar información importante en pequeños fragmentos de tiempo. Las cámaras y visores rara vez ayudan a hacer mejor esos trabajos. Si esas compañías comercializaran los teléfonos y esos servicios para el mercado juvenil como una nueva forma de divertirse tomando y transmitiendo imágenes, esa característica del producto podría generar un *crecimiento sustancial*. Pero si mantienen su manifiesta propensión a implementar la funcionalidad como una característica cara en teléfonos que adultos "multitarea" serios han contratado para ponerse a trabajar en vez de jugar, creemos que el crecimiento será poco.

Si RIM evolucionara el BlackBerry para ayudar a la gente a ser cada vez más productiva en pequeños fragmentos de tiempo, si Palm evolucionara su Pilot para ayudar a la gente a estar más organizada, y si los teléfonos de J-Phone fueran optimizados para ayudar a los adolescentes a divertirse, los productos se diferenciarían de manera clara en la mente de los consumidores –y cada uno podría crecer hasta tener una cuota grande del mercado de su trabajo específico–. Y como esos diferentes trabajos surgen en diferentes puntos de tiempo y espacio en las vidas de los consumidores, nos inclinamos a pensar que durante mucho tiempo la mayoría de los consumidores optarían por tener cada producto individualmente en lugar de tener un dispositivo al estilo navaja suiza –esto es, hasta que un dispositivo de "talla única" pueda hacer todos esos trabajos sin comprometer la funcionalidad, la sencillez y la comodidad–.

Lamentablemente, da la impresión de que en este espacio muchos fabricantes están ahora a punto de colisionar. Cada uno parece empeñado en empaquetar la funcionalidad de todos los demás competidores en un solo dispositivo para todo uso. Si no se frena, eso conducirá a productos indiferenciables, tratados como *commodities*, que no hacen realmente bien ninguno de los trabajos para los que una vez fueron contratados. Esto no tiene por qué ser así. La trayectoria suicida es consecuencia de formular el mercado en términos de los atributos de los productos y los atributos de los clientes y no en términos de los trabajos a realizar.

¿Por qué los ejecutivos segmentan los mercados de manera contraproducente?

En buena medida, los que hemos dicho hasta aquí no es ninguna novedad –o al menos no debería serlo–. Buenos investigadores han escrito convincentemente, usando su propio vocabulario, que la perspectiva de los trabajos a realizar es la única forma de ver adecuadamente qué productos y servicios los clientes valorarán en el futuro, y por qué.[14] Seguramente, todos los ejecutivos *dirían* que sueñan con dominar su mercado con un producto altamente diferenciado. Y la mayoría de los marketers afirmará que el verdadero propósito de su trabajo es comprender lo que los clientes *hacen* con sus productos.

En vista de esos deseos y creencias, ¿por qué tantos gerentes parecen en cambio lanzarse de cabeza en la *otra* dirección, fundamentando la trayectoria de mejora del producto en esquemas de segmentación basados en atributos, que conducen a productos de "talla única" indiferenciables? En las empresas consolidadas hay por lo menos cuatro razones o fuerzas contrarias que *provocan* que los gerentes apunten las innovaciones a segmentos de mercado basados en atributos que no se alinean con la forma en que los clientes viven sus vidas. Las primeras dos razones –el miedo al foco y la exigencia de una cuantificación precisa– radican en los procesos de asignación de recursos de las empresas. La tercera razón es que la estructura de muchos canales de venta minorista se centra en los atributos, y la cuarta es que la economía de la publicidad influye en las empresas para apuntar los productos a los clientes en lugar de a las circunstancias.

Miedo al foco

Una razón de por qué es difícil crear paquetes de productos y servicios que hagan bien determinados trabajos es que cuanto más claramente un producto se enfoque en hacer eficientemente un trabajo específico, menos atractivo podría volverse cuando se lo contrata para otras tareas. Lamentablemente, esclarecer para qué trabajo debe contratarse un producto a menudo esclarece para qué *no* se lo debería contratar. El foco ayuda y daña –y es más fácil cuantificar el daño que la ayuda–.

Esa es una cuestión particularmente problemática para empresas como RIM, Palm, Nokia y HP cuando trazan el rumbo hacia un futuro aparentemente incierto. Cada empresa está más o menos posicionada, por ahora, en un trabajo específico: el BlackBerry de RIM y Nokia en matar el tiempo productivamente, la Pilot de Palm en mantener organizada a la gente, y HP en el acceso simplificado a tareas basadas en computadora.

Si definen su mercado en términos de la categoría del producto, las oportunidades de crecimiento más tangibles son los clientes y usos que ya han sido captados por las otras empresas. Por eso RIM apunta al software de agenda para que la ayude a quitarle clientes a Palm, mientras Palm lucha por encontrar formas de convertir su Pilot en un dispositivo de correo electrónico móvil.[15] Si esas empresas plantean el mercado como una categoría de producto, *no* empaquetar esas características en el producto parece efectivamente sacrificar potencial de crecimiento.

En contraste, una teoría del crecimiento que se apoye en categorías basadas en las circunstancias –los trabajos a realizar– llevaría a RIM a *no* copiar la mayoría de las características de otros dispositivos portátiles. Esto es porque la verdadera competencia viene de los periódicos, los teléfonos móviles, la CNN Airport Network y el simple y viejo aburrimiento. Hay un excitante potencial de crecimiento *dentro* de ese trabajo, si RIM puede mejorar su producto de manera que haga el trabajo mejor que la competencia real. Eso aumentaría el tamaño de la categoría de producto, quitando participación de mercado a competidores que estén fuera de la categoría. Además, seguir ese camino de mejora aumentaría, en vez de arruinar, la diferenciación del producto y su consecuente capacidad para mantener los márgenes de ganancia.

El foco da miedo –hasta que uno comprende que es la única forma de darle la espalda a mercados que de todos modos nunca podría haber tenido–. Enfocarse de manera precisa en los trabajos que la gente está tratando de hacer encierra la promesa de mejorar *sustancialmente* las probabilidades de éxito en el desarrollo de nuevos productos.

La demanda de los altos directivos de cuantificación de las oportunidades

El trabajo para el que los ejecutivos de línea suelen contratar la investigación de mercado en el proceso de asignación de recursos es el de definir el tamaño de la oportunidad, no el de entender cómo funcionan los clientes y los mercados.

En la mayoría de las empresas, los sistemas de tecnología de la información (TI) reúnen, agrupan y resumen datos de diferentes maneras para ayudar a los gerentes a tomar mejores decisiones. Los informes son indudablemente útiles, pero también llevan a las empresas a desarrollar nuevos productos y servicios destinados a fracasar en el mercado. Casi todos los informes corporativos de

TI se estructuran en torno a uno de tres constructos: productos, clientes y unidades organizativas. Los datos muestran a los gerentes cuánto se está vendiendo de cada producto, qué tan rentable es cada uno, qué clientes están comprando qué productos y qué costos e ingresos se relacionan con el servicio de cada cliente. Los sistemas de TI también informan los costos e ingresos por unidad organizativa, para que los gerentes puedan medir el éxito de las organizaciones de las que son responsables.

Las probabilidades de desarrollar productos nuevos exitosos empiezan a caer cuando los gerentes comienzan a dar por sentado que el mundo de los *clientes* está estructurado de la misma manera en que son agrupados los datos. Cuando los gerentes definen los segmentos de mercado en función de las pautas para las que disponen de datos y no según los trabajos que los clientes necesitan hacer, se vuelve imposible predecir si la idea de un producto tendrá conexión con un trabajo importante de los clientes. Usar esos datos para definir segmentos de mercado hace que los gerentes apunten la innovación a blancos fantasmas. Cuando estructuran el mundo de los clientes en términos de productos, los innovadores empiezan una carrera contra competidores en pos de más características, funciones y tipos de productos que significan poco para los clientes.[16] Al estructurar mercados en términos de datos demográficos de los clientes, promedian diferentes trabajos que surgen en la vida de los clientes y desarrollan productos de "talla única" que casi nunca dejan realmente satisfecha a la mayoría de los clientes. Y estructurar mercados en términos de los límites de una organización restringe aún más la capacidad de los innovadores para desarrollar productos que realmente ayuden a sus clientes a hacer el trabajo de manera perfecta.

Guste o no, aunque los investigadores de mercado a menudo desarrollan una sólida comprensión de los trabajos que los clientes están tratando de hacer, el idioma principal mediante el cual debe describirse la naturaleza de la oportunidad en el proceso de asignación de recursos es el idioma del tamaño del mercado. Pedir a los marketers que entiendan ese concepto no es la solución del problema –porque llámese "miopía del marketing" o trabajos a realizar, ese concepto ha sido enseñado antes–.[17] Es un problema de proceso. Como los altos directivos generalmente contratan la investigación de mercado para cuantificar el tamaño de las oportunidades y no para entender al cliente, el proceso de asignación de recursos sistemática y previsiblemente pervierte la idea de las empresas sobre la estructura de su mercado de modo que finalmente se adecue al perfil del que hay datos disponibles.

Como resultado, los sistemas corporativos de TI y los directores de informática que los administran están entre los contribuyentes más importantes al fracaso en la innovación. Los datos adquiridos de fuentes externas tienen el mismo impacto, porque están estructurados por atributos del producto, no según el trabajo. Los datos que se obtienen fácilmente en realidad ofuscan los caminos hacia el crecimiento.

La solución no es usar datos que se recopilan para medir el rendimiento histórico en los procesos de desarrollo de nuevos productos. Hay que mantener esos datos en cuarentena: son los datos equivocados para el trabajo. El tamaño y la naturaleza de las categorías de mercado basadas en el trabajo o las circunstancias en efecto pueden cuantificarse, pero eso implica un proceso de investigación y una metodología estadística diferentes de los que se usan normalmente en la mayoría de los intentos de cuantificación de mercado.

La estructura de los canales

Muchos canales de venta minorista y de distribución están organizados por categorías de productos y no de acuerdo a los trabajos que los clientes necesitan hacer.[19] Esa estructura de canal limita la flexibilidad de los innovadores para enfocar sus productos en los trabajos que necesitan hacerse, porque los productos necesitan ubicarse en las categorías de productos a las cuales se ha asignado espacio en los estantes.

Como una ilustración de este desafío, un fabricante de herramientas eléctricas observó que, al colgar una puerta, los trabajadores calificados usaban al menos siete herramientas diferentes, ninguna de las cuales era específica para el trabajo, y perdían mucho tiempo recogiendo y dejando esas herramientas. La empresa desarrolló un nuevo concepto de herramienta enfocado en el trabajo que hacía *mucho* más fácil colgar puertas correctamente. Sin embargo, no podía clasificarse como una garlopa, un formón, un destornillador, un taladro, un nivel o un martillo. Cuando la empresa presentó el producto al comprador de herramientas de una importante cadena minorista, el comprador respondió: "Miren, yo tengo un trabajo que hacer. Este es el planograma para mi espacio en los estantes. Yo compro taladros, lijadoras y sierras. El proveedor que ofrece mayor cantidad de caballos de fuerza a un punto de precio consigue el espacio. Su producto no me ayuda."

Este fenómeno lleva a muchos disruptores de nuevo mercado a buscar nuevos canales hacia el cliente –un tópico que abordamos en el Capítulo 4–. Si el producto es disruptivo para los canales minoristas o mayoristas consolidados porque no los ayuda a hacer más dinero de la forma en que esos establecimientos están estructurados para hacer dinero, no lo venderán. En consecuencia, los innovadores disruptivos exitosos a menudo encuentran que su producto debe habilitar una nueva clase de minoristas, distribuidores o revendedores de valor agregado para ascender en el mercado y disrumpir a los canales consolidados.[20]

Resolver este problema ideando un nuevo canal que esté estructurado y motivado para vender productos disruptivos enfocados en el trabajo les parece absurdo a los ejecutivos que necesitan que las innovaciones crezcan mucho y muy rápido. ¿Un canal grande y consolidado no ofrece una rampa mucho más rápida al volumen? Irónicamente, a menudo no. Encontrar o construir nuevos canales a menudo significa dar la espalda a ganancias que, de todas maneras, probablemente no se habrían materializado en los canales existentes.

Economía de la publicidad y estrategias de marca

La cuarta razón por la que los ejecutivos de marketing tienden a segmentar los mercados por los atributos del producto o del cliente es para facilitar la comunicación con los clientes. Si los mercados de consumo ser dividen en atributos como la edad, el sexo, el estilo de vida o la categoría del producto, parece más sencillo diseñar una estrategia de comunicación y elegir entonces los medios de comercialización más rentables. Lo mismo parece cierto si los mercados de consumo se dividen por geografía, industria o tamaño del negocio. Pero cuando las estrategias de comunicación conducen los esquemas de segmentación, los atributos de los clientes a los que se apunta pueden desorientar el proceso de desarrollo del producto, haciendo que las empresas desarrollen productos que hacen varios trabajos mediocremente, y ninguno bien.

Recordemos nuestro ejemplo de los batidos y los restaurantes de comida rápida y tomemos un miembro de un segmento demográfico –un hombre casado de cuarenta años, con dos niños pequeños golosos, que también tiene un viaje largo y aburrido al trabajo y al que a la hora del almuerzo le da hambre–. ¿Qué y cómo debería comunicar a ese cliente la cadena de restaurantes? Si le dice que puede comprar rápidamente un batido espeso con trozos de fruta en una máquina de autoservicio cuando necesita algo para mantener ocupadas las manos durante su viaje aburrido, ¿cómo puede decirle también que debería volver para contratar un pequeño batido líquido cuando necesita capitular ante sus hijos? ¿O pasar por el lugar para contratar una hamburguesa cuando el trabajo es comer algo rápido a la hora del almuerzo? Enviar al mismo cliente comunicaciones distintas para cada uno de esos trabajos es prohibitivamente caro, pero comunicárselas todas al mismo tiempo sería confuso. ¿Qué tiene que hacer entonces la cadena?

La respuesta es que así como necesita desarrollar productos para la circunstancia y no para el cliente, la cadena necesita *comunicar a la circunstancia,* y no necesariamente al cliente. Puede comunicar a la circunstancia con una *marca,* si emplea la estrategia de marca correcta. Si hace eso, cuando los clientes se hallen en la circunstancia, pensarán instintivamente en la marca y sabrán qué producto comprar para hacer el trabajo.

Las marcas, al principio, son palabras huecas en las que los marketers cargan significado. Si el significado de una marca se enfoca en un trabajo a realizar, cuando ese trabajo surge en la vida de un cliente, este recordará la marca y contratará el producto. Los clientes pagan importantes recargos por las marcas que hacen bien un trabajo.

A algunos ejecutivos les preocupa que un producto disruptivo de gama baja pueda afectar a su marca consolidada. Pueden evitar ese problema anexando una segunda palabra a su marca corporativa. Llamamos a esa palabra una marca *de propósito* porque comunica a una circunstancia –a un *trabajo* que el producto disruptivo debería realizar–. Si los clientes contratan un producto disruptivo para hacer el trabajo equivocado, el producto decepcionará y por lo tanto manchará la marca de la corporación.[21] Si el producto disruptivo se contrata para hacer el trabajo para el que fue diseñado, complacerá al cliente y por lo tanto fortalecerá la marca corporativa –aunque la funcionalidad del producto disruptivo pueda no ser tan buena como la del producto dominante–. Esto es porque los clientes definen la calidad dentro del contexto del trabajo a realizar.

Analicemos la experiencia de Kodak cuando lanzó sus cámaras de un solo uso, que fueron una clásica disrupción de nuevo mercado. Debido a sus lentes plásticas económicas, la calidad de las fotografías tomadas con cámaras de un solo uso no era tan buena como la de las fotos tomadas con buenas cámaras de 35 mm. Como resultado, la propuesta de lanzar un negocio de cámaras de un solo uso encontró una fuerte oposición en la división de películas de Kodak. La corporación finalmente le dio la responsabilidad de la oportunidad a una unidad organizativa totalmente diferente, que lanzó las cámaras de un solo uso con una marca de propósito –la Kodak Funsaver–. Ese era un producto para ser contratado cuando los clientes deseaban tener recuerdos de ocasiones divertidas pero habían olvidado llevar una cámara. La cámara Funsaver competía contra el no consumo. Los clientes cuya base de comparación era no tener ninguna foto estaban todos complacidos con la calidad de esa solución para registrar su diversión. Crear una marca de propósito para un trabajo disruptivo diferenciaba el producto, aclaraba el uso para el que estaba previsto, satisfacía a los clientes, y por lo tanto *fortaleció* la marca Kodak.

Marriott Corporation hizo lo mismo al desarrollar una arquitectura de marca acorde con diversos trabajos diferentes que sus clientes experimentan en la vida. Esa arquitectura ha facilitado la creación de negocios disruptivos nuevos, fortaleciendo al mismo tiempo la marca Marriott. Bajo el respaldo de la marca Marriott se nos ha enseñado a contratar el Marriott Hotel cuando el trabajo es convocar una importante reunión de negocios, y a elegir un Courtyard by Marriott ("El hotel diseñado por viajantes de negocios para viajantes de negocios") cuando el trabajo es tener un lugar limpio y tranquilo donde trabajar hasta la noche. Aprendimos a contratar una Fairfield Inn by Marriott cuando el trabajo es encontrar un lugar económico donde alojarse en familia, y una Residence Inn by Marriott para hallar un hogar lejos del hogar. La marca Marriott se mantiene impecable por todo esto, porque las marcas de propósito dejan en claro el trabajo.

En cambio, si el departamento de marketing de Marriott hubiera posicionado los hoteles Marriott en un segmento definido por un punto de precio más bajo –una solución de menor calidad y más barata para el mismo trabajo para el que se contratan los hoteles marca Marriot de nivel más alto– , la disrupción ciertamente podría haber dañado la marca Marriott. Pero si la marca de propósito claramente definida guía a los clientes para contratar los diferentes hoteles para hacer los diferentes trabajos, y si cada una de las cadenas de hoteles está diseñada para hacer bien su trabajo específico, todas ellas serán vistas como hoteles de alta calidad, fortaleciendo por lo tanto el poder de respaldo de la marca Marriott. Las estrategias de marca que les facilitan a los clientes hacer las conexiones entre un trabajo que surge y el producto que pueden contratar para hacer bien ese trabajo pueden hacer mucho más fácil la disrupción.

Los peligros de pedir a los clientes que cambien de trabajo

A un nivel básico, las cosas que la gente quiere lograr en su vida no cambian rápidamente. Por eso en nuestra investigación de las disrupciones innovadoras las trayectorias de mejora que los clientes pueden utilizar en cualquier aplicación o nivel de mercado específicos tienden a ser bastante planas. Dada esa estabilidad, si una idea requiere que los clientes prioricen trabajos que no les interesaron en el pasado, tendrá pocas probabilidades de éxito. Los clientes no "cambian de trabajo" porque haya disponible un nuevo producto. En rigor, el nuevo producto tendrá éxito en la medida en que ayude a los clientes a lograr de manera más cómoda y efectiva lo que ya están tratando de hacer.

Examinemos la viabilidad de una idea para un nuevo producto explorando el potencial de la imagen digital para crear crecimiento disrumpiendo la película fotográfica. ¿Cómo usábamos la mayoría de nosotros la película fotográfica antes de la fotografía digital? Queríamos buenas fotos, así que a menudo sacábamos varias tomas de la misma pose, por si alguien pestañeaba en el instante equivocado. Cuando llevábamos la película a revelar, la mayoría pedíamos impresiones dobles. Si una de las fotos salía bien, queríamos tener una copia para enviar a un amigo o un familiar. Llevábamos las fotos a casa, las mirábamos rápidamente, las metíamos en un sobre y las guardábamos en una caja o en un cajón. Aproximadamente el 98 por ciento de las imágenes eran vistas una sola vez. Solo muy poca gente volvía a mirarlas y ponía las mejores fotos en un álbum. La mayoría de nosotros queríamos armar buenos álbumes de fotos y pensábamos hacerlo, pero el hecho es que teníamos prioridades más altas.

Algunas empresas de imágenes digitales aparecieron luego con propuestas interesantes. Una era, "Si usted se toma el tiempo de aprender a usar este software, podrá editar el efecto de ojos rojos en todas esas fotos que solo mira una vez". Otra era, "Ahora usted puede tener todas sus imágenes clasificadas y ordenadas en álbumes de fotos en línea". Resulta ser que la gran mayoría de los dueños de cámaras digitales no hacen ninguna de esas cosas. ¿Por qué? Porque no estaban priorizando esas cosas antes. Las innovaciones que les facilitan a los clientes hacer algo que no estaban ya buscando realizar deben competir contra las prioridades de los clientes. Hacer eso es muy difícil.

Los dueños de cámaras digitales usan sus cámaras para trabajos que ya buscaban hacer previamente. Por ejemplo, la mayoría de nosotros la usamos para verificar en el acto que la imagen sea buena, y si no lo es, la borramos e intentamos nuevamente –el mismo trabajo que sacar varias tomas en la misma pose con rollo de película–. Y enviamos las imágenes por Internet de manera mucho más económica y cómoda a mucha más gente, como nunca habíamos podido hacerlo cuando pedíamos impresiones dobles. (¿Pero notaron ustedes qué hacemos después de mirar una imagen que nos llegó por correo electrónico? Clicamos sobre "cerrar" y la guardamos en algún "sobre" de nuestro disco rígido). Las cosas que priorizamos en nuestra vida son notablemente estables.

Otro ejemplo: se han invertido cientos de millones en nuevas tecnologías –Internet y pantallas de libro electrónico, específicamente– para remodelar la industria de los libros de texto universitarios. Algunos innovadores han probado desarrollar y vender *tablets* que permiten leer libros electrónicos descargados, Y en el caso de muchos libros, se puede clicar sobre una URL para obtener más información sobre el tema de la que podría incluirse dentro de los límites de un libro. ¿Deberíamos esperar que esas inversiones generen un crecimiento significativo? Presumimos que no lo harán. Aunque nos gustaría creer que todos los estudiantes universitarios son rigurosos buscadores de conocimiento, el trabajo que muchos de ellos están tratando de hacer en realidad, por lo que observamos, es aprobar sus cursos sin tener que leer el libro de texto en absoluto.

Esas empresas gastaron *mucho* dinero para ayudar a los estudiantes a hacer más fácilmente algo que habían estado tratando de *no* hacer. Probablemente haría falta mucho menos dinero para crear a partir de la misma tecnología un servicio llamado "Cram.com" –un servicio que hiciera más fácil y más barato para los estudiantes prepararse para sus exámenes–.* Eso probablemente funcionaría, porque estudiar es algo que los alumnos ya están tratando de hacer, aunque con poca eficacia. En las universidades hay muchos jóvenes que evitan los libros de texto –un enorme mercado de no consumo–.

---

* El verbo inglés *cram* se usa en lenguaje informal con el sentido de "estudiar". *[N. del T.]*

Iniciada la sesión, Cram.com preguntaría a los suscriptores para qué curso necesitan prepararse –digamos, por ejemplo, álgebra–. Entonces preguntaría cuál de una lista de libros el profesor espera que ya hayan leído. Les pediría que cliquen sobre el tipo de problema con el que están teniendo dificultades y los guiaría a través un tutorial.

Al año siguiente, Cram.com necesitaría ofrecer un servicio nuevo y mejorado, que hiciera aún más fácil y más rápido estudiar mejor –avanzando poco a poco desde los niveles menos meticulosos hasta los esporádicamente diligentes de la población estudiantil–. Al cabo de unos años, se podría escuchar a dos estudiantes en la librería de la universidad angustiados por el precio exorbitante de un libro de texto: "¿Sabes? Mi hermano tomó ese curso el año pasado. Él es un buen estudiante, pero nunca compró el libro siquiera. Solo usó Cram.com desde el comienzo del semestre, y lke fue muy bien." ¡Bingo! Una disrupción de nuevo mercado que ayudó a los clientes a lograr lo que ya habían estado tratando de hacer.

Identificar puntos de apoyo significa conectar con trabajos específicos que la gente –sus futuros clientes– está tratando de hacer en su vida. El problema es que al tratar de elaborar una propuesta de negocios convincente sobre un producto nuevo, los gerentes están obligados a cuantificar las oportunidades que perciben, y los datos disponibles para hacer eso generalmente están expresados en términos de los atributos de los productos o de los perfiles demográficos y psicográficos de una población dada de consumidores potenciales. Esa discordancia entre las verdaderas necesidades de los consumidores y los datos que determinan la mayoría de los intentos de desarrollo de los productos lleva a la mayor parte de las empresas a apuntar sus innovaciones a blancos inexistentes. La importancia de identificar esos trabajos a realizar va más allá de encontrar simplemente un punto de apoyo. Solamente manteniéndose conectado con un trabajo específico a medida que se realizan mejoras, y creando una marca de propósito para que los clientes sepan qué contratar, puede un producto disruptivo mantener su trayectoria de crecimiento.

NOTAS

1. Véase, por ejemplo, capítulo 7 en Dorothy Leonard, *Wellsprings of Knowledge* (Boston: Harvard Business School Press, 1996).

2. Algunos investigadores (por ejemplo Joe Pine, en su obra clásica *Mass Customization* [Boston: Harvard Business School Press, 1992]) sostienen que la segmentación puede finalmente no ser importante, porque las necesidades de los clientes individuales deberían ser abordadas de manera individual. Aunque es una idea concebible, llegar a eso llevará algún tiempo. En los capítulos 5 y 6 mostraremos que en muchas circunstancias eso no es posible. En otras palabras, la segmentación siempre será importante.

3. Tenemos una profunda deuda con dos de nuestros colegas, quienes originalmente nos introdujeron en esta manera de pensar acerca de la estructura de los mercados. El primero es Richard Pedi, CEO de Gage Foods en Bensenville, Illinois. Rick acuñó para nosotros la frase "trabajos a realizar". Independientemente, Anthony Ulwick, de Strategyn, Inc., con sede en Lansana, Florida, ha desarrollado y usado un concepto muy similar en su trabajo de consultoría, empleando la frase "resultados que los clientes están buscando" . Tony ha publicado una serie de artículos sobre estos conceptos, entre ellos "Turn Customer Input into Innovation," *Harvard Business Review,* January 2002, 91-98. Tony usa esos conceptos para ayudar a los clientes de su firma a desarrollar productos que conecten con lo que sus clientes están tratando de hacer. También estamos en deuda con David Sundahl, quien como socio de investigación del profesor Christensen ayudó a formular las ideas iniciales sobre las cuales se basa este capítulo.

4. Muchos de los detalles de esta descripción han sido cambiados para proteger los intereses patrimoniales de la empresa, preservando al mismo tiempo el carácter esencial del estudio y sus conclusiones.

5. La terminología de este párrafo indica un sistema anidado. Dentro del trabajo general a realizar, hay muchos resultados singulares que necesitan lograrse para hacer el trabajo eficientemente. Por eso, cuando usamos el término *resultado* en nuestro trabajo sobre la segmentación, nos referimos a las cosas individuales que deben hacerse bien, como durar mucho tiempo, no generar suciedad, etc., para realizar el trabajo correctamente.

6. Se puede ver este problema incluso en la reciente tendencia del mercado hacia los así llamados "mercados de uno". Los mercados de uno hacen que las empresas ofrezcan opciones de personalización para satisfacer todas las necesidades de los clientes individuales. Pero la personalización tiene un precio. Es más, a menudo no brinda una comprensión de la lógica basada en los resultados que subyace en las decisiones de compra del cliente. Al prestar atención a los atributos de la gente, herramientas de investigación de mercado tan sofisticadas como la geocodificación no pueden producir

esquemas de segmentación de mercado que tengan sentido para los clientes –cada uno de los cuales tiene muchos trabajos que está tratando de hacer–. En realidad hay mucho en común en los trabajos a realizar dentro de una población de personas y empresas, lo que sugiere que, a menudo, apuntar a mercados de uno puede no ser un objetivo de marketing viable o deseable.

7. La observación de que los clientes buscan entre las categorías de productos para hallar formas de lograr resultados que necesitan está basada en la investigación psicológica, que demuestra que nuestros sistemas de percepción están orientados a entender para qué podemos usar los objetos y si estos son óptimos para esos fines. Por ejemplo, el psicólogo James L. Gibson, ampliamente respetado por su investigación sobre teorías de la percepción, ha escrito acerca de las "*affordances*", un concepto que refleja lo que nosotros denominamos "trabajos" y "resultados".** Según expresa Gibson, "las *affordances* del entorno son lo que este ofrece […] lo que provee o proporciona, ya sea para bien o para mal". Gibson sostiene que vemos el mundo no en términos de cualidades primarias, como ser amarillo o tener una capacidad de 24 onzas, sino en términos de resultados. "Lo que percibimos cuando miramos los objetos son sus [resultados], no sus cualidades. Podemos discriminar los aspectos de diferencia si es necesario hacerlo en un experimento, pero a lo que normalmente le prestamos atención es a lo que el objeto nos permite." Lo que importa del suelo, por ejemplo, es que nos proporciona una plataforma sobre la cual pararnos, caminar, construir, etc. No "contratamos" el suelo por su color o contenido de humedad *per se*. Las "*affordances*" de los productos, en términos de Gibson, son los resultados que esos productos les permiten lograr a sus usuarios. Véase James J. Gibson, *The Ecological Approach to Visual Perception* (Boston: Houghton Mifflin, 1979), 127.

8. Encontrar una "aplicación asesina" [*"killer app"*] ha sido el santo grial de los innovadores desde que Larry Downes y Chunka Mui popularizaron el término en *Unleashing the Killer App* (Boston: Harvard Business School Press, 1998). Lamentablemente, mucho de lo que se ha escrito sobre esa búsqueda simplemente son relatos de aplicaciones asesinas tradicionalmente exitosas. Creemos que un estudio riguroso de esas aplicaciones mostraría que fueron asesinas porque el producto o servicio estaba posicionado de lleno en un trabajo que la gente ya estaba tratando de realizar –la innovación en cuestión sencillamente la ayudó a hacerlo mejor y más cómodamente–.

9. La firma encabezada por Mr. Ulwick que mencionamos en la nota 3 tiene una metodología propia para categorizar mercados definidos por el trabajo y medir su tamaño.

---

* El término inglés *affordance* debe entenderse como la cualidad o propiedad de un objeto que determina sus usos posibles o que indica cómo se lo podría usar. En psicología cognitiva y de la percepción el término ha sido traducido como "ofrecimiento estimular". [*N. del T.*]

10. Esta información nos fue dada en julio de 2000 en una entrevista con Mickey Schulhoff, quien trabajó más de veinte años como CEO de Sony America y fue durante gran parte de ese tiempo miembro de la junta directiva de Sony Corporation.

11. Debemos hacer hincapié en que no tenemos absolutamente ninguna información interna sobre ninguna de las empresas o productos mencionados en esta sección del texto, ni hemos conducido tampoco ninguna investigación de mercado formal sobre esos productos o trabajos. Hemos escrito este material simplemente para ilustrar cómo las teorías que se construyen sobre categorías basadas en las circunstancias acerca de qué productos conectarán con los clientes pueden proporcionar claridad y previsibilidad a lo que históricamente ha sido una tarea impredecible en innovación. Bien puede ser, por ejemplo, que dada la estrategia de RIM de enfatizar las ventas a empresas en lugar de a clientes individuales, sea el director de informática quien tenga el trabajo a realizar: asegurar que los trabajadores del conocimiento de la empresa puedan comunicar y ser contactados en tiempo real, sin excusas.

12. De hecho, mientras escribíamos este libro, RIM y Nokia anunciaron una sociedad por la cual Nokia concederá la licencia al software de RIM para habilitar el correo electrónico inalámbrico en los teléfonos Nokia –un acuerdo que tiene sentido para ambas empresas, porque en buena medida sus productos son contratados para hacer el mismo trabajo–. Si uno preferiría producir el BlackBerry que finalmente competirá contra los teléfonos inalámbricos para hacer ese trabajo, o si sería mejor ofrecer el software en teléfonos inalámbricos de otros, como estipula el nuevo arreglo Nokia-RIM, es una cuestión que abordará la teoría en los capítulos 5 y 6.

13. Nos hemos aventurado mucho al hacer estas afirmaciones, porque el futuro todavía no ha ocurrido. Presentamos este análisis de manera provocativa para ilustrar el principio fundamental. Muy probablemente, los fabricantes de dispositivos portátiles inalámbricos entrarán en una carrera precipitada para incorporar las últimas características de cada competidor en sus productos, llevando a la industria muy prematuramente a una situación en la que los productos serán soluciones de "talla única", indiferenciables y comoditizadas. Cuando eso suceda, instamos a nuestros lectores a no concluir que ""Christensen y Raynor estaban equivocados". Nos animaríamos a afirmar que, aunque habrá inevitablemente algo de desdibujado y copia de características, cuanto más se concentre cada fabricante en incorporar aquellas características y funciones que hacen bien un trabajo único, y cuanto más enfoquen su mensaje de marketing en ese trabajo único, más rápido crecerán los proveedores de esos dispositivos, porque no ganarán una cuota de mercado unos contra otros sino contra otros productos y servicios que se contratan para hacer esos trabajos. Sostendríamos también que, si enfocan su trayectoria de mejora

en un trabajo único, esas empresas conservarán su diferenciabilidad y rentabilidad por más tiempo. El hecho de que sea poco probable que hagan eso no desmiente el principio.

14. Véase, por ejemplo, Leonard, *Wellsprings of Knowledge*; Eric von Hippel, *The Sources of Innovation* (New York: Oxford University Press, 1988); y Stefan Thomke, *Experimentation Matters: Unlocking the Potential of New Technologies for Innovation* (Boston: Harvard Business School Press, 2003).

15. En teoría, por supuesto, poder llevar en un maletín o una cartera un pequeño dispositivo que haga todo es algo que todos los clientes dirían querer. Pero es raro que no haya soluciones intermedias *[trade-offs]* tecnológicas para añadir funcionalidad variada a un producto. El software hace menos costoso adaptar una sola plataforma física para hacer una variedad de trabajos fijados como objetivo. Nuestra propuesta, sin embargo, es que, incluso en esa situación, a una empresa le iría mejor usando una única plataforma de hardware para comercializar diferentes productos optimizados, determinados por software, que estén enfocados en diferentes trabajos. Es probable que durante mucho tiempo los dispositivos electrónicos que combinan una variedad de funcionalidad tan amplia en aras de hacer muchos trabajos simultáneamente –organizarme, conectarme, ayudarme a divertirme, etc.– terminen más como una navaja suiza: una navaja bastante buena, una tijera mala, un destapador pasable y un destornillador mediocre. Mientras los trabajos que los clientes necesitan hacer surjan en puntos de tiempo y espacio distintos, presumimos que la mayoría de los clientes continuarán llevando diferentes dispositivos hasta que un dispositivo "ómnibus" de "talla única" pueda hacer todos los trabajos tan bien como sus competidores enfocados independientemente en cada uno de esos objetivos.

16. La experiencia de Intuit en la disrupción del mercado del software contable para pequeños negocios con su producto QuickBooks tipifica esta situación. Hasta principios de la década de 1990, el único software contable para pequeños negocios disponible había sido creado por contadores para contadores. Como estos definían su mercado en términos del producto, encuadraban a sus competidores como otros fabricantes de software contable. Por lo tanto, la visión que ese encuadre les daba acerca de cómo adelantarse a sus competidores era participar en una especie de carrera armamentista: ser más rápidos agregando características y funcionalidad en forma de nuevos reportes y análisis que se podían hacer. La industria gradualmente convergió en productos de "talla única", indiferenciables, en los que todos habían agregado las características de todos los demás.

Los marketers de Intuit tenían la costumbre de observar qué trabajos estaban tratando de hacer por sí mismos los clientes de su Quicken, un software de gestión de finanzas personales, cuando usaban el producto. Haciendo eso, observaron para su sorpresa que una gran proporción de usuarios de Quicken lo empleaba para realizar un seguimiento de las finanzas de su pequeña empresa. El trabajo, descubrieron, era básicamente hacer un seguimiento del efectivo. Esos propietarios de pequeñas empresas conocían perfectamente cada faceta de su negocio y no necesitaban todos los informes y análisis que los proveedores de software dominantes habían incorporado en sus productos. Intuit lanzó QuickBooks apuntado a ese trabajo que los propietarios de pequeñas empresas necesitaban hacer –"solo ayúdenme a estar seguro de que no me quedo sin efectivo"–y tuvo un éxito espectacular–. En menos de dos años, la compañía capturó el 85 por ciento del mercado con un producto disruptivo que carecía de gran parte de la funcionalidad de los productos competidores.

17. Theodore Levitt ha sido un destacado defensor de esta opinión entre aquellos que investigan y escriben sobre cuestiones de marketing. Christensen recuerda que cuando él era un estudiante de administración de empresas oyó a Ted Levitt declarar: "La gente no quiere comprar un *taladro* de un cuarto de pulgada. Quiere comprar un *agujero* de un cuarto de pulgada". En palabras nuestras, la gente tiene un trabajo a realizar y contrata algo para hacer ese trabajo. La explicación más conocida que da Levitt de esos principios está en Theodore Levitt, "Marketing Myopia," *Harvard Business Review*, September 1975, reprint 75507.

18. Para sugerencias acerca de cómo puede medirse la magnitud de los segmentos de mercado definidos por el trabajo, véase Anthony W. Ulwick, "Turn Customer Input into Innovation," *Harvard Business Review*, January 2002, 91-98.

19. Le estamos agradecidos a Mike Collins, fundador y CEO del Big Idea Group, por los comentarios suyos que condujeron a muchas de las ideas de esta sección del texto. Mike revisó un primer borrador de este capítulo, y sus ideas fueron extraordinariamente útiles.

20. Una razón de que algunos (pero no todos) formatos minoristas "asesinos de categorías" –empresas como Home Depot y Lowe's– hayan podido disrumpir con tanto éxito a minoristas consolidados es que están organizados en torno a los trabajos a realizar.

21. Debido a que muchos marketers sin darse cuenta y a lo largo del tiempo tienden a segmentar sus mercados por categorías de productos y de gente basadas en atributos, es desafortunado, pero no sorprendente, que a menudo les hagan a sus marcas lo mismo que les han hecho a sus productos. Con frecuencia, las marcas se han convertido en palabras "ómnibus" que no hacen bien ninguno de los trabajos que los clientes necesitan realizar cuando contratan la marca. Como la mayoría de los anunciantes quiere que el significado de la marca sea suficientemente flexible para albergar bajo su paraguas un surtido de productos, muchas marcas han perdido su asociación con un trabajo. Cuando ocurre esto, los clientes quedan confundidos acerca de qué producto comprar para realizar el trabajo cuando se encuentran en una circunstancia particular.

CAPÍTULO 4

¿Quiénes son los mejores clientes para nuestros productos?

¿A qué clientes deberíamos apuntar? ¿Qué base de clientes será el cimiento más valioso para nuestro crecimiento futuro? ¿Nuestro potencial de crecimiento será mayor si buscamos los mercados más grandes? ¿Cómo podemos predecir qué competidores apuntarán a qué grupos de clientes? ¿Qué canales de venta y distribución aprovecharán más hábilmente nuestro producto y dedicarán los recursos necesarios para hacer crecer el mercado lo más rápido posible?

El mensaje del Capítulo 2 es que, aunque las innovaciones de apoyo son esenciales para el crecimiento de los negocios existentes, una estrategia disruptiva ofrece una probabilidad mucho más alta de éxito en la construcción de negocios de nuevo crecimiento. El mensaje del Capítulo 3 es que los gerentes a menudo segmentan los mercados siguiendo pautas para las cuales hay datos disponibles y no de maneras que reflejen las cosas que los clientes están tratando de hacer. Al usar esquemas de segmentación defectuosos, con frecuencia lanzan productos que los clientes no necesitan, porque apuntan a un blanco que es irrelevante para lo que los clientes quieren realizar. Este capítulo aborda dos cuestiones estrechamente vinculadas con esto último: ¿qué clientes iniciales se volverán más probablemente la base sólida sobre la cual podemos construir un negocio de crecimiento exitoso? Y, ¿cómo deberíamos llegar a ellos?

Es relativamente sencillo encontrar los clientes ideales para un disrupción de gama baja. Son usuarios actuales de un producto dominante que no parecen tener interés en ofertas de productos de rendimiento mejorado. Puede que estén dispuestos a aceptar productos mejorados, pero no están dispuestos a pagar precios premium para conseguirlos.[1] La clave para tener éxito en las disrupciones de gama baja es elaborar un modelo de negocios que pueda generar retornos atractivos a los precios de descuento requeridos para ganar mercado en la gama baja.

Es mucho más complicado encontrar los clientes de nuevo mercado (o "no consumidores") en el tercer eje del modelo de innovación disruptiva. ¿Cómo podemos saber si se puede tentar a los no consumidores actuales para que empiecen a consumir? Cuando solo una fracción de la población está usando un producto, por supuesto, parte del no consumo tal vez refleje simplemente el hecho de que no hay un trabajo que esos no consumidores estén necesitando realizar. Por eso es que la "cuestión de los trabajos" es una prueba temprana crítica para una disrupción de nuevo mercado viable. Un producto que pretende ayudar a los consumidores a hacer algo que no estaban ya priorizando en su vida es poco probable que tenga éxito.

Por ejemplo, a lo largo de la década de 1990, una serie de empresas creyó ver una oportunidad de crecimiento en la significativa proporción de hogares estadounidenses donde aún no había una computadora. Razonando que la causa del no consumo era que las computadoras costaban demasiado, decidieron que podrían generar crecimiento desarrollando un "dispositivo" que pudiera acceder a Internet y realizar las funciones básicas de una computadora a un precio de alrededor de u\$s 200. Varias empresas competentes, incluida Oracle, trataron de abrir ese mercado, pero fracasaron. Sospechamos que en esos hogares no consumidores no había ningún trabajo que necesitara ser hecho para el que las computadoras menos costosas fueran una solución. El Capítulo 3 nos mostró que las circunstancias como esa no son buenas oportunidades de crecimiento.

Hay sin embargo otra clase de no consumo que se da cuando la gente está tratando de hacer un trabajo pero no puede hacerlo sola porque los productos disponibles son demasiado caros o demasiado complicados. Por consiguiente, debe aceptar hacerlo de una manera inconveniente, costosa o insatisfactoria. Ese tipo de no consumo es una oportunidad de crecimiento. Una disrupción de nuevo mercado es una innovación que permite que una población más grande de personas que previamente carecían del dinero o la habilidad empiecen ahora a comprar y usar un producto haciendo el trabajo por sí mismas. De aquí en más, usaremos los términos *no consumidores* y *no consumo* para referirnos a ese tipo de situación, en la que se necesita hacer un trabajo pero la solución adecuada ha estado siempre fuera de alcance. A veces decimos que los innovadores que apuntan a esos nuevos mercados *compiten contra el no consumo.*

Comenzaremos con tres breves estudios de casos de disrupción de nuevo mercado y sintetizaremos luego a partir de esas historias un patrón común que tipifica los clientes, las aplicaciones y los canales donde las disrupciones de nuevo mercado tienden a hallar su punto de apoyo. Analizaremos por qué históricamente tan pocas empresas han buscado a los no consumidores como base para el crecimiento, y cerraremos sugiriendo qué hacer al respecto.

Disrupciones de nuevo mercado: tres historias de casos

Las disrupciones de nuevo mercado siguen un patrón notablemente coherente, independientemente del tipo de industria o el momento de la historia en que ocurrió la disrupción. En esta sección sintetizaremos el patrón a partir de tres disrupciones: una de la década de 1950, otra que comenzó en la década de 1980 y continúa hasta el día de hoy, y una tercera que está todavía en su etapa naciente. En estos y decenas más de casos que hemos estudiado, es sorprendente ver los pecados del pasado repetidos tan regularmente por las generaciones posteriores de disrumpidos. Hoy podemos ver decenas de empresas cometiendo los mismos errores predecibles, y a los disruptores sacando provecho de eso.

La disrupción de los tubos de vacío por parte de los transistores

Científicos de los Laboratorios AT&T Bell inventaron el transistor en 1947. Este fue disruptivo respecto de la tecnología anterior, los tubos de vacío. Los primeros transistores no podían manejar la energía requerida para los productos electrónicos de la década de 1950 –radios de mesa, televisores con patas, las primeras computadoras digitales y productos para telecomunicaciones militares y comerciales–. Como se muestra en la red de valor original de la Figura 4-1, los fabricantes de tubos de vacío, como RCA por ejemplo, obtuvieron la licencia del transistor de Bell y lo llevaron a sus propios laboratorios, planteándolo como un desafío tecnológico. En conjunto, invirtieron cientos de millones de dólares tratando de crear una tecnología de estado sólido suficientemente buena que pudiera usarse en el mercado.

Figura 4-1.

Redes de valor para los tubos de vacío y transistores

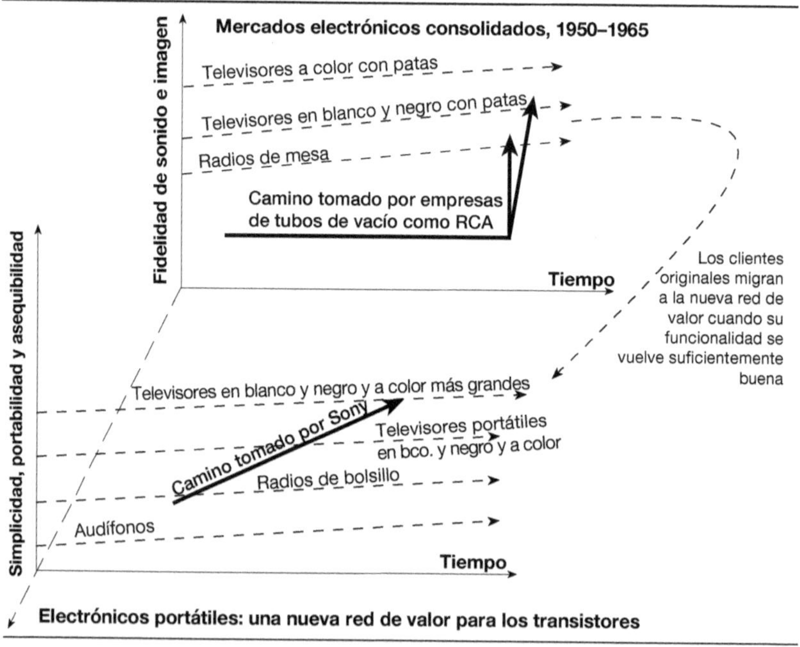

Mientras los fabricantes de tubos de vacío trabajaban febrilmente en sus laboratorios apuntando al mercado existente, la primera aplicación surgió en una nueva red de valor, en el tercer eje del diagrama de la disrupción: un audífono de transistor de germanio, una aplicación que *valoraba* el bajo consumo de energía que hacía inútiles los transistores en los principales mercados. Luego, en 1955, Sony presentó la primera radio a transistores de bolsillo alimentada por baterías –una aplicación que, otra vez, valoraba los transistores por atributos que eran irrelevantes en los mercados principales, como el bajo consumo de energía, la robustez y la compactibilidad–.

Comparado con las radios de mesa fabricadas por RCA, el sonido de la radio de bolsillo Sony era metálico y con ruido estático. Pero Sony prosperó porque eligió *competir contra el no consumo* en una red de valor nueva. En lugar de vender su radio a consumidores que tenían dispositivos de mesa, Sony apuntó a los adolescentes, pocos de los cuales podían acceder a una radio de tubos de vacío grande. La radio portátil a transistores les ofrecía un entretenimiento infrecuente: la posibilidad de escuchar música de *rock and roll* con sus amigos en lugares nuevos donde sus padres no podían oírlos. Los adolescentes estaban felices de comprar un producto que no era muy bueno, porque la alternativa era no tener ninguna radio en absoluto.

La siguiente aplicación surgió en 1959, con la introducción del televisor portátil Sony de doce pulgadas en blanco y negro. Nuevamente, la estrategia de Sony fue competir contra el no consumo, brindando la posibilidad de tener un televisor a gente que previamente no podía permitírselo, mucha de la cual vivía en pequeños departamentos sin espacio para un televisor grande. Esos clientes estaban felices de tener productos que distaban mucho de ser tan buenos como los televisores grandes del mercado consolidado, porque la alternativa era no tener ningún televisor en absoluto.

Cuando surgieron esos importantes mercados disruptivos para productos basados en transistores, los fabricantes tradicionales de dispositivos basados en tubos de vacío no sintieron dolor, porque Sony no estaba compitiendo por sus clientes. Es más, los agresivos esfuerzos de los fabricantes de tubos de vacío por desarrollar dispositivos electrónicos de estado sólido en sus propios laboratorios les daban la tranquilidad de que estaban haciendo lo que debían respecto del futuro.

Cuando los electrónicos de estado sólido finalmente fueron suficientemente buenos para manejar la energía requerida por los televisores y las radios grandes, Sony y sus minoristas simplemente aspiraron a los clientes del plano original, como muestra la Figura 4-1. En pocos años, las empresas basadas en tubos de vacío, incluida la venerable RCA, se habían vaporizado.

Apuntar a clientes que habían sido no consumidores obró magia para Sony en dos sentidos. Primero, como el punto de referencia de sus clientes era no tener ningún televisor o radio en absoluto, estos se contentaban con productos simples de baja calidad. La valla de rendimiento que Sony tenía que saltar era por lo tanto relativamente fácil. Eso implicaba una inversión en investigación y desarrollo previa a la comercialización muy inferior a la que debían hacer los fabricantes de tubos de vacío para comercializar la misma tecnología. El mercado consolidado presentaba una valla de rendimiento mucho más alta que saltar, porque los clientes solo aceptarían electrónicos de estado sólido cuando fueran superiores a los de tubos de vacío en esas aplicaciones.[2]

Segundo, las ventas de Sony aumentaron a niveles significativos antes de que RCA y sus competidores sintieran ninguna amenaza. Lo indoloro del ataque de Sony persistió incluso después de que sus productos mejoraran hasta volverse competitivos en rendimiento frente a productos de gama baja basados en los tubos de vacío. Cuando Sony empezó a atraer hacia una red nueva a los clientes menos atractivos de la red de valor original, a los fabricantes de aparatos basados en tubos de vacío en realidad les pareció bien perder a quienes compraban sus productos de margen más bajo. Estaban inmersos en una incursión agresiva en el mercado de lujo de sus televisores a color. Estos eran aparatos grandes y complicados que se vendían con márgenes muy atractivos en su red de valor original. En consecuencia, los márgenes de ganancia de las empresas de tubos de vacío de hecho aumentaron mientras estaban siendo disrumpidas. Sencillamente no había ninguna crisis que los impulsara a contraatacar a Sony.

Cuando la crisis se hizo evidente, los fabricantes de productos con tubos de vacío simplemente no pudieron pasarse a la nueva tecnología y atraer a los clientes de nuevo a su viejo modelo de negocios, porque la estructura de costos de ese modelo y de sus canales de venta y distribución no era competitiva. La única forma en que podrían haber retenido o recapturado a sus clientes habría sido reposicionar sus empresas en la nueva red de valor. Eso habría implicado, entre otras reestructuraciones, cambiar a un canal de distribución totalmente diferente.

Los aparatos basados en tubos de vacío se vendían a través de tiendas de electrodomésticos que obtenían la mayor parte de sus ganancias reemplazando tubos de vacío quemados de los productos que habían vendido. Las tiendas de electrodomésticos no podían hacer dinero vendiendo televisores y radios de estado sólido porque estos no tenían tubos de vacío que se quemaran. Por lo tanto, Sony y otros vendedores de productos basados en transistores tuvieron que crear un nuevo canal en su nueva red de valor. Ese nuevo canal fueron cadenas de tiendas como F. W. Woolworth y minoristas de descuento como Korvette's y Kmart, que habían sido "no vendedores" –no habían podido vender radios y televisores porque carecían de la capacidad para reparar aparatos de tubos de vacío–. Cuando RCA y sus colegas de tubos de vacío finalmente empezaron a fabricar productos de estado sólido y recurrieron a canales de descuento para la distribución, se encontraron con que el espacio de los estantes ya había sido asignado.

Lo punitivo de ese resultado, desde luego, es que RCA y sus colegas no fracasaron por no haber invertido agresivamente en la nueva tecnología. Fracasaron porque trataron de introducir forzadamente la disrupción en el mercado más grande y más obvio, que estaba lleno de clientes cuyo interés solo se podía ganar vendiéndoles un producto que fuera mejor, en rendimiento o en costo, que el que ya estaban usando.

Angioplastía: una disrupción de proporciones impresionantes

La angioplastía con balón es un ejemplo en desarrollo de una disrupción de nuevo mercado. Previamente a los inicios de la década de 1980, la única gente con enfermedad cardíaca que podía recibir terapia intervencionista era aquella con un alto e inmediato riesgo de muerte. Había *mucho* no consumo en ese mercado: en su mayoría, las personas que padecían enfermedad cardíaca sencillamente no eran tratadas. La angioplastía le permitió a un nuevo grupo de proveedores –los cardiólogos– tratar la enfermedad coronaria de esos pacientes anteriormente no tratados insertando un catéter en una arteria parcialmente obstruida e inflando un balón. Esto a menudo era ineficaz: la mitad de los pacientes sufría restenosis, o un nuevo estrechamiento de la arteria, antes de un año. Pero como el procedimiento era sencillo y económico, más pacientes con arterias parcialmente ocluidas pudieron empezar a recibir tratamiento. Los cardiólogos también se beneficiaron, porque aún sin tener formación quirúrgica podían mantener para sí esos honorarios y tenían que derivar menos pacientes a los cardiocirujanos, que ganaban los honorarios más abultados. Por lo tanto, la angioplastía creó un enorme mercado de nuevo crecimiento en la atención cardíaca. Si sus inventores hubieran tratado de comercializar la angioplastía como una tecnología de apoyo –una alternativa mejor que la cirugía de bypass– no habría funcionado. Al principio, la angioplastía *no podía* resolver problemas de obstrucción complicados. Cualquier intento de mejorarla para que los cardiocirujanos eligiesen la angioplastía en lugar de la cirugía de bypass habría implicado un tiempo y un gasto extraordinarios.

¿Los inventores podrían haber comercializado la angioplastía como una disrupción de gama baja –una manera menos costosa de que los cardiocirujanos trataran a sus pacientes menos enfermos?–. No. Los pacientes y los cirujanos todavía no estaban sobre-servidos por la eficacia de la cirugía de bypass.

Los exitosos innovadores disruptivos eligieron un tercer abordaje: permitir a los pacientes menos enfermos recibir una terapia que era mejor que la alternativa (nada), y permitir a los cardiólogos atraer a su propia práctica a pacientes que previamente debían esperar hasta estar suficientemente enfermos para ser derivados a expertos más caros. Bajo esas circunstancias surgió un nuevo mercado floreciente.

La Figura 4-2 muestra el crecimiento que resultó de esa disrupción. Es interesante notar que durante un largo tiempo el bypass cardíaco siguió creciendo, incluso cuando la angioplastía comenzó a prosperar y mejorar en su red de valor nueva. La razón es que en su labor de atender a pacientes con arterias parcialmente ocluidas, los cardiólogos descubrieron muchos más pacientes cuyas arterias estaban demasiado obstruidas para ser abiertas con angioplastía –pacientes cuya enfermedad no había sido previamente diagnosticada–. Así que los cardiocirujanos no se sintieron amenazados –de hecho, se sintieron *sanos* durante largo tiempo, tal como ocurrió con las grandes acerías y los fabricantes de tubos de vacío–.[3]

Figura 4-2.
Número de procedimientos de angioplastía y cirugía de bypass cardíaco

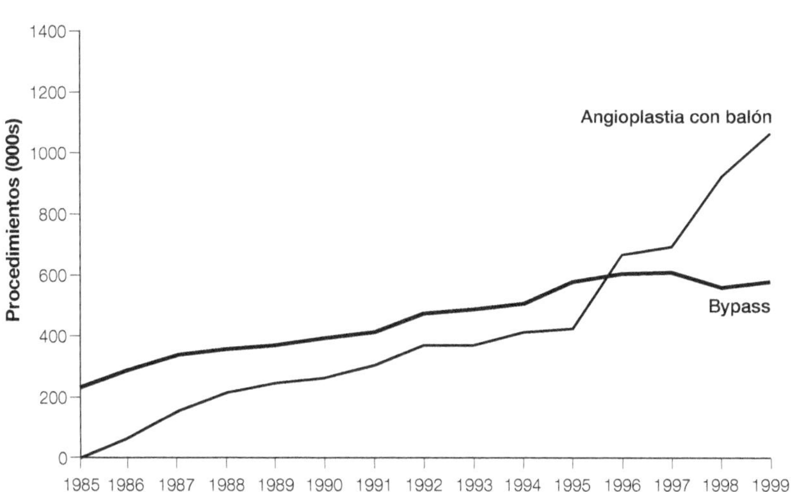

Nota: Pacientes ambulatorios y otros procedimientos no hospitalarios no incluidos (los números de angioplastia están subestimados).
Fuente: American Heart Association National Center.

En su búsqueda de mayores ganancias derivadas de mejores productos y servicios de primera calidad, los cardiólogos y los proveedores de su implemento descubrieron que podían insertar stents para mantener abiertas incluso las arterias difíciles de abrir. (Los stents marcaron el quiebre ascendente registrado a partir de 1995 en el crecimiento de la angioplastía). Clientes que de otro modo habrían necesitado cirugía de bypass están siendo atraídos ahora a la nueva red de valor, y los cardiólogos han logrado eso sin tener que ser capacitados como cirujanos cardíacos. Esa disrupción ha estado en marcha durante dos décadas, pero los cirujanos han sentido la amenaza solo recientemente, cuando el número de cirugías a corazón abierto ha comenzado a disminuir. En los niveles más complejos del mercado habrá demanda de cirugías a corazón abierto durante largo tiempo. Pero ese mercado se encogerá –y ahora que la disrupción es evidente, hay poco que los cardiocirujanos puedan hacer–.

Como las radios de bolsillo y los televisores portátiles, los "canales" –los lugares en los que se brinda atención cardíaca intervencionista– también están siendo disrumpidos–. La cirugía de bypass es un procedimiento realizado en hospitales por los riesgos que implica. Pero poco a poco, a medida que la tecnología mejoró la capacidad de los cardiólogos para diagnosticar y prevenir complicaciones, más y más procedimientos de angioplastía se están realizando en clínicas cardiológicas, cuyos costos las hacen disruptivas respecto de los hospitales de servicio completo.

Energía solar *versus* energía eléctrica convencional

Consideremos la energía solar como tercer ejemplo. La misma no logra alcanzar la comercialización rentable a pesar de los miles de millones de dólares invertidos para hacer viable esa tecnología. Esto es sin duda desalentador cuando el plan de negocios es competir contra las fuentes convencionales de electricidad en los países desarrollados. Aproximadamente dos tercios de la población mundial tienen acceso a energía eléctrica suministrada desde centrales generadoras. En las economías avanzadas, esa electricidad es un medio muy económico para hacer un trabajo y está disponible básicamente las veinticuatro horas del día, haya o no haya sol. Para la energía solar, esa es una pauta muy difícil contra la cual competir.

Sin embargo, si los desarrolladores de esa tecnología apuntaran en cambio a los no consumidores –los dos mil millones de personas que en África y el sur de Asia no tienen acceso a la electricidad generada convencionalmente–, las perspectivas para la energía solar podrían ser bastante diferentes. La pauta de comparación para esos clientes potenciales es no tener ninguna electricidad. Y sus hogares, naturalmente, no están llenos de electrodomésticos de mucho consumo, así que sería una enorme mejora respecto del estado actual si pudieran almacenar suficiente energía durante el día para alimentar una luz eléctrica a la noche. La energía solar sería *mucho* menos costosa y probablemente implicaría menos dolores de cabeza, por las aprobaciones gubernamentales y la corrupción, de los que causaría construir una infraestructura convencional de generación y distribución en esas áreas.

Algunos podrían decir que las células fotovoltaicas son demasiado caras para ser fabricadas y vendidas a poblaciones empobrecidas. Puede ser. Pero muchos de los paradigmas técnicos de la tecnología fotovoltaica actual fueron desarrollados en intentos por lograr una innovación *de apoyo* –empujar la vanguardia del rendimiento tan lejos como sea posible buscando competir contra el consumo en Norteamérica y Europa–. Apuntar a mercados nuevos desatendidos reduciría el obstáculo del rendimiento, permitiendo a algunos, por ejemplo, concluir que en vez de construir las células sobre obleas de silicona, pueden colocar los materiales requeridos en láminas de plástico en un proceso continuo de rollo-a-rollo.

Si la historia es alguna guía, las innovaciones comercialmente viables en energía limpia no saldrán de proyectos de investigación financiados por el gobierno diseñados para hacer de la energía solar la fuente de energía preferida en los mercados desarrollados. Más bien, las innovaciones exitosas surgirán de empresas que generen puntos de apoyo apuntando al no consumo y ascendiendo en el mercado con productos mejores solo después de que hayan comenzado de manera simple y limitada.

Extraer crecimiento del no consumo: una síntesis

De estas historias condensamos cuatro elementos de un patrón de la disrupción de nuevo mercado. Los gerentes pueden usar ese patrón como una guía para hallar los clientes ideales y aplicaciones de mercado para innovaciones disruptivas, o pueden usarlo para convertir ideas nuevas en planes de negocios que concuerden con ese patrón para generar crecimiento de nuevo mercado. Esos elementos son los siguientes:

1. Los clientes-blanco están tratando de realizar un trabajo, pero como no tienen el dinero o la habilidad, no ha estado a su alcance una solución simple y económica.
2. Esos clientes compararán el producto disruptivo con no tener nada en absoluto. Como resultado, se alegran de comprarlo aunque pueda no ser tan bueno como otros productos disponibles a precios altos para clientes actuales con mayor capacidad en la red de valor original. La valla de rendimiento requerida para contentar a esos clientes de nuevo mercado es muy modesta.
3. La tecnología que permite la disrupción puede ser bastante sofisticada, pero los disruptores la implementan para hacer sencillos, cómodos e infalibles la compra y el uso del producto. La "infalibilidad" es lo que crea nuevo crecimiento, al permitir que gente con menos dinero y capacitación comience a consumir.
4. La innovación disruptiva crea toda una nueva red de valor. Los nuevos consumidores generalmente compran el producto a través de nuevos canales y usan el producto en nuevos lugares.

La historia de cada disruptor de nuevo mercado mostrado en la Figura 2-4 refleja ese patrón. Desde Black & Decker hasta Intel, desde Microsoft hasta Bloomberg, desde Oracle hasta Cisco, desde Toyota hasta Southwest Airlines y desde los QuickBooks de Intuit hasta Salesforce.com, las disrupciones de nuevo mercado encajan con ese patrón. Haciendo eso, han sido un motor de crecimiento dominante no solo de valor para los accionistas sino para la economía mundial.

Las disrupciones que encajan con ese patrón tienen éxito porque, mientras todo esto ocurre, los competidores consolidados ven a quienes entran en el mercado emergente como irrelevantes para su bienestar.[4] Durante un tiempo, el crecimiento en la nueva red de valor no afecta la demanda en el mercado principal –de hecho, las empresas incumbentes a veces prosperan durante un tiempo *gracias* a la disrupción–. Es más, las empresas incumbentes están tranquilas por haber percibido la amenaza y estar respondiendo. Pero es la respuesta equivocada. Invierten grandes sumas tratando de mejorar la tecnología lo suficiente como para complacer a los clientes en la red de valor existente. Al hacer eso, obligan a la tecnología disruptiva a competir de manera sostenida –y casi siempre pierden–.

Es muy sorprendente, cuando uno lo piensa. A la mayoría de los gerentes este patrón les parecería un sueño hecho realidad. ¿Qué más podríamos querer que una situación en la que los clientes son fáciles de conformar, los competidores nos ignoran, y vamos del brazo con nuestros socios distribuidores en una carrera ventajosa hacia un crecimiento excitante? A continuación analizaremos por qué ese sueño se convierte tan a menudo en una pesadilla, y luego sugeriremos qué hacer al respecto.

¿Qué vuelve tan difícil competir contra el no consumo?

La lógica de competir contra el no consumo como método para generar mercados de nuevo crecimiento parece obvia. A pesar de eso, con frecuencia las empresas consolidadas hacen exactamente lo contrario. Eligen en principio competir contra el consumo, tratando de postergar la innovación disruptiva para competir contra –y finalmente suplantar– productos consolidados, vendidos por competidores bien arraigados en aplicaciones de mercado masivas y obvias. Hacer eso requiere enormes cantidades de dinero, y esos intentos *casi siempre* fracasan. ¿Por qué?

En una corriente de investigación muy esclarecedora, el trabajo del profesor Clark Gilbert, de la Escuela de Negocios de Harvard, nos ayudó a comprender el mecanismo fundamental que hace que los competidores consolidados de una industria regularmente busquen introducir forzadamente la tecnología disruptiva en el mercado principal. Junto con esa descripción, Gilbert brinda a los ejecutivos de empresas orientación acerca de cómo evitar esa trampa y apropiarse, en cambio, del crecimiento creado por la disrupción.[5]

Amenazas *versus* oportunidades

Para estudiar la disrupción, Gilbert ha tomado prestados conocimientos del campo de la psicología social cognitiva, como el trabajo de Daniel Kahneman y Amos Tversky, por ejemplo, ganadores del Premio Nobel.[6] Kahneman y Tversky examinaron cómo perciben el riesgo los individuos y los grupos, y notaron que, tanto en el caso de un individuo como de un grupo, encuadrar un fenómeno como una amenaza provoca una respuesta mucho más intensa que encuadrar el mismo fenómeno como una oportunidad. Otros investigadores, además, han observado que cuando la gente enfrenta una amenaza importante, se activa una respuesta llamada "rigidez de la amenaza". El instinto de la rigidez de la amenaza es dejar de ser flexible y centrarse en el "control y mando" –enfocar todo en contrarrestar la amenaza a fin de sobrevivir–.[7]

Podemos ver exactamente ese comportamiento entre las empresas consolidadas que experimentan disrupciones de nuevo mercado. Como las disrupciones surgen en un momento en el que el negocio principal de las empresas consolidadas es sólido, encuadrar la disrupción de nuevo mercado como una oportunidad sencillamente no atrae la atención de la gente: tiene poco sentido invertir en negocios de nuevo crecimiento cuando los actuales están yendo bien.

Cuando ejecutivos y tecnólogos visionarios *efectivamente* ven venir la disrupción, la encuadran como una amenaza, advirtiendo que sus empresas podrían estar en peligro si esas tecnologías tienen éxito. Ese encuadramiento como amenaza y no como oportunidad es lo que provoca un compromiso de recursos de parte de las firmas consolidadas para abordar la tecnología. Pero debido a que instintivamente definen la disrupción como una amenaza, se concentran en poder proteger a sus clientes y su negocio actual. Quieren estar allí con la nueva tecnología lista cuando deban cambiarla para proteger a sus clientes actuales. Eso hace que las empresas adopten una estrategia que no solo pasa por alto la oportunidad de crecimiento sino que conduce además a su eventual destrucción –porque, a la larga, los disruptores que se establecen en el no consumo las eliminarán–. Esto, sin embargo, solo significa que las firmas consolidadas deben reposicionarse en el otro lado del dilema, en el momento adecuado.

Cómo lograr compromiso *y* flexibilidad

Afortunadamente, el trabajo de Gilbert no solo define el dilema del innovador sino que sugiere también una salida. La solución es doble: primero, conseguir un compromiso al más alto nivel encuadrando la innovación como una amenaza durante el proceso de asignación de recursos; después, transferir la responsabilidad del proyecto a una organización autónoma que pueda encuadrarlo como una oportunidad.

En su estudio acerca de cómo respondieron los principales periódicos metropolitanos a la amenaza u oportunidad de publicar *online*, Gilbert mostró que en el período inicial de encuadre como amenaza, el proyecto para abordar la disrupción *estuvo siempre* comprendido dentro de la responsabilidad presupuestaria y estratégica de la organización principal. En el caso de los periódicos, esto implicaba la publicación *online* del periódico. Los anunciantes y los lectores de la versión *online* eran los mismos que los de la versión en papel. Los periódicos hicieron *exactamente* lo que hicieron las compañías de tubos de vacío y de energía solar: tratar de hacer la tecnología disruptiva lo suficientemente buena para que los lectores existentes la usaran en lugar del periódico físico existente.

A primera vista, esta orientación de mercado parece no tener sentido: las preocupaciones por el canibalismo empresarial - se vuelven profecías autocumplidas. Pero el encuadre de amenaza le da sentido a la paradoja. Como los clientes actuales son el alma de la empresa, deben ser protegidos a toda costa: "Si la tecnología alguna vez se vuelve lo suficientemente buena para comenzar a robarnos nuestros clientes, estaremos allí con la nueva tecnología, listos para defendernos".

En contraste con el dilema que enfrentan las empresas incumbentes, el encuadre de amenaza no es un problema molesto para las firmas entrantes. Para ellas, la disrupción es una clara oportunidad. Esa asimetría de percepciones explica por qué las empresas incumbentes tratan tan sistemáticamente de introducir forzadamente la tecnología disruptiva en los mercados principales, mientras que las compañías entrantes persiguen la oportunidad de un nuevo mercado. Comprender esa asimetría, sin embargo, apunta a una solución. Una vez que los altos directivos han tomado la firme decisión de abordar la disrupción, la responsabilidad de comercializar la disrupción debe ser puesta en una unidad organizativa independiente para la cual la innovación represente una *clara oportunidad.*

Eso es lo que advirtió Gilbert en su estudio de los periódicos. Después del período inicial de encuadre como amenaza que provocó el compromiso de recursos, Gilbert observó que varias empresas de periódicos escindieron sus grupos *online* convirtiéndolos en centros de beneficio autónomos, manejados independientemente. Cuando ocurrió eso, los miembros de los nuevos grupos independientes cambiaron la orientación, viéndose a sí mismos como involucrados en una *oportunidad* con un considerable potencial de crecimiento. Al suceder esto, esas organizaciones evolucionaron muy rápidamente de manera significativa, *lejos* de ser tan solo réplicas *online* de los periódicos. Implementaron servicios diferentes, hallaron proveedores diferentes, obteniendo sus ingresos de un conjunto de anunciantes diferentes de los de la edición en papel. En contraste, los periódicos que siguieron manteniendo la responsabilidad de la iniciativa *online* dentro de la estructura periodística consolidada continuaron en el rumbo autodestructivo del canibalismo empresarial, ofreciendo un periódico *online* en defensa del negocio principal.

Las recomendaciones de Gilbert están resumidas en la Figura 4-3. Lo mejor es encuadrar la disrupción como amenaza dentro del proceso de asignación de recursos a fin de obtener los recursos adecuados. Pero una vez hecho el compromiso de inversión, los involucrados en la construcción del negocio solo deben ver una oportunidad favorable para generar nuevo crecimiento. De otro modo, se encontrarán con una peligrosa falta de flexibilidad o de compromiso.

Figura 4-3.
Cómo obtener compromisos de recursos y dirigirlos
a oportunidades de crecimiento disruptivo

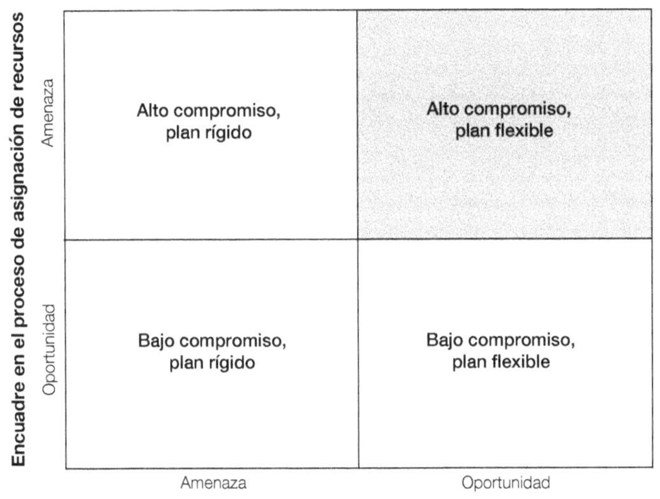

Fuente: Clark Gilbert, "Can Competing Frames Coexist? The Paradox of Threatened Response", Working paper 02-056, Harvard Business School, Boston, 2002.

La decisión de financiar un negocio de crecimiento disruptivo no es el final del proceso de asignación de recursos ni del conflicto entre el encuadramiento como amenaza y como oportunidad. Durante varios años, en cada ciclo presupuestario anual, la oportunidad disruptiva parecerá insignificante. La forma en que muchos emprendedores corporativos enfrentan estos retos anuales al valor de los negocios de nuevo crecimiento es prometiendo grandes cifras en el futuro a cambio de recursos en el presente. Esto es suicida por dos razones. En primer lugar, los mercados más grandes cuyo tamaño puede corroborarse son aquellos que existen. El esfuerzo mismo de elaborar un argumento convincente para obtener los recursos en realidad obliga a los emprendedores a introducir forzadamente la innovación como una tecnología de apoyo en el mercado existente. En segundo lugar, si los resultados no alcanzan las cifras proyectadas, los altos directivos a menudo concluyen que el tamaño del mercado potencial es decepcionantemente pequeño –y en consecuencia recortan los recursos–.

¿Cómo lidiar con la necesidad racional de los ejecutivos que manejan la asignación de recursos para enfocar las inversiones donde la oportunidad de riesgo/recompensa es más atractiva? La respuesta es no cambiar las reglas de comprobación en el proceso de asignación de recursos porque, en las empresas exitosas, el funcionamiento bien definido de este proceso es crucial para el éxito en la trayectoria de apoyo. Las decisiones en ese proceso pueden basarse en reglas, porque el entorno es claro.

Pero las empresas que esperan crear crecimiento mediante una disrupción de nuevo mercado necesitan *otro* proceso paralelo en el que puedan canalizar las oportunidades potencialmente disruptivas. Las ideas entrarán en ese proceso paralelo elaboradas tan solo parcialmente. Aquellos que manejan ese proceso necesitan entonces transformarlas en planes de negocios que se ajusten a los cuatro elementos del patrón señalado anteriormente. Los ejecutivos que asignan recursos en ese proceso deberán aprobar o rechazar los presupuestos de proyectos basándose en su adecuación al patrón, no en reglas numéricas. La adecuación es un factor mucho más confiable que los números para predecir el éxito en el entorno incierto de una disrupción de nuevo mercado. Si un proyecto se ajusta al patrón, los ejecutivos pueden aprobarlo con la confianza de que las *condiciones iniciales* son conducentes al crecimiento exitoso.[8] El éxito final, por supuesto, dependerá de alinear todas las acciones y decisiones relacionadas que trataremos en capítulos posteriores.

Llegar a los clientes de un nuevo mercado a menudo requiere canales disruptivos

En las páginas finales de este capítulo esperamos ampliar el cuarto elemento del patrón de la disrupción de nuevo mercado exitosa: comercializar a través de un canal disruptivo. El término *canal* como se lo usa habitualmente en los negocios se refiere a las empresas mayoristas y minoristas que distribuyen y venden productos. Nosotros, sin embargo, le asignamos a esa palabra un significado más amplio. Un canal de una empresa incluye no solo distribuidores mayoristas y tiendas minoristas, sino también cualquier entidad que agregue valor al producto de la empresa o que cree valor en torno al mismo en su camino hacia las manos del usuario final. Por ejemplo, consideraremos a fabricantes de computadoras como IBM y Compaq como los *canales* que usan los microprocesadores de Intel y el sistema operativo de Microsoft para llegar al cliente final. La práctica de un médico es el canal a través del cual muchos productos para el cuidado de la salud brindan el cuidado necesario a los pacientes. El equipo de ventas de una empresa es un canal importante a través del cual deben pasar todos los productos.

Usamos esa definición de canal más amplia porque es necesario que haya *simetría* de motivación en toda la cadena de entidades que agrega valor al producto en su camino hacia el cliente final. Si su producto no ayuda a todas esas entidades a hacer mejor su trabajo fundamental –que es avanzar en el mercado a lo largo de su propia trayectoria de apoyo hacia negocios de mayor margen– a usted le costará tener éxito. En cambio, si su producto proporciona el combustible que necesitan las entidades del canal para avanzar hacia márgenes mejorados, la energía del canal ayudará a que su nuevo negocio sea exitoso.

La disrupción hace que los demás no se interesen en lo que usted está haciendo. Eso es exactamente lo que usted quiere que ocurra con los competidores: que lo ignoren. Pero ofrecer a sus *clientes* –lo que incluye a todas las entidades derivadas que componen su canal– algo que es poco atractivo disruptivamente significará un desastre. Las empresas de su canal son clientes con un trabajo que hacer, que es crecer de manera rentable.

Los minoristas y los distribuidores también necesitan crecer a través de la disrupción

Los minoristas y los distribuidores enfrentan rentabilidades competitivas similares a las de las mini-acerías descritas en el Capítulo 2. Necesitan seguir ascendiendo. Si no lo hacen, y solo venden el mismo *mix* de productos contra competidores cuyos costos y modelos de negocio son similares, los márgenes se erosionarán hasta los niveles mínimos sostenibles. Esa necesidad de ascender en el mercado es una poderosa y persistente energía disruptiva del canal. Aprovecharla es crucial para el éxito.

Si un minorista o distribuidor puede llevar su modelo de negocio a niveles de mayor margen, el margen bruto incremental cae casi directamente en la ganancia neta. Por lo tanto, los gerentes innovadores deben hallar canales que vean el nuevo producto como un combustible para impulsar al canal a ascender. Cuando los productos disruptivos le permiten al canal disrumpir a *sus* competidores, los innovadores aprovechan las energías del canal para construir la disrupción.

Cuando Honda comenzó su disrupción del mercado estadounidense de motocicletas con su pequeña y económica bicicleta motorizada Super Cub, el hecho de que no pudiera conseguir que las concesionarias de motocicletas Harley-Davidson llevaran sus productos fue una noticia *buena,* no mala –porque los vendedores de las concesionarias siempre habrían podido obtener comisiones más altas eligiendo vender motocicletas Harley en vez de Honda–. El negocio de Honda despegó cuando la empresa comenzó a distribuir a través de minoristas de equipos eléctricos y artículos deportivos, porque les dio a esos minoristas la posibilidad de migrar a líneas de productos de mayor margen. En cada una de las disrupciones más exitosas que hemos estudiado, el producto y su canal al cliente conformaron esa suerte de relación mutuamente beneficiosa.

Esa es una razón importante por la que Sony se convirtió en un disruptor tan exitoso. Minoristas de descuento como Kmart, que no tenía capacidad posventa para reparar productos electrónicos basados en tubos de vacío, fueron emergiendo al mismo tiempo que los productos disruptivos de Sony. Las radios y televisores de estado sólido fueron el combustible que permitió a las tiendas de descuento disrumpir a las tiendas de electrodomésticos. Al elegir un canal que tenía en sí mismo potencial disruptivo para ascender en el mercado, Sony aprovechó las energías de ese canal para promover y posicionar sus productos.

El combustible que proporciona una empresa disruptiva a su canal se gastará, lo que significa que llevar sus productos a los canales que más se benefician es un perpetuo desafío. Eso ocurrió con Sony. Cuando las tiendas de descuento expulsaron a las tiendas de electrodomésticos del mercado de productos electrónicos de consumo y los productos pasaron a ser vendidos por minoristas de descuento de igual costo, los márgenes de esos productos se erosionaron a niveles de subsistencia. Los electrónicos de consumo ya no proporcionaban el combustible que los minoristas de descuento necesitaban para ascender de categoría. En consecuencia, quitaron énfasis a los electrónicos, dejando gradualmente que se vendieran en tiendas minoristas de costos aún más bajos como Circuit City y Best Buy. Las tiendas departamentales de descuento tuvieron entonces que mirar hacia la ropa, que era el siguiente combustible que les permitiría ascender y competir nuevamente contra minoristas de mayores costos.

Los distribuidores o revendedores de valor agregado tienen las mismas motivaciones que los minoristas. Como ejemplo, en 1997, Intel y SAP establecieron una empresa conjunta llamada Pandesic para desarrollar y vender una versión más sencilla y económica del software de planificación de recursos empresariales (ERP), de SAP, a pequeñas y medianas empresas

–una disrupción de nuevo mercado–.[9] Tradicionalmente, los productos de SAP habían estado dirigidos a grandes empresas, que pondrían varios millones de dólares para comprar el software, y entre 10 y 200 millones más para implementarlo. La venta e implementación de los productos de SAP era hecha principalmente por sus socios de canal –consultoras de implementación como Accenture, que experimentó un tremendo crecimiento aprovechando el éxito del ERP–.

Los gerentes de Pandesic decidieron llevar al mercado su paquete ERP más económico y fácil de implementar a través de los mismos socios de canal. Pero cuando los consultores de implementación de TI tuvieron que elegir entre pasar su tiempo vendiendo proyectos multimillonarios de implementación del ERP a grandes corporaciones mundiales o vendiendo el software más barato de Pandesic y proyectos de implementación sencilla a pequeñas empresas, ¿en qué se esperaría que pusieran su energía? Naturalmente, impulsaron la implementación del producto de SAP, más caro, que les hacía ganar más dinero dado su tamaño y su estructura de costos. No había energía para el producto disruptivo de Pandesic en el canal que Pandesic eligió, y el emprendimiento fracasó.

El propio equipo de ventas de una empresa reaccionará de la misma forma, sobre todo si trabaja a comisión. Diariamente, la gente de ventas necesita decidir a qué clientes visitar y a cuáles no. Cuando están con clientes, deben decidir qué productos promocionar y vender y cuáles no mencionarán. El hecho de que sean empleados de la firma no importa mucho: los vendedores solo priorizarán aquellas cosas que para ellos tenga sentido priorizar, dada la forma en que ganan dinero. La gente que vende los productos convencionales de una empresa en la trayectoria de apoyo rara vez tendrá éxito en impulsar los productos disruptivos. Es insensato darle a esa gente un incentivo financiero especial para que impulse los productos disruptivos, porque eso les quitaría la vista de su responsabilidad fundamental de vender los productos más rentables en la trayectoria de apoyo. Los productos disruptivos requieren canales disruptivos.

Los clientes como canales

Para las fabricantes de materiales y componentes, los productos de uso final constituyen una entidad importante en su canal. De modo similar, los proveedores de servicios que usan un producto para prestar su servicio son el canal del producto hacia el cliente final. Por ejemplo, fabricantes de computadoras como Compaq y Dell Computer son el "canal" por el cual los microprocesadores de Intel llegan a un mercado importante. Las mejoras en el microprocesador de Intel han sido el combustible que impulsa a los fabricantes de máquinas de escritorio a un mercado de alta gama para que puedan seguir compitiendo contra fabricantes de computadoras de mayor costo como Sun.

La misma situación se da en el negocio de los servicios. Así como productos de bajo rendimiento pueden afianzarse en aplicaciones simples y luego mejorar disruptivamente, del mismo modo el progreso tecnológico a menudo permite a proveedores de servicios menos calificados disrumpir a proveedores más altamente calificados y costosos por encima de ellos. En un sentido similar a la relación de Intel con Dell, son los proveedores de servicios potencialmente disruptivos los que constituyen el canal para las empresas que proveen la tecnología disruptiva habilitadora.

Ilustremos la importancia de alimentar un canal disruptivo volviendo al terreno de la salud. Hoy, en esa industria, muchos médicos están en una pelea de perros similar a la de las mini-acerías. Están enfrascados en una lucha de precios contra las prácticas de otros médicos y las empresas que reembolsan el costo de la atención, trabajando cada vez más duro para obtener un ingreso atractivo. Una importante empresa de equipos para la atención médica ha comenzado a lanzar una serie de productos disruptivos que ayudarán a los profesionales que atienden en sus consultorios a avanzar disruptivamente –a introducir en sus propias prácticas procedimientos que tradicionalmente debían ser derivados a clínicas ambulatorias más costosas–.

Un ejemplo se da en el diagnóstico y la resolución de trastornos de colon. Hasta hoy, si un paciente parecía tener una posible lesión o un tumor en el colon, el médico le haría una colonoscopía en un hospital o una clínica relativamente caros. Desplazar la sonda flexible por el intestino requiere la habilidad de un especialista muy capacitado. Si la colonoscopía revela un problema, el paciente será derivado a un cirujano, con un honorario aún mayor, que lo operará para corregir el problema en un hospital todavía más caro. La empresa mencionada está introduciendo una tecnología que es mucho más fácil de usar, permitiéndole al médico que diagnostica, menos especializado, llevar a cabo esos procedimientos de manera segura y efectiva en su consultorio —e incorporar por lo tanto en la estructura de costos de su consultorio procedimientos de valor agregado que hasta ahora solo podían efectuarse en canales más costosos–.

Ese equipo podría comercializarse como una innovación de apoyo para especialistas que ya dominan los colonoscopios tradicionales difíciles de usar. Podemos imaginar lo que los médicos le preguntarían al vendedor: "¿Para qué necesito esto? ¿Me permitirá ver mejor o hacer más de lo que hago ahora? ¿La cámara es de baja calidad? ¿No se romperá esto de aquí?". Esa es una conversación de tecnología de apoyo.

Pero si la empresa comercializara ese equipo como una tecnología disruptiva que permite a médicos menos especializados realizar ese procedimiento en su consultorio, los médicos probablemente preguntarían: "¿Cuánto me llevará capacitarme en esto?". Esa es una conversación disruptiva.

> *¿Qué tipo de clientes proporcionarán la base más sólida para el crecimiento futuro? Usted quiere clientes que han deseado su producto durante mucho tiempo pero no lo podían conseguir hasta que usted entró en escena. Usted quiere poder complacer fácilmente a esos clientes, y quiere que ellos lo necesiten. Usted quiere clientes a los que pueda tener de manera exclusiva, protegidos de los avances de competidores. Y quiere que sus clientes sean tan atractivos para aquellos con quienes usted trabaja que todo el mundo en su red de valor esté motivado para cooperar en la búsqueda de la oportunidad.*
>
> *La búsqueda de clientes así no es una tarea quijotesca. Es la clase de clientes que usted encontrará cuando moldee las ideas*

innovadoras para que se ajusten a los cuatro elementos del patrón de competencia contra el no consumo.

A pesar de lo atractivos que parecen ser los clientes de ese tipo en el papel, el proceso de asignación de recursos fuerza a la mayoría de las empresas, cuando enfrentan una oportunidad como esa, a buscar exactamente la clase opuesta de clientes: apuntan a clientes que ya están usando un producto al que se han acostumbrado. Para escapar de ese dilema, los gerentes necesitan encuadrar la disrupción como una amenaza para asegurar el compromiso de recursos, y luego cambiar el encuadre para que el equipo encargado de construir el negocio sea uno que busque oportunidades de crecimiento. Manejar cuidadosamente ese proceso a fin de concentrarse en esos clientes ideales puede proporcionar a las iniciativas de nuevo crecimiento una base sólida para el crecimiento futuro.

NOTAS

1. Los economistas hablan mucho sobre este fenómeno. Cuando el rendimiento de un producto excede lo que los clientes pueden utilizar, los clientes experimentan una utilidad marginal decreciente con cada incremento en el rendimiento del producto. Con el tiempo, el precio marginal que los clientes están dispuestos a pagar por una mejora llega a ser igual a la utilidad marginal que reciben por consumir la mejora. Cuando el incremento marginal de precio que una empresa puede sostener en el mercado para un producto mejorado se aproxima a cero, eso significa que la utilidad marginal que los clientes obtienen de usar el producto también se aproxima a cero.

2. Hemos dicho que pocas tecnologías son intrínsecamente de apoyo o disruptivas en su naturaleza. Esos son los extremos de un continuo, y el carácter disruptivo de una innovación solo se puede describir en relación con los modelos de negocio de otras empresas, con los clientes y con otras tecnologías. Lo que ilustra el caso del transistor es que tratar de comercializar algunas tecnologías como innovaciones de apoyo en mercados grandes y obvios es muy costoso.

3. La Figura 4-2 fue elaborada a partir de datos proporcionados por el Centro Nacional de la Asociación Americana del Corazón *[American Heart Association National Center]*. Como esos datos miden solamente los procedimientos realizados en hospitales, las angioplastías efectuadas en clínicas ambulatorias y

otros establecimientos no hospitalarios no están incluidas. Eso significa que las cifras de angioplastía mostradas en el gráfico son un cálculo subestimado, y que la subestimación se vuelve más significativa con el tiempo.

4. Hay muchos otros ejemplos de esto, además de los citados en el texto. Por ejemplo, corredores de bolsa de servicio completo como Merrill Lynch siguen ascendiendo en el mercado en su red de valor original hacia clientes de patrimonio neto aún mayor, y sus resultados mejoran a medida que lo hacen. Todavía no sienten el dolor que finalmente experimentarán cuando los corredores de descuento en línea encuentren maneras de proveer un servicio cada vez mejor.

5. Véase Clark Gilbert y Joseph L. Bower, "Disruptive Change: When Trying Harder Is Part of the Problem," *Harvard Business Review*, May 2002, 94-101; y Clark Gilbert, "Can Competing Frames Co-exist? The Paradox of Threatened Response," documento de trabajo 02-056, Boston, Harvard Business School, 2002.

6. Daniel Kahneman y Amos Tversky, "Choice, Values, and Frames," *American Psychologist* 39 (1984): 341-350. Kahneman y Tversky escribieron prodigiosamente sobre estos temas. Esta referencia es simplemente un ejemplo de su trabajo.

7. El fenómeno de la amenaza de rigidez ha sido examinado por una serie de académicos, en particular por Jane Dutton y sus colegas. Véase, por ejemplo, Jane E. Dutton y Susan E. Jackson, "Categorizing Strategic Issues: Links to Organizational Action," *Academy of Management Review* 12 (1987): 76-90; y Jane E. Dutton, "The Making of Organizational Opportunities –An Interpretive Pathway to Organizational Change", *Research in Organizational Behavior* 15 (1992): 19-226.

8. Arthur Stinchcombe ha escrito elocuentemente sobre la idea de que lograr las condiciones iniciales correctas es clave para hacer que los eventos posteriores sucedan como se desea. Véase Arthur Stinchcombe, "Social Structure and Organizations," en *Handbook of Organizations*, ed. James March (Chicago: McNally, 1965), 142-193.

9. Clark Gilbert, "Pandesic –The Challenges of a New Business Venture," case 9-399-129 (Boston: Harvard Business School, 2000).

CAPÍTULO 5

Entender correctamente el alcance del negocio

¿Qué actividades debería hacer internamente una iniciativa de nuevo crecimiento para obtener el mayor éxito posible lo más rápido posible, y cuáles debería tercerizar a un proveedor o un socio? ¿El éxito se construirá mejor mediante una arquitectura de producto propia, o el emprendimiento debería adoptar estándares modulares y abiertos de la industria? ¿Qué provoca la evolución de las arquitecturas de producto cerradas y propias a las abiertas? ¿Podrían las empresas necesitar adoptar nuevamente soluciones propias, una vez que han surgido los estándares abiertos?*

Las decisiones sobre qué producir internamente y qué obtener a través de proveedores y socios tienen un fuerte impacto en las probabilidades de éxito de las iniciativas de nuevo crecimiento. Una teoría ampliamente utilizada para guiar esta decisión se basa en las categorías de núcleo y competencia. Si algo se ajusta a la competencia núcleo o central de una empresa, esta debe hacerlo internamente. Si no es su competencia central y otra firma puede hacerlo mejor, dice la teoría, debe delegarle el suministro a ella.[1]

¿Correcto? Pues bien, a veces. El problema con la categorización de competencia central/no competencia central es que lo

---

* *Proprietary product architecture.* Referido a la arquitectura del producto, el adjetivo inglés *proprietary,* traducido aquí como propia, puede entenderse también como patentada o exclusiva. [*N. del T.*]

que hoy puede parecer una actividad no central podría volverse una competencia absolutamente crucial que debe dominarse de manera interna en el futuro, y viceversa.

Consideremos, por ejemplo, la decisión de IBM de tercerizar a Intel el microprocesador para su negocio de PC, y a Microsoft su sistema operativo. IBM tomó esas decisiones a principios de la década de 1980 a fin de centrarse en lo que hacía mejor: diseñar, montar y comercializar sistemas informáticos. Dada su historia, esas decisiones tenían absoluto sentido. Hasta ese momento, los proveedores de componentes de IBM habían llevado una existencia precaria, carente de ganancias, y la prensa empresarial elogió ampliamente la decisión de IBM. Tercerizar esos componentes redujo drásticamente el costo y el tiempo requeridos para el desarrollo y el lanzamiento. Y sin embargo, en el proceso de tercerizar lo que no percibió que fuera central para el nuevo negocio, IBM puso en el negocio a las dos empresas que posteriormente capturaron la mayor parte de las ganancias en la industria.

¿Cómo podía IBM haber sabido de antemano que esa decisión tan sensata resultaría ser tan costosa? O más en general, ¿cómo puede un ejecutivo cualquiera que está lanzando un negocio de nuevo crecimiento –como estaba haciendo IBM con su división de PC a comienzos de la década de 1980– saber qué actividades de valor agregado son aquellas cuyo manejo futuro se necesitará dominar y mantener internamente?[2]

Como la evidencia del pasado puede ser una guía tan engañosa para el futuro, la única forma de ver certeramente lo que traerá el futuro es usar la teoría. En este caso, necesitamos una teoría basada en las circunstancias para describir el mecanismo por el cual las actividades se vuelven centrales o periféricas. El propósito de los capítulos 5 y 6 es describir ese mecanismo y mostrar cómo pueden usar la teoría los gerentes.

¿Integrar o tercerizar?

IBM y otras empresas han demostrado –involuntariamente, por supuesto– que la categorización central/no central puede llevar a errores serios e incluso fatales. En lugar de preguntar qué es lo que mejor hacen sus empresas hoy, los gerentes deberían preguntar: "¿Qué necesitamos dominar mañana, y qué necesitaremos dominar en el futuro, para sobresalir en la trayectoria de mejora que los clientes considerarán importante?".

La respuesta comienza con el enfoque del trabajo-a-realizar: los clientes no comprarán su producto a menos que resuelva un problema importante para ellos. Pero lo que constituye una "solución" difiere en las dos circunstancias mostradas en la Figura 5-1: si los productos no son suficientemente buenos o si son más que suficientemente buenos. La ventaja, hemos observado, es de la integración cuando los productos no son suficientemente buenos, y de la tercerización –o especialización y des-integración– cuando los productos son más que suficientemente buenos–.

Figura 5-1.
Arquitecturas e integración de productos

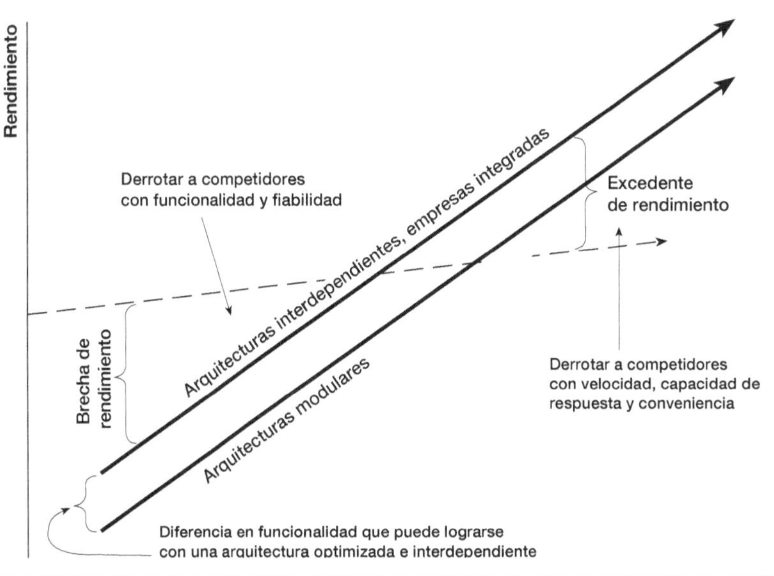

Para explicar esto, necesitamos analizar los conceptos de *interdependencia* y *modularidad,* tomados de la ingeniería, y su importancia al elaborarse el diseño de un producto. Volveremos a la Figura 5-1 para ver cómo funcionan esos conceptos en el diagrama de la disrupción.

Arquitectura del producto e interfaces

La arquitectura de un producto determina sus componentes y subsistemas constitutivos y define cómo deben interactuar –encajar y trabajar juntos– a fin de lograr la funcionalidad deseada–. El lugar donde dos componentes cualesquiera encajan se denomina una *interfaz*. Hay interfaces dentro de un producto así como entre etapas en la cadena de valor agregado. Por ejemplo, hay una interfaz entre el diseño y la fabricación y otra entre la fabricación y la distribución.

Una arquitectura es *interdependiente* en una interfaz si una parte no puede ser creada independientemente de la otra parte –si la forma en que una es diseñada y hecha depende de la forma en que la otra está siendo diseñada y hecha–. Cuando hay una interfaz en la que hay interdependencias impredecibles, la misma organización debe desarrollar simultáneamente *ambos* componentes si espera desarrollar *cualquiera* de los componentes.

Las arquitecturas interdependientes optimizan el *rendimiento* en términos de funcionalidad y fiabilidad. Por definición, esas arquitecturas son propias, porque cada empresa desarrollará de diferente manera su propio diseño interdependiente para optimizar el rendimiento. Cuando usamos en este capítulo el término *arquitectura interdependiente,* el lector puede sustituirlo usando como sinónimos los términos *arquitectura optimizada* o *propia.*

En contraste, una interfaz *modular* es una interfaz *limpia,* en la que no hay interdependencias impredecibles entre los componentes o las etapas en la cadena de valor. Los componentes modulares encajan y funcionan juntos de manera bien entendida y claramente definida. La *arquitectura modular* especifica el ajuste y la función de todos los elementos de manera tan precisa que no importa quién haga los componentes o subsistemas, en tanto cumpla con las especificaciones. Los componentes modulares pueden ser desarrollados en grupos de trabajo independientes o por empresas que trabajan en forma autónoma.

Las arquitecturas modulares optimizan la *flexibilidad*, pero como requieren especificaciones estrictas, dan a los ingenieros menos grados de libertad en el diseño. En consecuencia, la flexibilidad modular se da a costa del rendimiento.[3]

La modularidad y la interdependencia puras son los extremos de un espectro: la mayoría de los productos se hallan en algún punto entre esos extremos. Como veremos, las empresas tienen mayores probabilidades de éxito cuando compatibilizan la arquitectura del producto con sus circunstancias competitivas.

Competir con la arquitectura interdependiente en un mundo no-lo-suficientemente-bueno

El lado izquierdo de la Figura 5-1 indica que cuando hay una brecha de rendimiento −cuando la funcionalidad y la fiabilidad de un producto todavía no son suficientemente buenas para satisfacer las necesidades de los clientes en un determinado nivel del mercado− las empresas deben competir haciendo los mejores productos posibles. En la carrera por lograr eso, las firmas que construyen sus productos basándose en arquitecturas interdependientes propias tienen una importante ventaja competitiva respecto de competidores cuyas arquitecturas de producto son modulares, porque la estandarización inherente a la modularidad les quita muchos grados de libertad de diseño a los ingenieros, y estos no pueden optimizar el rendimiento.

Para cerrar la brecha de rendimiento con cada generación de un nuevo producto, las presiones competitivas obligan a los ingenieros a acoplar las piezas de sus sistemas de maneras cada vez más eficientes a fin de obtener el mayor rendimiento posible de la tecnología disponible. Cuando las empresas deben competir haciendo los mejores productos posibles, no pueden tan solo ensamblar componentes estandarizados porque, desde un punto de vista ingenieril, la estandarización de las interfaces (que significa menos grados de libertad de diseño) las obligaría a alejarse de la frontera de lo que es tecnológicamente viable. Cuando el producto no es suficientemente bueno, alejarse de lo que mejor puede hacer uno significará quedarse atrás.

Las empresas que compiten con arquitecturas interdependientes privadas deben ser integradas. Deben controlar el diseño y la fabricación de *cada* componente crítico del sistema a fin de producir *cualquier* pieza del sistema. Como ilustración, en los primeros tiempos de la industria de los servidores, cuando la funcionalidad y la fiabilidad no eran todavía suficientemente buenas para satisfacer las necesidades de los clientes principales, no podría haber habido una empresa independiente como fabricante por contrato de servidores porque la forma en que se diseñaban las máquinas dependía de la técnica que se utilizaría en la fabricación, y viceversa. No había una interfaz limpia entre el diseño y la fabricación. De modo similar, no podría haber habido un proveedor independiente de sistemas operativos, memoria central o circuitos lógicos para la industria de los servidores porque esos subsistemas clave también tenían que ser diseñados de manera interdependiente e iterativa.[4]

Cuando la funcionalidad no es suficientemente buena, a menudo se utilizan tecnologías nuevas e inmaduras como mejoras de apoyo. Una razón por la que las empresas entrantes rara vez logran comercializar una tecnología radicalmente nueva es que las tecnologías de apoyo innovadoras rara vez son compatibles con los sistemas de uso existentes.[5]

Casi siempre hay muchas interdependencias imprevistas que exigen cambiar otros elementos del sistema antes de poder vender un producto viable que incorpore una tecnología radicalmente nueva. Eso hace tortuosamente largo el ciclo de desarrollo del nuevo producto cuando se espera que la tecnología innovadora sea la base para mejorar el rendimiento. El uso de materiales cerámicos avanzados en motores, el despliegue de líneas de banda ancha DSL en la "última milla" de la infraestructura de telecomunicaciones, la construcción de motores eléctricos superconductores para la propulsión de barcos y la transición de analógico a digital y luego a redes de telecomunicaciones totalmente ópticas solo podían ser logrados por empresas completamente integradas cuyo alcance pudiera abarcar todas las interdependencias que necesitaban ser manejadas. Ese es un terreno traicionero para las compañías entrantes.

Por esas razones no fue solo IBM la que dominó la industria informática temprana en virtud de su integración. Ford y General Motors, al ser las empresas más integradas, fueron las competidoras dominantes durante la era no-lo-suficientemente-buena de la historia de la industria automotriz. Por las mismas razones, RCA, Xerox, AT&T, Standard Oil y US Steel dominaron sus industrias en etapas similares. Esas firmas gozaron de un poder casi monopólico. Su dominio del mercado fue el resultado de la circunstancia no-lo-suficientemente-buena, que exigía arquitecturas de producto o de cadena de valor interdependientes e integración vertical.[6] Pero su hegemonía resultó ser solo transitoria, porque finalmente, empresas que sobresalieron en la carrera por hacer los mejores productos posibles se encuentran haciendo productos que son demasiado buenos. Cuando ocurre esto, el intrincado tejido del éxito de empresas integradas como esas comienza a desmoronarse.

Rebasamiento y modularización

Un síntoma de que esos cambios están en marcha –de que la funcionalidad y la fiabilidad de un producto se han vuelto demasiado buenas– es que los vendedores regresarán a la oficina maldiciendo a un cliente: "¿Por qué no pueden ver que nuestro producto es mejor que el de la competencia? ¡Están tratándolo como una *commodity*!". Eso es prueba de rebasamiento *[overshooting]*. Esas empresas están en el lado derecho de la Figura 5-1, donde hay un excedente de rendimiento. Los clientes se alegran de *aceptar* productos mejorados, pero no están dispuestos a pagar un precio premium para conseguirlos.[7]

El rebasamiento no significa que los clientes ya no pagarán más por mejoras. Solo significa que cambiará el *tipo* de mejora por la que pagarán un precio premium. Una vez que sus requerimientos de funcionalidad y fiabilidad han sido satisfechos, los clientes comienzan a redefinir lo que no es suficientemente bueno. Lo que ahora no es suficientemente bueno es que los clientes no puedan obtener exactamente lo que quieren, exactamente cuando lo necesitan, de la manera más cómoda posible. Ahora los clientes estarán dispuestos a pagar precios premium por productos mejorados en esa nueva trayectoria de innovación en rapidez, comodidad y personalización. Cuando esto ocurre, decimos que la *base de la competencia* de un nivel de mercado cambió.

La presión de competir en esa nueva trayectoria de mejora obliga a una gradual evolución en la arquitectura del producto, como se muestra en la Figura 5-1 –alejándose de las arquitecturas privadas interdependientes, que tenían la ventaja en la era no-lo-suficientemente-buena, hacia diseños modulares en la era del excedente de rendimiento–. Las arquitecturas modulares ayudan a las empresas a competir en los aspectos que importan señalados en la parte inferior derecha del diagrama de la disrupción. Las empresas pueden introducir productos más rápido porque pueden mejorar subsistemas individuales sin tener que rediseñar todo. Aunque las interfaces estándar invariablemente obligan a comprometer el rendimiento del sistema, las firmas tienen margen para ceder algo de rendimiento con esos clientes porque la funcionalidad es más que suficientemente buena.

La modularidad tiene un profundo impacto en la estructura de las industrias porque les permite a organizaciones independiente no integradas vender, comprar y montar componentes y subsistemas.[8] Mientras que en el mundo interdependiente uno tenía que hacer todos los elementos clave del sistema para hacer cualquiera de ellos, en un mundo modular se puede prosperar tercerizando o proveyendo solo un elemento. Con el tiempo, las especificaciones para las interfaces modulares se consolidarán como estándares de la industria. Cuando sucede eso, las empresas pueden mezclar y combinar componentes de los mejores proveedores para responder convenientemente a las necesidades específicas de clientes individuales.

Como se muestra en la Figura 5-1, esos competidores no integrados disrumpen al líder integrado. Aunque hicimos ese diagrama en dos dimensiones para simplificar, técnicamente hablando son disruptores híbridos, porque compiten con una métrica de rendimiento modificada en el eje vertical del diagrama de la disrupción, ya que se esfuerzan por entregar rápidamente exactamente lo que cada cliente necesita. Pero como su estructura no integrada les significa menores costos generales, pueden captar clientes de gama baja con precios de descuento.

Del diseño interdependiente al modular –y viceversa

El paso de la integración a la modularización se repite una y otra vez a medida que los productos mejoran lo suficiente para rebasar los requerimientos de los clientes.[9] Cuando se producen olas consecutivas de disrupciones en una industria, ese paso se repite con cada ola. En la red de valor original de los servidores, por poner un ejemplo de la industria informática, IBM disfrutó de un dominio incuestionable en la primera década con su arquitectura interdependiente y su integración vertical. En 1964, sin embargo, respondió a la presión del costo, la complejidad y el tiempo de comercialización creando un diseño más modular que empezó con su Sistema S/360. La modularización obligó a IBM a alejarse de la frontera de la funcionalidad, cambiando de la trayectoria de mejora del rendimiento de la izquierda a la de la derecha que se muestran en la Figura 5-1. Esto creó un espacio en el extremo superior para competidores como Control Data y Cray Research, cuyas arquitecturas interdependientes siguieron empujando la vanguardia de lo que era posible.

Abrir su arquitectura no fue un error de IBM: la economía de la competencia la obligó a tomar esa medida. De hecho, la modularidad redujo los costos de desarrollo y producción y le permitió a IBM personalizar sistemas para cada cliente. Eso generó una importante nueva ola de crecimiento en la industria. Otro efecto de la modularización, sin embargo, fue que empresas no integradas pudieran comenzar a competir eficazmente. Diferentes proveedores no integrados de componentes y subsistemas conectables compatibles –como unidades de disco, impresoras y dispositivos de entrada de datos– aprovecharon sus costos generales menores y comenzaron a disrumpir a IBM *en masse*.[10]

Este ciclo se repitió cuando las minicomputadoras iniciaron su disrupción de nuevo mercado respecto a los servidores. La firma Digital Equipment Corporation dominó en un primer momento esa industria con su arquitectura propia, cuando las minicomputadoras no eran en realidad muy buenas, porque su hardware y su sistema operativo estaban diseñados interdependientemente para maximizar el rendimiento. Pero a medida que la funcionalidad fue alcanzando posteriormente un nivel suficiente, otros competidores como Data General, Wang Laboratories y Prime Computer, mucho menos integrados pero mucho más rápidos para comercializar, comenzaron a ocupar un lugar importante.[11] Como ocurrió con los servidores, el mercado de las minicomputadoras prosperó por los productos mejores y menos costosos que esa competencia intensificada generó.

La misma secuencia se observó en la ola de disrupción de la computadora personal. Durante los primeros años, Apple Computer –la empresa más integrada con arquitectura propia– fabricó sin ninguna duda las mejores computadoras de escritorio. Eran más fáciles de usar y se bloqueaban con mucha menos frecuencia que las computadoras de construcción modular. Con el tiempo, cuando la funcionalidad de las máquinas de escritorio se volvió suficientemente buena, la arquitectura modular de estándar abierto de IBM pasó a ser dominante. La arquitectura de Apple, que en la circunstancia no-suficientemente-buena era una fortaleza competitiva, en la circunstancia más-que-suficientemente-buena se volvió una debilidad competitiva. En consecuencia, Apple fue relegada al estatus de jugador de nicho a medida que la explosión de crecimiento en computadoras personales fue capturada por los proveedores no integrados de máquinas modulares.

La misma transición se producirá no muy tarde en las siguientes dos olas de productos de computación disruptivos: las computadoras portátiles y los dispositivos manuales inalámbricos. Las empresas más exitosas al principio son aquellas con arquitecturas interdependientes optimizadas. Durante los primeros años, cuando el rendimiento es la base de la competencia, las empresas cuya estrategia es prematuramente modular lucharán para ser competitivas en ese terreno. Posteriormente, las arquitecturas y las estructuras industriales evolucionarán hacia la apertura y la des-integración.

La Figura 5-2 resume de manera simplificada esas transiciones en la industria informática, mostrando cómo la empresa con sistemas propios e integrada verticalmente que fuera más fuerte en los años iniciales no-suficientemente-buenos de la industria cedió el paso en sus últimos años a una población de empresas no integradas estratificadas de manera horizontal. Es como si la industria hubiera sido pasada por una cortadora de fiambre.

Figura 5-2.
La transición de integración vertical a estratificación horizontal en la industria de las computadoras basadas en microprocesador

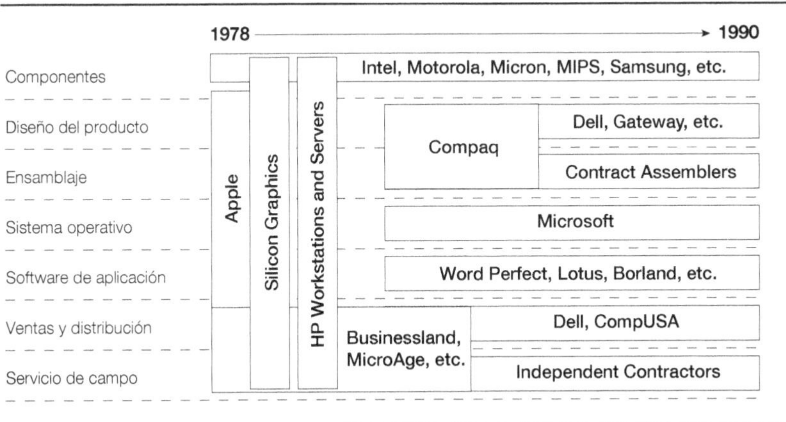

El gráfico sería parecido para cada una de las redes de valor de la industria. En cada caso, el motor de la modularización y la des-integración no fue el paso del tiempo ni la "maduración" de la industria *per se*.[12] Lo que impulsa ese proceso es esta secuencia causal predecible:

1. El ritmo de la mejora tecnológica sobrepasa la capacidad de los clientes para utilizarla, de modo que la funcionabilidad y la fiabilidad de un producto que no eran suficientemente buenas en un momento rebasan lo que los clientes pueden utilizar en un momento posterior.

2. Esto obliga a las empresas a competir de manera diferente: la base de la competencia cambia. A medida que los clientes están cada vez menos dispuestos a recompensar pagando precios premium por más mejoras en funcionalidad y fiabilidad, aquellos proveedores que mejoran en brindar a los clientes de modo conveniente exactamente lo que estos quieren cuando lo necesitan pueden obtener márgenes atractivos.

3. Cuando las presiones competitivas obligan a las empresas a ser tan rápidas y con tanta capacidad de respuesta como sea posible, las firmas resuelven ese problema evolucionando la arquitectura de sus productos, de ser propia e interdependiente a ser modular.

4. La modularidad permite la des-integración de la industria. Un conjunto de firmas no integradas puede ahora superar a las empresas integradas que habían dominado la industria. La integración, que en un momento fue una necesidad competitiva, se vuelve más tarde una desventaja competitiva.[13]

La Figura 5-2 está simplificada, pues el modelo de negocios integrado no desapareció de la noche a la mañana, sino que se volvió menos dominante a medida que la trayectoria de mejora del rendimiento atravesó cada nivel de cada mercado y el modelo modular pasó a ser gradualmente más dominante.

Hacemos hincapié en que las *circunstancias* de brechas de rendimiento y excedentes de rendimiento impulsan la viabilidad de esas estrategias de arquitectura e integración. Por supuesto, esto significa que si las circunstancias cambian nuevamente, el enfoque estratégico también debe cambiar. De hecho, después de 1990 hubo cierta reintegración en la industria de las computadoras.

En la siguiente sección describimos un factor que impulsa la reintegración, y volvemos al mismo en el Capítulo 6.

Los impulsores de la reintegración

Como en cualquiera de los niveles de mercado la trayectoria de la mejora tecnológica normalmente sobrepasa la capacidad de los clientes para utilizarla, la corriente general fluye de las arquitecturas interdependientes y las empresas integradas hacia las arquitecturas modulares y las empresas no integradas. Pero recordemos que las necesidades de los clientes también cambian. Habitualmente esto sucede a un ritmo relativamente más lento, como lo sugieren las líneas entrecortadas del diagrama de la disrupción. Cada tanto puede haber un cambio esporádico en la funcionalidad que demandan los clientes, desplazando hacia arriba la línea entrecortada de la Figura 5-1. Eso remite la industria otra vez al lado izquierdo del diagrama y reinicia el reloj en un período en el que la integración vuelve a ser la fuente de la ventaja competitiva.

Por ejemplo, a principios de la década de 1980, los productos de Apple utilizaban una arquitectura propia que implicaba una interdependencia rigurosa *dentro* del software *y* en la interfaz hardware-software. Pero a mediados de esa década, un grupo de firmas especializadas como WordPerfect y Lotus, cuyos productos se conectaban al sistema operativo DOS de Microsoft mediante una interfaz específica, había surgido para acabar con el dominio de Apple en software. Luego, a principios de la década de 1990, las líneas entrecortadas de la funcionalidad que los clientes necesitaban en software de PC parecieron desplazarse hacia arriba cuando los clientes comenzaron a demandar trasladar gráficos y hojas de cálculo a documentos de texto, etc. Eso creó una brecha de rendimiento, impulsando la industria al lado no-suficientemente-bueno del mundo, donde acoplar piezas interdependientes del sistema se volvió a ser crucial en términos competitivos.

En respuesta, Microsoft fusionó interdependientemente su serie de productos Office (y más tarde su navegador web) en su sistema operativo Windows. Eso ayudó a que estuviera mucho más cerca de las necesidades de los clientes de lo que podían estarlo las empresas de software no integradas, incluidas WordPerfect y Lotus, que se eclipsaron muy rápido. El dominio de Microsoft no surgió de una conducta monopólica indebida sino que, bajo circunstancias no-suficientemente-buenas, su cadena de valor integrada le permitió hacer productos cuyo rendimiento se acercaba a lo que los clientes necesitaban más que lo que podían hacerlo los competidores no integrados bajo esas condiciones.[14]

Hoy, sin embargo, las cosas pueden estar a punto de cambiar de nuevo. A medida que la computación se vuelve más centrada en Internet, los sistemas operativos con arquitecturas modulares (como el Linux) y los lenguajes de programación modulares (como Java) constituyen disrupciones híbridas respecto de Microsoft. Esa modularidad está permitiendo a una población de firmas especializadas comenzar a hacer incursiones en esta industria.

De manera similar, quince años atrás, en las telecomunicaciones ópticas, el ancho de banda disponible a través de una fibra era más que suficientemente bueno para la comunicación de voz; en consecuencia, la estructura de la industria estaba estratificada horizontalmente, y no integrada verticalmente. Corning fabricaba la fibra óptica, Siemens la cableaba, y otras empresas hacían los multiplexores, los amplificadores, etc. Cuando a finales de la década de 1990 los clamores por más banda ancha se intensificaron, la línea entrecortada de la Figura 5-1 se desplazó hacia arriba, y la industria pasó a una situación no-suficientemente-buena. Corning descubrió que ni siquiera podía diseñar su próxima generación de fibra si no diseñaba interdependientemente el amplificador, por ejemplo. *Tenía* que integrarse en esa interfaz para competir, y lo hizo. En pocos años, la banda ancha de la fibra era más que suficiente, y la lógica de estar integrada verticalmente volvió a desaparecer.

La regla general es que las empresas prosperarán cuando están integradas en las interfaces de la cadena de valor en las que el rendimiento, como se lo defina en ese momento, no es suficientemente bueno respecto de lo que los clientes requieren en la siguiente etapa de agregación de valor. A menudo hay varios de esos puntos en la cadena completa de valor agregado de una industria. Eso significa que una industria rara vez estará totalmente integrada o no integrada. Más bien, los momentos en los que la integración y la no integración son competitivamente importantes previsiblemente cambiarán con el tiempo.[15] Volveremos a esta idea con mayor detalle en el Capítulo 6.

Alinear la estrategia de arquitectura a las circunstancias

En un mundo modular, proveer un componente o ensamblar componentes tercerizados son "soluciones" apropiadas. En el mundo interdependiente de funcionalidad inadecuada, tratar de proveer una pieza del sistema no resuelve el problema de nadie. Sabiendo esto, podemos predecir el fracaso o el éxito de un negocio de crecimiento basándonos en las elecciones de los gerentes para competir con arquitecturas modulares cuando las circunstancias exigen interdependencia, y viceversa.

Tratar de hacer crecer un negocio no integrado cuando la funcionalidad no es suficientemente buena

Es tentador pensar que uno puede lanzar un negocio de nuevo crecimiento proveyendo una pieza de valor de un producto modular. Con frecuencia, los gerentes ven la especialización como una vía de entrada menos abrumadora que proporcionar una solución completa del sistema. Cuesta menos y permite a la firma entrante concentrarse en lo que mejor hace, dejando el resto de la solución a otros socios del ecosistema. Esto funciona en las circunstancias de la parte inferior derecha del diagrama de la disrupción. Pero cuando la funcionalidad y la fiabilidad son inadecuadas, la valla aparentemente más baja que esa asociación o subcontratación parece presentar por lo general resulta ilusoria y hace fracasar muchas iniciativas de crecimiento. La modularidad suele no ser tecnológica o competitivamente posible durante las primeras etapas de muchas disrupciones.

Para tener éxito con una estrategia especializada no integrada, necesitamos estar seguros de que estamos compitiendo en un mundo modular. Se deben cumplir tres condiciones para que una firma se provea de algo a través de un proveedor o un socio, o para que se lo venda a un cliente. Primero, tanto los proveedores como los clientes necesitan saber qué especificar: qué atributos del componente son cruciales para el funcionamiento del sistema del producto, y cuáles no. Segundo, deben poder medir esos atributos para poder verificar que se ha cumplido con las especificaciones. Tercero, no puede haber ninguna interdependencia mal comprendida o impredecible en la interfaz cliente-proveedor. El cliente necesita comprender cómo interactuará el subsistema con el rendimiento de otras piezas del sistema para que pueda ser usado con un efecto predecible. Estas tres condiciones –especificabilidad, verificabilidad y previsibilidad– constituyen una interfaz modular eficiente.

Cuando el rendimiento del producto *no es* suficientemente bueno –cuando la competencia obliga a las empresas a usar nuevas tecnologías en arquitecturas de producto no estándar para estirar el rendimiento tanto como sea posible– esas tres condiciones suelen *no* cumplirse. Cuando hay interdependencias impredecibles, complejas y recíprocas en el sistema, esas interfaces deben ser abarcadas por una sola organización. La gente no puede resolver de manera eficiente problemas interdependientes mientras trabaja en forma autónoma desde fuera de una organización.[16]

Fracasos modulares en circunstancias interdependientes

En 1996, el gobierno de los Estados Unidos aprobó una ley para estimular la competencia en los servicios locales de telecomunicaciones. La ley permitía a empresas independientes vender servicios a clientes residenciales y comerciales y conectarlos luego a la infraestructura de conmutación *[switching]* de las compañías telefónicas consolidadas. En respuesta, muchos operadores de intercambio locales competitivos no integrados (CLECs) como Northpoint Communications trataron de ofrecer acceso DSL de alta velocidad a Internet. Corporaciones y capitalistas de riesgo canalizaron miles de millones de dólares en esas empresas.

La gran mayoría de los CLECs fracasaron. Esto es porque el servicio de DSL estaba en el campo interdependiente de la Figura 5-1. Había demasiadas interdependencias sutiles e imprevisibles entre lo que hacían los CLECs cuando instalaban el servicio en el inmueble del cliente y lo que la empresa telefónica tenía que hacer en respuesta. El problema no era necesariamente la interfaz técnica. La arquitectura del software del sistema de facturación de las compañías telefónicas, por ejemplo, era interdependiente, haciendo muy difícil contabilizar y facturar el costo de un cliente CLEC "conectado". El hecho de que las empresas telefónicas estuvieran integradas entre esas interfaces interdependientes les daba una ventaja poderosa. Entendían su propia red y la arquitectura de sus sistemas de TI y, en consecuencia, podían implementar sus ofertas más rápidamente, preocupándose menos por las consecuencias indeseadas de reconfigurar las instalaciones de su oficina central.[17]

De modo similar, en la ansiosamente esperada industria del acceso inalámbrico a datos a través de Internet, la mayoría de los competidores europeos y estadounidenses trataron de entrar como especialistas no integrados, proveyendo un solo elemento del sistema. Confiaron prematuramente en estándares de la industria como el Protocolo de Aplicaciones Inalámbricas (WAP) para definir las interfaces entre el dispositivo manual, la red y el nuevo contenido en desarrollo. Se dejó a las empresas de cada eslabón de la cadena de valor determinar el mejor modo de explotar la Internet inalámbrica. El resultado fue casi ningún ingreso y miles de millones en pérdidas. La teología de la "asociación" que se había vuelto de rigor entre los emprendedores e inversionistas en telecomunicaciones que habían visto a Cisco tener éxito al asociarse resultó estar mal aplicada en una circunstancia diferente en la que no podía funcionar –con consecuencias desastrosas–.

La integración adecuada

En contraste, las japonesas Japan's NTT DoCoMo y J-Phone abordaron la oportunidad disruptiva de nuevo mercado que ofrecía la Internet inalámbrica con una integración mucho mayor entre las etapas de la cadena de valor. Esas iniciativas de crecimiento ya muestran decenas de millones de clientes y miles de millones en ingresos.[18] Aunque no son propietarias de cada eslabón *upstream* o *downstream* de la cadena de valor,[*] DoCoMo y J-Phone manejan cuidadosamente las interfaces con sus proveedores de contenido y sus fabricantes de equipos. El abordaje interdependiente les permite superar las limitaciones tecnológicas de los datos inalámbricos y crear interfaces de usuario, un modelo de ingresos y una infraestructura de facturación que hacen la experiencia del usuario lo más fluida posible.[19]

Las redes de DoCoMo y J-Phone se componen de sistemas patentados que compiten. ¿No es esto antieconómico? Los ejecutivos y los inversores a menudo buscan sentar los estándares antes de invertir su dinero, para evitar la duplicación inútil de estándares de competencia y la posibilidad de que el abordaje de un competidor se erija en el estándar de la industria. Eso es válido cuando la funcionalidad, la fiabilidad y las consiguientes condiciones competitivas lo permiten. Pero cuando no es así, tener sistemas patentados que compiten no es un malgasto.[20] Mucho más se desperdicia cuando se invierten enormes sumas de dinero en un enfoque arquitectónico que no se ajusta a la base de la competencia. Es cierto, un sistema en particular puede finalmente definir el estándar, y aquellos cuyos estándares no prevalecen pueden caer en el camino tras su éxito inicial, o pueden convertirse en jugadores de nicho. La competencia de este tipo inspiró a Adam Smith y Charles Darwin a escribir sus libros.

Entre paréntesis, notamos que en algunos de sus emprendimientos en el exterior, como su asociación con AT&T Wireless en los Estados Unidos, DoCoMo siguió la estrategia de sus socios de adoptar estándares industriales con menos integración vertical y tropezó gravemente, como sus pares norteamericanos y europeos. No es DoCoMo lo que hace la diferencia. Lo que hace

---

[*] El término inglés *upstream* se refiere aquí a los eslabones vinculados al abastecimiento y la producción; *downstream*, a los vinculados a la comercialización y distribución. *[N. del T.]*

la diferencia es emplear la estrategia adecuada en las circunstancias adecuadas.

Estar en el lugar adecuado en el momento adecuado

Señalamos antes que las formas puras de interdependencia y modularidad son los extremos de un continuo, y las empresas pueden elegir estrategias en cualquier parte del espectro en cualquier momento. Una empresa puede no fracasar necesariamente si empieza con una arquitectura prematuramente modular cuando la base de la competencia son la funcionalidad y la fiabilidad. Simplemente tendrá una importante desventaja competitiva hasta que la base de la competencia cambie y la modularidad se vuelva la forma de arquitectónica predominante. Esa fue la experiencia de IBM y sus clones en la industria de las computadoras personales. El rendimiento superior de las computadoras de Apple no le impidió a IBM tener éxito. IBM solo tuvo que luchar contra su desventaja competitiva porque optó prematuramente por una arquitectura modular.

¿Qué ocurre con los líderes iniciales cuando hay un exceso en el rendimiento después de haberse adelantado a la manada con ventajas de funcionalidad y fiabilidad basadas en una arquitectura propia? La respuesta es que necesitan modularizar y abrir sus arquitecturas y empezar a vender agresivamente sus subsistemas como módulos a otras empresas cuya capacidad de ensamblaje a bajo costo puede ayudar a hacer crecer el mercado. Si hubiesen tenido a disposición la teoría correcta para orientarse, por ejemplo, no hay razón para que los ejecutivos de Apple Computer no hubieran modularizado su diseño y comenzado a vender su sistema operativo con sus aplicaciones interdependientes a otros integradores de computadoras, previniendo el desarrollo del Windows de Microsoft. Nokia parece estar hoy enfrentando la misma decisión. Pensamos que agregar aún más características y funciones a los teléfonos inalámbricos es rebasar lo que los clientes menos exigentes pueden utilizar; y una industria des-integrada de teléfonos móviles que utiliza el sistema operativo Symbian está ganando terreno rápidamente. El capítulo siguiente mostrará que una empresa puede comenzar con una arquitectura propia cuando hay circunstancias disruptivas que lo exigen, y luego, cuando la base de la competencia cambia, abrir su arquitectura para convertirse en un proveedor de subsistemas clave para ensambladores de bajo costo. Si hace eso, puede evitar la trampa de volverse, por un lado, un jugador de nicho, y por el otro, un proveedor de una *commodity* indiferenciable. La empresa puede convertirse en el equivalente del capitalismo de Wayne Gretzky, el grande del hockey. Gtretzky tenía el instinto de no patinar hacia donde estaba el disco sino hacia donde el disco iba a estar. El Capítulo 6 puede ayudar a los gerentes a dirigir sus empresas no hacia el negocio rentable del pasado sino hacia donde *estará* el dinero.

En la creación y el sostenimiento de negocios de nuevo crecimiento hay pocas decisiones que necesiten una teoría sólida basada en las circunstancias más imperiosamente que las abordadas en este capítulo. Cuando la funcionalidad y la fiabilidad de un producto no son suficientemente buenas para satisfacer las necesidades del cliente, las empresas que gozarán de una ventaja competitiva importante son aquellas que tienen una arquitectura de producto propia y que están integradas en las interfaces que limitan el rendimiento en la cadena de valor. Cuando la funcionalidad y la fiabilidad se vuelven más que adecuadas, y la velocidad y la capacidad de respuesta son ahora los atributos competitivos que no son suficientemente buenos, se da lo contrario. Una población de empresas especializadas no integradas cuyas reglas de interacción están definidas por arquitecturas modulares y estándares de la industria tiene la ventaja.

Al comienzo de una ola de disrupción de nuevo mercado, las empresas que inicialmente tendrán más éxito serán las firmas integradas cuyas arquitecturas sean propias, porque el producto no es todavía suficientemente bueno. Al cabo de unos años de éxito en mejorar el rendimiento, esos pioneros disruptivos se vuelven susceptibles a la disrupción híbrida por parte de una población más rápida y más flexible de empresas integradas cuyo enfoque les significa menos costos generales.

Para una empresa que sirve a clientes en diferentes niveles del mercado, manejar la transición es complejo, porque el modelo de negocios y la estrategia requeridos para llegar con éxito a clientes insatisfechos en los niveles más altos son muy distintos de los que se necesitan para competir con velocidad, flexibilidad y bajo costo en niveles más bajos del mercado.

Cubrir ambos extremos al mismo tiempo y de la manera correcta a menudo requiere diferentes unidades de negocio —un tópico que abordamos en los dos capítulos que siguen—.

NOTAS

1. Estamos en deuda con una multitud de investigadores que han bosquejado la existencia y el papel del núcleo y la competencia en la toma de estas decisiones. Entre ellos, C. K. Prahalad y Gary Hamel, "The Core Competence of the Corporation," Harvard Business Review, May-June 1990, 79–91; y Geoffrey Moore, *Living on the Fault Line* (New York: HarperBusiness, 2002). Vale la pena señalar que la "competencia central", tal como C. K. Prahalad y Gary Hamel acuñaron originalmente el término en su artículo seminal, era en realidad una justificación de la firma diversificada. Ellos estaban desarrollando, definida en términos amplios, una visión de la diversificación basada en el aprovechamiento de las capacidades consolidadas. Entendemos que su trabajo está en consonancia con una muy respetada corriente de investigación y desarrollo teórico que se remonta al libro de Edith Penrose de 1959, *The Theory of the Growth of the Firm* (New York: Wiley). Esa línea de pensamiento es muy influyente y útil. Como se lo emplea hoy, sin embargo, el término "competencia central" se ha vuelto un sinónimo de "foco"; esto es, las firmas que buscan explotar su competencia central no se diversifican —enfocan su negocio en aquellas actividades que hacen particularmente bien—. Es ese "sentido en uso" lo que sentimos que está equivocado.

2. Podría decirse que IBM tenía una capacidad tecnológica mucho mayor que Intel o Microsoft para el diseño y la fabricación de circuitos integrados y sistemas operativos en el momento en que puso a esas empresas en el negocio. Por lo tanto, probablemente sea más correcto decir que esa decisión se basó más en lo que era central que en lo que era competencia. La conciencia de que IBM debía tercerizar se basó en la percepción correcta, por parte de los

gerentes del nuevo emprendimiento, de que necesitaban una estructura de costos generales mucho más bajos para volverlo aceptablemente rentable para la corporación, y necesitaban ser mucho más rápidos en el desarrollo de nuevos productos que lo que les permitían los procesos de desarrollo internos establecidos, que habían sido perfeccionados en un mundo de productos interdependientes complejos con ciclos de desarrollo más largos.

3. En la década pasada ha habido un florecimiento de estudios importantes sobre estos conceptos. Consideramos que los siguientes son particularmente valiosos: Rebecca Henderson y Kim B. Clark, "Architectural Innovation: The Reconfiguration of Existing Product Technologies and the Failure of Established Firms," *Administrative Science Quarterly* 35 (1990): 9–30; K. Monteverde, "Technical Dialog as an Incentive for Vertical Integration in the Semiconductor Industry," *Management Science* 41 (1995): 1624–1638; Karl Ulrich, "The Role of Product Architecture in the Manufacturing Firm," *Research Policy* 24 (1995): 419–440; Ron Sanchez y J. T. Mahoney, "Modularity, Flexibility and Knowledge Management in Product and Organization Design," *Strategic Management Journal* 17 (1996): 63–76; y Carliss Baldwin y Kim B. Clark, *Design Rules: The Power of Modularity* (Cambridge, MA: MIT Press, 2000).

4. El lenguaje que hemos empleado aquí caracteriza los extremos de la interdependencia, y hemos elegido el extremo del espectro simplemente para que el concepto resulte lo más claro posible. En sistemas de productos complejos hay grados variables de interdependencia, que difieren con el tiempo, componente por componente. Los desafíos de la interdependencia también pueden abordarse en cierta medida a través de las relaciones con los proveedores. Véase, por ejemplo, Jeffrey Dyer, *Collaborative Advantage: Winning Through Extended Enterprise Supplier Networks* (New York: Oxford University Press, 2000).

5. Muchos lectores han equiparado en su mente los términos *disruptivo* y *revolucionario*. A los efectos de la predicción y la comprensión, es sumamente importante no confundir esos términos. De manera casi invariable, lo que autores anteriores han denominado tecnologías "revolucionarias" tiene, en nuestro lenguaje, un impacto de apoyo en la trayectoria del progreso tecnológico. Algunas innovaciones de apoyo son simples mejoras incrementales de un año a otro. Otras son saltos radicales e innovadores por delante de la competencia. A efectos predictivos, sin embargo, la distinción entre tecnologías incrementales y revolucionarias casi nunca importa. Como ambos tipos tienen un impacto de apoyo, las firmas consolidadas normalmente triunfan. Las innovaciones disruptivas por lo general no implican avances tecnológicos. Más bien, encajan tecnologías disponibles en un modelo de negocios disruptivo. Las nuevas tecnologías revolucionarias que surgen de laboratorios de investigación casi siempre son de apoyo en su naturaleza, y casi siempre implican interdependencias imprevisibles

con otros subsistemas del producto. Por consiguiente, hay dos poderosas razones por las que las firmas consolidadas tienen una gran ventaja en la comercialización de esas tecnologías.

6. El trabajo del profesor Alfred Chandler, *The Visible Hand* (Cambridge, MA: Belknap Press, 1977), es un estudio clásico de cómo y por qué la integración vertical es crucial para el crecimiento de muchas industrias durante su período inicial.

7. El concepto de utilidad de los economistas, o la satisfacción que obtienen los clientes cuando compran y usan un producto, es una buena manera de describir cómo cambia la competencia en una industria cuando sucede eso. La utilidad marginal que obtienen los clientes es la adición incremental a la satisfacción que obtienen de comprar un producto de mejor rendimiento. El mayor precio que están dispuestos a pagar por un producto mejor será proporcional a la mayor utilidad que obtienen de usarlo –en otras palabras, la mejora del precio marginal será igual a la mejora en la utilidad margina–l. Cuando los clientes ya no pueden utilizar más mejoras en un producto, la utilidad marginal cae hacia cero, y en consecuencia los clientes dejan de estar dispuestos a pagar precios más altos por productos de mejor rendimiento.

8. Sanchez y Mahoney, en "Modularity, Flexibility and Knowledge Management in Product and Organization Design," fueron de los primeros en describir este fenómeno.

9. El trabajo de los profesores Carliss Baldwin y Kim B. Clark, citado en la Nota 3, describe el proceso de modularización de una manera útil y convincente. Lo recomendamos a aquellos que estén interesados en estudiar el proceso con mayor detalle.

10. Muchos estudiosos de la historia de IBM disentirán con nuestra afirmación de que la competencia obligó a IBM a abrir su arquitectura, sosteniendo en cambio que la obligó el litigio antimonopolio del gobierno de Estados Unidos. El litigio antimonopolio claramente influyó en la decisión de IBM, pero nosotros sostenemos que con o sin la acción gubernamental, fuerzas competitivas y disruptivas habrían puesto fin a la posición de poder casi monopólico de IBM.

11. *The Soul of a New Machine* (New York: Avon Books, 1981), el informe sobre el desarrollo de productos en Data General elaborado por Tracy Kidder y ganador del premio Pulitzer, describe cómo era la vida cuando la base de la competencia comenzó a cambiar en la industria de las minicomputadoras.

12. El profesor del MIT Charles Fine también ha escrito un libro importante sobre este tópico: *Clockspeed* (Reading, MA: Perseus Books, 1998). Fine observó que las industrias pasan por ciclos de integración y no integración en una suerte de ciclo de "doble hélice". Esperamos que el modelo descrito aquí y en el Capítulo 6 confirme y añada riqueza causal a las conclusiones de Fine.

13. La estructura evolutiva de la industria crediticia brinda un claro ejemplo de esas fuerzas en acción. Bancos integrados como el J.P. Morgan Chase tienen fuertes ventajas competitivas en los niveles más complejos del mercado crediticio. La integración es clave para su capacidad de armar enormes y complejos paquetes financieros para clientes globales sofisticados y exigentes. Las decisiones acerca de si y cuánto prestar no pueden tomarse de acuerdo a fórmulas y medidas fijas; solo pueden tomarse por usando la intuición de oficiales de préstamos experimentados. Sin embargo, la tecnología de calificación crediticia y titularización de activos están disrumpiendo y des-integrando los niveles más simples del mercado de préstamos. En esos niveles, los prestamistas saben y pueden medir con precisión los atributos que determinan si los prestatarios reembolsarán un préstamo. Se combina la información verificable sobre los prestatarios –como cuánto tiempo llevan viviendo donde viven, cuánto tiempo llevan trabajando donde trabajan, cuáles son decisiones basadas en algoritmos–. El puntaje crediticio comenzó a usarse en la década de 1960 en el nivel más simple del mercado de préstamos, en las decisiones de las grandes tiendas de emitir sus propias tarjetas de crédito. Después, desafortunadamente para los grandes bancos, la horda disruptiva ascendió inexorablemente en el mercado en busca de ganancias –primero con préstamos de tarjetas de crédito de consumo general, luego con préstamos para automóviles y préstamos hipotecarios, y ahora con préstamos para pequeñas empresas–. La industria crediticia en esos niveles más simples del mercado se ha des-integrado en su mayor parte. Han surgido empresas especializadas no bancarias que aportan rebanadas de valor agregado en esos niveles de la industria crediticia. Mientras que la integración es una gran ventaja en los niveles más complejos del mercado, en los niveles no sobre-servidos es una desventaja.

14. Nuestras conclusiones apoyan las de Stan J. Liebowitz y Stephen E. Margolis en *Winners, Losers & Microsoft*: Competition and Antitrust in High Technology (Oakland, CA: Independent Institute, 1999).

15. Otra buena ilustración de esto es el esfuerzo que está haciendo Apple Computer, al momento de escribir este libro, a fin de ser la puerta de entrada al consumidor para el entretenimiento multimedia. La integración interdependiente de Apple del sistema operativo y las aplicaciones genera comodidad, lo que es valorado en este momento por los clientes porque la comodidad todavía no es suficientemente buena.

16. La especificabilidad, la verificabilidad y la previsibilidad constituyen lo que los economistas llamarían "información suficiente" para que surja un mercado eficiente en una interfaz, permitiendo a las organizaciones tratar unas con otras de manera autónoma. Un principio fundamental del capitalismo es que la mano invisible de la competencia del mercado es superior a la de la supervisión gerencial como mecanismo coordinador entre los actores de un mercado. Por eso es que una industria, cuando se

define una interfaz modular, se des-integrará en esa interfaz. En cambio, cuando la especificabilidad, la verificabilidad y la previsibilidad no existen, los mercados eficientes no pueden funcionar. Es en esas circunstancias que la supervisión y coordinación gerencial actúan mejor que la competición del mercado como mecanismo coordinador.

Esto es una base importante de las premiadas conclusiones del profesor Tarun Khanna y sus colegas, que muestran que en las economías en desarrollo los conglomerados de empresas diversificadas logran mejores resultados que las compañías independientes enfocadas, mientras que en las economías desarrolladas se da lo inverso. Véase, por ejemplo, Tarun Khanna y Krishna G. Palepu, "Why Focused Strategies May Be Wrong for Emerging Markets," *Harvard Business Review,* July-August 1997, 41-51; y Tarun Khanna y Jan Rivkin, "Estimating the Performance Effects of Business Groups in Emerging Markets," *Strategic Management Journal* 22 (2001): 45-74.

La escuela de pensamiento de la economía de los costos de transacción (ECT), que tiene su origen en el trabajo de Ronald Coase (R. H. Coase, "The Nature of the Firm," *Econometrica* 4 [1937]: 386-405), desarrolla un conjunto básico de conceptos para entender por qué la integración de una organización es crucial cuando no se cumplen las condiciones de modularidad. Coase sostenía que se creaban firmas cuando se volvía "demasiado caro" negociar y hacer cumplir contratos entre partes que, por lo demás, eran "independientes". Más recientemente, el trabajo de Oliver Williamson ha demostrado ser fundamental para analizar los costos de transacción como un determinante de los límites de las empresas. Véase, por ejemplo, O. E. Williamson, *Markets and Hierarchies* (New York: Free Press, 1975); "Transaction Cost Economics," en *The Economic Institutions of Capitalism,* ed., O. E. Williamson (New York: Free Press, 1985), 15-42; y "Transaction-Cost Economics: The Governance of Contractual Relations," en *Organiational Economics,* ed., J. B. Barney y W. G. Ouichi (San Francisco: Jossey-Bass, 1986). En particular, la ECT se ha usado para explicar las diferentes maneras en que las empresas podrían expandir su alcance operativo: ya sea a través de la diversificación no relacionada (C. W. L. Hill, et al., "Cooperative Versus Competitive Structures in Related and Unrelated Diversified Firms," *Organization Science* 3, no. 4 [1992]: 501-521); de la diversificación relacionada (D. J. Teece, "Economics of Scope and the Scope of the Enterprise," *Journal of Economic Behavior and Organization* 1 [1980]: 223-247); y D. J. Teece, "Toward an Economic Theory of the Multiproduct Firm," *Journal of Economic Behavior and Organization* 3 [1982], 39-63); o de la integración vertical (K. Arrow, The Limits of Organization [New York: W. W. Norton, 1974]; B. R. G. Klein, et al., "Vertical Integration, Appropriable Rents and Competitive Contracting Process," *Journal of Law and Economics* 21 [1978] 297-326; y K. R. Harrigan, "Vertical Integration and Corporate Strategy," *Academy of Management Journal* 28, no. 2 [1985]: 397-425). Generalmente, a esta línea de investigación se la conoce como el paradigma de las "fallas de mercado" para explicar los cambios en el alcance de las empresas (K. N. M. Dundas, and P. R. Richardson, "Corporate Strategy and the Concept of Market Failure," *Strategic Management Journal* 1, no. 2 [1980]: 177-188). Nuestra esperanza es que hayamos logrado un avance en esta línea de pensamiento al elaborar más precisamente las consideraciones que dan lugar a las dificultades de contratación que yacen en la esencia de la escuela ECT.

17. Aunque los operadores de intercambio locales establecidos (ILECs) no entendían todas las complejidades y las consecuencias indeseadas mejor que los ingenieros CLEC, organizacionalmente estaban mucho mejor posicionados para resolver cualquier dificultad, ya que podían recurrir a los mecanismos organizacionales en vez de tener que depender de contratos *ex ante* engorrosos y probablemente incompletos.

18. Véase Jeffrey Lee Funk, *The Mobile Internet: How Japan Dialed Up and the West Disconnected* (Hong Kong: ISI Publications, 2001). Este es realmente un extraordinario estudio del que puede extraerse una gran cantidad de ideas. En su propio idioma, Funk muestra que otra razón importante por la que DoCoMo y J-Phone tuvieron tanto éxito en Japón es que siguieron el patrón que describimos en los capítulos 3 y 4 de este libro. Inicialmente apuntaron a clientas que en su mayoría no eran usuarios de Internet (chicas adolescentes) y las ayudaron a hacer mejor un trabajo que ya habían estado tratando de hacer: divertirse con sus amistades. Las empresas occidentales entrantes de ese mercado, en contraste, concibieron ofertas sofisticadas que vender a clientes activos de teléfonos móviles (que principalmente los usaban para negocios) y usuarios activos de Internet inalámbrica. Véase una perspectiva interna acerca de este desarrollo en Mari Matsunaga, *The Birth of I-Mode: An Analogue Account of the Mobile Internet* (Singapore: Chuang Yi Publishing, 2001). Matsunaga fue una jugadora clave en el desarrollo del i-mode en DoCoMo.

19. Véase "Integrate to Innovate," un estudio de Deloitte Research realizado por Michael E. Raynor y Clayton M. Christensen. Disponible en http://www.dc.com/vcd o por pedido a delresearch@dc.com.

20. Algunos lectores familiarizados con las diferentes experiencias de las industrias europea y estadounidense de telefonía móvil tal vez discrepen con este párrafo. Muy al principio, los europeos se unieron en torno as un estándar prenegociado llamado GSM, que permitía a los usuarios de teléfonos móviles usar sus aparatos en cualquier país. El uso de teléfonos móviles despegó más rápidamente y alcanzó tasas de penetración más altas que en Estados Unidos, donde varios estándares de competencia estaban luchando. Muchos analistas han sacado la conclusión general de que la estrategia europea de unirse rápidamente en torno a un estándar siempre es aconsejable para evitar la duplicación inútil de arquitecturas competidoras mutuamente incompatibles. Nosotros creemos que los

beneficios de un estándar único se han exagerado mucho, y que otras diferencias importantes entre los Estados Unidos y Europa, que contribuyeron significativamente para que hubiese tasas de adopción diferentes, no han sido debidamente consideradas.

En primer lugar, los beneficios de un estándar único parecen haberse manifestado principalmente en términos de beneficios del lado de la oferta más que del lado de la demanda. Esto es, al estipular un estándar único, los fabricantes europeos de teléfonos y equipos de red podían lograr economías de mayor escala que las empresas que fabricaban para los mercados estadounidenses. Eso bien podría haberse manifestado en forma de precios más bajos para los consumidores; pero la comparación relevante no es el costo de la telefonía móvil en Europa *versus* el de los Estados Unidos –esos servicios no competían entre sí–. La comparación relevante es con la telefonía fija en cada mercado respectivo. Y aquí vale la pena señalar que los servicios de telefonía fija local y de larga distancia son mucho más caros en Europa que en los Estados Unidos, y por lo tanto la telefonía inalámbrica era un sustituto de la fija mucho más atractivo en Europa que en los Estados Unidos. A nuestro entender, el supuesto beneficio del lado de la demanda por el uso transnacional no se ha demostrado en los patrones de uso de los consumidores europeos. En consecuencia, nos inclinamos a pensar que una causa mucho más importante del éxito comparativo de la telefonía móvil en Europa no fue que las estudiantes suecas pudieran usar sus teléfonos cuando estaban de vacaciones en España, sino más bien la mejora comparativa en facilidad de uso y en costo brindada por la telefonía móvil *versus* la alternativa fija.

En segundo lugar, y quizás más importante, la regulación europea con respecto al uso de teléfonos móviles estipulaba que "el que llama paga", mientras que la reglamentación estadounidense estipulaba que "el usuario móvil paga". En otras palabras, en Europa, si uno llama al teléfono móvil de alguien, uno paga el costo de la llamada; para el receptor, es gratis. En los Estados Unidos, si alguien llama a nuestro teléfono móvil, es uno quien paga. En consecuencia, los europeos eran mucho más propensos a dar su número de móvil, aumentando con ello las probabilidades de uso. Para mayor información sobre este tema, véase Strategis Group, "Calling Party Pays Case Study Analysis; ITU-BDT Telecommunication Regulatory Database"; y el sitio web de la ITU: < https://www.itu.int/en/ITU-D/Statistics>.

Dilucidar los efectos de cada uno de esos factores contribuyentes (el estándar GSM, los precios más bajos en comparación con la telefonía fija y la regulación de "el que llama paga"), así como de otros que podrían aducirse, no es una tarea trivial. Pero nosotros pensamos que el impacto del estándar único es mucho menor de lo que normalmente se supone, y ciertamente no es el factor principal que explica las tasas de penetración de la telefonía móvil más altas en Europa que los Estados Unidos.

CAPÍTULO 6

Cómo evitar la comoditización

¿Qué causa la comoditización? ¿Es el estado final inevitable de todas las empresas en los mercados competitivos? ¿Las empresas pueden tomar en cualquier momento de su desarrollo medidas que detengan su inicio? Una vez que la marea de la comoditización se ha extendido en una industria, ¿es posible revertir el flujo hacia productos propios diferenciados y rentables? ¿Cómo se puede responder a eso?

Muchos ejecutivos se han resignado a creer que, no importa lo milagrosa que sea su innovación, su destino inevitable es ser "comoditizada". Esos temores se basan en experiencias dolorosas. He aquí un ejemplo aterrador: los primeros discos duros 3.5 de 1 gigabyte fueron presentados al mundo en 1992 a precios que les permitían a sus fabricantes obtener márgenes brutos del 60 por ciento. Hoy en día, los fabricantes luchan para obtener márgenes del 15 por ciento sobre discos que son 60 veces mejores. Eso no es justo, porque esas cosas son maravillas mecánicas y microelectrónicas. ¿Cuántos de nosotros podríamos posicionar mecánicamente la cabeza de modo que almacenara y recuperara datos en pistas circulares que están separadas solo 0,00008 pulgadas entre sí sobre la superficie de un disco, sin que jamás lean los datos de una pista equivocada? Y sin embargo las unidades de disco de ese género hoy son consideradas como *commodities* indiferenciables. Si productos así de precisos y complejos pueden ser comoditizados, ¿hay alguna esperanza para el resto de nosotros?

Resulta ser que *hay* una esperanza. Una de las conclusiones más alentadoras de nuestra investigación sobre la comoditización es que siempre que se está produciendo en alguna parte de la cadena de valor, un proceso recíproco de des-comoditización se está produciendo en otra parte de la cadena de valor.[1] Y mientras que la comoditización destruye la capacidad de una empresa para capturar ganancias al socavar la diferenciabilidad, la des-comoditización ofrece oportunidades para crear y capturar riqueza potencialmente enorme. La reciprocidad de esos procesos significa que el centro o *locus* de la capacidad para diferenciarse cambia constantemente en la cadena de valor a medida que nuevas olas de disrupción inundan una industria. Cuando sucede esto, las empresas que se posicionan en un lugar de la cadena de valor donde el rendimiento todavía no es suficientemente bueno capturarán la ganancia.

Nuestra intención en este capítulo es ayudar a los gerentes a entender cómo funcionan esos procesos de comoditización y des-comoditización, de modo tal que puedan detectar cuándo y dónde están empezando a producirse. Esperamos que entender eso pueda servir a quienes están construyendo negocios de crecimiento para que lo hagan en un lugar de la cadena de valor donde las fuerzas de la des-comoditización están operando. También esperamos que ayude a quienes manejan negocios consolidados a reposicionar sus empresas en la cadena de valor para que atrapen también esas olas de des-comoditización. Para volver a la idea de Wayne Gretzky sobre cómo jugar un gran hockey, queremos ayudar a los gerentes a desarrollar la intuición de patinar no hacia donde está actualmente el dinero en la cadena de valor, sino hacia dónde va a estar.[2]

Los procesos de comoditización y des-comoditización

El proceso que transforma un producto propio rentable y diferenciable en una *commodity* es el proceso de rebasamiento y modularización que describimos en el Capítulo 5. En el extremo izquierdo del diagrama de la disrupción, las empresas más exitosas son empresas integradas que diseñan y ensamblan los productos de uso final no-suficientemente-buenos. Obtienen ganancias atractivas por dos razones. Primero, porque la arquitectura propia e interdependiente de sus productos facilita la diferenciación. Segundo, porque la alta proporción de costos fijos a variables que a menudo es inherente al diseño y la fabricación de productos de arquitectura interdependiente genera economías de escala altas que dan a los competidores más grandes fuertes ventajas de costo y crean enormes barreras de entrada contra competidores nuevos.

Por eso IBM, por ejemplo, como el competidor más integrado de la industria de los servidores, tenía un 70 por ciento del mercado pero obtenía el 95 por ciento de las ganancias de la industria: tenía productos propios, fuertes ventajas de costo y altas barreras de entrada. Por la misma razón, desde la década de 1950 hasta finales de la de 1970, General Motors, con aproximadamente el 55 por ciento del mercado automotriz estadounidense, obtuvo el 80 por ciento de las ganancias de la industria. En contraste, la mayoría de las empresas que eran proveedoras de IBM y General Motors tuvieron que arreglárselas año tras año con márgenes de subsistencia. Las experiencias de esas firmas son típicas. Hacer productos altamente diferenciables con fuertes ventajas de costo es una licencia para imprimir dinero, y mucho.[3]

Debemos hacer hincapié en que la razón por la que muchas empresas no llegan a ese nirvana o no permanecen allí mucho tiempo es que no es la circunstancia no-suficientemente-buena que les permite a los gerentes ofrecer productos con arquitecturas propias que puedan hacerse con fuertes ventajas de costo respecto de los competidores. Cuando esa circunstancia cambia –cuando las empresas rentables dominantes rebasan lo que sus clientes habituales pueden usar– ya no se puede seguir jugando ese juego, y las cosas comienzan a darse vuelta. Los clientes no pagarán precios todavía más altos por productos que ya consideran demasiado buenos. En poco tiempo, se impone la modularidad y surge la comoditización. Cuando los aspectos relevantes del rendimiento de nuestro producto no los determinamos nosotros sino los subsistemas que nos procuran nuestros proveedores se hace difícil obtener algo más que ingresos de subsistencia en una categoría de producto que solía rendir mucho dinero. Cuando nuestro mundo se vuelve modular, necesitamos enfocarnos en otra parte de la cadena de valor para ganar dinero en serio.

El proceso natural e inevitable de comoditización se cumple en seis pasos:

1. Cuando se consolida un nuevo mercado, una empresa desarrolla un producto propio que, aunque no es suficientemente bueno, se acerca más que cualquiera de sus competidores a satisfacer las necesidades de los clientes. Hace eso mediante una arquitectura propia, y obtiene márgenes de ganancia atractivos.

2. A medida que la empresa se esfuerza por mantenerse por delante de sus competidores directos, termina rebasando la funcionalidad y la fiabilidad que pueden utilizar los clientes de los niveles más bajos del mercado.

3. Eso precipita un cambio en la base de la competencia en esos niveles, lo cual...

4. ...precipita una evolución hacia arquitecturas modulares, lo cual…

5. ...facilita la des-integración de la industria, lo que a su vez...

6. ...vuelve muy difícil diferenciar el rendimiento o los costos del producto respecto de los de los competidores, que tienen acceso a los mismos componentes y ensamblan de acuerdo a los mismos estándares. Esa situación comienza en el nivel inferior del mercado, donde primero ocurre el rebasamiento funcional, y luego asciende inexorablemente afectando a los niveles más altos.

Nótese que es el rebasamiento –la circunstancia más-que-suficientemente-buena– lo que conecta la disrupción con el fenómeno de la comoditización. Disrupción y comoditización pueden verse como las dos caras de la misma moneda. Una empresa que se halla en una circunstancia más-que-suficientemente-buena sencillamente no puede ganar: o bien la disrupción le robará su mercado, o bien la comoditización le robará sus ganancias. La mayoría de las empresas incumbentes terminan a la larga siendo víctimas de ambas cosas, porque, aunque el ritmo de la comoditización varía en cada industria, el proceso es inevitable, y las nuevas empresas entrantes, ágiles, rara vez pierden la oportunidad de aprovechar un punto de apoyo disruptivo.

Sin embargo, aún puede haber prosperidad a la vuelta de la esquina. Las ganancias atractivas del futuro a menudo deben obtenerse en otra parte de la cadena de valor, en diferentes etapas o capas de valor agregado. Eso es porque el proceso de comoditización inicia un proceso recíproco de des-comoditización. Irónicamente, esa des-comoditización –con la potencialidad concomitante de ganar mucho dinero– ocurre en lugares de la cadena de valor donde era difícil obtener ganancias atractivas en el pasado: en los procesos, componente o subsistemas anteriormente modulares e indiferenciables.[4]

Para visualizar el proceso recíproco, recordemos las mini-acerías del Capítulo 2. Mientras las mini-acerías compitieron contra las acerías integradas en el mercado de las barras de refuerzo, ganaron mucho dinero porque tenían un 20 por ciento de ventaja en los costos respecto de las acerías integradas. Pero tan pronto como expulsaron de ese mercado al último competidor de alto costo, las mini-acerías de bajo costo se encontraron luchando contra mini-acerías de costo igualmente bajo en un mercado de *commodities*, y la competencia entre ellas causó que los precios colapsaran. Los ensambladores de productos modulares generalmente experimentan lo mismo que les pasó a las mini-acerías cada vez que consiguen expulsar de un nivel de su mercado a los competidores de costo alto y sus arquitecturas propias: a los disruptores victoriosos les queda luchar a brazo partido contra disruptores de costo igualmente bajo que ensamblan componentes modulares obtenidos de una fuente común de proveedores. No habiendo ninguna base para la diferenciación competitiva, la ganancia solo alcanza niveles de subsistencia. Las estrategias de bajo costo solo funcionan mientras quedan competidores de alto costo en el mercado.[5]

La única forma en que los disruptores modulares pueden mantener sustanciosas las ganancias es llevando sus modelos de negocios de bajo costo a un nivel más alto del mercado lo más rápido posible para que puedan seguir compitiendo en el margen contra fabricantes de productos propios con costos más altos. Los ensambladores de productos modulares hacen eso encontrando los mejores componentes y subsistemas que determinan el rendimiento e incorporándolos en sus productos más rápido que nadie.[6] Los ensambladores necesitan los mejores componentes que determinen el rendimiento a fin de ascender en el mercado donde puedan ganar dinero otra vez. Como resultado, su demanda de mejoras en los componentes que determinan el rendimiento desplaza a los proveedores de esos componentes de nuevo al lado no-suficientemente-bueno del diagrama de la disrupción. Consecuentemente, las fuerzas competitivas obligan a los proveedores a crear arquitecturas que, dentro de los subsistemas, son cada vez más interdependientes y propias. Por lo tanto, los subsistemas que determinan el rendimiento se vuelven des-comoditizados debido a que los productos de uso final se vuelven modulares y comoditizados. Resumamos los pasos de este proceso recíproco de des-comoditización:

1. La estrategia de bajo costo de los ensambladores de productos modulares solo es viable mientras compiten contra oponentes de costos más altos. Esto significa que, tan pronto como expulsan del mercado a los proveedores de productos propios de alto costo, deben ascender de nivel en el mercado para seguir obteniendo ganancias atractivas.

2. Como los mecanismos que limitan o determinan la rapidez con que pueden ascender en el mercado son los subsistemas que definen el rendimiento, esos elementos se vuelven no suficientemente buenos y son desplazados al lado izquierdo del diagrama de la disrupción.

3. La competencia entre proveedores de subsistemas hace que sus ingenieros desarrollen diseños que son cada vez más propios e interdependientes. Deben hacer eso buscando posibilitar que sus clientes ofrezcan un rendimiento en sus productos de uso final mejor que el que podrían ofrecer si usaran subsistemas de competidores.

4. Los principales proveedores de esos subsistemas se

encuentran por lo tanto vendiendo productos propios diferenciables con rentabilidad atractiva.

5. Por supuesto, esa creación de un producto propio rentable es el principio del siguiente ciclo de comoditización y des-comoditización.

La Figura 6-1 ilustra en sentido más amplio cómo funcionó eso en la cadena de valor de la industria de las computadoras personales en la década de 1990. Comenzando en la parte superior del diagrama, el dinero fluía del cliente a las empresas que diseñaban e integraban computadoras; a medida que la década fue avanzando, sin embargo, cada vez menos del beneficio potencial quedó para los fabricantes de computadoras –la mayor parte fluyó directamente a través de esas empresas a sus proveedores–.[7]

Figura 6-1.
Dónde se hizo el dinero en la cadena de valor del producto
en la industria de la PC

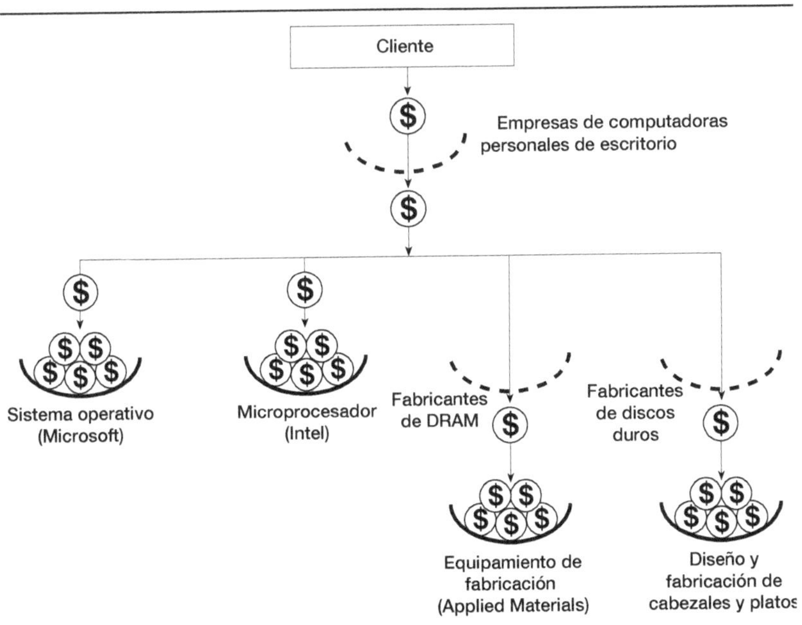

Como resultado, bastante del dinero que los integradores obtenían de sus clientes fluyó hacia Microsoft y quedó alojado allí. Otra parte fluyó hacia Intel y se detuvo allí. También fluyó dinero hacia los fabricantes de memoria dinámica de acceso aleatorio (DRAM), como Samsung y Micron, pero no mucho del mismo se detuvo en esas etapas de la cadena de valor en forma de beneficios. Fluyó y se acumuló en firmas como Applied Materials, que proveía y fabricaba equipamiento que los fabricantes de DRAM usaban. De manera similar, fluyó dinero directamente de los integradores de discos duros modulares, como Maxtor y Quantum, y tendió a alojarse en la etapa de valor agregado donde se fabricaban los platos y cabezales.

¿Cuál es la diferencia entre las canastas del gráfico que retienen dinero (representadas con una línea curva continua) y aquellas en las que el dinero parecía filtrarse (representadas con una línea entrecortada)? Las canastas en las que se acumularon ganancias durante la mayor parte de ese período corresponden a productos que todavía no eran suficientemente buenos para lo que necesitaban sus clientes inmediatos en la cadena de valor. Las arquitecturas de esos productos tendían por lo tanto a ser interdependientes y propias. Las empresas señaladas con canastas "permeables" solo podían aferrarse a ganancias de subsistencia, porque la funcionalidad de sus productos tendía a ser más que suficientemente buena. Sus arquitecturas por lo tanto eran modulares.

Si una empresa provee un insumo que determina el rendimiento pero que aún no es suficientemente bueno para los productos o los procesos de sus clientes, tiene la capacidad de capturar ganancias atractivas. Tomemos la industria de la DRAM como ejemplo. Aunque la arquitectura de sus propios chips era modular, los fabricantes de DRAM no podían estar satisfechos ni siquiera con el mejor equipamiento de fabricación disponible. Para tener éxito, los fabricantes de DRAM necesitaban hacer sus productos con utilidades cada vez más altas y costos cada vez más bajos. Eso volvía no suficientemente buena la funcionalidad del equipo fabricado por firmas como Applied Materials. En consecuencia, la arquitectura de ese equipamiento se volvió interdependiente y propia, porque los fabricantes de equipo buscaron acercarse a la funcionalidad que necesitaban sus clientes.

Es importante no concluir nunca que industrias como la de discos duros o las de DRAM son intrínsecamente poco rentables, mientras que otras como la de equipos de fabricación de microprocesadores o de semiconductores son intrínsecamente rentables. "Industria" suele ser un esquema de categorización defectuoso.[8] Lo que hace que una industria parezca ser atractivamente rentable es la circunstancia en la que se encuentran sus empresas en un momento determinado, en cada punto de la cadena de valor agregado, porque la ley de conservación de ganancias atractivas casi siempre está actuando (véase el apéndice de este capítulo). Echemos una mirada más profunda a la industria del disco duro para ver por qué esto es así.

Durante la mayor parte de la década de 1990, en los niveles de mercado donde se vendían discos duros a fabricantes de PCs de escritorio, la capacidad y los tiempos de acceso de los discos eran más que adecuados. Las arquitecturas de los discos se volvieron entonces modulares, y los márgenes brutos que podían obtener en el segmento de PCs de escritorio los integradores no integrados de discos de 3,5 pulgadas disminuyeron a alrededor de un 12 por ciento. Integradores no integrados como Maxtor y Quantum dominaron ese mercado (su cuota de mercado superaba en conjunto el 90 por ciento) porque los fabricantes integrados como IBM no podían sobrevivir con márgenes tan delgados.

Los discos tenían la capacidad adecuada, pero los integradores no podían estar satisfechos ni siquiera con los mejores platos y cabezales disponibles, porque si maximizaban la cantidad de datos que estos podían almacenar por pulgada cuadrada de espacio de disco, podrían usar menos platos y cabezales en las unidades de disco –lo que era un poderoso impulsor del costo–. Consecuentemente, los cabezales y platos dejaron de ser suficientemente buenos y evolucionaron hacia complejos subensamblajes interdependientes. La fabricación de cabezales y platos se volvió tan rentable, de hecho, que muchos de los principales fabricantes de unidades de disco adoptaron la estrategia de integración regresiva y comenzaron a fabricar sus propios platos y cabezales.[9]

Pero no era la industria del disco duro la que era apenas rentable –era la circunstancia modular en la que se encontraban los fabricantes de discos de 3,5 pulgadas–. La prueba: en la misma época, los mucho más chicos discos duros de 2,5 pulgadas que se usaban en las *notebooks* tendían a no tener capacidad suficiente. Como era de esperar, sus arquitecturas eran interdependientes, y los productos tenían que ser fabricados por empresas integradas. Como el fabricante más integrado y el único con la tecnología más avanzada en cabezales y platos en la década de 1990, IBM obtenía márgenes brutos del 40 por ciento en los discos de 2,5 pulgadas y controlaba el 80 por ciento de ese mercado. En contraste, IBM tenía menos del 3 por ciento del volumen de discos vendidos al mercado de las PCs de escritorio, donde su integración la volvía poco competitiva.[10]

Cuando publicamos por primera vez nuestro análisis de esa situación en 1999, parecía que la capacidad de los discos de 2,5 pulgadas estaba volviéndose más que suficientemente buena también en la aplicación de las *notebooks* –presagiando, respecto de lo que había sido un magnífico negocio para IBM, el comienzo de la comoditización–.[11] Nosotros sosteníamos que IBM, la empresa más integrada fabricante de discos duros, estaba en realidad en una posición muy atractiva si jugaba sus cartas correctamente. Podía apuntar hacia donde estaría el dinero, utilizando el advenimiento de la modularidad para desacoplar sus operaciones de cabezales y platos de su negocio de diseño e integración de unidades de disco. Si IBM empezaba a vender agresivamente sus cabezales y platos más avanzados a competidores fabricantes de discos de 2,5 pulgadas, poniéndolos en el negocio de integrar discos modulares de 2,5 pulgadas, a la larga podría quitar énfasis a la integración de discos para enfocarse en los cabezales y platos, más rentables. Al hacer eso, podría seguir aprovechando los niveles de ganancia más atractivos de la industria. En otras palabras, en el lado no-suficientemente-bueno del diagrama disruptivo, IBM podría pelear en la guerra y ganar. En el lado más-que-suficientemente-bueno, una mejor estrategia es venderles balas a los combatientes.[12]

IBM hizo jugadas similares varios años antes en su negocio de computadoras, a través de sus decisiones de desacoplar su cadena vertical y vender agresivamente su tecnología, componentes y subsistemas en el mercado abierto. Simultáneamente, creó un negocio de consultoría e integración de sistemas en el extremo superior y procedió a desenfatizar el diseño y la integración de computadoras. El ascenso a esos puntos de la cadena de valor agregado donde era necesaria una integración compleja y no estándar condujo en la década de 1990 a una transformación notable –y notablemente rentable– de una enorme empresa.

Vale la pena repetir el principio fundamental: las empresas que están posicionadas en un lugar de la cadena de valor donde el rendimiento todavía no es suficientemente bueno capturarán el beneficio. Esa es la circunstancia en la que pueden crearse productos diferenciables, ventajas de costo basadas en la escala y altas barreras de entrada.

En la medida en que una empresa integrada como IBM pueda acoplar y desacoplar flexiblemente sus operaciones, en lugar de liquidar operaciones irrevocablemente, su potencial para prosperar de manera rentable durante un período prolongado será mayor que el de una empresa no integrada como Compaq. Esto es porque los procesos de comoditización y des-comoditización están actuando constantemente, haciendo que el lugar donde estará el dinero cambie con el tiempo en la cadena de valor.

La competencia central y la espiral de la muerte de maximizar el ROA

Las firmas que están siendo comoditizadas a menudo ignoran el proceso recíproco de des-comoditización que tiene lugar simultáneamente con la comoditización, ya sea un nivel hacia abajo en subsistemas o al lado en procesos adyacentes. Pierden la oportunidad de avanzar hacia donde estará el dinero en el futuro, y son presionadas –o eliminadas incluso– a medida que diferentes firmas capturan el crecimiento posibilitado por la des-comoditización. De hecho, la fuerte pero perversa presión de los inversores para aumentar el ROA (del inglés, *return on assetts,* la rentabilidad económica o rentabilidad sobre los activos) es un poderoso acicate para que los ensambladores se alejen de donde estará el dinero. Y al no haber reconocido su circunstancia modular comoditizada, las empresas recurren a la teoría de la competencia central basada en atributos para tomar decisiones de las que luego se pueden arrepentir.

¿Cómo pueden las empresas que ensamblan productos modulares satisfacer las demandas de los inversores de que mejoren su rendimiento sobre los activos o el capital empleado? No pueden mejorar el numerador del índice ROA porque diferenciar su producto o producirlo a un costo más bajo que los competidores es casi imposible. Su única opción es reducir el denominador del índice ROA deshaciéndose de activos. Eso sería difícil en un mundo interdependiente que demandara integración, pero la arquitectura modular del producto en realidad facilita la des-integración. Ilustraremos cómo sucede esto usando un ejemplo de las interacciones entre un proveedor de componente y un integrador de computadoras personales modulares. Llamaremos a las dos firmas Components Corporation y Texas Computer Corporation (TCC), respectivamente.

Components Corporation comienza suministrando placas de circuito simples a TCC. Mientras TCC lidia con la presión de los inversores para aumentar su ROA, Components Corporation le presenta una propuesta interesante: "Hemos hecho un buen trabajo fabricando estas placas para ustedes. Permítannos proveerles la placa madre completa para sus computadoras. Nosotros podemos superar fácilmente sus costos internos."

"Vaya, esa sería una gran idea", responde la gerencia de TCC. "La fabricación de placas de circuito no es nuestra competencia central, de todos modos, y exige un uso intensivo de activos. Eso reduciría nuestros costos y quitaría todos esos activos de nuestro balance". Entonces Components Corporation asume la actividad de valor agregado adicional. Sus ingresos aumentan rápidamente y su rentabilidad mejora porque está utilizando mejor sus activos de fabricación. El precio de sus acciones mejora en consecuencia. Cuando TCC se deshace de esos activos, su línea de ingresos no se afecta. Pero sus ganancias netas y su ROA mejoran –mejorando por consiguiente el precio de sus acciones–.

Poco tiempo después, Components Corporation encara nuevamente a la gerencia de TCC. "Ustedes saben, la placa madre es realmente el corazón de la computadora. Permítannos integrar la computadora entera por ustedes. Integrar esos productos no es su competencia central, de todos modos, y nosotros podemos superar fácilmente sus costos internos".

"Vaya, esa sería una gran idea", responde la gerencia de TCC. "La integración no es nuestra competencia central, de todos modos, y si ustedes integraran nuestro producto, podríamos quitar todos esos activos de fabricación de nuestro balance". Una vez más, cuando Components Corporation asume la actividad de valor agregado adicional, sus ingresos aumentan rápidamente y su rentabilidad mejora porque está utilizando mejor sus activos de fabricación. El precio de sus acciones mejora en consecuencia. Y cuando TCC se deshace de esos activos, su línea de ingresos no se afecta. Pero sus ganancias netas y su ROA mejoran –mejorando por consiguiente el precio de sus acciones–.

Poco tiempo después, Components Corporation encara nuevamente a la gerencia de TCC. "Ustedes saben, ya que nosotros estamos integrando sus computadoras, ¿para qué necesitan lidiar con todas esas molestias de manejar la logística de la entrada de componentes y la logística de salida de los envíos a los clientes? Déjennos a nosotros tratar con sus proveedores y entregar los productos terminados a sus clientes. Manejar la cadena de suministros no es su competencia central, de todos modos, y nosotros podemos superar fácilmente sus costos internos".

"Vaya, esa sería una gran idea", responde la gerencia de TCC. "Eso nos ayudaría a quitar esos activos circulantes de nuestro balance". Cuando Components Corporation asume la actividad de valor agregado adicional, sus ingresos aumentan rápidamente y su rentabilidad mejora porque está incorporando actividades de mayor valor agregado a su modelo de negocio. El precio de sus acciones mejora en consecuencia. Y cuando TCC se deshace de esos activos, su línea de ingresos no se afecta. Pero su rentabilidad mejora –y el precio de sus acciones obtiene otro rebote–.

Poco tiempo después, Components Corporation vuelve a encarar a la gerencia de TCC. "Ustedes saben, ya que estamos tratando con sus proveedores, ¿qué les parece dejarnos diseñar las computadoras por ustedes? El diseño de productos modulares es poco más que la selección de vendedores, de todas maneras, y como nosotros tenemos relaciones más estrechas que ustedes con los vendedores, podríamos conseguir mejores precios y entregas si podemos trabajar con ellos desde el inicio del ciclo de diseño".

"Vaya, esa sería una gran idea", responde la gerencia de TCC. "Eso nos ayudaría a recortar costos fijos y variables. Además, nuestra fortaleza está realmente en nuestra marca y nuestras relaciones con los clientes, no en el diseño de productos". Cuando Components Corporation asume la actividad de valor agregado adicional, sus ingresos aumentan rápidamente y su rentabilidad mejora porque está incorporando actividades de mayor valor agregado a su modelo de negocio. El precio de sus acciones mejora en consecuencia. Y cuando TCC se deshace de costos, su línea de ingresos no se afecta. Pero su rentabilidad mejora –y el precio de sus acciones obtiene otra pequeña alza– hasta que los analistas se dan cuenta de que el juego ha terminado.

Irónicamente, en la tragedia griega Components Corporation termina con una cadena de valor que está en realidad mucho más integrada que la de TCC cuando comenzó esta espiral, pero en muchos casos con las piezas reconfiguradas para permitir que Components Corporation cumpla con la nueva base de la competencia, que es la velocidad para comercializar y la capacidad de reaccionar y configurar lo que entrega a los clientes en segmentos cada vez más pequeños del mercado. Cada vez que TCC le cargaba activos y procesos a Components Corporation, justificaba su decisión en términos de su propia "competencia central". A la gerencia de TCC no se le ocurrió que las actividades en cuestión no eran competencias centrales de Components Corporation, tampoco. Que algo sea o no una competencia central no es un factor determinante en cuanto a quién puede patinar hacia donde estará el dinero.

Esta historia ilustra otro caso de motivaciones asimétricas –el proveedor de componentes está motivado para integrarse progresivamente en las mismas actividades de valor agregado de las que el integrador modular está motivado para librarse–.

No es una historia de incompetencia. Es una historia de decisiones totalmente racionales para maximizar las ganancias –y por eso la espiral de la muerte de maximizar el ROA atrapa a muchas empresas que se encuentran ensamblando productos modulares en un mundo demasiado bueno–. Al mismo tiempo, esa circunstancia ofrece otra vía para crear negocios de nuevo crecimiento, además de las oportunidades disruptivas descritas en el Capítulo 2. El ensamblador se deshace de activos, pero retiene sus ingresos y a menudo mejora temporariamente sus márgenes de beneficios netos cuando decide tercerizar sus operaciones *back-end* a proveedores contratados. Eso se siente bien. Cuando el proveedor asume las mismas partes del negocio que el ensamblador deseaba quitarse de encima también se siente bien, porque eso aumenta los ingresos, las ganancias y el precio de las acciones del proveedor *back-end*. Para muchos proveedores, abrirse camino en la cadena de valor crea oportunidades para diseñar subsistemas con arquitecturas internas cada vez más optimizadas que se vuelven impulsores clave del rendimiento de los productos modulares que sus clientes ensamblan.

Así es como Intel se convirtió en vendedor de *chipsets* y placas madre, lo que constituye una proporción del valor agregado y el rendimiento mucho más crítica que la que representaba el simple microprocesador. Nypro, Inc., una empresa de moldeado por inyección de componentes plásticos de precisión cuya historia examinaremos más adelante en este libro, siguió una estrategia de crecimiento similar y se convirtió en un importante fabricante de cartuchos para impresoras a chorro de tinta, computadoras, dispositivos inalámbricos de mano y productos médicos. La capacidad de Nypro para moldear con precisión estructuras complejas es interdependiente con su capacidad para simplificar el ensamblado.

Bloomberg L.P. ha hecho lo mismo, abriéndose paso en la cadena de valor de Wall Street. Comenzó proporcionando datos simples sobre precios de valores y se integró luego progresivamente, automatizando gran parte de los análisis. Bloomberg permitió que una multitud de personas tenga acceso a información y conocimientos que anteriormente solo analistas de valores muy experimentados podían obtener. La empresa siguió integrándose progresivamente desde el *back-end*, de modo que los gestores de cartera pueden ahora ejecutar la mayoría de las operaciones desde sus terminales de Bloomberg a través de una red de comunicaciones electrónicas propiedad de Bloomberg (ECN) sin necesidad de un corredor o de una bolsa de valores. Los emisores de ciertos valores de deuda pública ahora pueden incluso subastar sus valores a inversores institucionales dentro del sistema propio de Bloomberg. Proveedores *back-end* como First Data y State Street disfrutan de una posición similar frente a los bancos comerciales. Respetables instituciones de Wall Street están siendo disrumpidas y vaciadas –y ni siquiera se dan cuenta de ello porque tercerizar el *back-end* intensivo en activos es un mandato convincente que se siente bien una vez que el *front-end* se ha vuelto modular y comoditizado–.

La competencia central, como la usan muchos gerentes, es un concepto peligrosamente introspectivo. *La competencia tiene mucho más que ver con lo que los clientes valoran que con aquello en lo que uno piensa que es bueno.* Y mantenerse competitivo al encarar cambios de competencia necesariamente exige la voluntad y la capacidad de aprender cosas nuevas en vez de aferrarse esperanzadamente a las fuentes de la gloria pasada. Para las empresas incumbentes, el desafío es reconstruir sus naves mientras están en el mar en vez de desmantelarse tablón por tablón mientras alguien construye un barco nuevo y más rápido con lo que ellas arrojan por la borda como desecho.

¿Qué pueden hacer los gerentes hambrientos de crecimiento en situaciones como esa? En gran parte, el proceso es inevitable. Los ensambladores de productos modulares deben, con el tiempo, deshacerse de activos para reducir costos y mejorar los retornos –la presión del mercado financiero les deja a los gerentes pocas alternativas–. Sin embargo, saber que eso probablemente sucederá les da a esos mismos gerentes la oportunidad de quedarse con o absorber, y administrar como negocios separados orientados al crecimiento, los proveedores de componentes o subsistemas que están posicionados para abrirse camino en la cadena de valor. Esa es la esencia de patinar hacia donde estará el dinero.[13]

Suficientemente bueno, no suficientemente bueno y el valor de las marcas

Los ejecutivos que buscan evitar la comoditización suelen apoyarse en la fortaleza de sus marcas para sostener la rentabilidad –pero las marcas también se comoditizan y des-comoditizan–. Las marcas son más valiosas cuando son creadas en las etapas de la cadena de valor agregado en las que las cosas todavía no son suficientemente buenas. Cuando los clientes todavía no están seguros de si el rendimiento de un producto será satisfactorio, una marca bien creada puede entrar en escena y cerrar parte de la brecha entre lo que los clientes necesitan y lo que temen que podrían obtener si compran el producto de un proveedor de reputación desconocida. El papel de una buena marca para cerrar esa brecha es evidente en el precio premium que los productos de marca pueden exigir en algunas situaciones. Sin embargo, por una lógica similar, la capacidad de las marcas para exigir precios premium tiende a atrofiarse cuando el rendimiento de una clase de productos de diferentes proveedores es manifiestamente más que adecuada.

Cuando hay rebasamiento, la capacidad de fijar una rentabilidad atractiva a través de una marca a menudo migra a esos puntos de la cadena de valor agregado donde las cosas han vuelto a una situación todavía no-suficientemente-buena. Esos puntos con frecuencia estarán en los subsistemas que definen el rendimiento dentro del producto, o en la interfaz minorista cuando son la velocidad, la simplicidad y la comodidad de obtener exactamente lo que uno quiere las que no son suficientemente buenas. Esos cambios definen las oportunidades en la promoción de una marca.

Por ejemplo, en las primeras décadas de la industria de las computadoras, la inversión en sistemas informáticos centrales complejos y poco fiables era una tarea perturbadora para la mayoría de los gerentes. Como la capacidad de servicio de IBM era sin igual, la marca de IBM podía exigir un plus del 30 al 40 por ciento respecto de equipos comparables. Ningún director corporativo de TI fue despedido por comprar IBM. La marca de Hewlett-Packard fijaba precios similares.

¿Cómo fue que las marcas de Intel y Microsoft Windows les robaron posteriormente el valioso poder de marca a IBM y Hewlett-Packard en la década de 1990? Eso ocurrió cuando las computadoras lograron reunir una funcionalidad y fiabilidad suficientemente buenas para el uso comercial convencional, y cuando las arquitecturas modulares estándar de la industria se volvieron predominantes en esos niveles del mercado. En ese momento, el interior del microprocesador y el sistema operativo se volvieron no-suficientemente-buenos, y el centro o *locus* de las marcas poderosas migró a esas nuevas ubicaciones.

La migración del poder de la marca en un mercado que está compuesto por múltiples niveles es un proceso, no un hecho puntual. Por ello, las marcas de empresas con productos propios generalmente hacen un mapeo de valor hacia arriba desde su posición en la trayectoria de mejora –hacia aquellos clientes que aún no están satisfechos con la funcionalidad y la fiabilidad de lo mejor que está disponible–. Pero mapeando desde ese mismo punto hacia abajo –hacia el mundo de productos modulares donde la velocidad, la comodidad y la capacidad de respuesta impulsan el éxito competitivo– el poder de crear marcas rentables migra alejándose del producto de uso hacia los subsistemas y el canal.[14]

Esto ha pasado con los camiones pesados. Hubo una época en la que la marca valiosa, Mack, estaba en el camión mismo. Los camioneros pagaban un plus significativo por el bulldog de Mack en el capó. Mack logró su destacada fiabilidad a través de su arquitectura interdependiente y su integración vertical extensiva. Pero como las arquitecturas de los grandes camiones se volvieron modulares, a los compradores pasó a interesarles mucho más si el camión lleva un motor Cummins o un Caterpillar que si es ensamblado por Paccar, Navistar o Freightliner.

La indumentaria es otra industria en la que el poder de la marca ha comenzado a migrar a una etapa diferente de la cadena de valor agregado. Como en otras industrias, eso ha ocurrido porque un cambio en la base de la competencia redefinió lo que no es suficientemente bueno. Una generación atrás, la mayoría de las marcas valiosas estaban en los productos. Los jeans de marca Levi's y las camisas de marca Gant, por ejemplo, gozaban de cuotas de mercado importantes y rentables porque muchos de los productos competidores estaban muy lejos de igualarlos en resistencia. Esos productos de marca se vendían en grandes tiendas, que pregonaban su facultad exclusiva de vender las mejores marcas de ropa.

En los últimos quince años, sin embargo, la calidad de la ropa de un amplio espectro de fabricantes se ha asegurado, a medida que los productores en países de bajo costo mejoraron su capacidad de producir telas y prendas de alta calidad. La base de la competencia en la industria de la indumentaria cambió en consecuencia. Minoristas especializados les han quitado a las grandes tiendas una cuota de mercado significativa porque su *mix* de productos enfocado les permite a los clientes a los que apuntan encontrar lo que desean de manera más rápida y cómoda. Lo que todavía no es suficientemente bueno en determinados niveles de la industria de la indumentaria ha cambiado, pasando de la calidad del producto a la simplicidad y comodidad de la experiencia de compra. Por lo tanto, gran parte de la capacidad de crear y mantener marcas valiosas ha migrado alejándose del producto y hacia el canal porque, por el momento, es el canal el que maneja la pieza de valor agregado que aún no es suficientemente buena.[15] Ni siquiera preguntamos quién hace los vestidos de Talbot's, los suéteres para Abercrombie & Fitch o los jeans de Gap y Old Navy. Mucha de la ropa vendida en esos canales lleva la marca del canal, no del fabricante.[16]

Una perspectiva sobre el futuro de la industria automotriz visto con la lente de este modelo

La mayor parte de nuestros ejemplos de comoditización y descomoditización fueron tomados del pasado. Para mostrar de qué manera se puede usar esta teoría para mirar hacia el futuro, analizamos aquí cómo esa transformación está en marcha en la industria automotriz, iniciando una transferencia masiva de la capacidad de obtener ganancias atractivas en el futuro, que se aleja de los fabricantes de autos yendo hacia algunos de sus proveedores. Es probable que incluso la capacidad de desarrollar marcas valiosas migre a los subsistemas. Esa transformación probablemente tomará una o dos décadas hasta completarse del todo, pero una vez que sabemos qué buscar, es fácil ver que los procesos ya están irreversiblemente en marcha.

La funcionalidad de muchos autos ha rebasado lo que los clientes de los mercados convencionales pueden utilizar. Los propietarios de automóviles Lexus, BMW, Mercedes y Cadillac probablemente estarán dispuestos a pagar precios premium por más de todo en los años venideros. Pero en niveles de mercado poblados por modelos de precio medio y bajo, los fabricantes de autos se encuentran teniendo que agregar más y mejores características solo para aferrarse a su cuota de mercado, y luchan para convencer a los clientes de pagar precios más altos por esas mejoras. La fiabilidad de modelos como el Camry de Toyota y el Accord de Honda es tan extraordinaria que los autos a menudo pasan de moda mucho antes de que se desgasten. Como resultado de esto, la base de la competencia –lo que no es suficientemente bueno– está cambiando en muchos niveles del mercado automotriz. La velocidad de comercialización es importante. Mientras que antes diseñar un nuevo modelo solía llevar cinco años, hoy lleva dos. Competir personalizando características y funciones según las preferencias de los clientes en nichos de mercado más pequeños es otra realidad innegable. En la década de 1960 no era extraño que las ventas de un modelo excedieran el millón de unidades por año. Hoy el mercado está mucho más fragmentado, y un volumen anual de 200.000 unidades es atractivo. Algunos fabricantes ahora garantizan que uno puede entrar a una concesionaria, encargar un coche a medida y recibirlo en cinco días –aproximadamente el tiempo de respuesta que ofrece Dell Computer–.

A fin de competir en velocidad y flexibilidad, los fabricantes de autos están evolucionando hacia arquitecturas modulares para sus principales modelos. En vez de solamente diseñar y unir componentes individuales suministrados por cientos de proveedores, la mayoría de las automotrices ahora adquieren subsistemas de una base mucho más estrecha de proveedores de "primer nivel" de subsistemas de frenos, dirección, suspensión y cabina interior. Gran parte de esa consolidación en la base de proveedores ha sido impulsada por las oportunidades de ahorro de costos que ello ofrece –oportunidades que muchas veces fueron identificadas y cuantificadas por empresas de consultoría analíticamente sagaces–.

Las automotrices integradas estadounidenses se han visto obligadas a des-integrarse para competir con la velocidad, la flexibilidad y la estructura de costos generales reducida que exige este mundo. General Motors, por ejemplo, escindió sus operaciones de componentes en una compañía separada que cotiza en bolsa, Delphi Automotive, y Ford escindió sus operaciones de componentes en Visteon Corporation. Así, está ocurriendo en la industria automotriz lo mismo que ocurrió con las computadoras: el rebasamiento ha precipitado un cambio en la base de la competencia, lo que precipitó un cambio en la arquitectura, lo que obligó a las empresas integradas dominantes a des-integrarse.

Al mismo tiempo, la arquitectura se está volviendo cada vez más interdependiente en la mayor parte de los subsistemas. Los modelos de precio más bajo en el mercado necesitan mejorar el rendimiento de sus subsistemas para competir contra los modelos y marcas de mayor costo en los niveles de mercado más altos. Si Kia y Hyundai usaran su base de fabricación coreana de bajo costo para conquistar el nivel subcompacto del mercado y luego simplemente se quedaran allí, la competencia vaporizaría las ganancias. Deben ascender, y una vez que sus arquitecturas se hayan vuelto modulares, la única forma de hacerlo es ser impulsadas por subsistemas cada vez mejores.

Las nuevas arquitecturas interdependientes de muchos subsistemas están obligando a los proveedores de primer nivel a ser menos flexibles en su interfaz externa. Los diseñadores de autos están necesitando cada vez más adecuar sus diseños a las especificaciones de los subsistemas, así como los fabricantes de computadoras de escritorio necesitan ajustar los diseños de sus computadoras a las interfaces externas del microprocesador de Intel y el sistema operativo de Microsoft. Por lo tanto, esperaríamos que la capacidad de obtener ganancias atractivas probablemente migre de las ensambladoras de autos hacia los proveedores de subsistemas.[17]

En el Capítulo 5 contamos cómo el negocio de PCs de IBM tercerizó su microprocesador a Intel y su sistema operativo a

Microsoft a fin de ser rápido y flexible. En el proceso, IBM se aferró a donde había estado el dinero –el diseño y montaje del sistema informático– y puso en el negocio a las dos empresas que estaban posicionadas donde el dinero estaría. General Motors y Ford, alentados por sus consultores y banqueros de inversión, hicieron exactamente lo mismo. Tuvieron que desacoplar las etapas verticales en sus cadenas de valor para mantenerse al corriente de la base cambiante de la competencia. Pero escindieron las actividades de valor agregado en las que estaría el dinero, para quedarse en vez de ello donde el dinero había estado.[18]

Estas conclusiones son muy importantes para los gerentes que buscan construir negocios de nuevo crecimiento exitosos y para aquellos que buscan mantener vigorosos sus negocios actuales. La capacidad de capturar ganancias atractivas se trasladará a aquellas actividades de la cadena de valor en las que el cliente directo todavía no está satisfecho con el rendimiento de los productos disponibles. Es en esas etapas donde se produce la integración compleja e interdependiente –en las actividades que crean una economía de mayor escala y permiten mayor diferenciabilidad–. Los retornos atractivos se alejan de las actividades en las que el cliente directo está más que satisfecho, porque es allí donde se produce la integración modular estándar. Esperamos que al describir ese proceso en estos términos podamos ayudar a los gerentes a predecir con mayor precisión dónde surgirán nuevas oportunidades para el crecimiento rentable a través de productos propios. Las transiciones comienzan en las trayectorias de mejora donde están actuando los disruptores y continúan su ascenso en el mercado nivel por nivel. Ese proceso genera oportunidades para que las empresas nuevas que estén integradas en esas interfaces no-suficientemente-buenas prosperen y crezcan ascendiendo desde el back-end de un sistema de uso final. Los gerentes de empresas líderes en la industria necesitan observar atentamente en los lugares correctos para detectar esas tendencias cuando comienzan, porque los procesos de comoditización y des-comoditización comienzan ambos en la periferia, no en el centro.

APÉNDICE

La ley de conservación de las ganancias atractivas

Habiendo descrito esos ciclos de comoditización y des-comoditización en términos de los productos, ahora podemos hacer una declaración más amplia referida a la existencia de un fenómeno general al que podemos llamar la ley de la conservación de las ganancias atractivas. Nuestro amigo Chris Rowen, CEO de Tensilica, nos señaló la existencia de esa ley, cuyo nombre fue inspirado por las leyes de conservación de la energía y la materia que con tanto cariño recordamos haber estudiado en las clases de física. Formalmente, la ley de la conservación de las ganancias atractivas dice que en la cadena de valor hay una yuxtaposición necesaria de las arquitecturas modulares e interdependientes y de los procesos recíprocos de comoditización y des-comoditización, que existe para optimizar el rendimiento de lo que no es suficientemente bueno. La ley dice que cuando la modularidad y la comoditización hacen que las ganancias atractivas desaparezcan en una etapa de la cadena de valor, la oportunidad de obtener ganancias atractivas con productos propios habitualmente surgirá en una etapa adyacente.[19]

Primero ilustraremos cómo opera esa ley examinando dispositivos de mano como el RIM BlackBerry y la Palm Pilot, que constituyen la última ola de disrupción en la industria de la computación. La funcionalidad de esos productos todavía no es la adecuada, y en consecuencia sus arquitecturas son interdependientes. Esto es particularmente cierto para el BlackBerry, porque su capacidad de "siempre encendido" exige un uso extraordinariamente eficiente de la energía. Por esa razón los ingenieros de BlackBerry no pueden incorporar en su dispositivo un microprocesador Intel de "talla única" –un sistema en un chip (SoC) que esté configurado a medida para el BlackBerry– de modo que no tengan que desperdiciar espacio, energía o costo en funcionalidad que no es necesaria.

El microprocesador debe ser modular y adaptable para permitir a los ingenieros optimizar el rendimiento de lo que no es suficientemente bueno, que es el dispositivo en sí. Nótese que esa es la situación opuesta a la de una computadora de escritorio, donde lo que no es suficientemente bueno es el microprocesador. La arquitectura de la computadora debe por lo tanto ser modular y adaptable para permitir a los ingenieros optimizar el rendimiento del microprocesador. Así, una u otra de las partes debe ser modular y adaptable para permitir la optimización de lo que no es suficientemente bueno a través de una arquitectura interdependiente.

De manera similar, las aplicaciones de software escritas para ejecutarse en los sistemas operativos Windows de Microsoft necesitan ajustarse a la interfaz externa de Windows; el sistema operativo Linux, por su parte, es modular y ajustable para optimizar el rendimiento del software que corre en él.

Hemos descubierto que esta "ley" es una manera útil de visualizar hacia dónde migrará el dinero en la cadena de valor de muchas industrias. La misma es analizada en mayor profundidad en un libro de próxima aparición escrito por Clayton Christensen, Scott Anthony y Erik Roth, *Seeing What's Next* (Boston: Harvard Business School Press, 2004).

Esta ley también ha ayudado a entender la yuxtaposición de productos modulares con servicios interdependientes, porque los servicios provistos con los productos pueden pasar por ciclos similares de comoditización y des-comoditización, con las consecuentes implicancias respecto a dónde migrará la rentabilidad atractiva.

Señalamos anteriormente que cuando la funcionalidad y la fiabilidad de un producto se vuelven más que suficientemente buenas, la base de la competencia cambia. Las que se vuelven no suficientemente buenas son la velocidad de comercialización y la capacidad de respuesta rápida para configurar productos según las necesidades específicas de los clientes en segmentos de mercado cada vez más apuntados. La interfaz del cliente es el lugar en la cadena de valor donde se determina la capacidad de sobresalir en esa nueva dimensión de la competencia. En consecuencia, las empresas integradas de manera propia en la interfaz del cliente pueden competir en esas dimensiones no-suficientemente-buenas con mayor eficacia (y ser recompensadas con mejores márgenes) que aquellas firmas que interactúan con sus clientes solo de una manera "modular" externa. Las empresas que se integran con el cliente en la interfaz minorista, en esa circunstancia, también pueden obtener ganancias por sobre la media.

No diríamos por lo tanto que Dell Computer, por ejemplo, es una empresa no integrada. Más bien, Dell está integrada en la interfaz no-suficientemente-buena con el cliente. La empresa no está integrada en las interfaces modulares más-que-suficiente-mente-buenas entre los componentes de sus computadoras. La Figura 6-2 resume de manera simplificada cómo han migrado en la industria de las computadoras personales los puntos rentables de la integración propia.

Figura 6-2.
El centro cambiante de la ventaja en la cadena de valor
de la industria de la PC

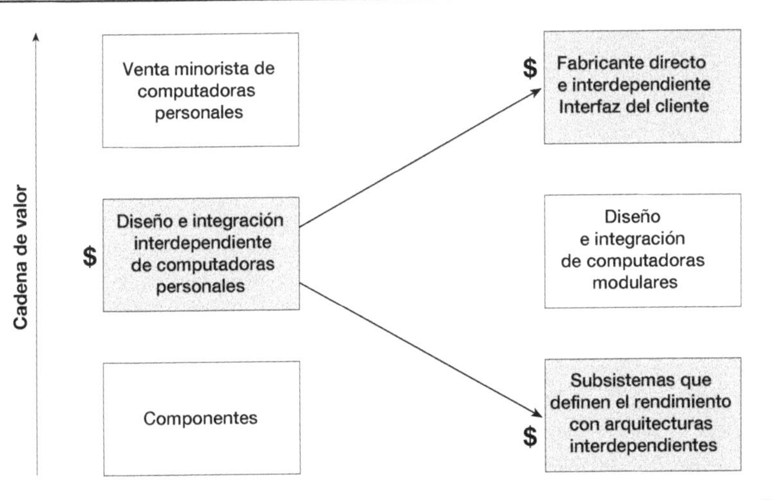

En el lado izquierdo del diagrama, que representa los primeros años de la industria de la PC de escritorio en los que la funcionalidad del producto era sumamente limitada, Apple Computer, con su arquitectura propia y su modelo de negocios integrado, era la firma más exitosa y era atractivamente rentable. Las empresas que suministraban a Apple los componentes y materiales básicos, y los minoristas externos interdependientes que vendían las computadoras, estaban lejos de hallarse en una posición tan atractiva. A finales de la década de 1990, los procesos de comoditización y des-comoditización habían transferido los puntos en los que la integración propia podía generar ventaja competitiva a la interfaz con el cliente (Dell) y a las interfaces dentro de los subsistemas (Intel y Microsoft).

Creemos que este es un factor importante que explica por qué Dell Computer fue más exitosa que Compaq durante la década de 1990. Dell estaba integrada en una importante interfaz no-suficientemente-buena, mientras que Compaq no lo estaba. Esperaríamos además que una contabilidad de costos adecuada muestre que las ganancias de Dell por operaciones minoristas son mucho mayores que sus ganancias por operaciones de ensamblaje.

NOTAS

1. Hay dos maneras de pensar en la cadena de valor de un producto o servicio. Se la puede conceptualizar en términos de sus procesos, es decir, los pasos de valor agregado necesarios para crearlo o entregarlo. Por ejemplo, los procesos de diseño, fabricación de componentes, ensamblaje, comercialización, ventas y distribución son procesos genéricos en una cadena de valor. La cadena de valor también puede pensarse en términos de componentes, o la "lista de materiales" que integran un producto. Por ejemplo, el block del motor, el chasis, los sistemas de frenos y los subensamblajes electrónicos que integran un auto son componentes de la cadena de valor de los autos. Es útil tener en mente ambas formas de pensar sobre la cadena de valor, ya que las cadenas de valor también son "fractales –esto es, son igualmente complejas en todos los niveles de análisis–. En concreto, para un producto dado que atraviesa los procesos que definen su cadena de valor deben usarse distintos componentes. Sin embargo, cada componente que se usa tiene su propia secuencia de procesos por los que debe pasar. La complejidad de analizar la cadena de valor de un producto es básicamente irreducible. La cuestión es en qué nivel de complejidad uno desea enfocarse.

2. Esta argumentación se basa en gran parte en el modelo de las cinco fuerzas de Michael Porter y su caracterización de la cadena de valor. Véase Michael Porter, *Competitive Strategy* (New York: Free Press, 1980) y *Competitive*

Advantage (New York: The Free Press, 1985). Los analistas suelen utilizar el modelo de las cinco fuerzas de Porter para determinar qué empresas en un sistema de valor agregado pueden ejercer el mayor poder para apropiarse de las ganancias de otras. En gran parte, el modelo nuestro que exponemos en los capítulos 5 y 6 aporta una superposición dinámica en su modelo de cinco fuerzas, sugiriendo que el poder de esas fuerzas no es invariable en el tiempo. Muestra que la capacidad de capturar una porción de las ganancias de la industria superior a la media probablemente migrará a diferentes etapas de la cadena de valor de una manera predecible en respuesta a los fenómenos que describimos aquí.

3. Como observación general, cuando uno examina lo que parece ser el apogeo de la mayoría de las grandes empresas, este fue (o es) un período en el que la funcionalidad y la fiabilidad de sus productos aún no satisfacían a un gran número de clientes. Por consiguiente, tenían productos con arquitecturas propias y los hacían con fuertes ventajas competitivas. Además, cuando introducían productos nuevos y mejorados, los nuevos productos podían mantener un precio premium porque la funcionalidad todavía no era suficientemente buena y los productos nuevos estaban más cerca de satisfacer lo que se necesitaba. Puede decirse esto del sistema telefónico Bell, de los camiones Mack, de los equipos Caterpillar para el movimiento de tierras, de las fotocopiadoras Xerox, de los teléfonos de mano Nokia y Motorola, de los procesadores Intel, de los sistemas operativos de Microsoft, de los *routers* Cisco, de los negocios de consultoría de EDS o IBM, de la Escuela de Negocios de Harvard y de muchas otras empresas.

4. En el texto que sigue usaremos el término subsistema para referirnos, generalmente, a un conjunto de componentes y materiales que proporcionan una parte de la funcionalidad requerida para que un sistema de uso final sea operativo.

5. Una vez más, vemos conexiones con la idea del profesor Michael Porter de que hay dos estrategias "genéricas" viables: diferenciación y bajo costo (véase Capítulo 2, nota 12). Nuestro modelo describe el mecanismo que hace que ninguna de esas estrategias sea sostenible. La diferenciabilidad es destruida por el mecanismo que conduce a la modularización y la des-integración. Las estrategias de bajo costo son viables solo si la población de competidores de bajo costo no tiene suficiente capacidad para ofrecer lo que los clientes de un determinado nivel del mercado demandan. El precio se fija en la intersección de las curvas de oferta y demanda –al costo de efectivo del productor marginal–. Cuando el productor marginal es un disrumpido de costo más alto, los disruptores de bajo costo pueden obtener ganancias atractivas. Pero cuando los competidores de alto costo han desaparecido y toda la demanda del mercado puede ser abastecida por proveedores de costo igualmente bajo de productos modulares, la estrategia de bajo costo se vuelve una estrategia de igual costo.

6. No todos los componentes o subsistemas de un producto contribuyen a las características de rendimiento específicas que son valiosas para los clientes. Los que impulsan el rendimiento que importa son los componentes o subsistemas que "definen el rendimiento". En el caso de las computadoras personales, por ejemplo, el microprocesador, el sistema operativo y las aplicaciones son desde hace mucho los subsistemas que definen el rendimiento.

7. Las estimaciones de los analistas sobre cuánto dinero de la industria quedó con los integradores de computadoras y cuánto "se filtró" por el *back-end* o los proveedores de subsistemas están sintetizadas en "Deconstructing the Computer Industry," *Business Week*, 23 November 1992, 90–96. Como señalamos en el apéndice de este capítulo, esperaríamos que gran parte de las ganancias de Dell provengan de sus operaciones minoristas de venta directa al cliente, no de la integración de productos.

8. Con solo reflexionar unos segundos, es fácil ver que la industria de gestión de inversiones sufre el problema de la categorización según líneas definidas por la industria que son irrelevantes para la rentabilidad y el crecimiento. Por consiguiente crean fondos de inversión para "empresas tecnológicas" y otros fondos para "empresas de salud". Dentro de esas carteras hay disruptores y disrumpidos, empresas al borde de la comoditización y empresas al borde de la des-comoditización, etc. Michael Mauboussin, director de estrategias de inversión de Credit Suisse First Boston, escribió recientemente un artículo sobre este tópico. Se basa en el modelo de construcción de teorías que hemos sintetizado en la introducción de este libro, y su aplicación al mundo de las inversiones es muy perspicaz. Véase Michael Mauboussin, "No Context: The Importance of Circumstance-Based Categorization," *The Consiliant Observer*, New York: Credit Suisse First Boston, 14 January 2003.

9. Aquellos de nuestros lectores que están familiarizados con la industria del disco duro tal vez encuentren una contradicción entre nuestra afirmación de que gran parte del dinero de la industria se ganó en la fabricación de cabezales y platos y el hecho de que los principales fabricantes de cabezales y platos, como Read-Rite y Komag, no hayan prosperado. No prosperaron porque la mayoría de los principales fabricantes de unidades de disco –particularmente Seagate– se integraron en su propia fabricación de cabezales y platos para poder capturar la ganancia ellos en lugar de que lo hicieran proveedores independientes.

10. IBM sí tenía un volumen rentable en discos de 3,5 pulgadas, pero era en los niveles de mayor capacidad de ese mercado, donde la capacidad no era suficientemente buena y los diseños de los productos tenían por lo tanto que ser interdependientes.

11. Puede verse una descripción más detallada de estos desarrollos en Clayton M. Christensen, Matt Verlinden y George Westerman, "Disruption, Disintegration and the Dissipation of Differentiability," *Industrial and Cor-*

porate Change 11, no. 5 (2002): 955-993. Los primeros documentos de trabajo de la Escuela de Negocios de Harvard que resumen este análisis fueron escritos y ampliamente divulgados en 1998 y 1999.

12. En este párrafo hemos usado deliberadamente verbos en presente y potencial. La razón es que, al momento de escribir por primera vez este razonamiento y enviarlo a los editores, esas declaraciones eran predicciones. Con posterioridad, los márgenes brutos del negocio de discos de 2,5 pulgadas de IBM se deterioraron significativamente, como este modelo predijo que ocurriría. Sin embargo, IBM optó por vender todo su negocio de unidades de disco a Hitachi, dándole a alguna otra empresa la oportunidad de vender los componentes rentables que permiten el rendimiento para esa clase de discos duros.

13. Hemos escrito en otra parte que la Escuela de Negocios de Harvard tiene una extraordinaria oportunidad de ejecutar exactamente esta estrategia en la educación gerencial, si tan solo la aprovecha. Harvard escribe y publica la gran mayoría de los estudios de caso y muchos de los artículos que los profesores de la escuela de negocios han usado como componentes en cursos cuya arquitectura es de diseño interdependiente. Como la formación gerencial en-el-trabajo y las universidades corporativas (que son ensambladoras no integradas de cursos modulares) disrumpen los programas tradicionales de administración empresaria, Harvard tiene una gran oportunidad de activar su modelo de negocios a través de su brazo editorial y vender no solo estudios de casos y artículos como componentes básicos sino también subsistemas de valor agregado como módulos. Estos deberían ser diseñados de modo que a los formadores en gestión les resulte sencillo ensamblar a medida material de primer nivel, entregarlo exactamente cuando es necesario y enseñarlo de manera convincente. (Véase Clayton M. Christensen, Michael E. Raynor y Matthew Verlinden, "Skate to Where the Money Will Be," *Harvard Business Review*, November 2001.)

14. Esto indicaría que el poder de marca de Hewlett-Packard sería fuerte mapeando hacia arriba hacia clientes aún no satisfechos desde la trayectoria de mejora en la que están posicionados sus productos. Y sugiere que la marca HP sería mucho más débil, comparada con las marcas de Intel y Microsoft, mapeando hacia abajo desde ese mismo punto hacia clientes más que satisfechos.

15. Estamos en deuda con Alana Stevens, una de los estudiantes de MBA en Harvard, alumna del profesor Christensen, por muchas de estas ideas, que ella desarrolló en un documento de trabajo titulado "A House of Brands or a Branded House?". Stevens señaló que el poder de marca se aleja gradualmente los productos migrando hacia los canales en una variedad de categorías minoristas. Fabricantes de alimentos de marca y de productos de cuidado personal como Unilever y Procter & Gamble, por ejemplo, pelean diariamente esa batalla de las marcas con sus canales, porque muchos

de sus productos son más que suficientemente buenos. En Gran Bretaña, marcas de canales disruptivos como Tesco y Sainsbury's decididamente han ganado esa batalla a partir de los precios más bajos de cada categoría y ascendiendo luego. En los Estados Unidos, los productos de marca se han aferrado más tenazmente al espacio de estantería, pero a menudo al costo de tarifas de asignación exorbitantes. La migración de las marcas en las categorías suficientemente buenas está en marcha en canales como Home Depot y Staples. Donde la funcionalidad y la fiabilidad de los productos se han vuelto más que suficientemente buenas y las que no son suficientemente buenas son la simplicidad y la comodidad de compra y uso, el poder de marca ha comenzado a migrar entonces al canal cuyo modelo de negocio está cumpliendo con esa dimensión aún insatisfecha.

Procter & Gamble parece estar siguiendo una estrategia sensata al lanzar una serie de disrupciones de nuevo mercado que simultáneamente proveen el combustible necesario para los esfuerzos de sus canales para ascender en el mercado y preservan el poder de P&G para mantener la marca premium en el producto. Su sistema de limpieza en seco casero hágalo-usted-mismo marca Dryel, por ejemplo, es una disrupción de nuevo mercado porque le permite a la gente hacer algo que, tradicionalmente, solo un profesional podía hacer, a un costo más caro. La limpieza en seco hágalo-usted-mismo todavía no es suficientemente buena, así que la capacidad de construir una marca rentable probablemente residirá en el producto durante un tiempo. Es más, así como los productos electrónicos de estado sólido de Sony permitieron a las tiendas de descuento competir contra las tiendas de electrónicos, del mismo modo el Dryel de P&G le brinda a Wal-Mart un vehículo para ascender en el mercado y comenzar a competir contra los establecimientos de limpieza en seco. P&G está haciendo lo mismo con la introducción de su sistema de blanqueado de dientes hágalo-usted-mismo marca Crest, una disrupción de nuevo mercado de un servicio que tradicionalmente solo podía ser brindado por profesionales. Agradecemos a uno de los antiguos alumnos del profesor Christensen, David Dintenfass, actualmente gerente de marca global en Procter & Gamble, por señalarnos esto.

16. Cuando compartimos estas hipótesis con estudiantes, algunos de los más elegantemente vestidos entre ellos preguntaron si esto se aplica también a las marcas más finas, como Gucci, y en categorías de producto como los cosméticos. Aquellos que nos conocen probablemente habrán observado que vestirnos con productos de marca a la moda no es exactamente un trabajo que hayamos estado tratando de hacer en nuestra vida. Por lo tanto, confesamos no tener ninguna intuición sobre el mundo de la alta moda. Probablemente continuará siendo rentable para siempre. ¿Quiénes somos nosotros para saberlo?

17. Mantenerse competitivos al nivel de la cadena de valor definida por el proceso que dominan los ensambladores de autos actuales probablemen-

te requerirá que avancen hacia nuevas estructuras de distribución –una integración de las cadenas de suministro y las interfaces de los clientes de manera que aproveche eficazmente la modularidad del producto en sí–. El modo en que se puede hacer esto y sus implicancias en el rendimiento se analizan en detalle en el estudio de Deloitte Research, "Digital Loyalty Networks", disponible para descargar en, o por pedido a delresearch@dc.com.

18. Aquellos de nuestros lectores que creen en la eficiencia de los mercados de capital y la habilidad de los inversores para diversificar sus carteras no verán ninguna tragedia en esas decisiones. Después de esas desinversiones los accionistas de los dos gigantes de la industria automotriz se encontraron teniendo acciones en empresas que diseñan y ensamblan autos y en empresas que proveen subsistemas que permiten el rendimiento. Es porque escribimos este libro para beneficio de los gerentes de firmas como General Motors y Ford que describimos esas decisiones como desafortunadas.

19. Decimos "habitualmente" porque hay excepciones (la mayoría de las cuales, aunque no todas, confirman la regla). Señalamos en este capítulo, por ejemplo, que pueden yuxtaponerse dos etapas modulares de valor agregado –como los chips de memoria DRAM se adecuan en las computadoras personales modulares–. Y hay instancias en las que dos arquitecturas interdependientes necesitan ser integradas, como cuando el software de planificación de recursos empresariales de compañías como SAP debe interpolarse en procesos comerciales interdependientes de empresas. El hecho de que ninguna de las partes sea modular y adaptable es lo que hace tan desafiantes técnica y organizativamente las implementaciones de SAP.

CAPÍTULO 7

¿Su organización es capaz de generar un crecimiento disruptivo?

¿A quiénes deberíamos elegir para manejar un negocio de nuevo crecimiento? ¿Qué unidad organizativa de la empresa hará el mejor trabajo de construir un negocio de nuevo crecimiento exitoso en torno a esta idea en particular, y qué unidades probablemente lo harán mal? ¿Cuál es la mejor manera de estructurar el equipo que desarrolle y lance ese producto? ¿Cuándo es importante para el éxito crear una organización autónoma, y cuándo es una locura? ¿Cómo podemos predecir con exactitud qué es capaz o incapaz de lograr una unidad organizativa? ¿Cómo podemos crear nuevas capacidades?

Un sorprendente número de innovaciones fracasan no por algún defecto tecnológico fatal o porque el mercado no esté preparado. Fracasan porque la responsabilidad de construir esos negocios les es dada a gerentes u organizaciones cuyas capacidades no están a la altura de la tarea. Muchos ejecutivos de empresas cometen ese error porque a menudo las mismas habilidades que llevan a una organización a tener éxito en circunstancias de apoyo estropean sistemáticamente las mejores ideas para un crecimiento disruptivo. Las *capacidades* de una organización se vuelven *discapacidades* cuando la disrupción está en camino.[1] Este capítulo ofrece una teoría para guiar a los gerentes cuando eligen un equipo de gestión y construir una estructura organizativa que en conjunto sea capaz de construir un negocio de nuevo crecimiento exitoso. También esboza cómo deben variar las elecciones de los gerentes y la estructura según las circunstancias.

Recursos, procesos y valores

¿Qué significa realmente *capacidad*, ese término tan elástico?

Creemos que es útil desarmar el concepto de "capacidades" en tres tipos o conjuntos de factores que definen lo que una organización puede y lo que no puede hacer: sus recursos, sus procesos y sus valores –un tríptico al que nos referimos como el marco RPV–. Aunque cada uno de esos términos requiere una definición y un análisis puntuales, hemos visto que tomados en conjunto son una herramienta muy efectiva para evaluar las capacidades y discapacidades de una organización de modo que puedan hacer mucho más probable el éxito de una innovación disruptiva.[2]

Recursos

Los recursos son los más tangibles de los tres factores del marco RPV. Los recursos incluyen gente, equipamiento, tecnología, diseños de producto, información, dinero en efectivo y relaciones con proveedores, distribuidores y clientes. Los recursos habitualmente son personas o cosas –pueden ser contratadas y despedidas, compradas y vendidas, depreciadas o construida–. La mayor parte de los recursos son visibles y a menudo mensurables, de modo que los gerentes pueden evaluar fácilmente su valor. También tienden a ser bastante flexibles: es relativamente sencillo transportarlos más allá de los límites de las organizaciones. Un ingeniero que es un colaborador valioso en una gran empresa rápidamente puede convertirse en un colaborador valioso en una *start-up*. La tecnología que se desarrolló para las telecomunicaciones puede ser valiosa en el cuidado de la salud. El dinero en efectivo es un recurso muy flexible.

De todas las elecciones de recursos requeridas para construir exitosamente negocios de nuevo crecimiento, la que más a menudo hace fracasar un emprendimiento es la elección de sus gerentes. Hemos examinado innumerables esfuerzos fallidos por crear negocios de nuevo crecimiento y estimamos que en la mitad de esos casos las personas cercanas a la situación juzgan que, visto en retrospectiva, se había elegido a la gente equivocada para dirigir la iniciativa.[3] ¿Por qué es tan fastidiosamente impredecible el proceso de selección de recursos gerenciales clave?

¿Por qué aquellos con el perfil correcto a menudo son la gente equivocada?

Sospechamos que los errores se producen cuando las empresas eligen gerentes en cualquier nivel –desde el CEO hasta el director de la unidad de negocios o el gerente de proyectos– basándose en lo que nosotros llamamos el pensamiento del "perfil correcto", término que tomamos prestado del famoso libro de Tom Wolfe y la película homónima de 1938.[*4] Muchos comités de búsqueda y gerentes de contratación clasifican a los candidatos de acuerdo a los atributos de un perfil correcto. Suponen que se puede identificar a los gerentes exitosos usando frases como "buen comunicador", "centrado en los resultados", "resuelto" y "buen manejo con la gente". A menudo buscan una cadena ininterrumpida de éxitos pasados para predecir que hay más éxitos aguardando. La teoría en uso es que si uno encuentra a alguien con antecedentes y con los atributos de un perfil correcto, esa persona puede manejar exitosamente el nuevo emprendimiento comercial. Pero en el lenguaje de este libro, el pensamiento del perfil correcto entiende mal las categorías.[*5]

A nuestro juicio, una teoría alternativa basada en las circunstancias elaborada por el profesor Morgan McCall puede ser una guía mucho más confiable para los ejecutivos que están tratando de tener a la gente adecuada en los puestos adecuados en el momento adecuado.[6] McCall sostiene que la capacidad de gestión y

---

* El libro al que se hace mención es *The Right Stuff*, publicado en español con el título *Lo que hay que tener*. Traducimos aquí *right stuff* como "perfil correcto" en atención al sentido que se le da en el presente texto. *[N. del T.]*

la intuición que le permiten a la gente tener éxito en tareas nuevas se han moldeado a través de sus experiencias en tareas anteriores realizadas en sus carreras. Una unidad de negocios puede ser considerada entonces como una escuela, y los problemas que los gerentes han enfrentado dentro de ella constituyen el "plan de estudios" que ofrecía esa escuela. Por lo tanto, las habilidades que pueden esperarse o no esperarse de los gerentes dependen mucho de qué "cursos" tomaron o no tomaron en sus diferentes escuelas de experiencia.

Los gerentes que forjaron exitosamente su ascenso en el escalafón de una unidad de negocios afianzada –por ejemplo, en una división que fabrica motores eléctricos estándar para la industria de electrodomésticos– probablemente han adquirido en ese contexto las habilidades que eran necesarias para tener éxito. Los "graduados" de esa escuela seguramente perfeccionaron sus habilidades operativas en la gestión de programas de calidad, equipos de mejora de procesos e iniciativas de control de costos. Sin embargo, aun los más altos ejecutivos de fabricación de esa escuela serían probablemente ineficientes para poner en marcha una nueva planta, porque uno enfrenta problemas muy diferentes al montar una planta nueva y al manejar una planta ya consolidada.

Cuando los líderes de una firma que crece lentamente deciden que necesitan lanzar un negocio de nuevo crecimiento para restablecer la vitalidad de la compañía, ¿a quién deberían recurrir para encabezar el emprendimiento? ¿A un gerente talentoso del negocio principal que tenga en su haber un historial de éxitos? ¿A alguien de afuera que haya montado y hecho crecer una empresa exitosa? La experiencia indica que ambas contrataciones podrían ser riesgosas. El candidato interno habría aprendido cómo cumplir con cifras presupuestadas, cómo negociar contratos de suministro importantes y cómo mejorar la eficiencia y la calidad operativas, pero tal vez no haya asistido a ningún "curso" sobre cómo iniciar un nuevo negocio en sus tareas profesionales anteriores. Un emprendedor de afuera puede haber aprendido mucho acerca de construir nuevas organizaciones "rápidas", pero tendría poca experiencia para competir por recursos y para oponerse a procesos inadecuados dentro de una cultura operativa consolidada y orientada a la eficiencia.

Para estar seguros de que los gerentes han desarrollado las habilidades requeridas para tener éxito en una nueva tarea, se debe examinar el tipo de problemas con los que han lidiado en el pasado. No es tan importante que los gerentes hayan tenido éxito frente a un problema como lo es que hayan lidiado con él y desarrollado las habilidades y la intuición requeridas para afrontar el desafío con éxito la próxima vez. Un problema con predecir el éxito futuro a partir del éxito pasado es que los gerentes pueden tener éxito por razones ajenas a ellos –y que a menudo aprendemos más de nuestros fracasos que de nuestros éxitos–. El fracaso y la recuperación del fracaso pueden ser cursos cruciales de las escuelas de experiencia. Mientras estén dispuestos y capacitados para aprender, el hacer cosas mal y recuperarse de los errores puede darles a los gerentes un instinto para atravesar mejor el campo minado la próxima vez.

A fin de ilustrar lo fuertemente que las experiencias previas de los gerentes pueden moldear las habilidades que aportan a una nueva tarea, continuemos con lo abordado en el Capitulo 4 sobre Pandesic, la empresa conjunta de alto perfil formada en 1977 por Intel y SAP para crear una disrupción de nuevo mercado vendiendo el software de planificación de recursos empresariales (ERP) a pequeñas empresas. Intel y SAP seleccionaron cuidadosamente a algunos de sus ejecutivos más exitosos, experimentados y confiables para dirigir el emprendimiento.

Pandesic alcanzó los 100 empleados en ocho meses y rápidamente estableció oficinas en Europa y Asia. En menos de un año había anunciado cuarenta sociedades estratégicas con empresas como Compaq, Hewlett-Packard y Citibank. Los ejecutivos de Pandesic anunciaron audazmente su primer producto antes del lanzamiento para advertir a los potenciales competidores que se mantuvieran alejados del mercado de las pequeñas empresas. La compañía suscribió acuerdos de distribución e implementación con las mismas firmas consultoras de TI que habían servido como socias de canal muy eficientes para los sistemas SAP para grandes empresas. El producto, pensado inicialmente como un simple software ERP entregado a pequeñas empresas vía Internet, terminó siendo una solución integral totalmente automatizada. Pandesic fue un fracaso espectacular. Vendió muy pocos sistemas y cerró sus puertas en febrero de 2001, después de haber gastado más de 100 millones de dólares.

Es tentador usar la retrospectiva obvia para explicar ese fracaso. Los socios de canal de Pandesic no estaban motivados para vender el producto porque era disruptivo para su modelo económico. La empresa aumentó rápidamente los gastos para establecer una presencia global, esperando generar un aumento más pronunciado en su volumen. Pero eso incrementó considerablemente el volumen requerido para cubrir los gastos. El producto se transformó en una solución compleja en lugar del simple software para pequeñas empresas concebido originalmente. Sus características se especificaron y sellaron antes de que un solo cliente hubiera usado el producto.

El equipo de Pandesic hizo muchas cosas mal, sin dudas. Pero la cuestión realmente interesante no es qué hicieron mal. Es cómo fue que gerentes tan capaces, experimentados y respetados –entre los mejores que Intel y SAP tenían para ofrecer– pudieron cometer esos errores.

Para entender cómo es que gerentes con gran trayectoria pudieron dirigir tan mal un emprendimiento, miremos sus calificaciones para la tarea desde la perspectiva de las escuelas de experiencia. Esto se puede hacer en tres pasos. Primero, imaginemos estar en Pandesic el día uno, cuando los ejecutivos estaban acordando lanzar ese emprendimiento disruptivo. Solo con previsión y sin apelar a ninguna retrospectiva, ¿qué desafíos o problemas podríamos predecir con total seguridad que enfrentará ese emprendimiento?

He aquí algunos de los problemas que podríamos saber que enfrentaríamos:

- Sabemos con certeza que no estamos seguros de si nuestra estrategia es correcta –y, sin embargo, tenemos que encontrar la estrategia correcta, desarrollar consensos y construir un negocio en torno a eso–.

- No sabemos cómo se debe segmentar ese mercado. "Pequeñas empresas" probablemente no sea correcto, y "segmentos verticales" probablemente no sea correcto. Tenemos que averiguar qué trabajos están tratando de hacer los clientes, y entonces diseñar productos y servicios que hagan el trabajo.
- Necesitamos hallar o crear un canal de distribución que se motive con la oportunidad de vender ese producto.
- Nuestra empresas matrices nos legarán obsequios como gastos generales, requisitos de planificación y ciclos presupuestarios. Necesitaremos aceptar algunos y rechazar otros.
- Necesitamos ser rentables, y debemos manejar las percepciones y las expectativas de modo que nuestras empresas matrices sigan dispuestas a hacer las inversiones requeridas para alimentar nuestro crecimiento rentable.

Bien, como segundo paso apliquemos la teoría de McCall. Hagamos una lista de los cursos que querríamos que los miembros del equipo directivo de Pandesic hayan tomado a través de tareas profesionales anteriores en las escuelas de experiencia —experiencias mediante las cuales habrían desarrollado la intuición y la capacidad para entender y manejar ese conjunto de problemas previsibles–. Ese listado de experiencias debería constituir una "especificación de contratación" para el equipo directivo superior. Antes que especificar un conjunto de atributos de "perfil correcto", el primer paso especifica las circunstancias en las que se le pedirá al nuevo equipo que gestione. El segundo paso compara esas circunstancias con los desafíos que los gerentes del nuevo emprendimiento necesitan haber enfrentado anteriormente.

En el caso de Pandesic, querríamos un CEO que en el pasado hubiera puesto en marcha un emprendimiento pensando que tenía la estrategia correcta, que se hubiera dado cuenta de que no estaba funcionando y que hubiera implementado entonces otra estrategia que sí funcionó. Querríamos un ejecutivo de marketing que hubiera comprendido cómo estaba estructurado un mercado emergente y hubiese ayudado a dar forma a un nuevo paquete de productos y servicios que hacía bien un trabajo importante para clientes que habían sido no consumidores, etc.

Con esa lista completa, nuestro tercer paso sería comparar ese conjunto de experiencias y perspectivas necesarias con las experiencias declaradas en los currículums de los gerentes que dirigían Pandesic. A pesar de sus extraordinarios antecedentes en el manejo de las operaciones globales de empresas muy exitosas, ninguno de los ejecutivos seleccionados para manejar ese emprendimiento había enfrentado antes ninguno de esos tipos de problemas. Las escuelas de experiencia a las que habían asistido les enseñaron a manejar enormes y complejas organizaciones globales que servían a mercados consolidados con líneas de productos bien definidas. Ninguno de ellos había enfrentado nunca la situación de establecer un punto de apoyo inicial en el mercado con un producto disruptivo.[7]

Uno de los dilemas más embarazosos que enfrentan las corporaciones consolidadas cuando buscan reavivar el crecimiento lanzando nuevos negocios es que sus escuelas de experiencia internas ofrecieron muy pocos cursos en los que los gerentes pudieran haber aprendido cómo lanzar un negocio nuevo disruptivo. Por más de una razón, a los gerentes en quienes más confiaron los ejecutivos corporativos porque lograron constantemente los resultados necesarios en el negocio principal no se les puede confiar que dirijan la creación de nuevo crecimiento. En esa situación, los ejecutivos de recursos humanos deben asumir una responsabilidad importante. Deben monitorear dónde podrían crearse los cursos necesarios en las escuelas de experiencia de la corporación y asegurar que los gerentes prometedores tengan la oportunidad de ser adecuadamente capacitados antes de que se les pida tomar el timón de un negocio de nuevo crecimiento. Cuando no se puede hallar internamente gerentes con la capacitación requerida, necesitan asegurar que el equipo de gestión, como un compuesto balanceado, tenga las características requeridas adquiridas en las escuelas de experiencia adecuadas. Volveremos a abordar este desafío más adelante en este capítulo.

Encontrar gerentes que hayan sido apropiadamente preparados es un primer paso fundamental para reunir las capacidades necesarias para tener éxito. Pero eso es solo el primer paso, porque las capacidades de las organizaciones tienen directa relación con los recursos, además de con las personas, y con elementos por encima de los meros recursos, a saber, los procesos y los valores. A estos nos referiremos ahora.

Procesos

Las organizaciones crean valor cuando los empleados transforman insumos de recursos –trabajo de personas, equipamiento, tecnología, diseño de productos, marcas, información, energía y dinero efectivo– en productos y servicios de mayor valor. Los patrones de interacción, coordinación, comunicación y toma de decisiones a través de los cuales logran esas transformaciones son *procesos*. Los procesos incluyen las maneras en que los productos son desarrollados y hechos y los métodos con los que se efectúan las contrataciones, las investigaciones de mercado, la elaboración de presupuestos, el desarrollo y la compensación de empleados y la asignación de recursos.

Los procesos difieren no solo en su propósito sino también en su visibilidad. Algunos procesos son "formales", en el sentido de que están explícitamente definidos y visiblemente documentados y son respetados a conciencia. Otros procesos son "informales", esto es, son rutinas habituales o maneras de trabajar que evolucionaron a lo largo del tiempo y que la gente adopta simplemente porque funcionan o porque "... esa es la forma en que hacemos las cosas aquí". Y otros métodos de trabajar e interactuar han demostrado ser efectivos durante tanto tiempo que la gente los sigue inconscientemente –son la cultura de la organización–. Pero ya sean formales, informales o culturales, los procesos determinan el modo en que una organización transforma los insumos en cosas de mayor valor.[9]

Los procesos se definen o evolucionan *de facto* para efectuar tareas específicas. Cuando los gerentes usan un proceso para ejecutar la tarea para la cual fue diseñado, es probable que funcione eficientemente. Pero cuando el mismo proceso aparentemente eficiente es empleado para llevar a cabo una tarea muy distinta, a menudo parece burocrático e ineficiente. En otras palabras, un proceso que determina la capacidad para ejecutar una cierta tarea simultáneamente determina discapacidades para ejecutar otras.[10] En contraste con la flexibilidad de muchos recursos, los procesos, por su propia naturaleza, están pensados para no cambiar. Se establecen para ayudar a los empleados a realizar tareas recurrentes de manera constante, una y otra vez. Una razón de que las organizaciones enfocadas se desempeñen tan bien es que sus procesos están siempre alineados con las tareas.[11]

Los gerentes innovadores a menudo tratan de iniciar un negocio de nuevo crecimiento usando procesos que fueron diseñados para hacer que el negocio principal funcione eficazmente. Sucumben a esa tentación porque el nuevo juego comienza antes de que el viejo juego termine. Las innovaciones disruptivas normalmente empiezan en el extremo inferior de los mercados o en nuevos planos de competencia en un momento en que el negocio principal todavía está funcionando en su pico –cuando sería una locura revolucionar todo–. Parece más sencillo tener procesos "de talla única" para hacer las cosas, pero muchas veces la causa por la que fracasa un nuevo emprendimiento es que se usaron los procesos equivocados para construirlo.

Los procesos más cruciales a examinar por lo general no son los procesos obvios que agregan valor implicados en la logística, el desarrollo, la fabricación y el servicio al cliente. Más bien, son los procesos habilitadores o de fondo que respaldan las decisiones de inversión. Estos incluyen la manera en que se realiza habitualmente la investigación de mercado, el modo en que ese análisis es trasladado a las proyecciones financieras, el modo en que se negocian los planes y los presupuestos y cómo se reparten esos números, etc. Es en esos procesos donde están las discapacidades más serias de muchas organizaciones para crear negocios de crecimiento disruptivos.

Algunos de esos procesos son difíciles de observar, y por lo tanto puede ser difícil juzgar si los procesos convencionales de la organización facilitarán o impedirán un negocio de nuevo crecimiento. Pero podemos hacer una buena conjetura preguntando si la organización ha enfrentado situaciones o tareas similares en el pasado. No esperaríamos que una organización haya desarrollado un proceso para cumplir una tarea particular si no abordó reiteradas veces una tarea como esa anteriormente. Por ejemplo, si una organización formuló en diversas ocasiones planes estratégicos para negocios consolidados en mercados existentes, probablemente se haya amalgamado un proceso que los planificadores siguen al formular esos planes, y los gerentes seguirán ese proceso instintivamente. Pero si esa organización no formuló reiteradamente planes para competir en mercados que todavía no existen, podemos asumir que no existen procesos para hacer esos planes.[12]

Valores

La tercera clase de factores que afectan lo que una organización puede o no puede cumplir es la de los valores. Algunos valores corporativos son de tono ético, como los que guían las decisiones para garantizare el bienestar del paciente en Johnson & Johnson o las que guían la seguridad de la planta en Alcoa. Pero en el marco RPV, los *valores* tienen un significado más amplio. Los valores de una organización son los estándares por los cuales toman decisiones de priorización –aquellas por las que juzgan si una orden es atractiva o no atractiva, si un determinado cliente es más o menos importante que otro, si una idea para un producto nuevo es atractiva o marginal, etcétera–.[13]

Los empleados de todos los niveles toman decisiones de priorización. En los niveles ejecutivos, esas decisiones a menudo toman la forma de si invertir o no en productos, servicios y procesos nuevos.[14] Entre la gente de ventas, consisten en decisiones sobre el terreno, día a día, en cuanto a qué clientes visitar, qué productos promocionar con esos clientes y en qué productos no hacer hincapié. Cuando un ingeniero elige un diseño o un planificador de producción antepone un pedido a otro, es una decisión de priorización.

Cuanto más grande y compleja se vuelve una empresa, más importante es que los altos directivos capaciten a los empleados en todos los niveles para que actúen autónomamente y tomen decisiones de priorización que sean congruentes con la dirección estratégica y el modelo de negocios de la empresa. Por eso es que los altos directivos exitosos pasan mucho tiempo articulando valores claros y consistentes que sean entendidos en todos los niveles de la organización. Con el tiempo, los valores de una empresa deben evolucionar para ajustarse a su estructura de costos o a su estado de resultados, porque, si la empresa quiere sobrevivir, los empleados deben priorizar aquellas cosas que la ayuden a ganar dinero de la forma en que está estructurada para ganar dinero.

Mientras que los recursos y los procesos son *habilitadores* que determinan lo que una organización *puede* hacer, los valores representan *limitaciones* –determinan lo que una organización no puede hacer–. Por ejemplo, si la estructura de los gastos generales de una empresa le exige lograr márgenes de utilidad bruta del 40 por ciento, se habrá desarrollado un valor de peso o una regla para la toma de decisiones que alienta a los empleados a no proponer, y a los altos directivos a desechar, ideas que prometen márgenes brutos por debajo del 40 por ciento. Esa organización sería *incapaz* de tener éxito en negocios de márgenes bajos –porque no es posible tener éxito con una iniciativa que no puede ser priorizada–. Al mismo tiempo, los valores de una organización diferente, moldeados en torno a una estructura de costos muy diferente, podrían permitirle dar alta prioridad al mismo proyecto. Esas diferencias crean las asimetrías de motivación que existen entre disruptores y disrumpidos.

Con el tiempo, los valores de las firmas exitosas tienden a evolucionar de manera predecible en al menos dos aspectos. El primero se relaciona con los márgenes brutos aceptables. Cuando las empresas mejoran sus productos y servicios para capturar clientes más atractivos en niveles premium de sus mercados, suelen agregar gastos generales. Como resultado, márgenes brutos que en un momento eran bastante atractivos parecerán no atractivos en un momento posterior. Los valores de las empresas cambian cuando estas migran hacia arriba en el mercado.[15]

El segundo aspecto en el que los valores cambian se relaciona con qué tan grande tiene que ser un negocio para que sea interesante. Como el precio de las acciones de una empresa representa el valor presente descontado del flujo de ganancias proyectado, la mayoría de los gerentes generalmente se sienten obligados no solo a mantener el crecimiento sino también a mantener una *tasa* de crecimiento constante. Para crecer el 25 por ciento, una empresa de 40 millones de dólares necesita hallar *10 mil millones* en negocios nuevos el año siguiente. Una oportunidad que entusiasma a una empresa pequeña sencillamente no es suficientemente grande como para interesarle a una empresa de gran tamaño. De hecho, una de las recompensas agridulces del éxito es que, cuando se vuelven grandes, las empresas literalmente pierden la capacidad de entrar en pequeños mercados emergentes. Su tamaño y su éxito ponen a su disposición recursos extraordinarios. Sin embargo, no pueden desplegar esos recursos contra los pequeños mercados disruptivos de hoy que serán los grandes mercados de mañana, porque sus valores no lo permitirán.

Los ejecutivos y financistas de Wall Street que diseñan megafusiones entre empresas que ya son muy grandes con el fin de lograr un ahorro de costos necesitan tener en cuenta el impacto de esas acciones en los valores de las empresas resultantes. Aunque las corporaciones fusionadas podrían tener más recursos para dedicar al desarrollo de nuevos productos, sus organizaciones comerciales tienden a perder el apetito por todas las oportunidades excepto las de gran alcance. El gran tamaño constituye una *discapacidad* muy real para crear negocios de nuevo crecimiento. Pero, como veremos más adelante en este capítulo, cuando las grandes corporaciones mantienen la flexibilidad de tener pequeñas unidades de negocios dentro de ellas, pueden seguir teniendo tomadores de decisiones que se entusiasmen con oportunidades emergentes.

La migración de las capacidades

En las etapas iniciales de un negocio, mucho de lo que se hace es atribuible a sus *recursos* –particularmente a su gente–. La adición o la ida de algunas personas clave puede tener una fuerte influencia en su éxito. Con el tiempo, sin embargo, las capacidades de las organizaciones se desplazan hacia sus procesos y valores. A medida que las personas trabajan juntas de manera exitosa para abordar tareas recurrentes, los procesos se definen. Y a medida que el modelo de negocios toma forma y se vuelve claro a qué tipos de negocios hay que darles la máxima prioridad, los valores se consolidan. De hecho, una razón por la que muchas empresas jóvenes de productos de gran aceptación se vienen abajo es que el recurso inicial clave –el equipo fundador– no logra instituir los *procesos* o los *valores* que pueden ayudar a la empresa a continuar con una secuencia de nuevos productos de gran aceptación.

El éxito es más fácil de sostener cuando el centro o *locus* de la capacidad de innovar exitosamente migra de los recursos a los procesos y valores. En realidad empieza a importar menos qué gente se asigna a qué equipos de proyecto. En consultoras de gestión grandes y exitosas, por ejemplo, cientos de nuevos MBA se unen a la firma cada año, y casi otros tantos se van. Pero esas empresas pueden producir un trabajo de alta calidad porque sus capacidades provienen de sus procesos y valores más que de sus recursos.

Cuando los procesos y valores de una empresa nueva se están afianzando, las acciones y actitudes del fundador de la compañía generalmente tienen un fuerte impacto. El fundador suele tener opiniones firmes sobre la forma en que los empleados deben trabajar juntos para tomar decisiones y hacer las cosas. Del mismo modo, los fundadores imponen sus opiniones sobre lo que deben ser las prioridades de la organización. Por supuesto, si los métodos del fundador son defectuosos, la empresa probablemente fracasará. Pero si esos métodos son útiles, los empleados experimentarán colectivamente la validez de la metodología del fundador para resolver problemas y de sus criterios para la toma de decisiones. A medida que usan con éxito esos métodos de trabajo conjunto para abordar tareas recurrentes, los procesos se van definiendo. Y de la misma manera, si la empresa tiene éxito al priorizar diferentes usos de sus recursos de acuerdo con criterios que reflejan las prioridades del fundador, los valores de la empresa comienzan a consolidarse.

A medida que una empresa exitosa madura, los empleados poco a poco dan por sentado que las prioridades que aprendieron a aceptar y las maneras de hacer las cosas, así como los métodos para tomar decisiones que han empleado con tanto éxito, son la forma correcta de trabajar. Una vez que los miembros de la organización comienzan a adoptar criterios y maneras de trabajar por presunción, más que por decisión consciente, esos procesos y valores pasan a constituir la *cultura* de la organización.[16] Cuando las empresas aumentan de unos pocos a cientos o miles de empleados, el desafío de lograr que todos ellos concuerden en lo que hay que hacer y en cómo hacerlo para que los trabajos se hagan de manera correcta, reiterada y constante puede ser abrumador incluso para los mejores gerentes. La cultura es una poderosa herramienta de gestión en esas situaciones. La cultura les permite a los empleados actuar de manera autónoma y los hace actuar consistentemente.

En consecuencia, la ubicación de los factores más importantes que definen las capacidades de una organización migra con el tiempo –de los recursos hacia los procesos y valores visibles y conscientes, y luego hacia la cultura–. Cuando las capacidades de una organización residen principalmente en su gente, cambiar para abordar problemas nuevos es relativamente fácil. Pero cuando las capacidades han pasado a residir en los procesos y valores, y *especialmente* cuando han pasado a formar parte de la cultura, el cambio puede volverse extraordinariamente difícil.

Todo cambio organizacional implica un cambio en los recursos, los procesos o los valores, o una combinación de esos factores. Las herramientas requeridas para manejar ese tipo de cambios son diferentes. Por otra parte, las organizaciones consolidadas generalmente enfrentan la oportunidad de crear negocios de nuevo crecimiento –y la consecuente necesidad de utilizar recursos, procesos y valores diferentes– mientras el negocio principal continúa muy firme –cuando los ejecutivos no deben cambiar los recursos, procesos y valores que permiten sostener el éxito de los negocios centrales–. Esto exige, para gestionar el cambio, un enfoque mucho más a medida de lo que muchos gerentes han considerado necesario, como veremos a continuación.[17]

Elegir la base organizacional adecuada para un negocio disruptivo nuevo

En el Capítulo 2 señalamos que los líderes incumbentes de una industria *casi siempre* salen victoriosos en las batallas de tecnologías de apoyo, mientras que históricamente casi siempre han *perdido* en las batallas de disrupciones. El marco RPV de las capacidades organizacionales nos ayuda a ver por qué los historiales de las firmas líderes difieren tan marcadamente en esas dos tareas. Los líderes de la industria desarrollan e introducen tecnologías de apoyo en forma constante: en el estudio de la industria de unidades de disco de computadoras que fue la base de *El dilema de los innovadores*, 111 de las 116 tecnologías nuevas eran tecnologías de apoyo. Año tras año, a medida que las empresas consolidadas introducen productos nuevos y mejorados para obtener una ventaja sobre la competencia, refinan los procesos para evaluar el potencial tecnológico así como las necesidades de sus clientes en cuanto a tecnologías de apoyo alternativas. En otras palabras, las organizaciones desarrollan una capacidad para la innovación de apoyo que reside en sus procesos. Las inversiones en tecnologías de apoyo también se ajustan a los valores de las empresas líderes, porque prometen márgenes de beneficio mejorados a partir de productos mejores o de menor costo.[18]

Por otro lado, las innovaciones disruptivas ocurren de modo tan intermitente que ninguna empresa tiene un proceso practicado para manejarlas. Además, como los productos disruptivos generalmente suponen menores ganancias brutas en dólares por unidad vendida y no pueden ser usados por los mejores clientes, las disrupciones son incongruentes con los valores de las empresas líderes. Las empresas consolidadas tienen los *recursos* –los ingenieros, el dinero y la tecnología– requeridos para tener éxito tanto en tecnologías de apoyo como disruptivas. Pero sus procesos y valores constituyen *discapacidades* en sus esfuerzos por tener éxito en innovaciones disruptivas.

En contraste, las empresas disruptivas, más pequeñas, son en realidad más capaces de buscar mercados emergentes en expansión. Les faltan recursos, pero eso no las limita. Sus valores pueden incluir mercados pequeños, y sus estructuras de costos pueden admitir márgenes más bajos por unidad vendida. Sus búsqueda menos formal de mercados y sus procesos de asignación de recursos les permiten a los gerentes proceder intuitivamente en lugar de tener que ser respaldados por una investigación y un análisis cuidadosos. Todas esas ventajas llevan a una gran oportunidad o a un desastre inminente, según la perspectiva de quien lo mire. Los ejecutivos que están construyendo negocios de nuevo crecimiento necesitan por lo tanto hacer más que asignar gerentes que hayan estado en las escuelas de experiencia adecuadas para abordar el problema. Deben asegurar que la responsabilidad de hacer exitoso el emprendimiento le sea dada a una organización cuyos procesos posibiliten lo que hay que hacer y cuyos valores puedan priorizar esas actividades. La teoría es que los requerimientos de una innovación necesitan adecuarse a los procesos y valores de la organización principal, o la innovación no será exitosa.

En varios sentidos, el marco RPV es una forma de pensar a través de la gestión de *cualquier* clase de cambio. Un cambio implica la creación de nuevos recursos, nuevos procesos o nuevos valores. Aunque para apoyar negocios nuevos hacen falta recursos, procesos y valores nuevos, es raro que en una empresa exitosa se autorice un cambio de fondo en cualquiera de esas áreas, porque habitualmente los recursos, procesos y valores existentes están apoyando eficientemente negocios consolidados y prósperos. Si los ejecutivos pueden dejar de usar políticas de un proceso y una organización "de talla única" para todo tipo de innovaciones, pueden mejorar significativamente las probabilidades de éxito en sus iniciativas de crecimiento.

La Figura 7-1 ofrece un marco para ayudar a los gerentes a decidir cuándo pueden aprovechar las capacidades organizacionales existentes y cuándo deberían crear o adquirir capacidades nuevas para lanzar un negocio de nuevo crecimiento. El eje vertical izquierdo indica la medida en que los procesos existentes –los patrones de interacción, comunicación, coordinación y toma de decisiones usados actualmente en la organización– son los que harán eficientemente el nuevo trabajo. Si son adecuados (hacia el extremo inferior de la escala), el director del proyecto puede aprovechar los procesos existentes de la organización y coordinar el trabajo que se realiza dentro de las unidades funcionales existentes. Si no, se requerirán nuevos procesos y nuevos tipos de interacciones de equipo.

Figura 7-1.

Un marco para encontrar la estructura y la base organizacional adecuadas

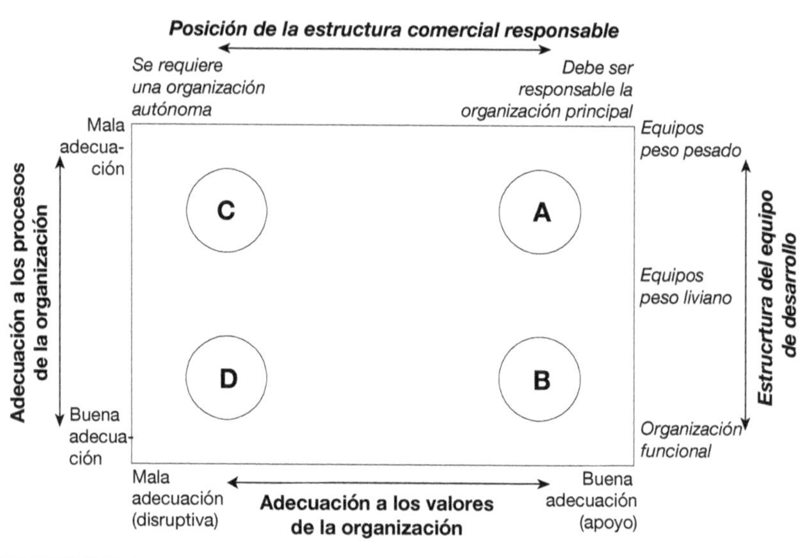

El eje horizontal inferior pide a los gerentes evaluar si los valores de la organización le asignarán a la nueva iniciativa los recursos que necesitará para tener éxito. Si la adecuación es mala, los valores de la organización principal le acordarán baja prioridad al proyecto; esto es, el proyecto es potencialmente disruptivo respecto de su modelo de negocios. El eje horizontal superior capta en un continuo el nivel de autonomía que necesita una unidad organizativa para explotar una innovación. En el caso de las innovaciones disruptivas, montar una organización autónoma para desarrollar y comercializar el emprendimiento será absolutamente esencial para su éxito. En el extremo opuesto, en cambio, si hay una fuerte adecuación de apoyo, el gerente puede esperar que la energía y los recursos de la organización principal se unan detrás de ella, porque el proyecto es de apoyo. No hay razón para escisiones o grupos internos autónomos en esos casos.

El eje vertical derecho representa tres tipos de estructuras organizacionales que pueden usarse para aprovechar o para superar procesos existentes. El equipo de desarrollo encargado de llevar una innovación al mercado puede ser *peso pesado, peso liviano,* o *funcional* (definidos los tres más adelante en este capítulo). Las cuatro zonas de la Figura 7-1 constituyen los desafíos de manejar diferentes tipos de adecuación a los procesos y valores de la organización principal. La zona A representa una situación en la que el gerente se enfrenta a un cambio tecnológico revolucionario pero de apoyo. El cambio se adecua a los valores de la organización, pero le presenta a la misma diferentes tipos de problemas a resolver, y por lo tanto requiere nuevos tipos de interacción y coordinación entre los grupos y los individuos. Esa circunstancia exige un equipo peso pesado (descrito más adelante) a cargo del proyecto. En la zona B, donde el proyecto se adecua a los procesos de la empresa así como a sus valores, el nuevo emprendimiento puede ser fácilmente desarrollado coordinando los límites funcionales dentro de la organización existente. La zona C indica un cambio tecnológico disruptivo que no se adecua ni a los procesos existentes ni a los valores de la organización. Para asegurar el éxito en esos casos, los gerentes deben crear una organización autónoma. La zona D tipifica proyectos en los que productos o servicios similares a los de la corriente principal deben venderse dentro de un modelo comercial de gastos generales fundamentalmente más bajos. Esos emprendimientos pueden aprovechar los procesos de gestión logística de la organización principal, pero necesitan perfiles de presupuesto, gestión y pérdidas y ganancias muy diferentes.[19]

Al usar la Figura 7-1, es importante recordar que la disrupción es un concepto relativo. Lo que es disruptivo para una empresa podría tener un impacto de apoyo en otra. Por ejemplo, Dell Computer comenzó vendiendo computadoras por teléfono. Para Dell, la iniciativa de empezar a vender por Internet fue una innovación de apoyo. Ayudó a Dell a ganar más dinero de la forma en que ya estaba estructurada para ganar dinero. No sorprende que Dell adoptara con tanto éxito la venta minorista por Internet. Para Compaq, Hewlett-Packard e IBM, en cambio, la comercialización directa a los clientes fue decididamente disruptiva, por el impacto que tuvo en sus socios de canal minoristas. No podían hacer lugar para la distribución por Internet dentro de sus organizaciones existentes, y por eso sus intentos de incorporar ese nuevo canal fueron mucho menos exitosos. La única forma en que podrían haber logrado convertirse en líderes en la comercialización de computadoras directamente a los clientes habría sido hacerlo dentro de una unidad de negocio autónoma, y quizás con una marca nueva.

De manera similar, Internet es una tecnología de apoyo respecto de minoristas por catálogo como Lands' End, y por eso esperaríamos que la incorporen en sus procesos existentes. Pero es disruptiva respecto de minoristas que operan a través de establecimientos físicos como Macy's, que necesitaría unidades autónomas para explotar la venta minorista online de un modo que pudiera crear un crecimiento verdaderamente disruptivo.[20] E igualmente, Internet es una tecnología de apoyo para corredores bursátiles de descuento como Ameritrade, y es disruptiva para corredores de servicio completo como Merrill Lynch.

Las organizaciones no pueden disrumpirse a sí mismas. Así que cuando Merrill Lynch implementó el comercio de acciones basado en Internet dentro de su organización de corretaje principal, el efecto fue básicamente suministrar mejor información a los corredores de servicio completo de Merrill para ayudarlos a hacer un trabajo aún mejor atendiendo a las necesidades de sus clientes de alto poder adquisitivo. El sistema de Internet fue moldeado como una tecnología de apoyo en el caso de Merrill Lynch –y ningún otro resultado sería posible–. Es más, esa fue una decisión sabia por parte de Merrill Lynch. Su negocio de corretaje para clientes acaudalados es un negocio excelente y rentable, y Merrill estaría loco si no lo hiciera aún mejor y más rentable.[21] Pero los ejecutivos de la firma no deberían concluir que han abordado la amenaza y la oportunidad del corretaje de descuento *online* planteada por Charles Schwab. Solo podrían hacer eso si adquirieran o crearan una unidad autónoma cuyos valores o estructura de costos los ayuden a obtener ganancias atractivas a precios de descuento.

Esta es una razón importante por la que señalamos en el Capítulo 4 que las empresas incumbentes son propensas a introducir obligatoriamente ideas disruptivas en el mercado principal, forzándolas a competir contra el consumo sobre la base de una tecnología de apoyo. Mientras las estrategias para desarrollar y comercializar esas innovaciones disruptivas se desarrollen dentro de la organización principal, ese es el único resultado que podemos esperar. Los procesos y valores de las organizaciones aseguran que estas solo puede implementar innovaciones de apoyo.

Crear nuevas capacidades

El modelo RPV puede ser una guía útil para los ejecutivos que determinan que es necesario crear nuevas capacidades porque las que tiene actualmente su organización no son adecuadas para construir negocios de nuevo crecimiento. Podemos enmarcar eso como una decisión "crear o comprar". Normalmente enmarcamos las decisiones "crear o comprar" con relación a los recursos, como la de capacitar a los gerentes internamente o contratarlos de afuera. Pero los procesos y los valores también pueden crearse o comprarse, como describimos a continuación.

Crear personal de gestión idóneo

En gran parte, construir la fuerza gerencial requerida para lanzar continuamente negocios de nuevo crecimiento es un problema de "el huevo o la gallina". Maximizar las probabilidades de éxito significa identificar gerentes que sean capaces, aquí y ahora, de enfrentar con éxito los desafíos de construir nuevos negocios. Pero para desarrollar gerentes para el futuro, las organizaciones necesitan poner a los gerentes prometedores en situaciones –y con responsabilidades– para las cuales aún no están capacitados. Esa es la única forma en que pueden aprender las habilidades requeridas para tener éxito. Se deben crear continuamente negocios exitosos a fin de tener el plan de estudios adecuado en las escuelas de experiencia internas donde los gerentes de la nueva generación puedan aprender. Pero un requisito previo para construir esos nuevos negocios es contar con gerentes capaces ya trabajando. Lidiar exitosamente con esas aristas del dilema del innovador es una responsabilidad crucial de los directores de recursos humanos.

Para cuando una empresa alcanza un tamaño importante, la mayoría de los ejecutivos han establecido procesos para identificar en la fase inicial de su carrera un conjunto de gerentes de alto potencial que deben estar capacitados, listos y esperando, con las habilidades necesarias para tener éxito en las situaciones que la empresa enfrentará en el futuro. En muchas empresas, los empleados son elegidos por ese historial de gestión de alto potencial, basándose en indicios tempranos de los atributos de un perfil correcto. En esas firmas, reclutar y promover líderes prometedores implica tamizar a mucha gente a fin de descubrir a esos pocos que poseen en forma incipiente los atributos para la finalidad deseada.

La teoría de las escuelas de experiencia, en cambio, dice que el potencial no debe medirse por los atributos sino más bien por la capacidad de *adquirir* los atributos y habilidades necesarios para situaciones futuras. En otras palabras, el talento que debe buscarse es la capacidad de aprender lo que se necesita aprender de las experiencias en las que el empleado de alto potencial será formado en el futuro. Al centrarse en la capacidad de aprender, es posible evitar la trampa de suponer que la lista finita de competencias importantes para hoy es la que se requerirá en el futuro. Una forma de evaluación del desempeño apuntada a identificar gente de alto potencial por supuesto incluiría los requerimientos técnicos y cognitivos básicos, pero no buscaría una clasificación basada en los atributos de un perfil correcto. Se centraría en indicadores orientados al aprendizaje, como "busca oportunidades de aprender", "busca y usa el *feedback*", "hace las preguntas correctas", "mira las cosas desde nuevas perspectivas", y "aprende de los errores". Algunos atributos de un buen aprendiz se verán como signos de aptitud, por supuesto, pero la búsqueda es determinar si el empleado está dispuesto a aprender nuevas habilidades.

El poner empleados en cargos donde aprenderán crea sin embargo su propio dilema. Por definición, aquellos que están "ya listos", a quienes se considera totalmente capacitados para manejar una tarea determinada, tienen menos que aprender al llevarla a cabo. Y aquellos que tienen más que aprender traen menos experiencia para la tarea. McCall señala que, como resultado de esto, muchos gerentes que están fuertemente concentrados en presentar resultados cada vez mejor a menudo son los peores para desarrollar la siguiente generación de personal de gestión idóneo. Hace falta una extraordinaria disciplina y visión de parte de los altos directivos para equilibrar la tensión entre desplegar empleados totalmente capacitados a fin de mostrar resultados ya *versus* el dar oportunidades de aprendizaje a empleados de alto potencial que necesitan más desarrollo. Pero deben lograr ese equilibrio.

Algunas empresas hacen frente a esa tensión recurriendo reiteradamente a los mercados laborales, buscando en otras empresas personas con las habilidades necesarias ya en pleno desarrollo. Recordando los capítulos 5 y 6, creemos que una razón por la que la capacitación gerencial interna se está volviendo más generalizada es que las gerentes aún no se desempeñan suficientemente bien. Los procesos de desarrollo gerencial internos pueden crear una interfaz interdependiente y optimizada entre las habilidades del gerente y los procesos y valores de la empresa. En las situaciones en que el desempeño gerencial todavía no es suficientemente bueno, subcontratar gerentes "modulares" y tratar de incorporarlos al complejo e interdependiente sistema de recursos, procesos y valores de una empresa suele no funcionar bien.[22]

Una empresa que trabaja para desarrollar negocios de nuevo crecimiento en forma constante puede construir un círculo virtuoso en desarrollo gerencial. Lanzar un negocio de crecimiento tras otro crea un conjunto de escuelas rigurosas y exigentes en las que los ejecutivos de la siguiente generación pueden aprender a conducir la disrupción. Las empresas que tratan de crear negocios de nuevo crecimiento solo esporádicamente, por el contrario, les ofrecen a los ejecutivos de la siguiente generación muy pocos de los cursos que necesitan para sostener con éxito el crecimiento.

Crear nuevos procesos

El eje vertical de la Figura 7-1 muestra el tipo de equipo de desarrollo que se requiere para crear procesos adecuados para un negocio de nuevo crecimiento. Cuando hace falta crear procesos diferentes, se requiere lo que los profesores Kim Clark y Steven Wheelwright, de la Escuela de Negocios de Harvard, llaman un equipo *peso pesado*.[23] El término se refiere a un grupo de personas que son sacadas de sus organizaciones funcionales y puestas en una estructura de equipo que les permite interactuar sobre cuestiones diferentes a un ritmo diferente y con diferentes grupos organizacionales de lo que habitualmente podrían hacer con los límites de las organizaciones funcionales. Los equipos peso pesado son herramientas para crear procesos nuevos o nuevas maneras de trabajar en conjunto. En contraste, los equipos *peso liviano* o funcionales son herramientas para explotar procesos existentes.

Podemos usar los conceptos de interdependencia y modularidad explicados en el Capítulo 5 para visualizar un equipo peso pesado y entender cuándo es importante crear uno. Cuando hay una interfaz bien definida entre las actividades de dos personas o grupos organizacionales diferentes –significando esto que se puede especificar claramente lo que cada uno debe producir, que se puede medir y verificar lo que producen y que no hay interdependencias imprevistas entre lo que uno hace y lo que el otro debe hacer en respuesta– esas personas o grupos pueden interactuar a distancia y no necesitan estar en el mismo equipo. Cuando no se cumplen esas condiciones, todas las interdependencias impredecibles se deben incorporar dentro de los límites de un equipo peso pesado. El límite externo del equipo puede establecerse donde hay interfaces modulares. Dentro de ese equipo pueden consolidarse nuevas maneras de trabajar en conjunto cuando se ocupa de su tarea. Esas nuevas formas pueden luego codificarse como procesos si el equipo se mantiene intacto y abordar reiteradamente una tarea similar.[24]

Para tener éxito, los equipos peso pesado deben compartir espacio de trabajo. Los miembros del equipo aportan su *expertise* funcional al grupo, pero no representan los "intereses" de su grupo funcional en el equipo. Su responsabilidad es simplemente hacer lo que hay que hacer para que el proyecto tenga éxito, aun cuando ese curso de acción no sea óptimo para su grupo funcional. Muchas empresas han usado con éxito equipos peso pesado como un método para crear nuevos procesos. Chrysler, por ejemplo, tradicionalmente estructuró sus grupos de desarrollo de productos en torno a componentes específicos, como los sistemas eléctricos. Cuando la base cambiante de la competencia en esa industria obligó a Chrysler a acelerar el desarrollo de nuevos automóviles a principios de la década de 1990, la empresa organizó sus equipos de desarrollo en torno a plataformas como la *minivan*, en lugar de los subsistemas técnicos. Los equipos peso pesado creados por Chrysler no eran en consecuencia tan buenos para enfocarse en el diseño de componentes, pero forjaron nuevos procesos que eran mucho más rápidos y eficientes para crear diseños de autos totalmente nuevos. Ese fue un logro crucial cuando cambió la base de la competencia. Empresas tan diversas como Medtronic en marcapasos cardíacos, IBM en unidades de disco y Eli Lilly con su droga Zyprexa para la esquizofrenia usaron equipos peso pesado como vehículos para crear procesos diferentes y más rápidos.[25]

Elaborar diagramas de flujo no crea procesos radicalmente diferentes. En lugar de eso, los ejecutivos construyen procesos encargando a un equipo peso pesado abordar un problema nuevo que la organización no ha enfrentado antes. Cuando el equipo ha abordado con éxito el desafío, necesita enfrentar nuevamente un problema similar, y luego una vez más. Finalmente, esa nueva manera de trabajar se arraigará en el equipo y podrá entonces difundirse a toda la organización.

Crear nuevos valores

La empresas pueden crear nuevos criterios de priorización, o valores, solamente estableciendo nuevas unidades de negocio con nuevas estructuras de costos. Charles Schwab, por ejemplo, estableció su emprendimiento disruptivo de corretaje *online* como una organización completamente autónoma. Cobraba u$s 29.95 los negocios *online,* comparado con el precio promedio de casi u$s 70 que venía cobrando por los negocios realizados a través de sus corredores telefónicos y de oficina. La unidad independiente fue ciertamente disruptiva para el negocio convencional. Creció tan rápido que en menos de dieciocho meses la empresa decidió incorporar a la nueva organización disruptiva lo que había sido su negocio principal. Los valores de la corporación, que en nuestro modelo son sinónimos de su estructura de costos, fueron por lo tanto transformados al lanzar un emprendimiento disruptivo exitoso. Los valores corporativos de Schwab cambiaron cuando el negocio disruptivo desplazó a la antigua organización, cuyos valores eran inadecuados para priorizar el negocio de crecimiento disruptivo.

La razón por la que una empresa no puede disrumpirse a sí misma es que las organizaciones exitosas solo pueden priorizar naturalmente las innovaciones que prometen márgenes de ganancia mejorados respecto de su estructura de costos vigente. Para Schwab, por lo tanto, fue mucho más sencillo crear un nuevo modelo de negocios que pudiera ver los u$s 29.95 como una propuestas rentable, que lo que habría sido eliminar suficientes costos de la organización original para poder ganar dinero a ese precio disruptivo. Esa es la mejor manera de cambiar valores, porque el negocio nuevo disruptivo casi siempre debe empezar mientras el negocio establecido todavía tiene un potencial de apoyo sustancial y rentable.

¿Qué significa *autónomo?* Nuestra investigación indica que la separación física del negocio central no es un punto fundamental de la autonomía. Tampoco lo es la estructura de propiedad. No hay ninguna razón para que un emprendimiento disruptivo no pueda ser íntegramente propiedad de su empresa matriz. Los puntos clave de la autonomía tienen que ver con los procesos y los valores. El negocio disruptivo necesita tener la libertad de crear nuevos procesos y de construir una estructura de costos propia y exclusiva para ser rentable al hacer y vender incluso sus primeros productos. Decidir qué procesos y gastos generales del negocio principal debe o no debe aceptar el nuevo emprendimiento es un papel clave del CEO en la construcción de negocios de nuevo crecimiento. Volveremos a esto en el Capítulo 10.

Comprar recursos, procesos y valores

En ocasiones los gerentes consideran que adquirir en vez de desarrollar un conjunto de capacidades tiene sentido en los términos competitivo y financiero. Lamentablemente, los historiales de las empresas en cuanto al desarrollo de nuevas capacidades a través de la adquisición son muy desiguales. El modelo RPV puede ser una manera útil de enmarcar el desafío de integrar organizaciones adquiridas. Cada vez que una empresa adquiere otra, compra sus recursos, sus procesos y sus valores. Por lo tanto, los gerentes de adquisiciones necesitan comenzar preguntando, "¿Qué es realmente lo que ha hecho tan costosa a esta empresa que acabo de comprar? ¿Justifiqué el precio por sus *recursos* –su gente, sus productos, su tecnología o su posición en el mercado?–. ¿O una porción sustancial de su valor fue generada por sus proceso y valores –su manera singular de trabajar y de tomar decisiones, que le permitió a la empresa entender y satisfacer a los clientes, desarrollar, hacer y presentar nuevos productos de manera oportuna, y hacerlo con una estructura de costos que le otorgaba un potencial disruptivo?–".

Si los procesos y valores de la empresa adquirida son los verdaderos impulsores de su éxito, lo último que querrá hacer el gerente de adquisiciones es integrar la empresa a su nueva organización matriz. La integración hará que se esfumen muchos de los procesos y valores de la empresa adquirida al pedirles a sus gerentes que adopten la manera de hacer negocios empleada por el comprador, y al evaluar sus propuestas de nuevo crecimiento según los criterios de decisión de la empresa compradora. Si sus procesos y valores fueron la razón del éxito que alcanzó, una estrategia mejor es dejar que la empresa adquirida se mantenga independiente y hacer que la empresa matriz inyecte sus recursos en los procesos y valores de la firma adquirida. En realidad, la adquisición de nuevas capacidades es básicamente esa estrategia.

Si, por el contrario, la razón principal de la adquisición fueran los *recursos* de la empresa, integrar la firma a la empresa matriz tendría mucho sentido –fundamentalmente, conectar el personal, los productos, la tecnología y los clientes adquiridos a los procesos de la empresa matriz como una forma de aprovechar y beneficiar las capacidades existentes de esta última–.

El modelo RPV puede arrojar luz sobre la adquisición de Chrysler por parte de Daimler-Benz y sus esfuerzos posteriores para integrar las dos organizaciones. Chrysler tenía pocos recursos que pudieran considerarse exclusivos en comparación con sus competidores. Gran parte de su éxito en el mercado en la década de 1990 radicaba en sus procesos –particularmente en su proceso de diseño de productos a cargo de un equipo peso pesado, que podía crear diseños de clase nuevos en veinticuatro meses–. Los valores de Chrysler también eran muy ventajosos, porque la empresa podía diseñar y producir un auto con una quinta parte del personal que requería Daimler. ¿Cuál habría sido para Daimler la mejor manera de aprovechar las capacidades que adquirió en Chrysler? Mantener a esta última independiente e inyectar recursos en los procesos de Chrysler y su estructura de costos. En lugar de eso, cuando Wall Street comenzó a propugnar tenazmente el ahorro de costos, analistas con poca comprensión de los procesos y menos aún de los valores presionaron a la gerencia de Daimler para que unificara las dos organizaciones a fin de reducir costos. Nosotros sospechamos que integrar ambas empresas pondrá en riesgo muchos de los procesos clave y de los valores que hicieron de Chrysler una adquisición tan atractiva.

En contraste, muchas de las adquisiciones de Cisco Systems funcionaron bien –a nuestro juicio, porque mantuvo los recursos, los procesos y los valores en la perspectiva correcta–. La mayoría de las empresas que adquirió Cisco eran firmas pequeñas de menos de dos años de antigüedad: organizaciones en su etapa inicial cuyo valor de mercado estaba basado principalmente en sus recursos, particularmente en sus ingenieros y sus productos. Cisco tiene un proceso bien definido mediante el cual conecta esos recursos a los procesos y sistemas propios, y tiene una manera cuidadosamente cultivada de mantener a los ingenieros de la empresa adquirida a gusto en la nómina de pagos de la empresa matriz. En el proceso de integración, Cisco desecha todos los procesos y valores incipientes venidos con la adquisición, porque no pagó por esas capacidades. En un par de ocasiones, cuando adquirió una organización más grande y más madura –en particular, cuando adquirió StrataCom en 1996–, Cisco no la integró. En lugar de eso, mantuvo a StrataCom como empresa independiente y le inyectó importantes recursos para ayudarla a crecer a un ritmo más veloz.[26]

Los costos de equivocarse

Pueden perderse grandes oportunidades y malgastarse millones de dólares cuando los gerentes tienen ideas de un alto potencial pero las ponen en un contexto organizacional que no es adecuado para la tarea. Dos ejemplos notorios de esto son el emprendimiento de Bank One con la creación de WingspanBank.com a finales de la década de 1990, y el de F. W. Woolworth para convertir Woolco en un minorista de descuento líder en la década de 1960. Veámoslos con la lente de esta teoría.

El Wingspan de Bank One

A finales de la década de 1990, la división de tarjetas de crédito de Bank One, First USA, trabajó con una importante empresa consultora de gestión para lanzar un banco *online* llamado Wingspan. Lo crearon como una organización propia pero autónoma, que tendría clientes diferentes y una marca aparte; por lo tanto, era libre de saquear el negocio de Bank One. Los autores de la estrategia aparentemente sintieron que la novedad y la naturaleza disruptiva de la banca online significaba que Wingspan tenía mayores probabilidades de éxito como empresa independiente.

Pero las pruebas de fuego del Capítulo 2 indican que la banca *online* es una *innovación de apoyo* respecto de los modelos de negocios de los principales bancos minoristas. Los bancos *online* no pueden competir contra el no consumo, porque casi todos los propietarios y usuarios de computadoras de los Estados Unidos ya tienen cuentas bancarias. En consecuencia, no es posible una disrupción de nuevo mercado. La banca *online* solo puede competir contra el consumo. La otra alternativa disruptiva, crear un ataque de gama baja, requeriría en primer lugar encontrar un conjunto de clientes que estén sobre-servidos por la funcionalidad y fiabilidad de los productos y servicios bancarios vigentes y, en segundo lugar, crear un modelo de negocios que pueda obtener ganancias atractivas a los precios de descuento requeridos para conquistar el negocios de los clientes de los niveles menos exigentes del mercado. Dado el altos costos de la publicidad para atraer clientes y sin ventaja comparativa en el costo del dinero, esto tampoco es factible.[27]

Como la disrupción es imposible, la banca por Internet solo puede desarrollarse como una tecnología de apoyo respecto del modelo de negocios de los bancos minoristas. Una parte importante de sus clientes quieren ciertamente ese servicio, y en la mayoría de los casos el costo por transacción es menor cuando se hace a través de Internet que al hacerse en una sucursal o por un cajero automático. Por lo tanto, no había razón para que Bank One necesitara establecer ese emprendimiento de manera independiente. De hecho, en una batalla de apoyo las firmas establecidas casi siempre ganan.

F.W. Woolworth y la venta minorista de descuento

En 1962, F.W. Woolworth, uno de los principales minoristas del mundo, estableció su rama de grandes tiendas de descuento, Woolco, como una división independiente propia pero manejada en forma autónoma. La venta al por menor era disruptiva desde el punto de vista de los valores, y requería procesos operativos sustancialmente diferentes. Las tiendas de variedades de Woolworth promediaban márgenes brutos del 35 por ciento y rotaban sus inventarios aproximadamente 3,4 veces por año. La venta minorista de descuento suponía márgenes brutos de solo el 23 por ciento, y para obtener retornos aceptables esos minoristas necesitaban rotar sus inventarios unas cinco veces por año.[28]

En 1971, los altos directivos de Woolworth decidieron integrar nuevamente las funciones de gestión, compras y logísticas de Woolco a la organización principal de Woolworth para aprovechar esos costos fijos en los volúmenes de ambos negocios. ¿El resultado? En menos de un año, los valores del negocio principal habían forzado los márgenes de Woolco hasta el 34 por ciento, y las rotaciones de inventario de Woolco se redujeron a 4 veces –ambos reflejando el modelo de ganancias de las tiendas F. W. Woolworth–. Woolco finalmente tuvo que ser cerrada. Muy rápidamente, como vimos con la implementación del corretaje por Internet hecha por Merrill Lynch, el modelo de negocios del negocio potencialmente disruptivo tuvo que ajustarse a los procesos y valores de la organización en la que fue alojado. Como una ley general de carácter organizacional, no hay otro resultado posible. Las organizaciones no pueden disrumpirse a sí mismas. Los gerentes solo pueden hacer lo que tiene sentido para ellos, dado el contexto en el que trabajan. Como oportunidad disruptiva, Woolco necesitaba mantenerse separada. Como oportunidad de apoyo, la banca por Internet necesitaba integrarse en la corriente principal de Bank One.

Los gerentes cuyas organizaciones enfrentan oportunidades de crecimiento deben cerciorarse primero de contar con la gente y los recursos requeridos para tener éxito. Después deben hacer dos preguntas: ¿ los procesos mediante los cuales se realiza habitualmente el trabajo en la organización son adecuados para este nuevo proyecto? Y, ¿los valores de la organización le otorgarán a esta iniciativa la prioridad que necesita? Las empresas consolidadas pueden mejorar las probabilidades de éxito de una innovación disruptiva si usan equipos peso pesado y orientados funcionalmente donde es apropiado, y si comercializan las innovaciones de apoyo en las organizaciones principales pero ponen las disruptivas en organizaciones autónomas. Una razón principal por la que la innovación exitosa parece difícil e impredecible es que las empresas suelen emplear gente talentosa cuyas habilidades de gestión fueron pulidas para abordar problemas de empresas estables. Y a menudo los gerentes están preparados para trabajar en el marco de procesos y valores que no fueron diseñados para la nueva tarea. En vez de aceptar políticas "de talla única", si los ejecutivos dedican tiempo a asegurarse de que en las organizaciones trabaje gente capaz con procesos y valores que concuerden con la tarea, crearán un importante punto de apoyo para crear con éxito nuevo crecimiento.

NOTAS

1. Véase la síntesis de uno de los estudios más importantes sobre este tópico en Dorothy Leonard-Barton, "Core Capabilities and Core Rigidities: A Paradox in Managing New Product Development," *Strategic Management Journal* 13 (1992): 111-125.

2. Los conceptos de este capítulo intentan basarse en una respetada tradición en el estudio de las capacidades de las organizaciones, conocida en los círculos académicos como la "visión (de la empresa) basada en los recursos" (RBV). Esa tradición ve los recursos como el activo que define a una firma, y busca explicar las diferencias de rendimiento y crecimiento entre las empresas en términos de las diferencias en complementos de recursos. Véase, por ejemplo, K. R. Conner, "A Historical Comparison of Resource-Based Theory and Five Schools of Thought Within IO Economics: Do We Have a New Theory of the Firm?" *Journal of Management* 17, no. 1 (1991): 121-154. Los trabajos seminales en esta corriente son E. T. Penrose, *The Theory of the Growth of the Firm* (London: Basil Blackwell, 1959); y B. Wernerfelt, "A Resource-Based View of the Firm," *Strategic Management Journal* 5 (1984): 171-180.

   Entre los estudios más recientes se encuentran M. Peteraf, "The Cornerstones of Competitive Advantage: A ResourceBased View," *Strategic Management Journal* 14, no. 3 (1993): 179-192; y J. Barney, "The Resource-Based Theory of the Firm," *Organization Science* 7, no. 5 (1996): 469.

   Nosotros hemos definido los "recursos" de manera más estricta que muchos investigadores de la corriente RBV, usando conceptos adicionales

–concretamente, el de procesos y el de valores– para abarcar otros importantes elementos constitutivos de las capacidades de las empresas que algunos autores han resuelto incluir en la categoría de recursos. Véase, por ejemplo, D. Teece y G. Pisano, "The Dynamic Capabilities of Firms: An Introduction," *Industrial and Corporate Change* 3, no. 3 (1994): 537-556; R. M. Grant, "The Resource-Based Theory of Competitive Advantage," *California Management Review* 33, no. 3 (1991): 114-135; y J. Barney, "Organizational Culture: Can It Be a Source of Sustained Competitive Advantage?" *Academy of Management Review* 11, no. 3 (1986): 656-665. Creemos que lo que se ha convertido en muchos casos en un debate sobre las definiciones del fenómeno es en realidad un fallo en la categorización. El marco y la teoría presentados en este capítulo fueron resumidos en forma preliminar en un capítulo agregado a la segunda edición de *El dilema de los innovadores*. Ese modelo fue publicado inicialmente en Clayton Christensen y Michael Overdorf, "Meeting the Challenge of Disruptive Change," *Harvard Business Review*, March- April 2000.

3. Conclusiones extraídas por psicólogos de RHR International corroboran esta estimación. RHR informó recientemente que hasta el 40 por ciento de los altos ejecutivos que se contratan o bien renuncian, tienen un rendimiento significativamente bajo, o son despedidos antes de los dos años de haber asumido sus nuevos puestos (*Globe & Mail*, 1 April 2003, B1).

4. Tom Wolfe, *The Right Stuff* (New York: Farrar, Straus, and Giroux, 1979).

5. Consistentes con lo que expresamos en el Capítulo 1 en cuanto a que una teoría sólida puede brindar previsibilidad a un emprendimiento, muchas de las primeras investigaciones acerca de cómo contratar a la gente adecuada en los puestos adecuados han categorizado a los gerentes de acuerdo a sus atributos. Recordemos que las primeras investigaciones en el campo de la aviación observaron una alta correlación entre la posesión de atributos tales como alas y plumas y la capacidad de volar. Pero solo podían hacer afirmaciones sobre la correlación o la asociación, no sobre la causalidad. Solo cuando los investigadores identifican el mecanismo causal fundamental y entienden luego las diferentes circunstancias en las que podrían hallarse quienes ejecutan un trabajo es que las cosas pueden volverse altamente predecibles. En este caso, la posesión de muchos atributos de "perfil correcto" podría tener una fuerte relación con el éxito de una tarea, pero no es el mecanismo causal fundamental del éxito.

6. Morgan McCall, *High Flyers: Developing the Next Generation of Leaders* (Boston: Harvard Business School Press, 1998). Este libro ofrece un enfoque refrescante e intelectualmente riguroso para entender cómo aprenden los gerentes y para evaluar si un gerente es capaz de abordar con éxito los desafíos que hay por delante. Recomendamos que quienes estén interesados en saber más acerca de cómo poner la gente adecuada en el lugar adecuado en el momento adecuado lean el libro en su totalidad.

7. Por supuesto, en un momento posterior en el desarrollo del emprendimiento necesitará ejecutivos que hayan tomado en la escuela de la experiencia esos cursos que se relacionan con escalar un negocio –y más tarde, con operar eficientemente una organización–. Una razón por la que muchos emprendimientos fracasan tras el éxito inicial de un solo producto es que los impulsores no tienen la intuición y la experiencia requeridas para crear procesos que puedan generar reiteradamente productos mejores y producirlos y suministrarlos de manera fiable.

8. La caracterización más lógica y abarcadora de los procesos que hemos visto está en David Garvin, "The Processes of Organization and Management," *Sloan Management Review,* Summer 1998. Cuando usamos el término procesos, queremos significar que incluya todos los tipos de procesos que Gavin ha definido.

9. Desde distintas perspectivas, muchos estudiosos han analizado extensamente la noción de "procesos" como el componente fundamental de la capacidad organizacional y la ventaja competitiva. Tal vez el más influyente de esos trabajos sea el de R. R. Nelson y S. G. Winter, *An Evolutionary Theory of Economic Change* (Cambridge, MA: Belknap Press, 1982). Nelson y Winter hablan de "rutinas" en lugar de procesos, pero el concepto fundamental es el mismo. Ellos establecen que las empresas construyen ventaja competitiva al desarrollar mejores rutinas que las de otras empresas, y que las rutinas superiores solo se desarrollan a través de la reproducción fiel de comportamientos efectivos. Una vez establecidas, las buenas rutinas son difíciles de cambiar. Vñease, por ejemplo, M. T. Hannan y J. Freeman, "The Population Ecology of Organizations," *American Journal of Sociology* 82, no. 5 (1977): 929–964.

   Trabajos posteriores han analizado y demostrado el poder del concepto de procesos (llamados también *capacidades organizacionales, capacidades dinámicas* o *competencias centrales*) como fuente de ventaja competitiva. Entre los ejemplos de esos trabajos se incluyen D. J. Collis, "A Resource-Based Analysis of Global Competition: The Case of the Bearings Industry," *Strategic Management Journal* 12 (1991): 49-68; D. Teece y G. Pisano, "The Dynamic Capabilities of Firms: An Introduction," *Industrial and Corporate Change* 3, no. 3 (1994) 537-556; y C. K. Prahalad y G. Hamel, "The Core Competence of the Corporation," *Harvard Business Review,* May-June 1990, 79-91.

   Nuestra opinión es que, aunque esa corriente de investigación ha sido sumamente aguda, al igual que los trabajos sobre la visión de la empresa basada en los recursos a la que nos referimos en la nota 2, sufre la limitación o de ampliar la definición de "proceso" para incluir todos los determinantes posibles de la ventaja competitiva o, en interés de la integridad intelectual, de excluir de su rango de análisis elementos importantes de las capacidades de las empresas. Para más información sobre esto, véase A. Nanda, "Resources, Capabilities, and Competencies," en *Organizational*

Learning and Competitive Advantage, eds. B. Moingeon and A. Edmondson (New York: The Free Press, 1996), 93-120.

10. Véase Leonard-Barton, "Core Capabilities and Core Rigidities."

11. Véase C. Wickham Skinner, "The Focused Factory," *Harvard Business Review,* May-June 1974.

12. Chet Huber, que fue el presidente fundador de los servicios telemáticos OnStar de General Motors, reflexionó para nosotros acerca de lo crucial que es la distinción entre recursos (gente) y procesos: "Una de las lecciones más grandes que aprendí fue comprender que la compañía necesitaba ser empresarial y no los individuos dentro de ella. [Los individuos] necesitaban actuar más como nadadores sincronizados para mantener la organización muy bien alineada". Clayton M. Christensen y Erik Roth, "OnStar: Not Your Father's General Motors (A)," Case 9-602-081 (Boston: Harvard Business School), 12.

13. El concepto de valores, como definimos el término squí, es similar a los constructos de "contexto estructural" y "contexto estratégico" que han surgido en trabajos académicos sobre el proceso de asignación de recursos. Entre los trabajos importantes al respecto se cuentan J. L. Bower, *Managing the Resource Allocation Process* (Homewood, IL: Richard D. Irwin, 1972), y R. Burgelman, "Corporate Entrepreneurship and Strategic Management: Insights from a Process Study," *Management Science* 29, no. 12 (1983): 1349-1364.

14. El Capítulo 8 analiza con mayor profundidad el efecto que los valores tienen sobre la asignación de recursos y la elaboración de estrategias.

15. Por ejemplo, Toyota ingresó al mercado estadounidense con su modelo Corona, un producto apuntado a los niveles de mercado de precios más bajos. Cuando ese nivel de entrada al mercado se llenó de modelos parecidos de Nissan, Honda y Mazda, la competencia entre competidores de costos igualmente bajos redujo los márgenes de ganancia. Para mejorar sus márgenes, Toyota desarrolló autos más sofisticados apuntados a niveles más altos del mercado. Sus familias de automóviles Corolla, Camry, 4-Runner, Avalon y Lexus fueron introducidas en respuesta a las mismas presiones competitivas –Toyota mantuvo firmes sus márgenes migrando hacia arriba en el mercado–. En el proceso, Toyota tuvo que añadir costos a su operación para diseñar, construir y brindar asistencia técnica a autos de ese calibre. Posteriormente decidió abandonar los niveles de entrada del mercado, tras advertir que los márgenes que podía obtener allí eran inaceptables dada la modificación en su estructura de costos.

Toyota introdujo recientemente su modelo Echo buscando reingresar al nivel de entrada con un auto de u$s 14,000 –lo que recuerda los intentos periódicos de los fabricantes estadounidenses buscando restablecer posiciones en el extremo inferior del mercado–. Para tener éxito, la gerencia de Toyota tendrá que nadar contra una corriente muy fuerte. Una cosa es que los altos directivos de Toyota decidan lanzar ese nuevo modelo. Pero para implementar con éxito esa estrategia, mucha gente en el sistema de Toyota –incluidos sus concesionarios– tendrá que coincidir en que, para que la empresa aumente sus ganancias y el valor de sus acciones, vender más autos con márgenes más bajos es mejor política que la de vender más Camry, Avalon y Lexus. Solo el tiempo dirá con certeza si Toyota tendrá éxito en desafiar los valores que desarrolló la empresa.

16. Véase Edgar Schein, *Organizational Culture and Leadership* (San Francisco: Jossey-Bass, 1988). Nuestra descripción del desarrollo de la cultura de una organización se basa en gran medida en la investigación de Schein.

17. Los profesores Michael Tushman, de Harvard, y Charles O'Reilly, de Stanford, han estudiado en profundidad la necesidad de manejar de esta manera las organizaciones para crear lo que llaman "organizaciones ambidiestras". Según entendemos su trabajo, ellos afirman que no basta simplemente con establecer una organización autónoma para llevar adelante innovaciones importantes pero disruptivas que no cuadran con los valores de la organización principal. La razón es que muy a menudo los ejecutivos la establecen para eliminar de su agenda la disrupción a fin de enfocarse en el manejo del negocio principal. Para crear una organización verdaderamente ambidiestra, Tushman y O'Reilly sostienen que las dos organizaciones diferentes deben estar ubicadas dentro de una unidad de negocio. La responsabilidad de manejar las organizaciones disruptivas y de apoyo debe estar en un nivel de la organización donde no sean tratadas las dos como negocios de una cartera, sino que deben estar dentro de un grupo o una unidad de negocios cuya gerencia tenga la capacidad de prestar mucha atención a lo que se debe integrar y compartir entre los grupos y lo que debe implementarse de manera autónoma. Véase Michael L. Tushman y Charles A. O'Reilly, *Winning Through Innovation: A Practical Guide to Leading Organizational Change and Renewal* (Boston: Harvard Business School Press, 2002).

18. Históricamente, algunas *start-ups* respaldadas por capital de riesgo, particularmente en telecomunicaciones y cuidado de la salud, han seguido la estrategia de desarrollar una innovación de apoyo revolucionaria –aventajando al líder en la curva de apoyo– para venderla luego rápidamente a la empresa consolidada, más grande, que está ascendiendo en la trayectoria detrás de ella. Esa estrategia funciona, no porque los valores de las empresas consolidadas las limiten para apuntar a la misma innovación, sino porque sus procesos no son tan rápidos como los de las *start-ups*. Esa es una forma comprobada de obtener ganancias, pero no es un camino por el que puedan crearse negocios de nuevo crecimiento. Ya sea adquiriendo el producto o superando a la empresa emergente, la empresa consolidada terminará ofreciendo el producto mejorado como parte de su línea de productos, y el emprendimiento que lo desarrolló originalmente no existirá. Las *start-ups* se componen esencialmente de equipos peso pesado que proyectan

y desarrollan productos autónomamente y luego se disuelven cuando los productos están listos para su comercialización. Es un mecanismo por el cual las empresas consolidadas cuyas acciones tienen un precio atractivo pueden pagar la investigación y el desarrollo con acciones, sin efectuar desembolsos.

19. El establecimiento de Xiameter como subsidiaria de Dow Corning Corporation es un ejemplo exacto de esa situación. Xiameter es un modelo comercial de ventas y distribución de alta confiabilidad y bajos gastos generales que le permite a la empresa obtener ganancias atractivas fijando precios de productos básicos a productos de silicona estándar. Los clientes que necesitan servicios de mayor costo para orientar sus decisiones de compra pueden adquirir sus siliconas a través de la estructura principal de ventas y distribución de Dow Corning.

20. Hacemos esta declaración solo con fines ilustrativos. Al momento de escribir esto, las ventas minoristas por catálogo y *online* están tan bien consolidadas como ola disruptiva en el comercio minorista que si una tienda departamental intentara crear un negocio de crecimiento nuevo e importante vía *online*, como empresa entrante estaría siguiendo una estrategia de apoyo respecto de las firmas que crearon la venta minorista *online*. Incluso un gigante como Macy's probablemente perdería frente a las empresas que ya están en una marcha sostenida en la trayectoria disruptiva. Adquirir una empresa que tiene una posición sólida en esa trayectoria disruptiva –como hizo Sears cuando compró Lands' End– es la única forma en la que las tiendas departamentales podrían ahora montarse a la ola.

21. Como Merrill Lynch, Goldman Sachs también implementó sistemas de comercio basados en Internet para los clientes existentes en sus negocios principales de corretaje de servicio completo. La tecnología, en consecuencia, fue implementada sosteniendo los valores, o la estructura de costos, de esas unidades comerciales. De hecho, la implementación de capacidades comerciales basadas en Internet probablemente añadió costos a las estructuras de las empresas, porque era una opción adicional y no desplazó al canal tradicional basado en el corretaje. Véase Dennis Campbell y Frances Frei, "The Cost Structure and Customer Profitability Implications of Electronic Distribution Channels: Evidence from Online Banking," documento de trabajo, *Harvard Business School*, Boston, 2002.

22. Una interesante corriente investigativa está llegando a esa misma conclusión. Véase, por ejemplo, Rakesh Khurana, *Searching for a Corporate Savior: The Irrational Quest for Charismatic CEOs* (Princeton, NJ: Princeton University Press, 2003). Khurana ha observado que llevar a una empresas gerentes "superestrella" de alto perfil –aquellos que en nuestra jerga tienen en abundancia muchos de los atributos de un perfil correcto más codiciados– resulta en fracaso mucho más a menudo de lo que muchos han supuesto.

23. Véase Kim B. Clark y Steven C. Wheelwright, "Organizing and Leading He-

255

avyweight Development Teams," *California Management Review* 34 (Spring 1992): 9-28. Los conceptos descritos en ese artículo son sumamente importantes. Recomendamos muy especialmente que los gerentes interesados en estos problemas lo estudien con atención. Clark y Wheelwright definen el equipo peso pesado como un equipo en el que los miembros normalmente se comprometen con el trabajo y trabajan en el mismo lugar. El deber de cada miembro no es representar en el equipo a su grupo funcional sino actuar como un gerente general –asumir la responsabilidad del éxito de todo el proyecto, y participar activamente en las decisiones y el trabajo de los miembros que vienen de cada área funcional–. A medida que trabajen juntos para completar su proyecto, descubrirán nuevas formas de interactuar, coordinar y tomar decisiones, que conformarán nuevos procesos, o nuevas capacidades, que serán necesarios para tener éxito de manera continua en el nuevo emprendimiento. Esas maneras de hacer el trabajo entonces se institucionalizan a medida que el nuevo negocio o la línea de productos crecen.

24. El principal avance conceptual que lleva a la conclusión de este párrafo proviene del estudio seminal hecho por Rebecca M. Henderson y Kim B. Clark, "Architectural Innovation: The Reconfiguration of Existing Systems and the F-30. Esa es la investigación que, a nuestro juicio, elevó el estado de la construcción de teorías en la investigación de procesos, pasando de las categorías basadas en los atributos a las categorías basadas en las circunstancias. La idea esencial de los autores es que, con el tiempo, los patrones de interacción, comunicación y coordinación entre los responsables de diseñar un nuevo producto (el proceso de desarrollo de productos que sigue una empresa) reflejarán el patrón en el que los componentes del producto interactúan dentro de la arquitectura del producto. En el caso de que la arquitectura no cambie de una generación a la siguiente, ese proceso habitual facilitará los tipos de interacciones que hacen falta para tener éxito. Pero en el caso de que la organización necesite cambiar la arquitectura de manera significativa, para que diferentes personas necesiten interactuar con diferentes personas sobre diferentes temas y con diferentes tiempos, el mismo proceso habitual impedirá el éxito.

En gran parte, el diagnóstico y las recomendaciones sobre el cambio de proceso que se observan en los ejes verticales de la Figura 7-1 derivan del trabajo de Henderson y Clark. Los diagnósticos y las recomendaciones en los ejes horizontales que se relacionan con los valores de la organización derivan de *El dilema del innvovador*, que a su vez se basa en el trabajo de los profesores Bower y Burgelman que hemos citado en otra nota. Ese *corpus* de investigación también parece haber elevado el estado de la teoría, de las categorizaciones basadas en los atributos a la teoría basada en las circunstancias.

25. Hemos observado entre los gerentes un frustrante tendencia a buscar soluciones "de talla única" para los desafíos que enfrentan, en lugar de de-

sarrollar una forma de aplicar soluciones que sean adecuadas para el problema. Sobre este punto particular, en la década de 1990 algunos gerentes parecen haber llegado a la conclusión de que los equipos peso pesado eran la "respuesta", por lo que todas sus organizaciones de desarrollo pasaron a emplear equipos peso pesado de desarrollo para *todos* sus proyectos. Al cabo de unos años, la mayoría de esos gerentes determinaron que, si bien ofrecían beneficios en términos de velocidad e integración, esos equipos eran demasiado costosos –y todas sus organizaciones volvieron a emplear el modo peso liviano–. Algunas de las empresas citadas en el texto sufrieron esos problemas, y no aprendieron a usar el tipo de equipo adecuado en la circunstancia adecuada.

26. Véase Charles A. Holloway, Steven C. Wheelwright, y Nicole Tempest, "Cisco Systems, Inc.: Acquisition Integration for Manufacturing," Case OIT26 (Palo Alto and Boston: Stanford University Graduate School of Business and Harvard Business School, 1998).

27. Reconocemos que es peligroso hacer esta afirmación; probablemente sería más adecuado decir que, al momento de escribir esto, nadie parece haber podido idear una estrategia disruptiva viable para los servicios bancarios *online*. Es posible, por ejemplo, que E*Trade Bank esté construyendo con éxito un banco disruptivo de gama baja. En la nota 21 citamos uno de una serie en curso de trabajos que el profesor Frances Frei, de la Escuela de Negocios de Harvard, ha venido escribiendo junto con otros coautores acerca del impacto de brindar a los clientes nuevos canales de servicio. Cuando los bancos agregaron cajeros automáticos, banca telefónica y servicios *online* para los clientes, no pudieron descontinuar los viejos canales de servicio, como los cajeros por ventanilla y los oficiales de préstamo. Frei ha mostrado que, en consecuencia, la provisión de canales de servicio de menor costo en realidad añade costos, porque son agregados y no sustitutos. Es posible que E*Trade Bank, sin la infraestructura heredada y los costos del servicio en persona, pueda realmente crear un modelo de negocios cuyos costos sean suficientemente bajos de modo que obtenga retornos atractivos a los precios de descuento requeridos para captar el negocio de los clientes sobre-servidos.

28. Las rotaciones de inventario de un minorista no son fáciles de aumentar (véase Capítulo 2, nota 18). Cuando ascienden en el mercado, los minoristas llevan una estructura de rotación de inventario relativamente rígida a productos de mayor margen, lo que resulta en una mejora inmediata en el retorno de la inversión (ROI). Descender en el mercado implica llevar la misma estructura de rotaciones rígida a productos de menor margen, lo que resulta en un golpe inmediato al ROI. Esa es una parte muy asimétrica del mundo.

CAPÍTULO 8

Gestionar el proceso de desarrollo de la estrategia

Ya sé que la estrategia correcta es crucial para el éxito. ¿Cómo armo una estrategia que funcione? ¿Qué procedimiento para formular una estrategia es más probable que genere una estrategia que conduzca al éxito? ¿Es mejor ser un pionero en un mercado emergente o ser un seguidor una vez que la topografía del mercado es más clara? ¿Cuándo debemos dejar que surjan innovaciones dentro de la empresa? ¿Cuándo y por qué deberíamos impulsar las cosas desde arriba? ¿Qué aspectos de la formulación de la estrategia deben gestionar más de cerca los altos directivos?

La mayor parte de las preguntas que surgen sobre la estrategia al construir un nuevo negocio tienen que ver con la esencia de la estrategia. Los gerentes están ansiosos de que su estrategia sea la correcta. Pero hay una pregunta todavía más importante sobre ese punto, que la mayoría de los gerentes olvidan hacer –y esa es la razón por la que muchos emprendimientos terminan con estrategias defectuosas–. La pregunta crucial tiene que ver con el *proceso* de formulación de la estrategia que usará el equipo de gestión de la iniciativa para implementar un plan ganador. Aunque los ejecutivos estén comprensiblemente obsesionados con hallar la estrategia correcta, en realidad pueden sacar mayor ventaja gestionando el proceso empleado para desarrollar la estrategia –asegurándose de que se use el procedimiento correcto en las circunstancias correctas–.

Como hemos señalado, las ideas innovadoras surgen siempre "a medio cocer", parcialmente definidas. En consecuencia, atraviesan un proceso de moldeado que las transforma en el plan de negocios completamente desarrollado, acompañado con una estrategia, que se requiere para obtener financiamiento. Este capítulo describe dos procesos simultáneos pero sustancialmente diferentes de desarrollo de la estrategia, y presenta una teoría basada en las circunstancias que indica cuál de esos procesos debe tomar la gerencia como fuente más confiable de visión estratégica en diferentes etapas del desarrollo del negocio. Describe luego el funcionamiento del proceso de asignación de recursos, que es el filtro por el que deben pasar todas las acciones estratégicas para influir en el rumbo de la empresa. El capítulo termina describiendo algunas herramientas y conceptos que los ejecutivos pueden usar para gestionar más efectivamente los procesos en curso de formulación de la estrategia.

Dos procesos de formulación de la estrategia

En toda empresa hay dos procesos simultáneos a través de los cuales se define la estrategia. La Figura 8-1 muestra que esos dos procesos –el deliberado y el emergente– están siempre operando.[1] El proceso deliberado de elaboración de la estrategia es consciente y analítico. A menudo se basa en el análisis riguroso de datos sobre el crecimiento del mercado, el tamaño del segmento, las necesidades de los clientes, las fortalezas y debilidades de los competidores, y las trayectorias tecnológicas. En ese proceso, la estrategia generalmente se formula en un proyecto con un comienzo y un final específicos, y se implementa luego "de arriba hacia abajo". Esperamos que las teorías expuestas en este libro puedan ayudar a los ejecutivos y sus asesores a idear estrategias deliberadas para crear y sostener crecimiento mejores aún que las que ha sido posible idear mediante los métodos tradicionales de análisis de datos.

Las estrategias deliberadas son la herramienta apropiada para organizar la acción si se cumplen tres condiciones. Primero, la estrategia debe abarcar y abordar correctamente todos los detalles importantes requeridos para tener éxito, y los responsables de su implementación deben entender cada detalle importante de la estrategia deliberada dispuesta por la gerencia. Segundo, si la organización va a emprender acciones colectivas, la estrategia debe tener tanto sentido para todos los empleados que ven el mundo desde su propio contexto como el que tiene para los altos directivos, a fin de que todos actúen apropiada y coherentemente. Por último, las intenciones colectivas deben hacerse realidad con poca influencia imprevista de fuerzas externas políticas, tecnológicas o de mercado. Como es difícil hallar una situación en la que se cumplan las tres condiciones, el proceso emergente de elaboración de la estrategia casi siempre altera la estrategia real que implementa la empresa en concreto.[2]

Figura 8-1.
El proceso por el cual se define e implementa la estrategia

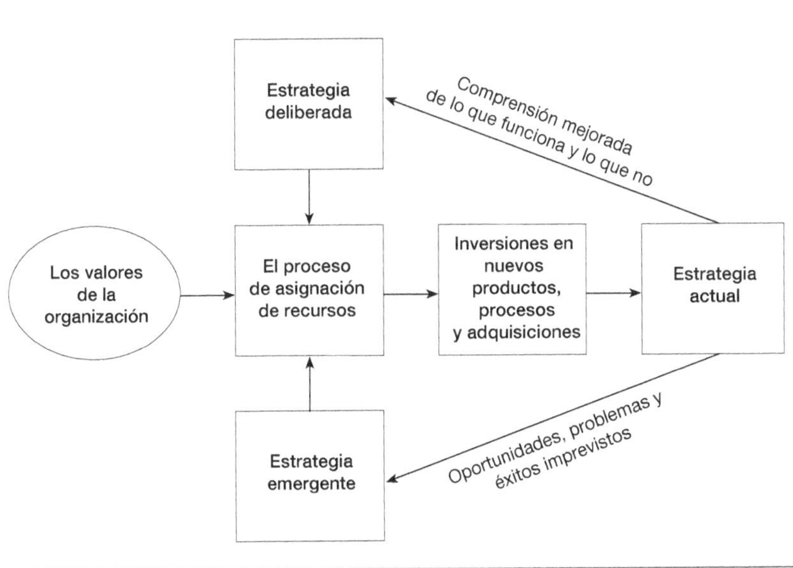

La estrategia emergente –que, como muestra la Figura 8-1, surge desde dentro de la organización– es el efecto acumulativo de las decisiones de priorización e inversión tomadas diariamente por gerentes de mando medio, ingenieros, vendedores y personal de finanzas. Estas tienden a ser decisiones operativas tácticas resueltas a diario por gente que no está pensando en términos visionarios, futuristas o estratégicos. Por ejemplo, la decisión de Sam Walton de construir su segunda tienda en otro pequeño pueblo cerca de su primera tienda de Arkansas en interés de la eficiencia logística y de gestión, en vez de construirla en una ciudad grande, condujo a lo que se convirtió en la brillante estrategia de Wal-Mart de construir en pequeños pueblos tiendas de descuento lo suficientemente grandes para evitar que los competidores pudieran entrar en el negocio. Las estrategias emergentes resultan de las respuestas de gerentes a problemas u oportunidades que no estaban previstos en las etapas de análisis y planificación del proceso de elaboración de la estrategia deliberada. Cuando la eficacia de una estrategia que fue desarrollada a través de un proceso emergente es reconocida, es posible formalizarla, mejorarla y explotarla, transformando así una estrategia emergente en una deliberada.

Los procesos emergentes deben predominar en las circunstancias en que es difícil leer el futuro y cuando no es claro cuál debería ser la estrategia correcta. Ese es casi siempre el caso durante las etapas iniciales en la vida de una empresa. Sin embargo, la necesidad de una estrategia emergente surge cada vez que un cambio en las circunstancias augura que la fórmula que funcionó en el pasado podría no ser tan efectiva en el futuro. En cambio, es el proceso de estrategia deliberada el que debe predominar una vez que una estrategia ganadora se ha vuelta clara, porque en esas circunstancias la ejecución eficaz a menudo marca la diferencia entre el éxito y el fracaso.[3]

El papel crucial de la asignación de recursos en el proceso de desarrollo de la estrategia

La Figura 8-1 muestra la confluencia de los procesos deliberado y emergente en la definición de la estrategia real. Las ideas e iniciativas, ya sean de origen deliberado o emergente, se filtran a través del proceso de asignación de recursos, como se representa en la figura en el recuadro del centro, a la izquierda. El proceso de asignación de recursos determina cuáles de las iniciativas deliberadas o emergentes se financian e implementan, y a cuáles se les niegan recursos. La estrategia real se manifiesta solo a través del flujo de nuevos productos, procesos, servicios y adquisiciones a los que se asignan recursos.

El proceso de asignación de recursos generalmente es complejo y diseminado, y opera todo el tiempo en todos los niveles. Si los valores que guían las decisiones de priorización en la asignación de recursos no están cuidadosamente atados a la estrategia deliberada de la empresa (y a menudo no lo están), pueden desarrollarse disparidades significativas entre la estrategia deliberada de esa organización y su estrategia real. Monitorear activamente, comprender y controlar los criterios que rigen las decisiones de asignación de recursos que se toman a diario en todos los niveles de la organización forman parte de los desafíos de alto impacto que un gerente puede enfrentar en el proceso de desarrollo de la estrategia.

A las iniciativas que en el proceso de asignación de recursos reciben financiamiento y otros recursos podemos llamarlas acciones estratégicas, a diferencia de lo que son las intenciones estratégicas. El CEO de Intel Andrew Grove aconsejó: "Para entender las estrategias reales de las empresas, hay que prestar atención a lo que hacen, más que a lo que dicen".[4] En nuestra jerga, eso quiere decir que la estrategia de una empresa es lo que sale del proceso de asignación de recursos, no lo que entra en él.

A medida que la empresa hace estas cosas, los gerentes enfrentan y responden a crisis y oportunidades imprevistas, y sus experiencias se incorporan al proceso emergente. Cuando comprenden qué funciona y qué no funciona en el mercado competitivo, ese entendimiento mejorado vuelve al proceso de estrategia deliberada. Cada decisión de asignación de recursos, por menor que sea, moldea lo que la empresa hace realmente. Eso crea un nuevo conjunto de oportunidades y problemas y genera nuevos aportes en los procesos deliberado y emergente.

¿Cómo funciona ese proceso crucial de asignación de recursos? Está fuertemente relacionado con los valores de la organización, que, como señalamos en el Capítulo 7, son los criterios de acuerdo a los cuales los gerentes y empleados toman las decisiones de priorización. La mayor parte de las ideas para el desarrollo de productos, servicios y negocios nuevos surge de los empleados que trabajan en la organización. Pero los gerentes de mando medio no pueden llevar todas esas ideas a los altos directivos para su aprobación y financiamiento. Los valores o criterios que usan los gerentes de mando medio para decidir qué ideas promoverán y cuáles dejarán languidecer juegan un papel crucial cuando se determina lo que sale del proceso de asignación de recursos. En el Capítulo 1 señalamos que, una vez que deciden que una idea es valiosa, los gerentes de mando medio cooperan con los innovadores en el proceso de transformar la idea en un plan de negocios completamente desarrollado que pueda obtener fondos. Por lo tanto, los valores que emplean los altos directivos en esas decisiones de financiamiento ejercen una influencia igualmente fuerte en el tipo de ideas que pueden o no pueden tomar forma en el proceso de asignación de recursos.[5]

Hay dos factores que ejercen una influencia particularmente importante en los valores que guían las decisiones de asignación. El primero es la estructura de costos de la empresa, que determina los márgenes de utilidad bruta que debe obtener para cubrir los costos generales y hacer una diferencia. En el proceso de asignación de recursos hay buenos gerentes que tienen muchas dificultades para dar prioridad a propuestas innovadoras que no mantendrán o mejorarán los márgenes de utilidad de la organización.[6] El segundo factor es el umbral de tamaño que deben alcanzar las nuevas oportunidades para pasar el filtro de la asignación de recursos. Ese umbral se vuelve más alto a medida que la empresa se hace más grande. Oportunidades que fueron consideradas vigorizantes en el proceso de asignación de recursos de una empresa cuando la firma era pequeña son descartadas por no ser "suficientemente grandes para ser interesantes" en la empresa más grande.

Además de esos poderosos determinantes directos de los valores que guían las prioridades de los altos ejecutivos al asignar recursos, otros criterios sutilmente instalados en procesos de distintos sectores de la empresa influyen en lo que pueden priorizar empleados de nivel más bajo. Esos factores se combinan para ejercer una influencia adicional en cuanto a qué iniciativas pueden pasar el filtro de la asignación. Un ejemplo de ello es la asignación por plazo limitado que es típica en la trayectoria profesional de los empleados de alto potencial. En la mayoría de las organizaciones, los métodos de desarrollo gerencial trasladan a los empleados de alto potencial a nuevos puestos de responsabilidad cada dos o tres años, a fin de ayudarlos a dominar las habilidades de gestión en diferentes áreas del negocio. Esa práctica es crucial en el perfeccionamiento de la gestión, pero su efecto es hacer que los gerentes de nivel medio den prioridad a proyectos que redituarán dentro del plazo típico que esperan en sus trabajos. Ellos quieren producir resultados mejorados que ameriten ascensos atractivos.

Otros factores están incorporados en el sistema de compensación por incentivos del personal de ventas. Las decisiones de los vendedores cuando eligen en qué clientes enfocarse y qué productos destacar son elementos críticos del proceso diseminado de asignación de recursos, y están fuertemente influenciadas por cómo son compensadas. Los clientes también ejercen una fuerte influencia en el tipo de iniciativas que sobreviven al proceso de asignación de recursos. No se puede construir un negocio en torno a un producto que los clientes no quieren, porque ellos pagan las cuentas. Aunque los gerentes creen que controlan el proceso de asignación de recursos, a menudo los clientes ejercen *de facto* un control más efectivo sobre la forma en que se puede o no se puede gastar el dinero. Las acciones de la competencia ejercen asimismo una fuerte influencia. Cuando la acción de un competidor amenaza con robar clientes u oportunidades de crecimiento, los gerentes casi no tienen casi otra alternativa que conseguir que una respuesta pase el filtro de la asignación de recursos.

En otras palabras, el proceso de asignación de recursos es un proceso diseminado, inmanejable y a menudo invisible. Los ejecutivos que esperan manejar eficazmente el proceso estratégico necesitan cultivar una comprensión sutil de su funcionamiento, porque la estrategia es determinada por lo que sale del proceso de asignación de recursos, no por las intenciones y propuestas que entran en él.

Un ejemplo de asignación de recursos en la elaboración de la estrategia: el caso de Intel

Intel comenzó como fabricante de memorias de semiconductores, y los ingenieros que la fundaron desarrollaron los primeros chips de memoria dinámica de acceso aleatorio (DRAM) comercialmente viables del mundo.[7] En 1971, un ingeniero de Intel inventó fortuitamente el microprocesador durante un proyecto de desarrollo financiado por Busicom, una compañía japonesa de calculadoras. Aunque las DRAM continuaron representando la parte del león en las ventas de la empresa durante la década de 1970, las ventas de microprocesadores Intel crecieron poco a poco en una multitud de pequeñas aplicaciones emergentes.

Cada mes, los programadores de producción de Intel se reunían para asignar la capacidad de producción disponible entre sus productos, que iban desde las DRAM hasta las memorias EPROM y los microprocesadores.[8] El departamento de ventas llevaba a esas reuniones su pronóstico de envíos, y contabilidad mostraba una clasificación ordenando esos productos por márgenes brutos por cantidad de obleas mensuales. Al producto con el margen más alto se le asignaba entonces la capacidad de producción necesaria para cumplir su pronóstico de envíos. El producto con el margen más alto siguiente obtenía la capacidad que necesitaba para cumplir su pronóstico de envíos, y así, hasta que a la línea de productos con los márgenes brutos más bajos se le asignaba la capacidad residual restante. En otras palabras, los márgenes brutos por obleas mensuales constituían los valores de la organización que se usaban en esa crucial decisión de asignación de recursos.

A principios de la década de 1980, los fabricantes de DRAM japoneses atacaron el mercado estadounidense, haciendo que los niveles de precios cayeran estrepitosamente y relegando las DRAM al lugar más bajo en la clasificación por márgenes brutos de los productos de Intel. Como la competencia que enfrentaban era menos intensa, los microprocesadores pasaron a obtener constantemente los márgenes brutos más atractivos en la cartera de productos de Intel. Por lo tanto, el proceso de asignación de recursos desvió sistemáticamente la capacidad de fabricación, de las DRAM a los microprocesadores. Esto ocurrió sin que hubiera una decisión gerencial explícita de cambiar la estrategia. De hecho, los altos directivos siguieron invirtiendo dos tercios de los dólares de investigación y desarrollo en el negocio de las DRAM aun cuando el proceso de asignación de recursos estaba efectuando una salida sistemática de esas memorias.[9]

Finalmente, para 1984, cuando Intel había caído en una crisis financiera y las DRAM se habían reducido a solo una fracción del volumen de la compañía, los altos directivos reconocieron que la firma se había convertido en una empresa de microprocesadores. Dejaron de gastar dinero de investigación y desarrollo en las DRAM, y Gordon Moore y Andy Grove hicieron su histórica salida por la puerta giratoria de la empresa como gerentes de la vieja firma para volver a entrar como gerentes de la nueva compañía.[10] Pero fue el proceso de asignación de recursos el que transformó a Intel de una empresa de memorias DRAM a una empresa de microprocesadores.[8] El notable cambio de estrategia de Intel no fue el resultado de una estrategia intencionada articulada dentro de las filas ejecutivas, sino que surgió a través de las decisiones diarias tomadas por los gerentes de mando medio al asignar recursos.[11]

Cuando esa oportunidad de un nuevo negocio se hizo clara, fue el momento manejar la estrategia de manera resuelta y deliberada –cosa que la gerencia de Intel hizo de un modo magistral–. Aplicando una mano fuerte y a veces implacable en el filtro de la asignación de recursos, la gerencia descartaba las iniciativas emergentes que no respaldaban directamente el negocio de los microprocesadores. Ambos procesos estratégicos eran cruciales. Había que consolidar una dirección estratégica viable desde el lado emergente del proceso, porque nadie podía predecir con suficiente claridad el futuro de las computadoras de escritorio basadas en microprocesadores. Pero una vez que la estrategia ganadora se hizo manifiesta, era tan fundamental para el éxito final de Intel que los altos directivos tomaron el control del proceso de asignación de recursos e impulsaron la estrategia expresamente desde arriba.

Coordinar el proceso de elaboración de la estrategia con la etapa del desarrollo del negocio

La historia de Intel muestra que las estrategias rara vez siguen una secuencia simple desde la formulación hasta la implementación. Es más, la estrategia nunca es estática. Al principio, la mayoría de las empresas deben fijar su rumbo en una dirección predeterminada porque necesitan comenzar yendo hacia algún lado. Esperamos que las teorías de este libro ayuden a quienes crean nuevos negocios a apuntar deliberadamente a una estrategia viable con mucha mayor precisión de lo que era posible hacerlo en el pasado. Pero incluso con esa orientación, habrá muchas cosas por descubrir.

Las investigaciones indican que, históricamente, en más del 90 por ciento de los negocios exitosos nuevos, la estrategia deliberada que los creadores habían decidido seguir no fue la que condujo finalmente al éxito del negocio.[12] Los emprendedores casi nunca aciertan con la estrategia correcta la primera vez. Los que tienen éxito lo consiguen porque les queda dinero para intentarlo de nuevo después de ver que su estrategia inicial tenía defectos, mientras que los que fracasan generalmente agotan sus recursos implementando una estrategia deliberada antes de que pueda conocerse su viabilidad. Uno de los roles más importantes de los altos directivos durante los primeros años de un emprendimiento es averiguar de fuentes emergentes qué está funcionando y qué no, e incorporar entonces esa información al proceso a través del canal predeterminado. Como aconsejan Mintzberg y Waters, "La apertura a una estrategia emergente le permite a la gerencia actuar antes de entender todo cabalmente –responder a una realidad que evoluciona en lugar de tener que enfocarse en una fantasía estable–. […] La estrategia emergente en sí implica descubrir qué funciona –tomar una sola medida a la vez en busca de ese patrón o regularidad viable"–.[13]

Los gerentes eficientes finalmente reconocen el patrón viable que constituye una estrategia exitosa. Entonces, con mano firme en los criterios usados como filtro en el proceso de asignación de recursos, deben hacer mucho más planificada la elaboración de la estrategia. En lugar de seguir buscando a tientas su camino para entrar en el mercado, necesitan ejecutar audazmente la estrategia que han descubierto que funcionará. Intel, Wal-Mart y una multitud de otras empresas vieron emerger una estrategia viable que era sustancialmente diferente de la que habían concebido sus fundadores. Pero una vez que el modelo fue claro, ejecutaron esa estrategia agresivamente.

Manejar dos procesos de estrategia radicalmente diferentes: una rara y delicada habilidad

En la mayoría de las olas de crecimiento disruptivo, una multitud de competidores se sienten atraídos por la oportunidad. Las firmas que no sobresalen de la manada como líderes fracasan en uno de dos puntos. Primero, muchos de los entrantes iniciales fracasan porque gastan el dinero implementando agresivamente una estrategia deliberada en las etapas nacientes, cuando no se puede saber cuál es la estrategia correcta. El segundo punto de fracaso se da después de que el mercado y sus aplicaciones se hacen claros para las firmas que han manejado de manera más efectiva el proceso de estrategia emergente. Las firmas que entonces quedan atrás son aquellas cuyos ejecutivos no toman el control deliberado de la asignación de recursos y centran todas las inversiones en la carrera de ascenso en el mercado.

El cambio de modo de una estrategia emergente a una deliberada es crucial para tener éxito en el negocio disruptivo inicial de una empresa. Pero el trabajo del CEO en el manejo de ese proceso no termina allí, porque el proceso de estrategia deliberada a menudo se vuelve un impedimento posterior en los esfuerzos de una empresa para lanzar nuevas olas de crecimiento disruptivo exitoso. Esto ocurre de dos maneras. Primero, los filtros usados en el proceso de asignación de recursos de las empresas exitosas se vuelven tan concordantes con la estrategia exitosa que descartan todo excepto las iniciativas que apoyan el negocio existente −haciendo que se ignoren las innovaciones disruptivas que crean las siguientes olas de crecimiento−. Y tan importante como eso, cuando los procesos de estrategias deliberadas se han arraigado en el funcionamiento, a las organizaciones les cuesta emplear otra vez procesos emergentes al lanzar nuevos negocios.

Los esfuerzos de una empresa para aprovechar nuevas olas de crecimiento disruptivo deben ser guiados a través de procesos emergentes. Pero, al mismo tiempo, como al negocio ya consolidado de la empresa generalmente le quedan muchos años de rentabilidad aunque el negocio disruptivo de nuevo crecimiento esté en marcha, el negocio principal debe ser impulsado por procesos de estrategia deliberada para guiar las innovaciones de apoyo que lo mantendrán competitivo y rentable.

En nuestros estudios hemos encontrado un buen número de empresas cuyos ejecutivos percibieron la necesidad de asignar recursos para crear negocios disruptivos de nuevo crecimiento antes de que fuera demasiado tarde. Pero muy, muy pocas veces hemos visto ejecutivos que hayan demostrado regularmente la capacidad de manejar de manera adecuada el proceso de desarrollo de la estrategia en diferentes negocios en distintas etapas de madurez. Una vez que han entrado en un modo de estrategia deliberada, les cuesta mucho dejar que los nuevos negocios sean guiados mediante un proceso emergente.

Por ejemplo, Prodigy Communications, un emprendimiento conjunto entre Sears e IBM, fue pionero en servicios *online* a principios de la década de 1990. Los gerentes de Sears e IBM fueron extraordinariamente audaces en la asignación de recursos: invirtieron más de mil millones de dólares en lo que era una innovación muy incierta potencialmente disruptiva. Pero no tuvieron tanto éxito en manejar el proceso estratégico –en ayudar a Prodigy a definir una estrategia viable a través de procesos emergentes aunque las empresas matrices estuvieran manejando sus negocios principales con estrategias deliberadas–.

El plan de negocios original de Prodigy imaginaba que los consumidores usarían los servicios *online* principalmente para acceder a información y hacer compras en línea. En 1992, la gerencia se dio cuenta de que los dos millones de abonados de Prodigy pasaban más tiempo enviando correos electrónicos que bajando información o haciendo compras *online*. La arquitectura de la infraestructura informática y de comunicaciones de Prodigy había sido diseñada para optimizar el procesamiento de transacciones y el suministro de información, y en consecuencia Prodigy comenzó a cobrar tarifas extra a los abonados que enviaban más de treinta e-mails por mes. En lugar de ver al correo electrónico como una señal de estrategia emergente, la empresa trató de eliminarlo, porque, en un modo deliberado, el trabajo de la gerencia era implementar la estrategia original.

America Online (AOL) tuvo la suerte de entrar en el mercado más tarde, cuando los clientes habían descubierto que el correo electrónico era un motivo fundamental para abonarse a un servicio *online*. Con una infraestructura tecnológica hecha a medida para enviar mensajes y su firma *"You've got mail"* (Tienes un e-mail), AOL se volvió mucho más exitosa.

A la luz de nuestro modelo, el error de Prodigy no fue que entrara tempranamente en el mercado. Tampoco fue un error que la gerencia apostara a la búsqueda de información y las compras en línea como la atracción principal de un servicio *online*. Nadie podía saber exactamente al principio cómo se usarían los servicios *online*.[14] El error de los ejecutivos fue emplear un proceso de estrategia deliberada antes de que pudiera saberse la viabilidad de la estrategia. Si Prodigy hubiera mantenido la flexibilidad estratégica y tecnológica para responder a la evidencia estratégica emergente, la empresa podría haber tenido una enorme ventaja sobre AOL y CompuServe (el tercer proveedor principal de servicios en línea). Un desafío similar enfrentó el conjunto de empresas que a principios de la década de 1990 respondieron a la opinión ampliamente sostenida de que estaba a punto de surgir un gran mercado para asistentes personales digitales de bolsillo (PDA). Muchos de los principales fabricantes de computadoras –incluidos NCR, Apple, Motorola, IBM y Hewlett-Packard– apuntaron a ese mercado junto con algunas *start-ups* como Palm. Todos intuían que el mercado quería un dispositivo informático portátil. Apple fue uno de los innovadores más agresivos en ese espacio. Desarrollar su Newton costó 350 millones de dólares debido a las tecnologías, como el reconocimiento de escritura a mano, que hacían falta para incorporar al producto tanta funcionalidad como fuera posible. Hewlett-Packard también invirtió agresivamente para diseñar y construir su diminuta unidad de disco Kittyhawk para el mercado.

Al final, los productos no fueron suficientemente buenos para ser sustitutos de las computadoras portátiles, y cada una de las empresas descontinuó su esfuerzo –excepto Palm–. La estrategia original de Palm fue proveer un sistema operativo para esos asistentes digitales personales.[15] Cuando las estrategias de sus clientes fracasaron, Palm buscó otra aplicación y se le ocurrió la idea de un organizador personal electrónico.

¿Cuáles fueron los errores estratégicos aquí? La empresas de computadoras emplearon procesos de estrategias predeterminadas desde el comienzo hasta el final. Invirtieron masivamente para implementar sus estrategias, y después cancelaron los proyectos cuando las estrategias resultaron equivocadas. Palm fue la única firma que cambió a un proceso de estrategia emergente cuando su estrategia deliberada original fracasó. Cuando surgió una estrategia viable, Palm cambió nuevamente a un proceso predeterminado al migrar hacia arriba en el mercado.

Claramente, esto no es algo sencillo.

Puntos de apoyo ejecutivo en el proceso de elaboración de la estrategia

El proceso de asignación de recursos es el filtro por el que deben pasar todas las acciones estratégicas. Como es un proceso complejo y diseminado en la empresa, es raro que los altos directivos puedan simplemente elaborar una nueva estrategia e "implementarla". Mayormente, definir e implementar una nueva estrategia implica gestionar las condiciones bajo las cuales operan la estrategia y los procesos de asignación de recursos de modo que el proceso estratégico pueda funcionar eficazmente, dadas las circunstancias en que se encuentre cada una de las organizaciones de la empresa. Los procesos adecuados y efectivos generarán los criterios estratégicos necesarios. El resto de este capítulo se centra en tres puntos de apoyo ejecutivo en el proceso de elaboración de la estrategia. Los gerentes deben:

1. Controlar cuidadosamente la estructura *inicial* de costos de un negocio de nuevo crecimiento, porque eso determinará rápidamente los valores que impulsarán las decisiones críticas de asignación de recursos en ese negocio.
2. Acelerar activamente el proceso por el cual surge una estrategia viable, asegurando que los planes de negocios estén diseñados para testear y confirmar las suposiciones críticas mediante el uso de herramientas tales como la *planificación por descubrimientos (discovery-driven planning).*
3. Intervenir personal y reiteradamente, negocio por negocio, juzgando si la circunstancia es tal que el negocio necesita seguir un proceso deliberado o emergente de elaboración de la estrategia. Los CEO no deben dejar la elección del proceso estratégico a la política, el hábito o la cultura.

Crear una estructura de costos que encuentre atractivos a los clientes adecuados

Nótese que no señalamos los "memos de la dirección ejecutiva" como un modo de influir en los valores de la organización. Esto es porque el poder de la estructura de costos de un emprendimiento es abrumador, "siendo estratégicamente importante" como criterio que impulsa las decisiones de asignación de recursos.[16] Los ejecutivos deben prestar inicialmente mucha atención a crear una estructura de costos y un modelo de negocios en los que los pedidos de los tipos de clientes ideales descritos en el Capítulo 4 parecerán ser rentables. De lo contrario, será imposible construir un negocio con esos clientes como base.[17]

Ilustremos esto con un ejemplo cercano, contando las experiencias del propio Clayton Christensen en la gestión de una empresa respaldada por capital de riesgo que fundó con varios profesores del MIT a principios de la década de 1980, antes de retirarse al ámbito académico. La empresa se formó para explotar una tecnología atractiva para fabricar productos con una clase de materiales notables llamados cerámicos avanzados, y la historia es relatada en una serie de casos bajo el nombre encubierto de Materials Technology Corporation (MTC).[18]

La estrategia de MTC fue convertirse en un fabricante importante de productos hechos con esos materiales cerámicos avanzados. Como el negocio de los materiales es de capital intensivo, Christensen y sus colegas sabían desde un primer momento que MTC necesitaría mucho capital para llevar la empresa al punto de equilibrio –estimaban unos 60 millones de dólares–. A comienzos de la década de 1980, eso era mucho dinero que reunir. Lo que determinó la cantidad necesaria no fue solo el costo de las instalaciones físicas sino también el largo del ciclo de desarrollo de los productos. Por su posición en el inicio de la cadena de valor, MTC necesitaba conseguir contratos para desarrollar nuevos componentes para sus clientes, quienes luego usarían esos componentes avanzados para fabricar la siguiente generación de productos propios. Desarrollar y testear los componentes llevaba fácilmente de uno a dos años. Cuando MTC tuviera éxito, entonces y solo entonces los clientes podrían iniciar su propio ciclo para diseñar y testear los nuevos productos que los materiales avanzados de MTC habían hecho posibles. Los procesos de desarrollo de los clientes generalmente llevaban de dos a cuatro años más. En otras palabras, la estrategia de MTC implicaba soportar una gran cantidad de gastos antes de que pudieran empezar a llegar los ingresos.[19]

Christensen decidió cubrir el costo del personal de investigación y desarrollo de MTC negociando contratos multimillonarios de desarrollo conjunto con los principales socios corporativos, de la misma forma en que muchas empresas de biotecnología han financiado sus prolongados procesos de desarrollo. Cuando MTC vendió un importante contrato de desarrollo para crear la tecnología exigida por los productos que su estrategia proyectaba, tuvo que contratar científicos e ingenieros para realizar el trabajo.

La estrategia funcionó bien durante un par de años. Entonces concluyó el primer contrato de desarrollo importante conseguido por MTC, y la financiación que había cubierto los salarios de los tres doctores en ciencias y los cinco ingenieros llegó a su fin. Dado el largo camino hasta la producción en volumen, inherente al ciclo de desarrollo de los productos de MTC, ¿cómo podía la empresa cubrir sus salarios? Esos eran algunos de los mejores expertos en materiales del mundo, y no se los podía enviar de vuelta a casa así sin más. Por lo tanto, la empresa tenía que vender otro contrato de desarrollo a quienquiera que le pagase suficiente dinero para cubrir sus salarios y costos operativos. Cuando el siguiente proyecto financiado llegó a su fin, MTC tuvo que vender otro programa financiado para cubrir los altos costos fijos de la compañía. La firma comenzó con una estrategia elaborada para ser un fabricante de productos en volumen. Pero muy rápido y sin planificarlo, la gerencia comenzó a implementar una estrategia para convertirse en una firma de investigación por contrato. No había ninguna manera de que los márgenes brutos generados por los volúmenes iniciales de los productos fabricados pudieran cubrir los gastos generales que debían ponerse en marcha para entregar lo que MTC vendía a sus primeros clientes.

El largo ciclo de desarrollo de MTC y la enorme necesidad de financiación representan un ejemplo extremo, pero todo nuevo emprendimiento corporativo experimenta su propia versión de ese desafío. El hábito de las empresas grandes y consolidadas es incrementar los gastos antes que los ingresos, porque en un mundo de estrategias deliberadas e innovaciones de apoyo, estas son apuestas seguras. Pero esos desembolsos determinan muy rápidamente una estructura de costos, y antes de que nos demos cuenta tenemos un modelo de negocios que determina el tipo de negocio que parece o que no parece atractivo. Finalmente, MTC sí se convirtió en una empresa fabricante, pero solo a través de despidos desgarradores y reestructurando la naturaleza de sus costos. Solo al crear una nueva estructura de costos fue que pudo parecer atractivo un nuevo tipo de pedido del cliente y que, por lo tanto, pudo acordársele prioridad en la asignación de recursos.

Este ejemplo ilustra por qué los ejecutivos necesitan prestar mucha atención a tener las condiciones iniciales adecuadas. La única forma de que los gerentes de un nuevo emprendimiento puedan competir contra el no consumo con un producto simple es establecer una estructura de costos que haga financieramente atractivos a ese producto y esos clientes. Minimizar los compromisos de costos importantes le permite a un emprendimiento ir en pos de los pequeños pedidos que son el sustento inicial de los negocios disruptivos en sus primeros años.

Acelerar el proceso de estrategia emergente

Los ejecutivos cuyos emprendimientos están en modo descubrimiento no deben observar pasivamente qué evoluciona en el proceso de estrategia emergente. Pueden emplear un método riguroso llamado *planificación por descubrimientos* para ayudar a que una estrategia viable surja mucho más rápida y deliberadamente de lo que es probable que ocurra recurriendo al método de prueba y error, menos estructurado.[20]

La mayoría de los procesos de planificación estratégica deliberados siguen cuatro pasos, como se muestra en la Tabla 8-1. Primero los innovadores hacen suposiciones sobre el futuro y sobre el éxito que tendrá una idea de negocio nueva. Esas suposiciones podrían estar basadas en una teoría predictiva buena, pero a menudo se basan en cómo funcionaron las cosas en el pasado. En el segundo paso, los innovadores hacen proyecciones financieras basadas en esas suposiciones, y en el tercero, los altos directivos aprueban las propuestas basadas en las proyecciones financieras. En el cuarto paso, el equipo responsable del nuevo emprendimiento implementa la estrategia. En ese proceso deliberado con frecuencia hay una vuelta del segundo paso nuevamente al primero. Como los innovadores y los gerentes de mando medio generalmente saben lo bien que deben verse los números para que la propuesta obtenga fondos, a menudo retroceden y revisan las suposiciones para hacer que los números funcionen.

Ese proceso no funciona mal en un mundo de mejoras de apoyo y estrategias deliberadas. Pero cuando se lo usa para tomar decisiones en el mundo emergente de la disrupción, hace que se tomen malas decisiones, porque las suposiciones sobre las que se basan las proyecciones y las decisiones a menudo resultan erróneas.

La planificación por descubrimientos es una forma de gestionar activamente el proceso de estrategia emergente. Como se muestra en la Tabla 8-1, implica reordenar los cuatro pasos.

Tabla 8-1.
Un método basado en descubrimientos para gestionar el proceso de estrategia emergente

Innovaciones de apoyo Planificación deliberada	Innovaciones disruptivas Planificación por descubrimientos
(Nota: las decisiones para iniciar estos proyectos pueden basarse en números y reglas)	(Nota: las decisiones para iniciar esos proyectos deben basarse en el reconocimiento de patrones.
1. Hacer suposiciones sobre el futuro. 2. Definir una estrategia basada en esas suposiciones, y elaborar proyecciones financieras basadas en esa estrategia. 3. Tomar decisiones de inversión basadas en esas proyecciones financieras. 4. Implementar la estrategia para alcanzar los resultados financieros proyectados.	1. Hacer las proyecciones financieras objetivo. 2. ¿Qué suposiciones deben ser ciertas para que esas proyecciones se materialicen? 3. Implementar un plan para averiguar –para testear si las suposiciones cruciales son razonables–. 4. Invertir para implementar la estrategia.

El primer paso es hacer las proyecciones financieras –el rendimiento financiero deseado o requerido para la iniciativa–. La lógica de esto es bastante convincente. Si todo el mundo sabe lo bien que deben verse los números para obtener financiamiento, ¿por qué pasar por la farsa cíclica de hacer y revisar suposiciones para lograr que los números se vean lo suficientemente bien? El estado de resultados requerido y el retorno de la inversión deberían ser la primera diapositiva convencional en toda presentación. El segundo paso, en el que comienza el trabajo real, es confeccionar una lista de cotejo de las suposiciones. Esto responde a la pregunta, "Todos sabemos lo buenos que necesitan ser los números. Muy bien, ¿qué suposiciones deben ser ciertas para que esperemos de manera realista que esos números se materialicen? Las suposiciones de esa lista deben ordenarse de más a menos crucial. La lista debe incluir suposiciones relacionadas con cada una de las teorías expuestas en este libro: que las disrupciones de gama baja o de nuevo mercado son posibles; que los clientes objetivo usarán el nuevo producto para los trabajos que están tratando de hacer; que el nuevo emprendimiento conducirá la empresa al punto de la cadena de valor en el que estará el dinero en el futuro, etc.

Los pasos tercero y cuarto de la planificación por descubrimientos también invierten el orden del proceso de estrategia deliberada. El tercer paso es implementar un plan. No un plan estratégico deliberado, sino un plan para testear la validez de las suposiciones más cruciales. Ese plan necesita generar, rápidamente y con el menor gasto posible, información que valide o que invalide las suposiciones más importantes. Esto les permite a los innovadores revisar la estrategia antes del cuarto paso –la decisión de implementar mediante una inversión significativa–. Esto puede hacerse una vez que la viabilidad de diversas suposiciones se vuelva más evidente.

Los innovadores que usan la planificación por descubrimientos suelen descubrir bastante pronto que un conjunto de suposiciones razonables para respaldar un plan no es lo que logrará los números que requiere la organización. Esto podría implicar que la idea, sencillamente, no se puede convertir en una estrategia viable. O podría significar que la idea debe ser puesta en una unidad de negocios más pequeña, cuyos valores podrían no exigir que se vuelva prohibitivamente grande prohibitivamente rápido.

Gestionar el *mix* de estrategias emergentes y deliberadas

En una organización, muchos procesos pueden volverse tan refinados y efectivos que simplemente siguen avanzando con poca atención de los altos directivos, liberando a los gerentes de preocuparse por aspectos no estándar adicionales del negocio. Pero es peligroso dejar que el proceso de desarrollo estratégico opere en piloto automático. En un momento determinado, algunos negocios bajo la dirección de un gerente pueden requerir ser gestionados mediante procesos estratégicos deliberados, mientras que otros requerirán procesos emergentes.

Los ejecutivos no pueden girar una válvula para abrir y cerrar el flujo de oportunidades y problemas que surgen de las fuentes deliberada y emergente. Esas fuentes están manando siempre, y el trabajo del CEO es manejar constantemente qué fuente debe influir de manera predominante en el pensamiento estratégico. La válvula, que es el proceso de asignación de recursos, puede ponerse realmente complicada −y por eso los CEO deben mantener las manos en el control constante y conscientemente−. Cuando ha surgido una estrategia viable y es momento de ejecutarla, el CEO debe cambiar agresivamente al modo de estrategia deliberada y dejar de financiar oportunidades emergentes que podrían desviar a la empresa de su enfoque puesto en el plan ganador.

Una vez hecho esto, sin embargo, los ejecutivos a menudo sufren de amnesia y solo recuerdan selectivamente su éxito en la implementación deliberada de la estrategia exitosa. Olvidan el proceso emergente mediante el cual esa estrategia fue descubierta, y por lo tanto se olvidan de restablecer el proceso estratégico a un modo emergente en esas nuevas organizaciones que están tratando de construir el siguiente negocio de crecimiento. En consecuencia, casi todas las empresas emplean sistemas estratégicos deliberados de "talla única". Esa es una razón muy común por la que nuevos emprendimientos lanzados por corporaciones y por muchas firmas de capital de riesgo fracasan.[21] Gestionar el proceso estratégico de maneras que sean apropiadas para la circunstancia puede aumentar significativamente las probabilidades de que un emprendimiento tenga éxito.

Buscar simplemente tener la estrategia correcta no es suficiente.
La clave es gestionar el proceso a través del cual la estrategia es

desarrollada. Las iniciativas estratégicas entran en el proceso de asignación de recursos desde dos fuentes –una deliberada y una emergente–. En el caso de las innovaciones de apoyo y de algunas disrupciones de baja gama, el panorama competitivo es suficientemente claro para poder concebir la estrategia deliberadamente e implementarla. En las etapas iniciales de una disrupción de nuevo mercado, en cambio, es casi imposible establecer correctamente los detalles de la estrategia. En lugar de ejecutar una estrategia, en esas circunstancias los gerentes deben implementar un proceso a través del cual pueda surgir una estrategia viable.

En la elaboración de la estrategia hay tres puntos de apoyo ejecutivo. El primero es gestionar la estructura de costos, o los valores de la organización, para que puedan priorizarse los pedidos de los productos disruptivos hechos por clientes ideales. El segundo es la planificación por descubrimientos –un proceso disciplinado que acelera el conocimiento de lo que funcionará y lo que no funcionará–. El tercero es vigilar atentamente que los procesos de estrategia deliberada y emergente se estén siguiendo en las circunstancias apropiadas para cada negocio de la corporación. Ese es un desafío que pocos ejecutivos han llegado a dominar, y es uno de los factores que más contribuyen al fracaso de las innovaciones en las empresas consolidadas.

NOTAS

1. La idea de que estos dos procesos coexisten fue articulada por Henry Mintzberg y James Waters en su trabajo ya clásico "Of Strategies, Deliberate and Emergent," *Strategic Management Journal* 6 (1985): 257. El profesor Robert Burgelman, de Stanford, es probablemente el académico más destacado en este campo, y en este capítulo se citan muchos de sus trabajos. Dos de sus trabajos importantes son "Intraorganizational Ecology of Strategy Making and Organizational Adaptation: Theory and Field Research," *Organization Science* 2, no. 3 (August 1991): 239–262; y "Strategy as Vector and the Inertia of Coevolutionary Lock-in," *Administrative Science Quarterly* 47 (2002): 325–357. El libro reciente de Burgelman, *Strategy Is Destiny* (New York: Free Press, 2002), resume muchos de sus descubrimientos. Los pro-

fesores Rita McGrath e Ian MacMillan, de las Escuelas de Negocios de Columbia y Wharton, respectivamente, también han estudiado estos temas. Consideramos que su artículo "Discovery-Driven Planning" (*Harvard Business Review*, July-August 1995) es particularmente útil para entender qué procesos de desarrollo de la estrategia son apropiados en qué circunstancias. También nos hemos basado en gran medida en el trabajo del profesor Amar Bhide, *The Origin and Evolution of New Business* (Oxford and New York: Oxford University Press, 2000).

2. Mintzberg and Waters, "Of Strategies," 258.

3. Esto también se aleja del enfoque tradicional empleado para pensar en la manera "correcta" de establecer la estrategia. Habitualmente, los académicos de negocios han adoptado un enfoque disyuntivo ("una de dos") para el proceso de formulación de la estrategia, como se demuestra en la muy conocida pulseada entre Henry Mintzberg ("de abajo hacia arriba") e Igor Ansoff ("de arriba hacia abajo") en las páginas del *Strategic Management Journal* (vol. 11, 1990, and vol. 12, 1991).

4. Andrew Grove, *Only the Paranoid Survive* (New York: Doubleday, 1996), 146.

5. Los profesores Joseph L. Bower, de la Harvard Business School, y Robert Burgelman, de Stanford, son los principales académicos que han descrito cómo se asignan los recursos entre las inversiones alternativas competidoras en todos los niveles de la organización. Véase Joseph L. Bower, *Managing the Resource Allocation Process* (Boston: Harvard Business School Press, 1970); y Robert A. Burgelman y Leonard Sayles, *Inside Corporate Innovation* (New York: Free Press, 1986).

6. El efecto que ese mecanismo de filtro puede tener sobre las posibilidades estratégicas de una empresa puede ser profundo. 3M Corporation, por ejemplo, es una de las empresas más innovadoras de la historia moderna en términos de su capacidad de aplicar sus plataformas tecnológicas a una variedad de aplicaciones de mercado. Pero la insistencia de la empresa en que todos los productos nuevos cumplan con el objetivo de un margen bruto relativamente alto la ha llevado a enfocarse en una amplia gama de nichos de pequeños productos premium y, excepto unos pocos, ha impedido a todos sus nuevos productos convertirse en negocios de mercado masivo.

7. Esta historia se halla registrada en Robert A. Burgelman, "Fading Memories: A Process Study of Strategic Business Exit in Dynamic Environments," Administrative Science Quarterly 29 (1994): 24-56; y en Grove, *Only the Paranoid Survive.*

8. Los EPROM son circuitos de memoria borrables, programables y de solo lectura. Como sus microprocesadores, la línea de productos EPROM de Intel también es resultado del proceso emergente y no del deliberado. Véase Burgelman, "Fading Memories."

9. Había sólidas razones para que la gerencia senior siguiera invirtiendo en

las DRAM. Por ejemplo, la gerencia creía que las DRAM eran el "impulsor tecnológico" y que seguir siendo competitivos en el terreno de las DRAM era esencial para ser competitivos en otras líneas de productos.

10. Grove, *Only the Paranoid Survive*.

11. Los microprocesadores eran una tecnología disruptiva de nuevo mercado en el sentido de que llevaban la lógica a las aplicaciones donde antes no había sido viable, dado el tamaño y el costo de las grandes placas de circuito lógico impreso que se usaban en los ordenadores centrales y minicomputadoras de la época. Pero con respecto al modelo de negocios de Intel, los microprocesadores eran una innovación de apoyo. El producto ayudaba a Intel a ganar más dinero de la forma en que la empresa estaba estructurada para ganar dinero, y por lo tanto se le asignaron recursos sin inconvenientes. Esto ilustra un principio muy importante: que la disruptividad solo puede expresarse con relación al modelo de negocios de una empresa y sus competidores.

12. Pruebas fehacientes de esto se analizan en Amar Bhide, *The Origin and Evolution of New Businesses* (New York: Oxford University Press, 2000).

13. Mintzberg y Waters, "Of Strategies," 271.

14. En una serie de conferencias y artículos, el Dr. John Seeley Brown ha señalado este punto –que es muy difícil predecir cómo terminará usando la gente las tecnologías disruptivas que cambian la manera en que vivimos y trabajamos–. Recomendamos a nuestros lectores todos los escritos del Dr. Brown, quien ha influido de manera profunda en nuestro propio pensamiento. Véase, por ejemplo, J. S. Brown, ed., *Seeing Differently: Insights on Innovation* (Boston: Harvard Business School Publishing, 1997); J. S. Brown, "Changing the Game of Corporate Research: Learning to Thrive in the Fog of Reality," en *Technological Innovation: Oversights and Foresights*, eds. Raghu Garud, Praveen Rattan Nayyar y Zur Baruch Shapira (New York: Cambridge University Press, 1997), 95-110; y J. S. Brown y Paul Duguid, *The Social Life of Information* (Boston: Harvard Business School Press, 2000).

15. En el lenguaje del Capítulo 4, la mayoría de esas firmas estaban tratando de meter forzadamente la innovación disruptiva –los dispositivos de mano– en el mercado principal grande y obvio de las computadoras portátiles. Como era de esperar, esa estrategia resultó ser muy costosa, y todas fracasaron.

16. Una importante perspectiva teórica llamada "dependencia de los recursos" afirma que son las entidades externas a la organización las que controlan lo que la organización puede y no puede hacer. Esas entidades –los clientes y los inversores– le proporcionan a la organización los recursos que necesita para prosperar. Los gerentes no pueden hacer cosas que no sean en interés de esos proveedores externos de recursos, o estos retendrán sus recursos y la empresa sucumbirá. Véase Jeffrey Pfeffer y Gerald R. Salancik, *The External Control of Organizations: A Resource Dependence Perspective* (New York:

Harper & Row, 1978). El dilema del innovador dedicó mucho espacio a ester tema, señalando que el mecanismo para gestionar el cambio frente a la dependencia de los recursos es crear organizaciones independientes que puedan depender de otros proveedores de recursos, que valoren los productos disruptivos.

17. El distinguido sociólogo Arthur Stinchcombe ha escrito extensamente sobre la importancia de las condiciones iniciales para determinar la subsecuente cadena de decisiones y hechos.

18. Clayton Christensen, "Materials Technology Corp.," Case 9-694-075 (Boston: Harvard Business School, 1994); y Clayton Christensen, "Linking Strategy and Innovation: Materials Technology Corp.," Case 9-696-082 (Boston: Harvard Business School, 1996).

19. Para Christensen, el estudio de estos problemas como académico dejó en claro que la tecnología de MTC fue una innovación de apoyo revolucionaria: la empresa estaba tratando de llevar productos mejorados a los mercados consolidados, y la tecnología de punta implicaba numerosas interdependencias en desarrollo y diseño. MTC hizo incorrectamente muchas de las elecciones descritas en este libro, y como resultado, aunque la empresa sobrevivió y es rentable, el camino fue absolutamente tortuoso.

20. Véase Rita Gunther McGrath e Ian C. MacMillan, "Discovery-Driven Planning," *Harvard Business Review*, July–August 1995, 44–56. Los profesores McGrath y MacMillan han escrito numerosos trabajos muy útiles sobre gestionar la creación de nuevos negocios, de los cuales este artículo es representativo. En su artículo usan el término "planificación basada en plataformas". Nosotros hemos llamado a ese proceso "planificación estratégica deliberada" para ser consecuentes con el lenguaje usado en otra parte de este capítulo..

21. Nos preocupa que, a medida que las firmas de capital de riesgo se han ido poblando gradualmente de analistas menos experimentados que en sus cursos de MBA solo aprendieron sobre estrategia deliberada, estén exigiendo sutilmente cada vez más rigor, y datos y pruebas de que la estrategia de un negocio es correcta. Luego presionan a los equipos de gestión de las empresas de su cartera para que "ejecuten". Solo cambian a un modo emergente cuando la inversión inicial se ha malgastado y los gerentes responsables fueron despedidos, y no hay otra alternativa que buscar una estrategia viable a través de procesos emergentes.

CAPÍTULO 9

Hay dinero bueno y hay dinero malo

¿Importa de quién es el dinero que financia el negocio que quiero hacer crecer? ¿Cómo podrían las expectativas de mis proveedores de capital limitar las decisiones que podré tomar? ¿El capital de riesgo funciona mejor que el capital corporativo para promover negocios disruptivos? ¿Qué pueden hacer los ejecutivos corporativos para asegurar que las expectativas que acompañan a su financiación hagan que los gerentes tomen correctamente las decisiones que llevarán al éxito?

Conseguir financiamiento es una obsesión para la mayoría de los innovadores que tienen una gran idea; en consecuencia, la investigación sobre la obtención de capital se ha centrado mayormente en cómo conseguirlo. Para los emprendedores corporativos, los autores suelen describir el proceso de presupuesto de capital como una burocracia engorrosa, y recomiendan que los innovadores encuentren un "defensor" bien ubicado en la jerarquía, que sepa manejar el sistema de los números y la política para conseguir fondos. Para las *start-ups* que buscan capital de riesgo, muchos de los consejos se centran en estructurar tratos que no cedan demasiado control y que les sigan permitiendo aprovechar las redes y la visión para los negocios que ofrecen las firmas de capital de riesgo.[1]

Aunque ese consejo es útil, elude un problema que creemos que es potencialmente más importante: el *tipo* de dinero que los ejecutivos corporativos proporcionan a los negocios de nuevo crecimiento y el tipo de capital que los gerentes de esos negocios aceptan representan elecciones iniciales fundamentales al lanzar un negocio de nuevo crecimiento. Esas son decisiones críticas, porque el tipo y la cantidad de dinero que los gerentes aceptan definen las expectativas de los inversores con las que deberán cumplir. Esas expectativas influyen fuertemente en los tipos de mercados y canales a los que el emprendimiento puede o no puede apuntar. Como el proceso de obtención de fondos obliga a que muchas ideas potencialmente disruptivas sean moldeadas, en cambio, como innovaciones de apoyo que apuntan a mercados grandes y obvios, el proceso mismo de conseguir el dinero para iniciar un emprendimiento en realidad envía a muchas de ellas rumbo al fracaso.

Nuestra conclusión es que el mejor dinero durante los años iniciales de un negocio es *paciente para el crecimiento* pero *impaciente para las ganancias*. Nuestra intención en este capítulo es ayudar a los ejecutivos corporativos a entender por qué ese tipo de dinero tiende a facilitar el éxito, y a ver cómo la otra categoría de capital –que es *impaciente para el crecimiento* pero *paciente para las ganancias*– probablemente condenará a los innovadores a una marcha hacia la muerte si se lo invierte en las etapas iniciales. También esperamos que este capítulo ayude a quienes financian nuevos negocios a entender las fuerzas que hacen que su dinero sea bueno o malo para fomentar el crecimiento.

Las teorías usadas más comúnmente sobre el dinero bueno y el dinero malo para las iniciativas de nuevo crecimiento se han basado en los atributos antes que en las circunstancias. Probablemente la categorización más común basada en los atributos es capital de riesgo *versus* capital corporativo. Otras categorizaciones son capital público *versus* privado, y amigos y familia *versus* dinero manejado profesionalmente. Ninguno de esos esquemas de categorización sostiene una teoría que pueda predecir de manera fiable el dinero de quién ayudará mejor a que los nuevos emprendimientos tengan éxitos. A veces el dinero de cada una de esas categorías resulta ser una bendición, y a veces se vuelve el beso de la muerte.

Ya hemos demostrado por qué el dinero que financia un negocio de nuevo crecimiento debe ser paciente para el crecimiento. Competir contra el no consumo y ascender disruptivamente en el mercado son elementos críticos de una estrategia de nuevo crecimiento exitosa –y sin embargo, por definición, esos mercados disruptivos van a ser pequeños durante un tiempo–. La única forma en que una iniciativa pueda volverse instantáneamente grande es que los usuarios existentes de un producto de gran volumen se sientan tentados de cambiar en masa al producto del nuevo emprendimiento. Ese es el terreno de la innovación de apoyo, y las *start-ups* casi nunca pueden ganar una batalla de innovación de apoyo. El dinero *debe* ser impaciente para el crecimiento en una etapa posterior, en circunstancias de una estrategia deliberada, después de que haya surgido una estrategia ganadora para el nuevo negocio.

El dinero debe ser impaciente para las ganancias para acelerar el proceso de la estrategia emergente inicial de un emprendimiento disruptivo. Cuando se espera que las nuevas iniciativas generen ganancias relativamente rápido, la gerencia está obligada a verificar lo más rápido posible la suposición de que los clientes pagarán sin reparos un precio rentable por el producto –es decir, ver si los productos reales crean suficiente valor real por el que los clientes pagarán dinero real–. Si la gerencia de un emprendimiento puede seguir recurriendo a la caja corporativa para financiar pérdidas continuas, los gerentes pueden posponer esa verificación crítica y seguir la estrategia equivocada durante largo tiempo. Las expectativas de ganancias tempranas también ayudan a los gerentes de una iniciativa a mantener bajos los costos fijos. Un modelo de negocios que pueda ganar dinero a bajo costo por unidad es un activo estratégico crucial tanto en estrategias disruptivas de nuevo mercado como de gama baja, porque la estructura de costos determina el tipo de clientes que son y que no son atractivos. Cuanto más bajo pueda empezar, mayor será su beneficio. Y por último, la rentabilidad temprana protege de los recortes a las iniciativas de crecimiento cuando el balance final corporativo resulta insatisfactorio.[2]

En las secciones que siguen describimos con mayor detalle cómo se vuelve malo el dinero bueno. Contamos ese proceso desde el punto de vista de los inversores corporativos, con la esperanza de que la narración ayude a los gerentes que están buscando financiamiento a distinguir el dinero bueno del malo cuando lo ven, y a comprender las consecuencias de aceptar uno u otro tipo. Esperamos también que los inversores de capital de riesgo y los emprendedores a los que financian puedan ver en esos relatos implicancias para sus propias operaciones. El dinero malo puede venir de inversores corporativos y de inversores de riesgo —como lo puede hacer el dinero bueno—.

La espiral de la muerte debida al crecimiento inadecuado

El dinero bueno se vuelve malo en una espiral descendente que se auto refuerza y torna muy difícil, incluso para los mejores ejecutivos, hacer otra cosa que presidir la desaparición de la empresa. En esa espiral hay cinco pasos. Una vez que una empresa ha caído en ella, se vuelve casi imposible no dar el paso siguiente.

Paso 1: Las empresas tienen éxito

Tras emplear un proceso de estrategia emergente para hallar una fórmula exitosa, una empresa joven da un paso adelante con un producto que ayuda a los clientes a hacer un trabajo importante mejor que cualquier producto competidor. Con la estrategia ganadora ahora clara, el equipo ejecutivo toma el control del proceso de elaboración de la estrategia y dirige deliberadamente todas las inversiones a explotar esa Cualquier cosa que desvíe los recursos del enfoque crucial y deliberado centrado en hacer crecer el negocio principal es eliminada. Ese enfoque es un requisito esencial para el éxito en esa etapa.[4] Sin embargo, significa que no se lanzan negocios de nuevo crecimiento mientras el negocio principal sigue prosperando.

Esa política impulsa a la empresa en su trayectoria de apoyo ascendente y la pone por delante de los competidores que son menos agresivos y están menos enfocados. Como los márgenes en el extremo superior son atractivos, la empresa apenas nota cuando comienza a perder negocios de gama baja sensibles al precio en el llamado "segmento de *commodities*". Salir de los productos de menor margen y reemplazar esos ingresos con productos de mayor margen en la parte superior de la trayectoria de apoyo generalmente se siente bien, porque los márgenes de beneficio bruto total mejoran.

Paso 2: Las empresas enfrentan una brecha de crecimiento

A pesar del éxito de la empresa, sus ejecutivos pronto advierten que están enfrentando una brecha de crecimiento. Esto se debe a la irritante tendencia de los inversores de Wall Street a incorporar el crecimiento esperado en el valor actual de las acciones –de modo que cumplir con las expectativas de crecimiento solo resulta en una tasa promedio de apreciación del precio de las acciones fijada por el mercado–. La única forma en que los gerentes pueden hacer que los precios de las acciones de sus empresas aumenten a un ritmo más rápido que el promedio del mercado es *superar* la tasa de crecimiento que los inversores ya han incorporado al nivel de precios actual. Por lo tanto, los gerentes que buscan crear valor para los accionistas siempre enfrentan una brecha de crecimiento –la diferencia entre qué tan rápido se espera que crezcan y cuánto más rápido necesitan crecer para lograr rendimientos superiores a la media para las accionistas–.[5]

En general, los ejecutivos cumplen con las expectativas de los inversionistas a través de innovaciones de apoyo. Los inversores entienden los negocios en los que las empresas compiten actualmente y el potencial de crecimiento que se encuentra a lo largo de la trayectoria de apoyo en esos negocios –que descuentan en el valor actual del precio de las acciones–. Por consiguiente, las innovaciones de apoyo son fundamentales para *mantener* el precio de las acciones de las empresas.[6]

Lo que les permite a las empresas superar las expectativas de los inversores, y crear de ese modo un valor inusual para los accionistas, es la creación de nuevos negocios disruptivos. Por las mismas razones por las que las empresas son propensas a subestimar el potencial de crecimiento en los negocios disruptivos, también los inversores han subestimado constantemente (y se han visto en consecuencia gratamente sorprendidos por) el potencial de crecimiento de las disrupciones. La creación de nuevos negocios disruptivos es la única forma a largo plazo de continuar creando valor para los accionistas.

Cuando los ingresos de una empresa representan millones de dólares, el volumen de nuevos negocios que los gerentes necesitan para cerrar la brecha de crecimiento –nuevos ingresos y ganancias provenientes de fuentes desconocidas y aún por descontar– también se mide en millones de dólares. Pero cuando los ingresos de una empresa aumentan a miles de millones, el umbral de tamaño de los nuevos negocios que se requiere para mantener su tasa de crecimiento, para no hablar de superar las expectativas de los inversores, se hace más y más grande cada vez. En algún momento, la compañía reportará un crecimiento más lento de lo que los inversores habían descontado, y el precio de sus acciones se verá afectado cuando los inversores se dan cuenta de que habían sobreestimado las perspectivas de crecimiento de la empresa.

Para que el precio de las acciones vuelva a moverse, la gerencia senior anuncia una tasa de crecimiento apuntada que es significativamente más alta que la tasa de crecimiento subyacente realista de los negocios principales. Esto crea una brecha de crecimiento más grande aún de lo que jamás enfrentó la empresa anteriormente –una brecha que debe llenarse con productos y negocios de nuevo crecimiento que la empresa aún tiene que concebir–. Anunciar una tasa de crecimiento poco realista es el único curso de acción viable. Los ejecutivos que se nieguen a jugar este juego serán reemplazados por gerentes que están dispuestos a intentarlo. Y las empresas que no intenten crecer verán disminuir su capitalización de mercado hasta ser absorbidas por empresas que están ansiosas por jugar.

Paso 3: El dinero bueno se vuelve impaciente por crecer

Cuando se enfrenta una brecha de crecimiento grande, los valores de la corporación, o los criterios que se usan para aprobar proyectos en el proceso de asignación de recursos, cambiarán. Nada que no pueda prometer cerrar la brecha de crecimiento volviéndose muy grande muy rápido podrá atravesar la puerta de la asignación de recursos en el proceso estratégico. Allí es donde el proceso de creación de nuevos negocios se descarrila. Cuando el capital de inversión de la corporación se vuelve impaciente por crecer, el dinero bueno se convierte en dinero malo porque desencadena una cascada posterior de decisiones incorrectas inevitables.

Los Innovadores que buscan financiación para las innovaciones disruptivas que, a la postre, podrían impulsar el crecimiento de la empresa con una alta probabilidad de éxito descubren entonces que sus globos de prueba son derribados porque no pueden crecer lo suficientemente rápido. Los gerentes de la mayoría de los negocios disruptivos no pueden proyectar de manera creíble que el negocio crecerá muy rápido, porque las disrupciones de nuevo mercado tienen que competir contra el no consumo y deben seguir un proceso de estrategia emergente. Obligarlos a proyectar grandes números los obliga a declarar una estrategia que mete la innovación, confiada y forzadamente, en un mercado grande, existente y obvio cuyo tamaño se puede corroborar estadísticamente. Eso significa competir contra el consumo.

Una vez que los altos directivos aprueban la financiación de ese proyecto de crecimiento inflado, los gerentes de la empresa no pueden dar marcha atrás y seguir una estrategia emergente que busca competir contra el no consumo. Están obligados a lograr el crecimiento que proyectan. Por lo tanto, deben aumentar los gastos de acuerdo con el plan.

Paso 4: Los ejecutivos transitoriamente toleran las pérdidas

Queda claro que competir contra el no consumo en un mercado grande y obvio será un desafío costoso, porque, para que los clientes compren el producto, este debe resultar mejor que los productos que los clientes ya están usando. El equipo advierte a los altos directivos que soportar grandes pérdidas es un requisito previo para ganar dinero grande. Decididos a ser visionarios, con los intereses a largo plazo de la empresa en mente, los ejecutivos aceptan por lo tanto la realidad de que la empresa perderá mucho dinero durante algún tiempo. No hay vuelta atrás. Los ejecutivos se convencen a sí mismos de que invertir para el crecimiento resultará en crecimiento, como si hubiera una relación lineal entre las dos cosas –como si, cuanto más agresivamente se invierte para construirlo, más rápido despegará el nuevo negocio–.[7]

A fin de cumplir con el cronograma presupuestado para la implementación y la puesta en marcha, los gerentes del proyecto establecen la estructura de costos antes de que haya ingresos –y como deben financiar una rampa de ingresos empinada, esos costos son significativos–. Pero el exceso de fondos es peligroso para la salud de un nuevo emprendimiento, porque los altos niveles de gastos a su vez definen los tipos de clientes y los segmentos de mercado que proporcionarán o no proporcionarán ingresos adecuados para cubrir esos costos. Si ocurre esa sobrefinanciación, los clientes que provienen del no consumo en aplicaciones emergentes y están por lo tanto satisfechos con productos simples –en definitiva, los clientes ideales para un emprendimiento disruptivo– se vuelven inevitablemente poco atractivos para el negocio. Los canales ideales –aquellos que necesitan algo para impulsar su propio ascenso disruptivo en el mercado frente a sus competidores– también se vuelven poco atractivos. Solo los canales más grandes que llegan a las poblaciones más grandes parecen ser capaces de generar suficientes ingresos suficientemente rápido.

Esto completa la transformación del carácter del dinero de la corporación. Se ha convertido en dinero malo para la disrupción de nuevo mercado: impaciente para el crecimiento pero paciente para las ganancias.

Paso 5: Las pérdidas crecientes precipitan los recortes

Cuando los gerentes de la empresa intentan tener éxito compitiendo contra el consumo, encuentran todo tipo de razones por las que los clientes prefieren seguir comprando los productos que siempre han usado de los proveedores en los que siempre han confiado. A menudo, esas razones implican los tipos de interdependencias que describimos en el Capítulo 5. Las innovaciones de apoyo revolucionarias rara vez pueden ser incorporadas en caliente en los sistemas de uso existentes. Por lo general, muchas otras cosas imprevistas deben cambiar para que los clientes puedan beneficiarse de usar el nuevo producto. Si bien los ingresos se quedan muy cortos, los gastos están dentro del presupuesto. Las pérdidas aumentan. El precio de las acciones vuelve entonces a ser golpeado, cuando los inversores ven otra vez que sus expectativas de crecimiento no pueden ser cumplidas..

Se trae un nuevo equipo de gestión para rescatar el precio de las acciones. Para detener la hemorragia, el nuevo equipo suspende todos los gastos excepto los que se requieren para mantener fuerte el negocio principal. Reenfocarse en el núcleo es una buena noticia. Es una fórmula probada y comprobada para mejorar el rendimiento, porque los recursos, procesos y valores de la empresa se han pulido exactamente para esta tarea. El precio de las acciones rebota en respuesta, pero tan pronto como el nuevo precio descuenta totalmente el potencial de crecimiento que existe en el negocio principal, cualquiera sea, los nuevos ejecutivos se dan cuenta de que deben invertir para crecer. Pero ahora la empresa enfrenta una brecha de crecimiento aún mayor, y la situación regresa al Paso 3, donde la empresa necesita negocios de nuevo crecimiento que puedan volverse *realmente* grandes *realmente* rápido. Esa presión hace que la gerencia repita la trágica secuencia de decisiones equivocadas una y otra vez, hasta que se ha destruido tanto valor que la empresa es absorbida por otra corporación, que por sí misma no había podido generar su propio crecimiento a través de la disrupción, pero que vio en la adquisición una oportunidad sinérgica para reducir los gastos de la combinación.

Cómo manejar el dilema de invertir para el crecimiento

El dilema de invertir para el crecimiento es que el carácter del dinero de una empresa es bueno para el crecimiento solo cuando la empresa está creciendo sólidamente. Los negocios principales que todavía están creciendo brindan cobertura para los negocios de nuevo crecimiento. Los altos directivos de una empresa consolidada que sienten que el desarrollo de una innovación de apoyo cumplirá o excederá las expectativas de los inversores pueden concederle al nuevo negocio el tiempo para seguir un proceso de estrategia emergente mientras compite contra el no consumo. Cuando el crecimiento se ralentiza –cuando los altos directivos ven que el desarrollo de la innovación es inadecuado para cumplir con las expectativas de los inversores– es cuando invertir para crecer se hace difícil. El carácter del dinero de la empresa cambia cuando las cosas deben crecer mucho y -muy rápidamente-, y no permitirá a los innovadores hacer lo que se necesita para crecer. Cuando uno es un emprendedor corporativo y nota que se está produciendo ese cambio en el contexto corporativo, es mejor que tenga cuidado.

Casi todas las empresas enfrentan ese dilema, y es el mecanismo causal detrás de las conclusiones de *Stall Points*, el estudio de la Corporate Strategy Board que citamos en el Capítulo 1.[8] El estudio mostró que de las 172 empresas que habían pasado tiempo en la lista de *Fortune* de las 500 empresas más grandes entre 1955 y 1999, el 95 por ciento vio estancarse su crecimiento a tasas iguales o inferiores a la tasa de crecimiento del PNB. De las empresas cuyo crecimiento se estancó, solo el 4 por ciento pudo reactivar con éxito su crecimiento hasta una tasa del 1 por ciento por encima del crecimiento del PNB. Una vez estancado el crecimiento, el dinero de la corporación se volvió impaciente para el crecimiento, lo que tornó imposible hacer las cosas requeridas para lanzar con éxito negocios de crecimiento.

En los últimos años, el dilema se ha vuelto más complejo todavía. Cuando empresas cuyo crecimiento se ha estancado encuentran de algún modo una manera de lanzar exitosamente un negocio de nuevo crecimiento, muchas veces los analistas de Wall Street se quejan de que no pueden valuar adecuadamente la nueva iniciativa porque está atada a una corporación más grande y de crecimiento más lento. En nombre del valor para los accionistas, exigen que la corporación escinda el negocio de nuevo crecimiento para que el valor real de su potencial de crecimiento pueda reflejarse en el precio de sus propias acciones. Si los ejecutivos responden y lo escinden, en efecto pueden "liberar" el valor para los accionistas. Pero una vez que lo liberan, quedan encerrados nuevamente en un negocio de bajo crecimiento, enfrentando el mandato de aumentar el valor para los accionistas.

Ante esa evidencia aleccionadora, los directores ejecutivos –cuya tarea es crear valor para los accionistas– *deben* preservar la capacidad de su capital para alimentar negocios de crecimiento de la manera en que necesiten ser alimentados. Cuando los ejecutivos permiten que el crecimiento de los negocios principales se desplome a niveles mediocres, los emprendimientos de nuevo crecimiento deben asumir toda la carga de cambiar la tasa de crecimiento de los ingresos y las utilidades de toda la corporación. Eso obliga a la corporación a exigir que los nuevos negocios se vuelvan muy grandes muy rápido. En consecuencia, su capital se convierte en veneno para las iniciativas de crecimiento. La única forma de evitar que el capital de inversión se eche a perder es usarlo cuando todavía es bueno –invertirlo desde un contexto que todavía es lo suficientemente sólido como para que el dinero pueda ser paciente para el crecimiento–.

En gran medida, las empresas cuyas acciones cotizan en bolsa están en una morsa que se autorrefuerza. Sus principales accionistas son los fondos de pensiones. Las corporaciones presionan a los administradores de sus inversiones en fondos de pensiones para que generen retornos sólidos y constantes –porque el rendimiento sólido de las inversiones reduce la cantidad de ganancias que deben desviarse para financiar los compromisos por pensiones–. Entonces los administradores de inversiones se dan vuelta y presionan a las corporaciones cuyas acciones poseen para que generen un crecimiento constante de las ganancias que se está acelerando inesperadamente. Las empresas privadas no están sujetas a muchas de estas presiones. Por lo tanto, las expectativas que acompañan a su capital a menudo pueden ser más apropiadas para la creación de negocios de nuevo crecimiento.

Usar el reconocimiento de patrones, no los resultados financieros, para señalar un posible punto de estancamiento

Como la gente de afuera suele medir el éxito de una empresa por sus resultados financieros, los ejecutivos se sienten tentados a tomar los cambios en los resultados financieros como señales de que deben quedarse tranquilos o tomar medidas. Pero eso no tiene sentido, porque los resultados financieros del período más reciente en realidad reflejan los resultados de las inversiones que fueron hechas años antes para mejorar procesos y crear nuevos productos y negocios. Los resultados financieros miden qué tan próspero fue el negocio, no qué tan próspero es.[9] Los resultados financieros son una herramienta particularmente mala para gestionar la disrupción, porque ascender en el mercado se siente bien desde el punto de vista financiero, como hemos señalado anteriormente.

Los ejecutivos deben usar con cautela los datos *de todo tipo* cuando miran hacia el futuro, porque normalmente solo se tienen datos confiables sobre el pasado, y solo serán una guía adecuada si el futuro se parece al pasado.[10] Para ilustrar las limitaciones de los datos en la toma de decisiones disruptiva, contemos una experiencia que Clayton Christensen tuvo recientemente en una clase de MBA. Él había escrito un artículo en el que señalaba que los programas tradicionales de MBA de dos años de las principales escuelas de negocios están siendo amenazados por dos disrupciones. La ola más próxima, una disrupción de gama baja, es la de los programas ejecutivos de MBA nocturnos y de fin de semana que permiten a gerentes de trabajo obtener títulos de MBA en tan solo un año. La ola más importante es una disrupción de nuevo mercado: la formación gerencial en-el-trabajo, que va desde instituciones educativas corporativas como la Motorola University y el instituto Crotonville de General Electric hasta los seminarios de capacitación de los Holliday Inn.

Christensen pidió el voto de los estudiantes al comienzo de la clase: "Después de leer el artículo, ¿cuántos de ustedes piensan que los principales programas de MBA están siendo disrumpidos?". *Tres* de 102 estudiantes levantaron la mano. Los otros 99 consideraban que esas innovaciones no eran relevantes para la suerte de las instituciones de renombre.

Christensen le pidió entonces a uno de los tres a los que les preocupaba el tema que explicara por qué. "Hay todo un patrón aquí", respondió el estudiante, y enumeró seis elementos de ese patrón: salarios de MBA que superan lo que las empresas operativas pueden pagar; los disruptores que compiten contra el no consumo; gente que contrata educación en-el-trabajo para hacer un trabajo muy diferente; un cambio en la base de la competencia hacia la velocidad, la comodidad y la personalización, y currícula interdependiente *versus* modular. El estudiante llegó a la conclusión de que el patrón encajaba: todas las cosas que les habían sucedido a otras empresas cuando fueron disrumpidas ciertamente comenzaban a pasar en la educación gerencial. "Por eso tomaría el tema en serio".

Christensen se dirigió luego a los que no estaban preocupados y les preguntó por qué. Estos tendieron a señalar los datos –el número de estudiantes que aún luchan por ser admitidos en las principales escuelas, los atractivos salarios iniciales de los graduados, la reputación de marca de los programas, los exalumnos leales y las excelentes oportunidades para establecer contactos en el *campus*, etc.–. Ninguno de los programas disruptivos podría acercarse siquiera a competir en esos aspectos.

Christensen le preguntó a continuación a uno de los defensores más abiertos de la invencibilidad de las principales escuelas de negocios, "Si fuera el decano de una de esas escuelas, ¿qué datos lo convencerían de que eso era algo que debía abordar?

"Miraría la participación de mercado de la escuela entre los CEO de las corporaciones Global 1000", respondió. "Si nuestra participación de mercado empezara a caer, entonces me preocuparía". Christensen le preguntó entonces si ese dato sería una señal de que debería comenzar a abordar el problema o de que el juego ha terminado. "Oh, supongo que el juego ya habría terminado", admitió.

"¿Alguien más?", presionó Christensen. "Imaginen que son decanos. ¿Qué datos los convencerían de que deben tomar medidas?". Algunos mencionaron pruebas que encontrarían convincentes, pero en todos los casos la clase llegó a la conclusión de que, para cuando se dispusiera de datos convincentes, el juego habría terminado para los programas de MBA de dos años.

Cuando preguntó, "¿Esas escuelas deberían ver eso como una amenaza o como una oportunidad?" hubo otra reacción interesante. En la clase hubo poco entusiasmo en cuanto a la oportunidad de crecimiento que la educación gerencial en-el-trabajo presentaba para las principales escuelas de comercio. Sospechamos que la razón de la indiferencia de los estudiantes tiene que ver con la paradoja de amenaza *versus* oportunidad subrayada en el Capítulo 3. Al momento de escribir esto, las principales escuelas de negocio están en su mejor forma, ya sea que consideremos su desempeño financiero, académico o competitivo. No necesitan crecer para sentirse sólidas. En las mediciones de fortaleza y vitalidad organizacional todavía no hay nada que indique que el mundo del que han disfrutado esos programas probablemente cambie.[11]

Crear políticas para invertir el dinero bueno antes de que se vuelva malo

Cuando estamos conduciendo un automóvil, podemos esperar hasta que la aguja d el combustible se acerque al cero antes de llenar nuevamente el tanque, y cuando el tanque está otra vez lleno podemos volver a acelerar el coche a toda velocidad. Simplemente no es posible manejar el crecimiento de la misma manera —esto es, esperar hasta que el medidor de crecimiento empiece a acercarse al cero antes de que busquemos realimentarlo a partir de negocios de nuevo crecimiento—. El motor del crecimiento es una máquina mucho más delicada, que debe mantenerse funcionando continuamente mediante procesos y políticas, en vez de reaccionar cuando el medidor de crecimiento indica vacío. Sugerimos tres políticas en particular para mantener funcionando el motor del crecimiento. Tomadas en conjunto, esas políticas obligan a la organización a *comenzar temprano, comenzar en pequeño* y *exigir un éxito temprano.*

- Lanzar regularmente negocios de nuevo crecimiento cuando el negocio principal todavía es sólido —cuando todavía puede ser paciente para el crecimiento, no cuando los resultados financieros señalan la necesidad—.

- Seguir dividiendo unidades de negocio para que, a medida que la corporación se vuelve cada vez más grande, las decisiones de lanzar iniciativas de crecimiento se sigan tomando dentro de unidades organizacionales que pueden ser pacientes para el crecimiento porque son suficientemente pequeñas para beneficiarse de invertir en oportunidades pequeñas.
- Minimizar el uso de las ganancias de los negocios consolidados para subsidiar pérdidas en negocios de nuevo crecimiento. Ser impaciente para las ganancias: no hay nada como la rentabilidad para asegurar que un negocio de alto potencial pueda seguir obteniendo la financiación que necesita, incluso cuando el negocio principal de la corporación no anda bien.

Empezar temprano: Lanzar regularmente negocios de nuevo crecimiento mientras el negocio principal todavía es sólido

Establecer una política que obligue a lanzar negocios de nuevo crecimiento disruptivos a un ritmo predeterminado es la única forma en que los ejecutivos pueden evitar reaccionar cuando el motor del crecimiento ya se ha estancado. Deben lanzar o adquirir regularmente negocios de nuevo crecimiento mientras el negocio principal todavía está creciendo sólidamente, porque cuando el crecimiento se ralentiza, el cambio sustancial en los valores de la empresa vuelve imposible el crecimiento. Si los ejecutivos hacen eso y continúan moldeando las estrategias de esos negocios para que sean disruptivos, pronto uno o dos negocios nuevos entrarán cada año en el terreno de los ingresos importantes, listos para apoyar el crecimiento total de la corporación. Si los ejecutivos usan el capital de inversión de sus corporaciones cuando pueden ser pacientes para crecer, el dinero no se echará a perder. Se mantendrá fresco, apto para financiar negocios de nuevo crecimiento.

Adquirir negocios de nuevo crecimiento a un ritmo predeterminado

Algunos ejecutivos de empresas grandes y exitosas temen que, incluso si desarrollan ideas de alto potencial y planes de negocios para negocios de crecimiento disruptivos, no podrán crear los procesos y valores requeridos para alimentar esos proyectos. Por lo tanto, se inclinan por comprar negocios de crecimiento disruptivos en lugar de crearlos internamente. La adquisición puede ser una estrategia muy útil si es guiada por la teoría correcta.

Muchas adquisiciones corporativas son provocadas por la llegada de un banquero inversionista con un negocio para vender. Las decisiones de adquirir o no adquirir a menudo son impulsadas por proyecciones de flujo de caja descontadas y por una evaluación de si el negocio está subvaluado, si es corregible o si puede producir ahorro de costos a través de sinergias con negocios existentes. Algunas de las teorías que se usan para justificar esas adquisiciones resultan ser exactas, y las adquisiciones crean mucho valor. Pero la mayoría de ellas no lo son.[12]

Los equipos de desarrollo de negocios corporativos pueden adquirir fácilmente empresas disruptivas. Por supuesto, si esperan hasta que las trayectorias de crecimiento de esos negocios sean obvias para todo el mundo, las empresas disruptivas pueden resultar demasiado caras de adquirir Pero si un equipo de desarrollo de negocios identifica candidatos con la lente de las teorías de los capítulos 2 a 6 en lugar de esperar evidencia histórica concluyente, adquirir negocios de crecimiento disruptivos en su etapa temprana a un ritmo regular puede ser una gran estrategia para crear y sostener el crecimiento de una corporación. Al contrario de la adquisición de negocios maduros, que pone a una empresa en una trayectoria de ingresos más alta pero todavía plana, adquirir empresas disruptivas en una etapa temprana puede cambiar la curva de la trayectoria de ingresos.

Una empresa cuya suerte fue marcada fuertemente por la adquisición de negocios disruptivos es Johnson & Johnson. Durante casi toda la década de 1990, J&J estuvo organizada en tres grandes grupos operativos: productos farmacéuticos, dispositivos médicos y diagnóstico (MDD), y productos de consumo. La Figura 9-1 muestra que en 1993 los grupos de productos de consumo y MDD tenían un tamaño similar, generando cada uno poco menos de 5 mil millones de dólares en ventas. Posteriormente crecieron a tasas muy diferentes. La trayectoria de crecimiento intrínseco del negocio de productos de consumo era básicamente plana, y creció con la adquisición de grandes plataformas de ingresos nuevas, como Neutrogena y Aveeno, cuyas trayectorias de crecimiento eran igualmente planas. Aunque esas adquisiciones colocaron la línea de ingresos del grupo de consumo en una plataforma superior, no cambiaron la curva de la plataforma –y recordemos que son los cambios en la curva de la plataforma, no el nivel de la plataforma, los que crean valor para los accionistas a una tasa superior a la media–. Incluso con las adquisiciones, los ingresos totales del grupo de productos de consumo solo crecieron a una tasa anual de alrededor del 4 por ciento durante la década.

En contraste, el grupo de negocios MDD creció anualmente a una tasa superior al 11 por ciento a lo largo del mismo período. Ese crecimiento fue impulsado por cuatro negocios disruptivos que la empresa había adquirido. La empresa Ethicon Endo-Surgery de J&J fabrica instrumentos para cirugía endoscópica, una disrupción respecto de la cirugía convencional invasiva. Su división Cordis fabrica instrumentos para angioplastía, que es disruptiva respecto de la cirugía de *bypass* a corazón abierto. La división Lifescan de la compañía fabrica medidores de glucosa en sangre portátiles que permiten a los pacientes con diabetes medir sus propios niveles de azúcar en sangre en lugar de tener que ir a los laboratorios de los hospitales. Y los lentes de contacto desechables Vistakon de J&J fueron disruptivos respecto de los lentes tradicionales fabricados por empresas como Bausch & Lomb. Las estrategias de cada uno de estos negocios se ajustan exactamente a las pruebas de fuego para la disrupción de nuevo mercado descritas en el Capítulo 2. Juntas, han crecido a una tasa anual del 43 por ciento desde 1993, y actualmente representan ingresos que rondan los 10 mil millones de dólares. La tasa de crecimiento total del grupo fue del 11 por ciento porque las otras empresas del grupo MDD –las que no están en trayectorias disruptivas– crecieron en total a una tasa anual del 3 por ciento. Tanto el grupo de los productos de consumo como el de MDD crecieron a través de la adquisición. Las tasas de crecimiento de esos grupos difieren porque el de MDD adquirió negocios con potencial disruptivo, mientras que el grupo de productos de consumo adquirió negocios premium que no eran disruptivos.[3]

Figura 9-1.

Johnson & Johnson Productos de Consumo (CP) *versus* **Dispositivos Médicos y Diagnóstico (MDD). Ingresos y utilidad operativa, 1992-2001**

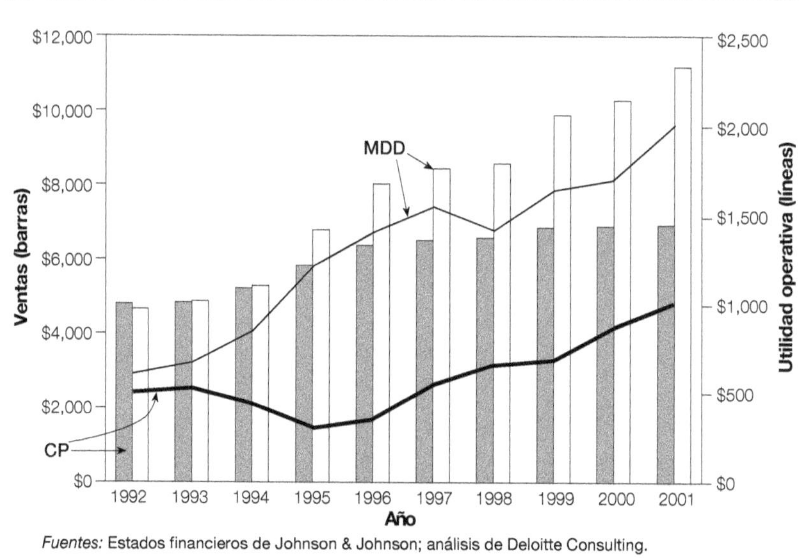

Fuentes: Estados financieros de Johnson & Johnson; análisis de Deloitte Consulting.

Hewlett-Packard también sostuvo su crecimiento durante casi dos décadas una vez que sus principales líneas de negocios maduraron, usando una estrategia híbrida para encontrar disrupciones. Su adquisición de Apollo Computer, un fabricante líder de estaciones de trabajo, fue la plataforma sobre la cual HP construyó su negocio de computadoras basadas en microprocesadores, que disrumpió a fabricantes de minicomputadoras como

Digital Equipment. El negocio de impresoras a chorro de tinta de HP, que en la actualidad proporciona una parte significativa de las ganancias totales de la corporación, fue una disrupción concebida y lanzada internamente, pero dentro de una unidad de negocio organizacionalmente autónoma.

GE Capital, que fue el principal motor de creación de valor para los accionistas de GE en la década de 1990, ha sido un enorme disruptor en la industria de servicios financieros. Creció mediante una estrategia híbrida de incubar negocios disruptivos en algunos segmentos de la industria y adquirir otros.

Comenzar en pequeño: Dividir unidades de negocio para mantener la paciencia para el crecimiento

La segunda política imprescindible es mantener unidades operativas relativamente pequeñas. Una empresa descentralizada puede mantener los valores requeridos para ver y llevar adelante con entusiasmo innovaciones disruptivas durante mucho más tiempo de lo que puede hacerlo una empresa centralizada, monolítica, porque el tamaño que debe alcanzar un nuevo emprendimiento disruptivo para marcar la diferencia para una unidad de negocios pequeña es más consistente con la rampa de ingresos de un negocio disruptivo nuevo.

Comparemos la perspectiva de una empresa monolítica de u$s 20 mil millones que necesita crecer un 15 por ciento anual con la perspectiva de una corporación de u$s 20 mil millones compuesta por veinte unidades de negocio. Los gerentes de la empresa monolítica tendrán que analizar cada innovación propuesta desde la perspectiva de necesitar obtener u$s 3 mil millones en nuevos ingresos más allá de lo que se hizo el año anterior. La perspectiva promedio de los veinte gerentes de las unidades que componen la empresa descentralizada, en cambio, es que necesitan generar u$s 150 millones en el próximo año mediante nuevos negocios. En la empresa con múltiples unidades hay más gerentes buscando oportunidades de crecimiento disruptivo, y más oportunidades les parecerán atractivas.

De hecho, la mayor de las empresas que parecen haberse transformado en los últimos treinta años más o menos –empresas como Hewlett-Packard, Johnson & Johnson y General Electric, por ejemplo– han estado compuestas por un gran número de unidades de negocio más pequeñas y relativamente autónomas–. Esas corporaciones no se transformaron modificando los modelos de negocios de sus unidades de negocio existentes en negocios de crecimiento disruptivos. La transformación se logró creando nuevas unidades de negocios disruptivos y cerrando o vendiendo las maduras que habían llegado al final práctico de sus trayectorias tecnológicas de apoyo.[14]

Una razón para que la tasa de mortalidad de las empresas de unidades de disco independientes evaluadas en *El dilema de los innovadores* fuera tan alta es que eran todas empresas de un solo negocio. Como organizaciones monolíticas –incluso las relativamente pequeñas– nunca habían aprendido a gestionar el desarrollo de negocios de crecimiento disruptivos junto con negocios más grandes y maduros. No había procedimientos para hacer eso.

Al seguir la política que recomendamos, los gerentes deben guiarse una vez más por la teoría, no por los números. Los contadores argumentarán que los gastos generales redundantes pueden eliminarse cuando las unidades comerciales se consolidan en entidades mucho más grandes. Esos analistas rara vez evalúan el impacto que tiene la consolidación en la consiguiente exigencia, en esas megaunidades, de que cualquier nuevo negocio que se lance debe crecer muy rápidamente.[15]

Exigir el éxito temprano: Minimizar la subvención de las iniciativas de nuevo crecimiento

La tercera política, que es esperar que los negocios de nuevo crecimiento generen ganancias relativamente rápido, hace dos cosas importantes. En primer lugar, ayuda a acelerar los procesos de estrategia emergente, porque obliga al emprendimiento a verificar lo más rápido posible la suposición de que hay clientes que pagarán precios atractivos por los productos de la firma. El negocio incipiente puede entonces seguir adelante o cambiar de rumbo en función de ese *feedback*. En segundo lugar, obligar a un emprendimiento a ser rentable lo más rápido posible ayuda a protegerlo de ser descontinuado cuando el negocio principal deja de andar bien.[16]

Honda: Un ejemplo de lucha forzada

No tener mucho dinero resultó ser una gran bendición para Honda, por ejemplo, cuando atacó el mercado estadounidense de motocicletas.[17] Fundada en el Japón de posguerra por el entusiasta de las carreras de motos Suchiro Honda, para mediados de la década de 1950 la empresa se había vuelto conocida principalmente por su Super Cub de 50cc, diseñada como un ciclomotor más potente pero fácil de manejar que podía abrirse paso por las congestionadas calles japonesas para ser usado como vehículo de reparto.

Cuando Honda apuntó al mercado estadounidense de motocicletas en 1958, la gerencia, basándose en su propio juicio e intuición, fijó un objetivo de ventas de 6.000 unidades anuales, lo que representaba el 1 por ciento del mercado norteamericano. Asegurarse el apoyo al emprendimiento no era solo cuestión de convencer al Sr. Honda. También el Ministro de Finanzas tenía que aprobar la liberación de las divisas necesarias para montar las operaciones en EE.UU. Poco después de la fallida introducción del Toyopet de Toyota, el Ministro se resistía fuertemente a entregar divisas, que eran escasas. Solo se liberaron 250.000 dólares, de los cuales solo 110.000 fueron en efectivo; el resto fue en inventario.

Honda lanzó sus operaciones estadounidenses con dinero de inventario en cada uno de sus modelos: 50cc, 125cc, 250cc y 305cc. Pero las mayores apuestas se hicieron en las motocicletas más grandes, porque el mercado estadounidense estaba compuesto exclusivamente por motos grandes. En nuestra jerga, Honda se propuso lograr una disrupción de gama baja, esperando captar con motos de alta cilindrada y precio bajo a los clientes del mercado existente más sensibles a los precios.

En 1960 Honda vendió algunos modelos de sus motos más grandes, que muy pronto empezaron a mostrar pérdidas de aceite y fallas en el embrague. Sucede que los ingenieros de Honda, que habían perfeccionado su *expertise* desarrollando productos que funcionaban bien en las secuencias breves de arranques y paradas propias de las calles congestionadas, no conocían las exigencias del viaje ininterrumpido, a alta velocidad y por carretera que era común entre los motociclistas de Estados Unidos. Honda no tuvo más remedio que invertir su preciada divisa en enviar las motos defectuosas de vuelta a Japón por vía aérea. El problema estuvo a punto de causar la quiebra de la empresa.

Con casi todos sus recursos dedicados a apoyar y promover las problemáticas máquinas más grandes frente a la exitosa y bien financiada competencia de las empresas incumbentes, el personal de Honda en los Estados Unidos comenzó a usar los Super Cub de 50cc como medio de transporte propio. Estos eran confiables y baratos de manejar, y Honda pensaba que de todos modos no podría venderlos: sencillamente no había mercado para motocicletas así de pequeñas. ¿No?

La exposición que obtuvo el Super Cub del uso diario que le daba el equipo administrativo de Honda en Los Angeles generó un interés sorprendente por parte de particulares y minoristas –no de distribuidoras de motocicletas sino de tiendas de artículos deportivos–. Al quedarse sin efectivo debido a las dificultades encontradas para vender las motos grandes, Honda decidió vender los Super Cub solo para mantenerse a flote.

Poco a poco, el éxito continuo en la venta del Super Cub y la continua decepción con las motos más grandes redirigieron los esfuerzos de Honda hacia la creación de un segmento de mercado totalmente nuevo: las motos todo terreno. Con un precio que era una cuarta parte de lo que costaba una Harley grande, se vendían a personas sin chaquetas de cuero que nunca habrían comprado motocicletas de los fabricantes tradicionales estadounidenses o europeos. Los Super Cub eran usados para el esparcimiento, no para el transporte por carretera. Evidentemente, una disrupción de gama baja no era una estrategia viable, sencillamente porque no había suficientes motociclistas de carretera que estuvieran sobre-servidos por las Harley, Triumph y BMW. Lo que surgió fue una disrupción de nuevo mercado, que Honda explotó deliberadamente a continuación de manera magistral.

Lo que impulsó a Honda a descubrir ese mercado fue su falta de recursos financieros. Eso evitó que sus gerentes toleraran pérdidas significativas y creó, en cambio, un entorno en el que los gerentes de la iniciativa tuvieron que responder a éxitos inesperados. Esta es la esencia de gestionar el proceso de estrategia emergente.[18]

Es importante recordar que esa política –limitar los gastos y buscar ganancias tempranas para acelerar el proceso de estrategia emergente– no es un mandato de "talla única". En circunstancias en las que debe surgir una estrategia viable –como en las disrupciones de nuevo mercado– esa es una política útil. En las disrupciones de gama baja, la estrategia correcta a menudo es mucho más clara mucho antes. Tan pronto como las aplicaciones del mercado se vuelven claras y una vez que surge un modelo comercial que puede abordar ese mercado de manera viable y rentable, lo apropiado es la inversión agresiva –la impaciencia para el crecimiento–.

Seguro para cuando la corporación se reenfoca en el negocio principal

Otra razón por la que obtener una ganancia temprana es importante para el éxito de un nuevo negocio es que la financiación de nuevas iniciativas muchas veces se interrumpe no porque los emprendimientos estén fuera de planes, sino porque el negocio principal está enfermo y necesita todos los recursos de la corporación para recuperarse.

Cuando se produce la recesión, las iniciativas de nuevo crecimiento que no pueden jugar un papel significativo e inmediato en la recuperación de la salud financiera de la corporación simplemente son sacrificadas, aun cuando todos los involucrados saben que están cortando el camino hacia el futuro para salvar el presente. La necesidad de sobrevivir triunfa sobre la necesidad de crecer.[19]

El Dr. Nick Fiore, que periódicamente da charlas para nuestros estudiantes en la Escuela de Negocios de Harvard, es un innovador corporativo con muchas batallas a cuestas cuyas experiencias ilustran estos principios en acción. Fiore fue contratado en diferentes momentos de su carrera por los CEO de dos empresas que cotizan en bolsa para crear negocios de nuevo crecimiento que pusieran a sus corporaciones en trayectorias de crecimiento sólidas.[20] En ambos casos, los CEO –ejecutivos poderosos y de buena reputación que estaban seguros en sus puestos– le aseguraron honestamente a Fiore que la iniciativa de crear negocios de nuevo crecimiento contaba con el respaldo total y paciente de las respectivas juntas directivas de las empresas.

Fiore advierte a nuestros estudiantes que si alguna vez reciben tales garantías, incluso de los ejecutivos más poderosos y acaudalados de sus empresas, les conviene tener cuidado.

Cuando ustedes inician un nuevo negocio en crecimiento, detrás de ustedes hay un reloj andando. El problema es que ese reloj avanza a un ritmo variable que está determinado por la solidez del balance corporativo, no por si su pequeño emprendimiento marcha de acuerdo a lo planeado. Cuando el balance de la empresa es sólido, ese reloj avanza pacientemente. Pero si el balance está en problemas, el reloj empieza a avanzar mucho más rápido. Cuando súbitamente el reloj marca las doce, más les vale que su nuevo negocio sea lo suficientemente rentable como para que el balance corporativo se viese peor sin ustedes. Necesitan ser parte de la solución a los problemas de ganancias inmediatas de la corporación, o caerá la hoja de la guillotina. Eso sucederá porque la junta y el presidente no tienen más opción que volver a centrarse en el negocio principal, a pesar de lo que puedan haberles dicho con las mejores y más honestas intenciones.[21]

Por eso ser impaciente para las ganancias es una característica virtuosa del capital corporativo. Eso obliga a las iniciativas de nuevo crecimiento a descubrir rápidamente las oportunidades disruptivas más prometedoras y crea algún seguro (siempre imperfecto) contra la desfinanciación del emprendimiento cuando la solidez de la organización más grande está en peligro.

La Figura 9-2 sintetiza las virtudes del crecimiento impulsado por políticas. Muestra que las políticas apropiadas, si son bien comprendidas y adecuadamente implementadas, pueden generar una espiral ascendente para reemplazar la espiral de la muerte por crecimiento inadecuado que describimos al principio de este capítulo.

Figura 9-2.
Espirales autorreforzantes a partir del crecimiento adecuado e inadecuado

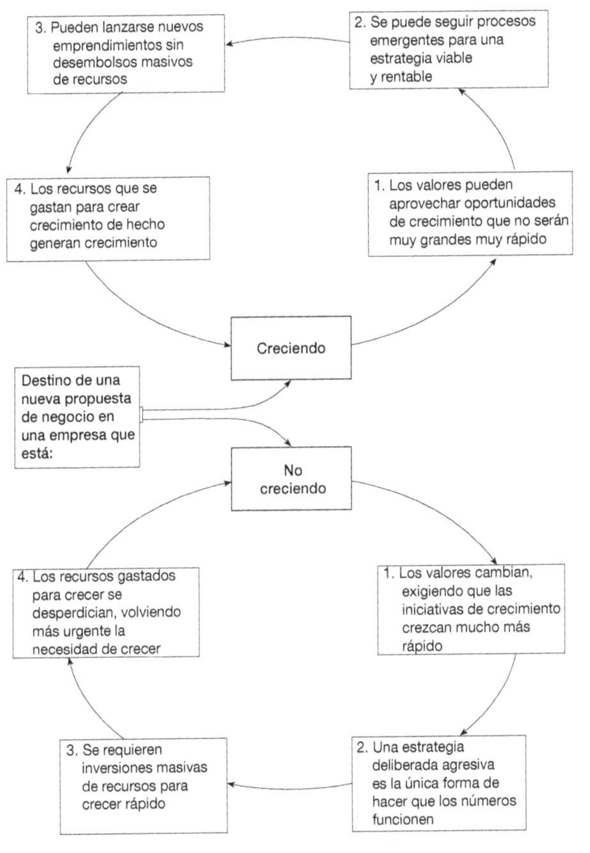

Cuando sucede eso, las empresas se colocan en una circunstancia de crecimiento continuo. Invierten su dinero bueno y evitan dejar que se eche a perder.

Esa es la única forma de evitar que el motor del crecimiento se detenga y de sortear la espiral de la muerte debida a un crecimiento inadecuado.

El buen capital de riesgo también puede volverse malo

Quienes trabajan para construir negocios de crecimiento disruptivo dentro de corporaciones consolidadas a veces miran deseosamente la hierba verde al otro lado de la cerca corporativa, donde los innovadores que construyen empresas emergentes independientes no solo pueden evitar los obstáculos de la burocracia corporativa sino que tienen también la libertad de financiar sus ideas con capital de riesgo. La creencia de que los capitalistas de riesgo pueden financiar empresas emergentes mucho más eficazmente que los capitalistas corporativos está tan generalizada, de hecho, que las secciones de inversión de capital de riesgo de muchas corporaciones se niegan a participar en un acuerdo a menos que una firma de capital de riesgo independiente co-invierta.

No obstante, nosotros sostenemos que la distinción entre corporación/firma de riesgo no es tan importante como la voluntad o la incapacidad de ser paciente para el crecimiento. Al igual que Honda, las firmas de capital de riesgo más exitosas tenían muy poco capital para invertir al principio. La falta de dinero confirió a sus emprendimientos una capacidad superior en el proceso de estrategia emergente. Sin embargo, cuando los capitalistas de riesgo pasan a llenarse de dinero, muchos de ellos parecen comportarse como lo hacen los capitalistas corporativos en las etapas 3, 4 y 5 de la espiral de la brecha de crecimiento.

A fines de la década de 1990, inversionistas de riesgo invirtieron grandes sumas de capital en empresas que aún se hallaban en etapas muy tempranas, confiriéndoles valuaciones extraordinarias. ¿Por qué gente con tanta experiencia habría hecho algo tan tonto como invertir todo ese dinero en empresas antes de que estas tuvieran productos y clientes?

La respuesta es que *tenían* que hacer inversiones de ese tamaño. Sus pequeñas inversiones de fase inicial habían tenido tanto éxito en el pasado que los inversores invirtieron enormes cantidades de capital en sus nuevos fondos, esperando poder obtener tasas de rendimiento similares con cantidades de dinero mucho mayores. Las firmas de riesgo no aumentaron su número de socios en proporción al aumento de los activos que se comprometían a invertir. Como consecuencia, los socios simplemente no podían molestarse en hacer pequeñas inversiones de fase inicial de solo de 2 a 5 millones de dólares como las que los habían llevado a su éxito inicial. Sus valores habían cambiado. Al igual que sus contrapartes corporativas, tenían que exigir que los emprendimientos en los que invertían se hicieran muy grandes, muy rápido.[22]

Y como sus contrapartes corporativas, esos fondos pasaron luego por los pasos 3, 4 y 5 descritos al comienzo de este capítulo. Esos fondos de riesgo no fueron víctimas de la burbuja: el colapso de las valuaciones que se produjo entre 2000 y 2002. En muchos sentidos, fueron la causa del mismo.

Habían ascendido en el mercado a las magnitudes de inversión que normalmente se asignan en etapas posteriores de la estrategia deliberada, pero las empresas en fase inicial en las que seguían invirtiendo se hallaban en una circunstancia que requería otro tipo de capital y un proceso estratégico diferente.[23] La escasez de capital inicial que, al momento de escribir este libro, continúa impidiendo que muchos emprendedores con grandes ideas de crecimiento disruptivo obtengan financiamiento es en buena medida consecuencia de que tantos fondos de capital de riesgo estén en su equivalente del paso 5 de la espiral de la muerte: recortar y concentrar todo su dinero y atención para arreglar negocios anteriores.

Con frecuencia nos han preguntado si es buena o una mala idea que las corporaciones establezcan grupos de capital de riesgo corporativo para financiar la creación de negocios de nuevo crecimiento. Respondemos que esa es la pregunta equivocada: sus categorías están mal. Pocos fondos de riesgo corporativo han tenido éxito o una larga vida; pero la razón no es que sean "corporativos" o que sean "de riesgo". Cuando esos fondos no logran fomentar negocios de crecimiento exitosos, generalmente se debe a que invirtieron en innovaciones de apoyo en lugar de disruptivas o en soluciones modulares cuando se requería la interdependencia. Y muy a menudo, las inversiones fracasan porque el contexto corporativo del que procedía el capital se mostraba impaciente por crecer y erróneamente paciente con relación a la rentabilidad.

La experiencia y el conocimiento de los hombres y mujeres que invierten en y supervisan luego la construcción de un negocio de crecimiento siempre son importantes, en todas las situaciones. Más allá de eso, sin embargo, el contexto desde el que se invierte el capital tiene una poderosa influencia en cuanto a si el capital inicial que proporcionan es bueno o malo para el crecimiento. Ya sean capitalistas corporativos o capitalistas de riesgo, cuando su contexto de inversión cambia a uno que exige que sus emprendimientos se vuelvan muy grandes muy rápido, las probabilidades de que la empresa tenga éxito se reducen notablemente.

En contraste, cuando los capitalistas de uno u otro tipo siguen una teoría sólida –ya sea conscientemente o por intuición o casualidad– es mucho más probable que tengan éxito.

El mensaje central de este capítulo para quienes invierten y reciben inversiones se puede resumir en un solo aforismo: ser paciente para el crecimiento, no para las ganancias. Por la dinámica perversa de la espiral de la muerte debida a un crecimiento inadecuado, lograr el crecimiento requiere una habilidad casi zen para perseguir el crecimiento cuando no es necesario.

La clave para encontrar puntos de apoyo disruptivos es conectarse con un trabajo en lo que inicialmente serán segmentos de mercado pequeños y no obvios –idealmente, segmentos de mercado caracterizados por el no consumo–.

La presión por obtener ganancias tempranas mantiene a los inversores dispuestos a invertir el efectivo necesario para impulsar el crecimiento de la base de activos del emprendimiento. Exigir una rentabilidad temprana no solo es una buena disciplina, sino que es fundamental para el éxito continuo. Eso garantiza que usted realmente se ha conectado con un trabajo en mercados que los competidores potenciales eligen ignorar. Cuando encuentra las primeras innovaciones de apoyo que concretan su potencial de crecimiento, mantenerse rentable requiere que permanezca conectado con ese trabajo. Esa rentabilidad le asegura mantener el apoyo y el entusiasmo de la junta directiva y los accionistas. Internamente, la rentabilidad continua le asegura el apoyo y el entusiasmo continuos de la gerencia senior, que ha apostado su reputación, y de los empleados, que han apostado su carrera, a su éxito. No hay otra opción. Los emprendimientos a los que se les permite diferir la rentabilidad normalmente nunca llegan allí.

NOTAS

1. Se han escrito muchos libros sobre los desafíos de hacer coincidir el dinero correcto con la oportunidad correcta. Tres de ellos que consideramos útiles son: Mark Van Osnabrugge y Robert J. Robinson, *Angel Investing: Matching Startup Funds with Startup Companies: The Guide for Entrepreneurs, Individual Investors, and Venture Capitalists* (San Francisco: Jossey-Bass, 2000); David Amis y Howard Stevenson, *Winning Angels: The Seven Fundamentals of Early-Stage Investing* (London: Financial Times Prentice Hall, 2001); y Henry Chesbrough, *Open Innovation: The New Imperative for Creating and Profiting from Technology* (Boston: Harvard Business School Press, 2003).

2. Una corriente de investigación académica explora la naturaleza de la "ventaja del primero en mover" (por ejemplo, M. B. Lieberman y D. B. Montgomery, "First-Mover Advantages," *Strategic Management Journal 9* [1988]: 41–58). Eso puede manifestarse en un "comportamiento de carrera" (T. R. Eisenmann, "A Note on Racing to Acquire Customers," Harvard Business School, Boston, 2002) en el contexto de las llamadas estrategias GBF o de "crecimiento rápido" (T. R. Eisenmann, *Internet Business Models: Text and Cases.* New York: McGraw-Hill, 2001). Lo que se piensa en este campo es que en algunas circunstancias es preferible seguir una estrategia particular muy agresivamente, aun a riesgo de que sea una estrategia subóptima, por los beneficios que implica establecer rápidamente una posición importante en el mercado. Los impulsores de los beneficios de una estrategia GBF son los fuertes efectos de red en el uso del cliente (N. Economides, "The Economics of Networks," *International Journal of Industrial Organization* 14 [1996]: 673-699) u otras formas de altos costos de cambio de cliente. Los argumentos de esta escuela de pensamiento están bien articulados y son convincentes, y sugieren fuertemente que existen condiciones en las que

ser paciente para el crecimiento podría socavar el potencial a largo plazo de un negocio.

El profesor William Sahlman, de la Escuela de Negocios de Harvard, también ha estudiado este tema extensamente. En conversaciones con nosotros ha señalado que a veces los inversionistas de capital de riesgo *en masse* llegan a la conclusión de que una "categoría" va a ser "grande", incluso si no hay consenso sobre qué empresas dentro de esa categoría van a tener éxito. Esto resulta en un influjo masivo de capital en la industria naciente, lo que financia más empresas emergentes de las que posiblemente puedan sobrevivir, con valuaciones ilógicas. Sahlman señala que cuando los inversores y empresarios se ven atrapados en un torbellino de ese tipo, casi no tienen otra alternativa que competir para superar a la competencia en inversiones. Cuando la burbuja explote, la mayoría de esos inversionistas y empresarios perderán y, de hecho, en conjunto, la industria del capital de riesgo pierde dinero en esos torbellinos. La única manera de no perderlo todo es invertir y ejecutar más que los demás.

El desafío es determinar si uno está o no en esas condiciones. El convincente trabajo de dos académicos en particular sugiere que los efectos de red y los costos de cambio que son lo suficientemente fuertes como para superar a los determinantes más prosaicos del éxito surgen con mucha menos frecuencia de lo que generalmente se afirma. Véase Stan J. Liebowitz y Stephen E. Margolis, *The Economics of QWERTY: History, Theory, Policy*, ed. Peter Lewin (New York: New York University Press, 2002). Como un ejemplo, Ohashi ("The Role of Network Externalities in the U.S. VCR Market 1976-86", documento de trabajo de la University of British Columbia, disponible en la Social Science Research Network) sostiene que Sony no invirtió lo suficiente en la adquisición de clientes en el mercado de las videograbadoras, sugiriendo que podría haber tenido éxito si hubiera "corrido" más fuerte. El modelado económico sugiere que, de hecho, controlando la calidad del producto, tiene sentido invertir más agresivamente en la adquisición de clientes cuando los efectos de red están presentes que cuando no lo están.

Sin embargo, esa suposición *ceteris paribus* con respecto a la calidad del producto es en cierto modo heroica, porque pasa por alto la razón misma de ser paciente y evitar las carreras. Como han mostrado Liebowitz y colegas suyos (*The Economics of QWERTY*), en el caso de la batalla Betamax/VHS un elemento crítico que impulsó la elección del cliente fue el tiempo de grabación: aunque fue el primero en adelantarse al mercado y ofrecer una mejor calidad de video, Betamax no permitía tiempos de grabación de dos horas —el mínimo requerido normalmente para grabar una película transmitida por una red de televisión—. Eso resultó ser un factor crítico de la adopción del consumidor. El estándar VHS de JVC sí permitía esa clase de grabación, y cumplía al menos con los estándares mínimos aceptables para la fidelidad de video. En consecuencia, estaba mucho mejor alineado con el trabajo a realizar, y esa alineación superior se impuso a la ventaja de Betamax de haber sido el primero en moverse. Difícilmente la mayor cuota de mercado que un gasto de *marketing* más agresivo por parte de Sony podría haber significado para el estándar Betamax hubiera hecho retroceder al VHS, superior.

Hechas estas advertencias, es necesario reconocer la posibilidad de importantes recompensas de un comportamiento de carrera óptimo, que, en nuestra jerga, capte un aspecto particular del trabajo a realizar por un producto o servicio determinado. En el caso de los efectos de red, eso se expresa en la idea de que, para que un producto funcione bien para mí, también debe estar haciendo ese mismo trabajo para mucha otra gente. Si esos requisitos competitivos socavan la rentabilidad donde es preciso un comportamiento de carrera, se puede atenuar la necesidad de ser paciente para las ganancias.

Como el objetivo de este libro es ayudar a los gerentes corporativos a lanzar negocios de nuevo crecimiento de manera regular, adelantamos que se verán atrapados en situaciones de carreras GBF con menos frecuencia que, por ejemplo, ciertos inversores de capital de riesgo cuyas estrategias podrían ser participar en categorías grandes.

3. En el lenguaje del autor y capitalista de riesgo Geoffrey Moore, allí es cuando se produce el "tornado". Véase Geoffrey A. Moore, *Inside the Tornado* (New York: HarperBusiness, 1995) y *Living on the Fault Line* (New York: HarperBusiness, 2000).

4. Remitimos al lector nuevamente al destacado estudio de caso –del tamaño de un libro– del profesor de Stanford Robert Burgelman sobre los procesos de desarrollo e implementación de estrategias en Intel, *Strategy Is Destiny* (New York: Free Press, 2002). En ese trabajo, Burgelman remarca lo importante fue que, una vez surgida la estrategia ganadora del microprocesador, Andy Grove y Gordon Moore enfocaran muy agresivamente todas las inversiones de la corporación en esa estrategia.

5. Véase Alfred Rappaport y Michael Mauboussin, *Expectations Investing: Reading Stock Prices for Better Returns* (Boston: Harvard Business School Press, 2001). Aludimos a este punto en el Capítulo 3, pero merece ser repetido aquí. Como los mercados descuentan el crecimiento proyectado en el precio actual de las acciones, las empresas que generan lo que los inversores han previsto y descontado solo devengarán para los accionistas tasas de rendimiento promedio del mercado. Es cierto que, en el curso de su historia, las empresas que crecen a un ritmo más rápido dan a sus accionistas una mayor rentabilidad que las que crecen de manera más lenta. Pero en esa historia los accionistas particulares que obtienen rendimientos superiores al promedio son aquellos que se encuentran manteniendo las acciones cuando el mercado advierte que su pronóstico sobre el crecimiento de la empresa fue demasiado bajo.

6. Las reducciones de costos que permiten a una empresa generar flujos de caja más fuertes de lo que los inversores esperaban también crean valor para los accionistas, por supuesto. Las clasificamos como innovaciones de apoyo porque permiten a las empresas líderes ganar más dinero en la forma en que están estructuradas para ganar dinero. Como los inversionistas normalmente pueden esperar mejoras continuas en la eficiencia de cualquier empresa, nuestras declaraciones aquí simplemente reflejan la realidad de que generar valor para los accionistas al superar las expectativas de eficiencia operativa de los inversionistas por lo general solo puede elevar los precios de las acciones a una meseta más alta pero *plana*. Inclinar hacia arriba la línea que marca el precio de las acciones requiere una innovación disruptiva.

7. Esto suele ser cierto en situaciones de apoyo –es importante invertir agresivamente antes de lanzar el producto para garantizar que los canales estén llenos y que exista la capacidad para satisfacer la demanda esperada. Pero ese no es el caso en situaciones disruptivas–.

8. Véase *Corporate Strategy Board, Stall Points* (Washington, DC: The Corporate Strategy Board, 1998).

9. Este es el tema de una importante corriente de trabajo a cargo del profesor Robert Kaplan y sus colegas, que los ha llevado a abogar por el uso de una herramienta llamada *Balanced Scorecard* (conocida en español como *Cuadro de mando integral*), en lugar de estados financieros, para evaluar la salud estratégica a largo plazo de una organización. Véase, por ejemplo, Robert S. Kaplan y David P. Norton, *The Strategy-Focused Organization* (Boston: Harvard Business School Press, 2001).

10. Al sostener que los gerentes deben dejar que la teoría guíe sus acciones y no esperar hasta que haya datos convincentes disponibles, ciertamente esperamos que los lectores no interpreten que estamos aconsejando a los gerentes manejarse sin números. Evaluar en detalle el desempeño operativo de las líneas de negocios establecidas y tomar decisiones basadas en esos datos es crucial para un movimiento ascendente rentable en la trayectoria de apoyo. Cuando se hace una planificación basada en descubrimientos para un negocio disruptivo nuevo, el modelo financiero proforma de los resultados posibles ayuda a los planificadores a comprender qué suposiciones son las más importantes.

    Nuestro argumento a favor de las decisiones basadas en la teoría se basa en la creencia de que una teoría sólida puede ayudar a los ejecutivos a asignar un significado estratégico a números que, de otro modo, podrían parecer no concluyentes, y a filtrar la señal del ruido a medida que ingresan los datos.

11. Como exploramos en el Capítulo 6, esperaríamos que la formación gerencial en-el-trabajo, como disrupción de nuevo mercado, sea una industria modular, no integrada, en la que es poco probable que la capacidad de ob-

tener ganancias atractivas resida en el diseño y el montaje de los cursos. Y, sin embargo, la mayoría de las escuelas de negocios intentan competir en ese mercado diseñando y ofreciendo cursos de formación ejecutiva personalizados para grandes corporaciones. A nuestro modo de ver, las escuelas de negocios necesitan una gran dosis de teoría. En lugar de simplemente vender casos y artículos, una mejor estrategia para ellos sería crear módulos curriculares de valor agregado que permitirían a decenas de miles de capacitadores corporativos reunir rápidamente contenido convincente que ayude a los empleados a aprender exactamente lo que necesitan aprender, cuando y donde necesitan aprenderlo.

También sería fundamental permitir que esos capacitadores enseñen esos materiales de maneras tan convincentes e interesantes que ninguno de los estudiantes tenga el menor deseo de sentarse otra vez en la clase de un profesor de escuela de negocios. Si la historia es alguna guía, si los departamentos editoriales de las escuelas de negocios hicieran eso tendrían un impacto mucho más amplio y serían mucho más rentables que sus organizaciones docentes establecidas en los *campus.*

12. La bibliografía que evalúa las consecuencias de las fusiones y adquisiciones en el rendimiento es vasta, y sorprendentemente unívoca. Muchos estudios han revelado que muchas, y quizás incluso la mayoría, de las fusiones destruyen valor en la empresa adquirente; véase, por ejemplo, Michael Porter "From Competitive Advantage to Competitive Strategy," *Harvard Business Review* 65, no. 3 (1987), 43-59, y J. B. Young, "A Conclusive Investigation into the Causative Elements of Failure in Acquisitions and Mergers," en *Handbook of Mergers, Acquisitions, and Buyouts,* ed. S. J. Lee and R. D. Colman (Englewood Cliffs, NJ: Prentice-Hall, 1981), 605-628.

    En el mejor de los casos, los únicos ganadores parecen ser los vendedores; véase, por ejemplo, G. A. Jarrell, J. A. Brickley y J. M. Netter, "The Market for Corporate Control: The Empirical Evidence Since 1980," *Journal of Economic Perspectives* 2 (1988): 21-48, y M. C. Jensen y R. S. Ruback, "The Market for Corporate Control: The Scientific Evidence," *Journal of Financial Economics* 11 (1983): 5-50. Incluso si los objetivos de adquisición están "bien seleccionados" desde un punto de vista estratégico convencional, hay evidencia significativa que sugiere que las dificultades de implementación pueden descarrilar la realización de cualquier beneficio putativo; véase, por ejemplo, Anthony B. Buono y James L. Bowditch, *The Human Side of Mergers and Acquisitions: Managing Collisions Between People, Cultures, and Organizations* (San Francisco: Jossey-Bass, 1988), y D. J. Ravenscraft y F. M. Scherer, "The Profitability of Mergers," *International Journal of Industrial Organization* 7 (1989): 101-116.

13. Queremos hacer hincapié en que nuestro mensaje no es que las adquisiciones puedan resolver los problemas de crecimiento de una empresa. Como hemos señalado en el texto, incluso la adquisición exitosa de negocios ma-

duros no cambia la trayectoria de crecimiento de una corporación –solo coloca los ingresos corporativos en una meseta más alta pero plana–. A fines de la década de 1990, Cisco siguió una estrategia de adquisición muy diferente de la que hemos descrito en el negocio de MDD de J&J. Los *routers* de conmutación de paquetes de Cisco habían creado una poderosa ola de disrupción frente a Lucent y Nortel, que fabricaban equipos de conmutación de circuitos para telefonía de voz. La mayoría de las adquisiciones de Cisco fueron de apoyo con respecto a su modelo comercial y su posición en el mercado, porque ayudaron a la empresa a ascender mejor y más rápido. No constituyeron plataformas para negocios de crecimiento disruptivo nuevos.

14. Esa es una de las conclusiones del último libro del profesor Donald N. Sull, *Revival of the Fittest* (Boston: Harvard Business School Press, 2003).

15. De hecho, nos preocupa que exactamente ese tipo de razonamiento haya hecho que los ejecutivos *senior* de Hewlett-Packard fusionen las unidades de negocios de la empresa en unas pocas organizaciones de gran tamaño. Sin duda, la reorganización facilitó la reducción de costos. Pero, a nuestro juicio, Solo puede exacerbar la batalla de la empresa con sus valores en un momento en que es muy importante reactivar el crecimiento. Además, y por eso es tan importante la buena teoría, "pequeño" *versus* "grande" no es el esquema de categorización correcto cuando se piensa en los beneficios de ese tipo de fusiones o en las ventajas del tamaño pequeño logradas mediante escisiones o separaciones organizacionales. La consolidación puede generar importantes ahorros de costos, pero como señalamos en este capítulo, puede corromper los valores necesarios para buscar posibles oportunidades disruptivas. Las organizaciones más pequeñas –o las organizaciones grandes que se dividen en una serie de organizaciones más pequeñas– pueden tener más facilidad para enfrentar los desafíos de adoptar valores favorables a la disrupción, pero como señalamos en los Capítulos 5 y 6, las organizaciones también deben hacer frente a las demandas de las interdependencias arquitectónicas, que a menudo pueden requerir organizaciones más grandes e integradas. En nuestra opinión, no se trata tanto de hacer concesiones –esto es, aceptar acuerdos inevitables– sino de reconocer las circunstancias en las que uno se encuentra y adoptar la solución adecuada al problema más apremiante.

16. A menudo nos han preguntado cuánto dinero se le debe permitir perder a una empresa y en cuánto tiempo deberían esperarse ganancias. Por supuesto, no puede haber reglas rígidas, porque la intensidad de los costos fijos de cada negocio variará. La telefonía móvil fue un negocio de crecimiento disruptivo que implicó grandes inversiones de costos fijos y, por lo tanto, pérdidas más significativas que muchas otras. Al hacer estas recomendaciones, simplemente esperamos ofrecer a los ejecutivos el principio rector de que perder menos es más.

17. La experiencia de Honda está resumida en las páginas 153 a 156 de *El*

dilema de los innovadores.[*] Esa descripción condensa un estudio de caso realizado por Evelyn Tatum Christensen y Richard Tanner Pascale, "Honda (B)", Case 9-384- 050 (Boston: Harvard Business School, 1983).

18. La búsqueda de éxitos inesperados, en lugar de buscar corregir las desviaciones de un plan, es uno de los principios más importantes que enseña Peter F. Drucker en su libro clásico *Innovation and Entrepreneurship* (New York: Harper & Row, 1985).

19. Esa tendencia a reenfocarse inmediatamente en el núcleo cuando las cosas empeoran, incluso a expensas de las soluciones a largo plazo del problema que causó que el núcleo se enfermara, se conoce entre los psicólogos del comportamiento como "rigidez de la amenaza". Véase el Capítulo 4 para más información al respecto.

20. Las experiencias de Fiore se detallan en Clayton M. Christensen y Tara Donovan, "Nick Fiore: Healer or Hitman? (A)" Case 9-601-062 (Boston: Harvard Business School, 2000).

21. Ponencia del Dr. Nick Fiore ante estudiantes de la Escuela de Negocios de Harvard, 26 de febrero de 2003.

22. El profesor William Sahlman, de la Escuela de Negocios de Harvard, ha estudiado el fenómeno de la inversión en "burbujas" de capital de riesgo durante dos décadas. Sahlman señala que cuando muchos inversionistas de riesgo concluyen que deben tener posiciones de inversión sólidas en una "categoría", los inversionistas desarrollan una "miopía del mercado de capitales", una visión que no considera el impacto que las inversiones de otras empresas tendrán en la probabilidad de que su inversión individual tenga éxito.

Cuando grandes cantidades de capital de riesgo disponible se concentran en una industria en la que los inversores perciben economías de gran escala y fuertes efectos de red, los fondos y las empresas en las que invierten se ven obligados a participar en un comportamiento de "carrera". Las empresas buscan gastar mucho más que la competencia, porque es la tasa *relativa* de gastos de una empresa y su capacidad *relativa* de ejecución lo que impulsa el éxito. Sahlman señala que, una vez que una carrera así ha comenzado, los fondos de riesgo no tienen otra opción que adoptar ese comportamiento si quieren participar en esa categoría de inversión. Ha observado además que entre mediados de la década de 1980 y principios de la de 1990 –el período que siguió a la primera de esas burbujas de inversión– los retornos del capital de riesgo fueron cero. Nosotros hemos visto una declinación similar en los retornos de las empresas en los años posteriores a la burbuja de las inversiones en dot.com y telecomunicaciones a fines de la década de 1990.

23. La inversión a gran escala de dinero que es impaciente para las ganancia y el crecimiento es muy apropiada en etapas posteriores del Paso 1 de la

---

[*] Las páginas referidas corresponden al original inglés, *The Innovator's Dilemma*. *[N. del T.]*

espiral, cuando la empresa necesita enfocarse deliberadamente en una estrategia ganadora que se ha vuelto clara. Bain Capital, que ha sido una de las firmas de inversión más exitosas en la última década, hizo esa transición de manera muy efectiva. Bain comenzó haciendo inversiones de riesgo bastante pequeñas. Proporcionó la financiación inicial para Staples, la supertienda de equipamiento de oficinas, por ejemplo. Tuvo tanto éxito con su primer fondo que, en fondos posteriores, los inversores sencillamente ponían tanto dinero como Bain les permitiera poner. Eso significa que los valores de la firma habían cambiado, y ya no podía priorizar las inversiones pequeñas. Sin embargo, en contraste con el comportamiento de los fondos de riesgo de la burbuja, Bain dejó de hacer inversiones de etapa inicial cuando creció. Se convirtió en un inversor de capital privado de etapa posterior y continuó actuando magníficamente. En el lenguaje del modelo de construcción de teoría que presentamos en la introducción, cuando esos fondos de inversión crecen, se encuentran en circunstancias diferentes. Las estrategias que condujeron al éxito en una circunstancia pueden conducir al desastre en otra. Bain Capital cambió de estrategia cuando cambiaron sus circunstancias. Muchos de los fondos de capital de riesgo no lo hicieron.

CAPÍTULO 10

El papel de los altos ejecutivos en la conducción del nuevo crecimiento

¿Cómo deberían los altos ejecutivos distribuir su tiempo y energía entre todos los negocios e iniciativas que demandan su atención? ¿En qué debería diferenciarse su supervisión de las innovaciones de apoyo de su modo de gestión en situaciones disruptivas? ¿La creación de negocios de nuevo crecimiento es una tarea intrínsecamente individual y ad hoc, o podría ser posible crear un proceso repetible que genere con éxito ola tras ola de crecimiento disruptivo?

Los ejecutivos *senior* de una empresa que busca crear en forma reiterada nuevas olas de crecimiento disruptivo tienen tres tareas que cumplir. La primera es una tarea a corto plazo: monitorear personalmente ambos lados de la interfaz entre los negocios de crecimiento disruptivo y los negocios principales para determinar a través del juicio cuáles de los recursos y procesos de la corporación deben aplicarse al nuevo negocio y cuáles no. La segunda es una responsabilidad a más largo plazo: guiar la creación de un proceso que llamamos un "motor de crecimiento disruptivo", que de manera eficiente y reiterada lance negocios de crecimiento exitosos. La tercera responsabilidad es permanente: percibir cuando las circunstancias están cambiando y continuar enseñando a otros a reconocer esas señales. Como la efectividad de cualquier estrategia depende de la circunstancia, los ejecutivos *senior* deben buscar en el horizonte (que a menudo se encuentra en el extremo inferior del mercado o en el no consumo) pruebas de que la base de la competencia está cambiando, y poner en marcha entonces proyectos y adquisiciones para garantizar que la corporación responda a las circunstancias cambiantes como una oportunidad de crecimiento y no como una amenaza de la que defenderse.[1]

Monitorear ambos lados de la interfaz apoyo-disrupción

Como en un grupo que realiza reiteradamente la misma tarea los procesos comienzan a fusionarse, el motor que impulsa el logro en las empresas bien administradas gradualmente se vuelve menos dependiente de las capacidades de las personas individuales y pasa a estar en los procesos, como hemos descrito en el Capítulo 7. Una vez que las empresas exitosas encuentran su punto de apoyo disruptivo inicial, la tarea que se repite posteriormente es la innovación de apoyo, no la disrupción. En la mayoría de las empresas exitosas, por lo tanto, se han fusionado procesos eficaces y bien afinados para abordar con éxito las oportunidades de apoyo. Pero no sabemos de ninguna empresa que haya creado hasta ahora procesos para hacer frente a la disrupción –porque lanzar negocios disruptivos todavía no ha sido una tarea recurrente–.[2]

Actualmente, por lo tanto, la capacidad de crear negocios de crecimiento a través de la disrupción reside en los recursos de las empresas y, por razones que exploraremos en este capítulo, el más crítico de estos recursos es el CEO u otro ejecutivo de alto nivel con una influencia comparable. Decimos "actualmente" porque no siempre tiene por qué ser así. Si una empresa aborda la tarea de crear un crecimiento disruptivo una y otra vez, la capacidad de crear negocios exitosos de crecimiento disruptivo también puede ser plasmada en un proceso –un proceso que en este capítulo llamamos un *motor de crecimiento disruptivo*–. Aunque no conocemos ninguna empresa que haya desarrollado hasta ahora un motor de ese tipo, creemos que es posible y proponemos cuatro pasos críticos que los ejecutivos *senior* pueden dar para hacerlo. Una empresa que tenga éxito en la creación de un motor de crecimiento disruptivo se colocará en un camino predecible hacia un crecimiento rentable, "patinando" constantemente hacia las oportunidades de hacer dinero que ofrezca el futuro.

Una teoría sobre la participación de los altos ejecutivos

Hasta que los procesos que pueden gestionar de manera competente la innovación disruptiva se hayan fusionado, la supervisión personal de un alto ejecutivo es uno de los recursos más esenciales que necesitan los negocios disruptivos para alcanzar el éxito. Uno de los aspectos más desalentadores en la vida de los altos ejecutivos es el estribillo sostenido por muchos escritores de libros de administración, en cuanto a que deben involucrarse para solucionar el tema que sea del que se trate el libro. Ética corporativa, valor para los accionistas, desarrollo de negocios y productos, adquisiciones, ciudadanía corporativa, cultura corporativa, desarrollo de gestión y programas de mejora de procesos son todas ruedas chirriantes que requieren grasa ejecutiva. Los altos directivos deben prestar mucha atención a la gestión de la línea superior, la línea inferior y todas las líneas intermedias. Ante un espectro tan variado, los ejecutivos necesitan una buena teoría de la participación ejecutiva basada en las circunstancias –una forma de discernir las circunstancias en las que su participación directa es realmente crítica para el éxito, y las circunstancias en las que deben delegar–.

Una de las teorías más comunes acerca de cuándo los altos ejecutivos deben involucrarse en una decisión y cuándo no deben hacerlo se basa en un atributo de la decisión, a saber, la magnitud del dinero en juego. La teoría sostiene que los gerentes de nivel inferior pueden tomar decisiones pequeñas o que implican cambios menores, pero que solo los altos ejecutivos tienen el conocimiento suficiente para tomar las decisiones importantes correctamente. Casi todas las empresas ejecutan esa teoría a través de políticas que les permiten a ejecutivos de nivel inferior tomar decisiones en el caso de las inversiones más pequeñas, pero que elevan las más voluminosas al equipo de mayor jerarquía para su consideración.

A veces esa teoría pronostica de manera precisa la calidad de las decisiones, pero a veces no.[3] Un problema con los sistemas que reflejan la teoría de elevar las decisiones importantes a las personas importantes es que los datos están en las divisiones: hay una asimetría de información en el formato vertical de toda organización. Los sistemas de reporte pueden de hecho elevar la información que solicitan los altos directivos, pero el problema es que a veces los altos directivos no saben qué preguntas se deben hacer.[4] En consecuencia, los altos mandos de las grandes organizaciones por lo general no pueden saber mucho más de lo que los gerentes que están por debajo de ellos deciden divulgar. Peor aún, cuando los gerentes de nivel medio han pasado por algunos ciclos de decisión de la gerencia *senior*, saben cómo deben verse los números para que los altos mandos aprueben las propuestas, y saben qué información no deben presentarles porque podría "confundirlos". Por lo tanto, una buena parte del esfuerzo de los mandos intermedios se emplea en limitar la información, reduciéndola al subconjunto particular que se requiere para obtener de los altos directivos la aprobación de proyectos que los mandos intermedios ya han decidido que son importantes. Las iniciativas que no tienen sentido para los mandos intermedios rara vez son elevadas a la consideración de los altos mandos. Estos se ven a sí mismos como los que toman las decisiones importantes, pero en realidad la mayoría de las veces no son ellos quienes lo hacen.

Como la mayoría de los ejecutivos *senior* en realidad no pueden participar cuando y donde se toman concretamente esas decisiones, los procesos de toma de decisiones que funcionan bien sin la atención de altos mandos son *cruciales* para el éxito en las innovaciones de apoyo. En circunstancias de apoyo en las que hay procesos eficaces –incluso en muchas decisiones importantes– los altos directivos por lo general no pueden mejorar la calidad de la decisión debido a la asimetría de información que existe.[5] Allí es cuando el evangelio de "llevar las decisiones al nivel más bajo" y de "hacer que el nivel más bajo sea competente" es de hecho una buena noticia.

Otra versión de la "teoría del tamaño" sostiene que los negocios grandes requieren una participación más activa de los altos mandos, mientras que los gerentes de nivel inferior pueden hacer frente a las demandas de unidades organizativas más pequeñas. Menos gente y menos activos –dice la creencia– significa que se requieren menos habilidades gerenciales. A veces ese es el caso, pero a veces no. Los negocios potencialmente disruptivas son pequeños. Pero con sus estrategias mal definidas y sus exigentes objetivos de rentabilidad, las decisiones que llevan al éxito o al fracaso surgen con una frecuencia alarmante, y dichos negocios no tienen procesos para tomar esas decisiones correctamente. En contraste, los negocios más grandes en organizaciones exitosas generalmente tienen clientes establecidos con necesidades claramente articuladas, y tienen procesos de producción y asignación de recursos minuciosamente perfeccionados para satisfacer esas necesidades. En esas organizaciones, los requisitos de toma de decisiones suelen trascender la participación de cualquier individuo en particular, y normalmente son cumplidos por el funcionamiento ordenado de procesos establecidos.

Estas dos teorías mencionadas se equivocan en las categorías. Una teoría mejor, basada en las circunstancias, puede ayudar a los gerentes a decidir qué decisiones deben tomarse en qué niveles. Las decisiones para cuya toma eficaz se diseñaron los procesos y valores principales (fundamentalmente las referidas a innovaciones de apoyo) necesitan menos participación de los altos mandos. Es cuando los ejecutivos *senior* sienten que los procesos y valores de la organización principal no fueron diseñados para manejar decisiones importantes en una organización (que suele ser el caso en las circunstancias disruptivas) cuando debe participar un alto mando. Como los planes para negocios disruptivos, por definición, deben ser elaborados a partir de diferentes criterios, y como los valores del negocio principal se desarrollaron para eliminar el tipo de ideas que tienen un potencial disruptivo, la innovación disruptiva es la categoría de circunstancia en la que los altos directivos deben participar de manera personal. La circunstancia en la que la delegación funciona eficazmente es la innovación de apoyo. Un ejecutivo de alto nivel es el único que puede respaldar el uso de procesos corporativos cuando son apropiados y que puede quebrar la sujeción a esos procesos y reglas de decisión cuando no lo son.

Otra razón por la que los ejecutivos *senior* deben tener un pie en cada lado de la interfaz entre innovaciones de apoyo y disrupción es los gerentes de las unidades comerciales principales necesitan estar completamente informados de las innovaciones tecnológicas y del modelo comercial que se desarrollan en el nuevo negocio disruptivo, porque a menudo la disrupción es donde se incuban las mejoras más importantes para el futuro de toda la corporación. Si los altos directivos se han educado adecuadamente en teorías sólidas de estrategia y gestión, pueden asesorar a los gerentes de importantes negocios de crecimiento en ambos lados de la interfaz, tanto el de apoyo como el de la disrupción, para que tomen las medidas que sean apropiadas para cada circunstancia en particular.

Asegurar que los procesos de estrategia deliberada y emergente se empleen en las circunstancias correctas y que se contraten gerentes cuya experiencia se corresponda con los problemas en cuestión son desafíos continuos en ambos lados de la línea divisoria.

La importancia de intervenir

Uno de los estudios de caso favoritos que enseñamos sobre Nypro, Inc., ilustra cuándo y por qué un ejecutivo de alto nivel necesita guiar personalmente la creación de negocios de crecimiento disruptivo.[6] Nypro es una empresa extraordinariamente exitosa que moldea por inyección piezas plásticas de precisión personalizadas. Gran parte de la cultura innovadora y el éxito financiero de la empresa se puede atribuir a su propietario y CEO recientemente retirado, Gordon Lankton. Los clientes de Nypro son fabricantes globales de productos microelectrónicos y para el cuidado de la salud. Estos requieren el abastecimiento de componentes de plástico cuya complejidad y tolerancias dimensionales exigen las capacidades de moldeo más sofisticadas. La empresa busca ofrecer una capacidad uniforme en cualquiera de sus veintiocho plantas, ya sea en América del Norte, Puerto Rico, Irlanda, México, Singapur o China, bajo el mantra "Nypro es su fuente local… en todo el mundo". Si Nypro buscara lograr esa capacidad uniforme impidiendo que cualquier planta se desvíe de los procedimientos estándar generales de la compañía, impediría la innovación en el preciso nivel donde mejor se da: las plantas. La mayoría de las innovaciones de procesos importantes que ayudan a Nypro a fabricar productos cada vez mejores son desarrolladas por equipos de ingeniería que trabajan para resolver los problemas de los clientes en plantas individuales remotas, fuera de la vista y el oído de la gerencia *senior*. Ese cuadro es un estereotipo del dilema que enfrenta la mayoría de las empresas de una forma u otra: las empresas necesitan capacidad uniforme pero flexibilidad para cambiar, y los altos directivos normalmente ni siquiera pueden ver qué innovaciones se están considerando y desarrollando, y mucho menos decidir cuáles ameritan invertir.

En respuesta a ese desafío, Lankton creó un sistema para exponer las innovaciones más importantes y exitosas a fin de poder evaluar qué mejoras deberían adoptar todas las plantas, permitiendo de ese modo a Nypro ofrecer una capacidad de fabricación global uniforme pero en constante mejora. Un elemento clave de ese esquema fue un sistema de información financiera mensual que ordenaba el rendimiento de las plantas según una serie de puntos importantes considerados por Lankton los impulsores del rendimiento financiero a corto plazo de la empresa y de su éxito estratégico a largo plazo. Esos informes ponían a la vista de todos qué plantas lo estaban haciendo mejor y cuáles necesitaban mejorar. En ellos se evaluaba a los gerentes de planta según el rendimiento de estas, y la reputación de los gerentes ante los demás era afectada por la clasificación relativa de sus plantas. En otras palabras, el sistema proporcionaba amplia motivación para que los gerentes buscaran cualquier innovación que pudiera mejorar su desempeño y su clasificación relativa. Lankton creó para cada planta juntas directivas entrelazadas, de modo que cada junta estaba compuesta por gerentes e ingenieros de varias otras plantas. Esto mantenía el flujo de información entre las plantas.

La empresa potenció eso con varias reuniones globales cada año para gerentes e ingenieros de planta, en las que intercambiaban noticias sobre las innovaciones de procesos y productos que había implementado cada uno, y cuáles habían sido los resultados. Con el tiempo se generó una cultura en la que los gerentes competían intensamente para adelantarse unos a otros, pero a la vez, no obstante, cooperaban compartiendo las innovaciones de proceso que cada uno había desarrollado.

Lankton observaba atentamente cada vez que la innovación exitosa de una planta comenzaba a ser adoptada por gerentes de otras plantas. Esa era para él una señal de que la idea tenía valor. Cuando varios gerentes respetados copiaban la innovación de proceso de otra planta, Lankton tenía suficiente evidencia para decidir que la innovación debía ser implementada, y entonces ordenaba que se convirtiera en una práctica estándar en todas las plantas a nivel global. Ese método primero testeaba y validaba las innovaciones de apoyo y luego aceleraba la implementación de aquellas que habían demostrado ser importantes.

Hacia mediados de la década de 1990, Lankton percibió que el mundo de Nypro estaba cambiando. Sus ingenieros podían moldear mensualmente millones de piezas de plástico complicadas con tolerancias de ingeniería sumamente estrictas. Aunque había algunas aplicaciones que necesitaban una precisión aún mayor, las capacidades de Nypro eran más que suficientes para la mayor parte del mercado, y otros competidores habían mejorado para competir favorablemente contra el costo y la calidad de Nypro. En otras palabras, Lankton advirtió que la base de la competencia en sus mercados comenzaba a cambiar. Notó que el tipo de negocio que había llevado al éxito de Nypro –el moldeado de alta precisión y gran volumen– no estaba creciendo tan rápido como la demanda de una variedad más amplia de piezas con volúmenes más pequeños. Algunas de esas piezas también requerían alta precisión, pero era la capacidad de responder rápidamente con esa precisión lo que se perfilaba como la clave del éxito.

Detectar un cambio de circunstancias y elaborar una respuesta es un papel que solo el CEO puede desempeñar. Lankton detectó este cambio magistralmente, pero cuando dejó que la organización implementara las modificaciones necesarias, esta no pudo. He aquí lo que pasó.

Para preparar a Nypro para ese cambio en la base de la competencia, Lankton encargó en la sede central de la empresa un proyecto para desarrollar una máquina llamada "Novaplast", que podía ser configurada en menos de un minuto.[7] El diseño singular de esa tecnología permitía el moldeo económico a baja presión de una variedad de piezas de precisión en tiradas cortas.

Para ser coherente con la práctica de la empresa, Lankton decidió no obligar a que todas las plantas comenzasen a usar la nueva máquina. Se aseguró de que todos los gerentes entendieran cómo funcionaba la tecnología y cuál era su propósito estratégico. Entonces ofreció a los gerentes la posibilidad de alquilar la máquina, esperando que esa alternativa minimizara las barreras para la experimentación y la adopción –y, como de costumbre, para ver si aquellos cuyo juicio había aprendido a respetar emitían su voto a favor de la tecnología–. Seis de las plantas de Nypro alquilaron la máquina, pero antes de los cuatro meses cuatro de ellas habían devuelto sus máquinas a la sede central. La razón: habían llegado a la conclusión de que no había ningún negocio que pudiera funcionar económicamente con esas máquinas.. Las dos plantas que conservaron la Novaplast proveían regularmente a un importante fabricante de baterías AA, para el que producían un revestimiento de plástico delgado que encajaba dentro de la carcasa metálica de las baterías. Las plantas moldeaban mensualmente millones de esos revestimientos, y resultó que la Novaplast podía producir esas piezas con rendimientos más altos y costos más bajos que las máquinas convencionales de alta presión y alto volumen de Nypro.

El final del estudio de caso expuesto muestra a Lankton desconcertado por el resultado. ¿Por qué era que él había visto tan claramente la creciente demanda de entrega rápida de una variedad cada vez mayor de piezas de precisión de tiradas cortas y, sin embargo, sus plantas no habían podido conseguir nada de ese negocio para sus máquinas Novaplast? ¿Fue una victoria o un fracaso que el éxito final de la Novaplast proviniera de una pieza de gran volumen, estándar y de alta precisión?

La respuesta es que ese es exactamente el resultado que esperaríamos de los procesos y valores que sustentaban el modelo de negocio existente. El motor de innovación minuciosamente perfeccionado de Nypro moldeó la Novaplast como una tecnología de apoyo, porque eso es exactamente para lo que estaba diseñado el sistema: desarrollar cada inversión para que ayude a la empresa a ganar dinero del modo en que fue estructurada para hacerlo. Una organización no puede disrumpirse a sí misma. Solo puede implementar tecnologías de manera que sustenten sus ingresos o su modelo de negocios. La consecuencia para Nypro de permitir que el proceso estándar siguiera al mando es que (hasta ahora) la empresa ha perdido la oportunidad de crear un nuevo negocio importante de crecimiento disruptivo.

Para tener éxito en esa disrupción, Lankton habría necesitado crear una organización de ventas cuya estructura de compensación alentara a los vendedores a buscar ese negocio de gran variedad y bajo volumen por pieza. Habría necesitado construir una organización operativa cuyos procesos sintonizaran con ese trabajo, y crear evaluaciones de rendimiento que fueran diferentes de las que llevaron al éxito en el negocio principal. Ninguno de los procesos del negocio principal podría hacer esas evaluaciones correctamente. Por eso es que el CEO debe monitorear ambos lados de la interfaz entre las unidades comerciales principales y los nuevos negocios de crecimiento disruptivo.[8]

¿Puede cualquier ejecutivo conducir el crecimiento disruptivo?

Como los procesos y valores del negocio principal, por su propia naturaleza, están orientados a gestionar la innovación de apoyo, la única alternativa desde el principio es que el CEO o alguien con un poder similar asuma la responsabilidad de supervisar el crecimiento disruptivo. ¿Solo algunos de esos ejecutivos pueden ejercer esa supervisión de manera efectiva, o es posible que cualquier persona de alto nivel tenga éxito en ello? En el Capítulo 2 señalamos que la mayoría de las empresas cuyas acciones desearíamos haber tenido en los últimos cincuenta años se establecieron en el mercado con una estrategia disruptiva. Algunas –pero no muchas– de esas empresas posteriormente atraparon o crearon otras olas de disrupción que mantuvieron a la corporación matriz creciendo a un ritmo sólido durante un tiempo.

Una de nuestras observaciones más aleccionadoras es que, de la población de empresas que capturaron con éxito una ola posterior de disrupción y se mantuvieron en la cima de sus industrias, la gran mayoría aún eran manejadas por el fundador de la empresa en el momento en que abordaron la disrupción. Solo unas pocas empresas dirigidas por gerentes profesionales (no fundadores) han tenido éxito en la creación de nuevos negocios de crecimiento disruptivo. La Tabla 10-1, aunque no es exhaustiva, ilustra lo que hemos observado.[9]

Vale la pena señalar que esas organizaciones dirigidas por fundadores eran además básicamente empresas de una sola industria (esto es, relativamente poco diversificadas cuando abordaron la disrupción), lo cual, como se explica en el Capítulo 9, puede hacer aún más difícil la creación de un nuevo negocio disruptivo. Nosotros sospechamos que los fundadores tienen una ventaja al abordar la disrupción porque no solo ejercen la influencia política necesaria, sino que tienen también la confianza en sí mismos para anular los procesos establecidos en aras de buscar oportunidades disruptivas. Los gerentes profesionales, en cambio, a menudo parecen tener dificultades para empujar en direcciones disruptivas que, para la mayoría de las otras personas en la organización, parecen contrarios a la intuición.

La Tabla 10-2 muestra, sin embargo, que existen algunas excepciones al principio de que solo los fundadores parecen ser capaces de impulsar la disrupción. Conocemos cinco empresas importantes que estaban dirigidas por gerentes profesionales en el momento en que lanzaron disrupciones exitosas. De esas, Johnson & Johnson, Procter & Gamble y General Electric son íconos de la diversificación. IBM y Hewlett-Packard estaban relativamente poco diversificadas cuando sus fundadores lanzaron los primeros negocios disruptivos exitosos de esas empresas; por lo tanto, están incluidas en la Tabla 10-1.

Más tarde, cuando estaban al frente gerentes profesionales, esas dos empresas lanzaron o adquirieron negocios disruptivos adicionales, pero lo hicieron cuando las empresas se habían diversificado de manera mucho más amplia.

Sospechamos que, como los gerentes profesionales de las empresas detalladas en la Tabla 10-2 emprendieron sus nuevas disrupciones en el contexto de una corporación multinegocio diversificada, fue más fácil para ellos tener éxito.

Si bien sus capacidades gerenciales fueron sin duda importantes en esas acciones, había precedentes y procesos para crear o adquirir nuevos negocios y administrarlos adecuadamente que ayudaron a CEO profesionales a crear crecimiento disruptivo.[10]

Tabla 10-2.

Empresas gerenciadas profesionalmente que lanzaron nuevos negocios disruptivos

Empresa	Negocio de crecimiento disruptivo
General Electric	GE Capital
Hewlett-Packard	Impresoras a chorro de tinta
IBM	Computadoras personales
Johnson & Johnson	Monitores de glucosa, lentes de contacto desechables, equipos para cirugía endoscópica y angioplastía
Procter & Gamble	Limpieza en seco para el hogar Dryel, cepillos de dientes eléctricos económicos, tiras Crest para blanquear los dientes

Crear un motor de crecimiento: incorporar la capacidad de disrumpir en un proceso

Lanzar un negocio disruptivo exitoso puede generar años de crecimiento rentable para una empresa, como lo hizo GE Capital para su empresa matriz durante los años en que Jack Welch estuvo al mando. La disrupción consagró al grupo de diagnóstico y dispositivos médicos de Johnson & Johnson, como señalamos en el Capítulo 9. La impresora a chorro de tinta de Hewlett-Packard es ahora el motor de ganancias de toda la corporación. Si se siente tan bien disrumpir una vez, ¿por qué no hacerlo una y otra vez?

Si una empresa lanza una *secuencia* de negocios de crecimiento, si sus líderes utilizan reiteradamente las pruebas de fuego para moldear ideas o adquirir disrupciones incipientes, y si usan reiteradamente teorías sólidas para tomar de manera correcta las otras decisiones clave de la construcción de negocios, creemos que puede consolidarse un proceso predecible y repetible para identificar, moldear y poner en marcha un crecimiento exitoso. Una empresa que incorpore la capacidad de hacer eso en un proceso tendría un valioso motor de crecimiento.

Ese motor tendría cuatro componentes cruciales, como se muestra en la Figura 10-1. Primero, debe operar rítmicamente y de acuerdo a una *política*, antes que en respuesta a las circunstancias financieras. Eso aseguraría que se lancen nuevos negocios mientras la corporación sigue creciendo sólidamente, y que los nuevos negocios no serían presionados para crecer demasiado rápido. Segundo, el CEO u otro alto ejecutivo que tenga la confianza y la autoridad para liderar desde arriba *cuando es necesario* debe dirigir la iniciativa. Esto es particularmente importante en los primeros años, cuando el éxito aún depende más de los recursos que de los procesos. Tercero, establecería un pequeño grupo a nivel corporativo –proponentes y moldeadores– cuyos miembros desarrollen un sistema practicado y repetible para convertir ideas en planes comerciales disruptivos que sean financiados y lanzados. Cuarto, incluiría un sistema para capacitar y volver a capacitar a las personas en toda la organización para identificar oportunidades disruptivas y llevarlas a los impulsores y moldeadores.[11]

Paso 1: Comenzar antes de que se necesite hacerlo

El mejor momento para invertir para el crecimiento es, como señalamos en el Capítulo 9, cuando la empresa está creciendo.

Tabla 10-1.
Empresas dirigidas por fundadores que lanzaron nuevos negocios disruptivos

Empresa	Negocio de crecimiento disruptivo	CEO/fundador
Bank One	Tarjetas de crédito monolínea (compra de First USA)	John McCoy[a]
Charles Schwab	Correduría en línea	Charles Schwab[b]
Dayton Hudson	Minorista de descuento (tiendas Target)	The Dayton family
Hewlett-Packard	Computadoras basadas en microprocesadores	David Packard
IBM	Minicomputadoras	Thomas Watson Jr.[c]
Intel	Microprocesadores de gama baja (chip Celeron)	Andrew Grove
Intuit	QuickBooks, software de contabilidad para pequeñas empresas; TurboTax, software de asistencia fiscal personal; poner en línea Quicken, software de administración de dinero	Scott Cook
Microsoft	Informática basada en Internet; SQL y Access, software de base de datos; Great Plains, software de soluciones comerciales	Bill Gates
Oracle	Software servido centralmente (proveedor de servicios de aplicaciones)	Larry Ellison
Quantum	Unidades de disco de 3,5 pulgadas	Dave Brown/ Steve Berkley
Sony	Electrónica de consumo basada en transistores	Akio Morita
Teradyne	Comprobadores de circuitos integrados basados en procesadores CMOS	Alex d'Arbeloff
The Gap	Old Navy, ropa informal de bajo precio	Mickey Wexler
Wal-Mart	Sam's Club	Sam Walton

[a] McCoy no fue el fundador, pero fue el arquitecto principal de la estrategia de adquisición que llevó a Bank One a su prominencia.

[b] El co-CEO de la compañía, David Pottruck, ayudó significativamente a Charles Schwab en ese esfuerzo.

[c] Nuevamente, Watson era el hijo del fundador, pero fue el principal impulsor del éxito de IBM en la computación digital de *mainframe*.

Para construir lo que será un negocio de crecimiento respetable en cinco años, hay que comenzar ahora. Y deben agregarse nuevas unidades a la cartera de negocios en crecimiento a un ritmo dictado por las necesidades de crecimiento de la corporación dentro de cinco años. Las empresas que construyen mientras crecen pueden proteger sus negocios incipientes de alto potencial de la presión de Wall Street, dándole a cada uno el tiempo que necesita para afinar una estrategia viable y despegar. Tengamos presente lo de Wal-Mart. En 2002 la empresa generó casi 220.000 millones de dólares en ingresos. Pero desde que abrió su primera tienda de descuento pasó una docena de años hasta que superó el umbral de ingresos de 1000 millones. Las disrupciones necesitan una pista más larga antes de despegar hacia grandes volúmenes, por lo cual deben iniciarse antes de que el informe anual indique que se están estabilizando.

Figura 10-1.
El motor de crecimiento disruptivo

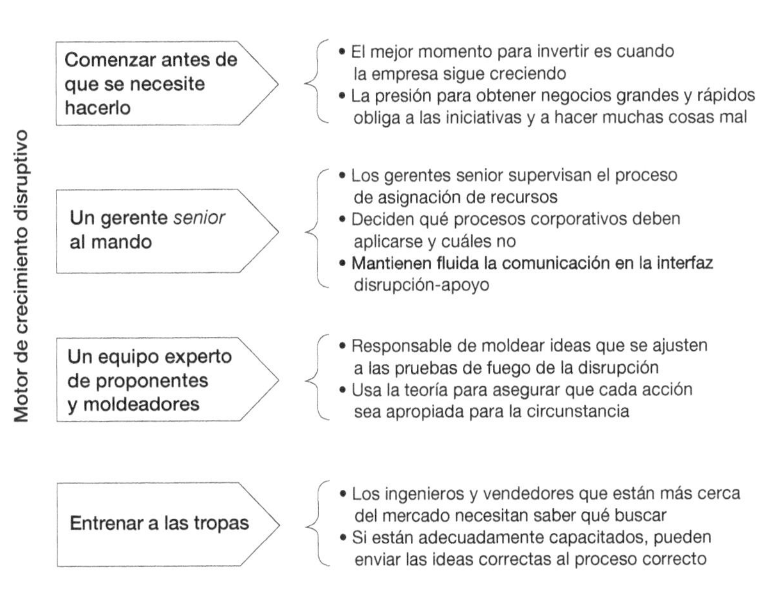

La mejor manera de hacer esto es presupuestarlo –no solo una cantidad de capital reservada para invertir en crecimiento disruptivo, sino una cantidad presupuestada de nuevos negocios que deben lanzarse cada año–.[12] Recuérdese que no estamos abogando por el establecimiento de un fondo de capital de riesgo corporativo cuya estructura se base en la creencia de que uno no puede predecir qué inversiones funcionarán y cuáles no. Nosotros creemos que el proceso de crear crecimiento exitoso puede ser mucho más predecible si los gerentes usan teorías sólidas para moldear las ideas de manera apropiada. Por lo tanto, se puede lanzar la cantidad necesaria de nuevos negocios cada año no solo con la esperanza sino también con la expectativa de que serán exitosos.

Paso 2: Designar a un ejecutivo *senior* para que convierta las ideas en procesos adecuados de configuración y asignación de recursos

Crear un motor de crecimiento disruptivo exitoso requiere la capacitación cuidadosa por parte del CEO u otro gerente *senior* que tenga la confianza y la autoridad para eximir a un emprendimiento de respetar un proceso corporativo establecido, para decidir cuándo es necesario crear procesos diferentes, y para garantizar que los criterios utilizados en la asignación de recursos son apropiados para las circunstancias de cada emprendimiento y las necesidades de la corporación. Ese ejecutivo debe estar bien versado en la teoría de la innovación disruptiva y debe poder separar las ideas con potencial disruptivo de aquellas que se implementan mejor en una trayectoria de apoyo consolidada. La tarea principal de ese gerente es asegurar que las ideas más útiles para crear puntos de apoyo disruptivos se transformen en un proceso que maximice sus posibilidades de éxito.

Como se señaló anteriormente, ese rol ejecutivo cambiará con el tiempo. Al principio implicará monitorear y asesorar sobre decisiones específicas en negocios de crecimiento específicos. Finalmente consistirá en monitorear los procesos usados para recoger, moldear y financiar ideas; asesorar y capacitar en forma continua, y monitorear los vientos de circunstancias que cambien en el entorno de la empresa.

Paso 3: Crear un equipo y un proceso para moldear ideas

En el Capítulo 1 dijimos que, en las empresas que están en peligro de perder su crecimiento, el problema casi nunca es la falta de ideas de crecimiento interesantes. El problema es que las ideas a menudo pierden su potencial de crecimiento disruptivo en el proceso de moldeado por el que pasan para conseguir financiación. El desafío para ese tercer componente del motor de crecimiento es, por lo tanto, crear un proceso operativo independiente a través del cual las ideas puedan transformarse en disrupciones de alto potencial.

Procesos de ese tipo pueden diagramarse a un nivel alto en papel, pero solo se vuelven tangibles cuando un grupo estable de personas resuelve con éxito problemas similares una y otra vez.

Por lo tanto, los altos directivos deben crear un equipo principal a nivel corporativo que sea responsable de recopilar ideas de innovación disruptiva y transformarlas en propuestas que se ajusten a las pruebas de fuego descritas en los Capítulos 2 a 6 de este libro. Los miembros de ese equipo deben comprender estas teorías a un nivel profundo, mantenerse unidos y aplicarlas con frecuencia. Esa experiencia los ayudará a percibir qué ideas pueden o no ser convertidas en disrupciones atractivas, y a distinguirlas de las ideas cuyo potencial es de apoyo y deben canalizarse a través de los procesos de moldeado y asignación de recursos de un negocio consolidado.

A pesar de la orientación que esperamos que brinde este libro, muchos aspectos de la estrategia que finalmente resultará exitosa para una iniciativa de crecimiento no pueden conocerse desde el principio. Eso significa que, al lanzar negocios disruptivos, ese grupo núcleo de moldeo no puede usar los procesos estándar de planificación estratégica y presupuestación que usa la empresa. El Capítulo 8 detalló un proceso de planificación por descubrimientos, igual de riguroso, riguroso para usarse en circunstancias disruptivas.[13]

Los miembros del grupo núcleo podrían instruir a los gerentes de cada nuevo emprendimiento en cuanto a esas técnicas para la planificación estratégica y la elaboración de presupuestos.

Confiamos en que, a medida que hagan eso, su intuición y comprensión de las ideas mejorarán mucho más allá de lo que ahora sabemos y podemos transmitir en un libro limitado como este.

Paso 4: Entrenar a las tropas para identificar ideas disruptivas

El cuarto componente de un motor de crecimiento disruptivo que funcione bien es la capacitación de las tropas, particularmente el personal de ventas, marketing e ingeniería, porque son quienes están mejor posicionados para encontrar ideas de crecimiento interesantes y detectar pequeñas adquisiciones con potencial disruptivo. Deben ser instruidos en el lenguaje de la innovación de apoyo y la disruptiva, y deben comprender cabalmente las pruebas de fuego, porque es crucial que sepan qué tipo de ideas deben canalizar hacia los procesos de apoyo de las unidades de negocios consolidados, cuáles deben ser dirigidas a canales disruptivos, y qué ideas no tienen potencial para ninguno de ellos. Esta es verdaderamente una situación en la que "hacer que el nivel más bajo sea competente" dará sus frutos con creces.

Tomar ideas para negocios de nuevo crecimiento de personas en contacto directo con los mercados y las tecnologías puede ser mucho más productivo que confiar en estrategias corporativas sobrecargadas de analistas o en departamentos de desarrollo de negocios –siempre y cuando las tropas tengan la intuición para hacer el primer tamizaje y moldearse a sí mismas–.

Los ejecutivos senior deben desempeñar cuatro roles en el manejo de la innovación. Primero, deben coordinar activamente acciones y decisiones cuando no existen procesos para efectuar la coordinación. Segundo, deben romper la sujeción a los procesos establecidos cuando un equipo se enfrenta a nuevas tareas que requieren nuevos patrones de comunicación, coordinación y toma de decisiones. Tercero, cuando en una organización surgen actividades y decisiones recurrentes, los ejecutivos deben crear procesos para guiar y coordinar de manera confiable el trabajo de los empleados involucrados. Y cuarto, como crear de manera recurrente nuevos negocios de crecimiento disruptivo implica la construcción y el mantenimiento de múltiples procesos y modelos de negocio simultáneos dentro de la corporación, los altos directivos deben monitorear ambos lados de las interfaces de esas organizaciones para asegurar que el aprendizaje útil de los negocios de nuevo crecimiento se incorpore a la corriente principal, y para asegurar que siempre se apliquen los recursos, procesos y valores correctos en la situación correcta.

Cuando una empresa consolidada emprende por primera vez la creación de un nuevo negocio de crecimiento disruptivo, los ejecutivos senior deben desempeñar el primer y segundo rol. La disrupción es una tarea nueva, y no existirán los procesos apropiados para manejar gran parte de la coordinación y la toma de decisiones requeridas relacionadas con los proyectos iniciales. Algunos procesos de la organización principal deben ser evitados o contravenidos porque no facilitarán el trabajo que debe hacer el equipo disruptivo. Para crear un motor de crecimiento que sostenga el crecimiento de la corporación durante un período prolongado, los ejecutivos senior deben desempeñar el tercer rol diestramente, porque lanzar nuevos negocios disruptivos necesita convertirse en una tarea rítmica y recurrente. Eso implica la capacitación continua de los empleados implicados, para que puedan identificar instintivamente ideas potencialmente disruptivas y convertirlas en planes de negocios que conduzcan al éxito. La cuarta tarea, que es controlar ambos lados de la frontera entre los negocios disruptivos y los principales, monitoreando activamente el flujo apropiado de recursos, procesos y valores desde el negocio principal hacia el nuevo y viceversa, es la esencia permanente de gestionar una corporación en constante crecimiento.

NOTAS

1. En este capítulo usaremos el término "ejecutivos *senior*" para referirnos a hombres y mujeres en puestos tales como presidente de la junta directiva, vicepresidente de la junta directiva, CEO y presidente. Los ejecutivos *senior* que pueden desempeñar bien los roles de liderazgo que describimos en este capítulo deben tener el poder y la confianza para declarar que ciertas reglas corporativas se seguirán o no se seguirán, dadas las circunstancias en las que se encuentre una iniciativa de crecimiento.

2. Como se mencionó en el Capítulo 8, Sony es el único ejemplo que conocemos que fue un disruptor serial, ya que entre 1950 y 1982 creó una docena de negocios disruptivos de nuevo crecimiento. Hewlett-Packard lo hizo al menos dos veces, cuando lanzó computadoras basadas en microprocesadores e impresoras a chorro de tinta. Más recientemente, nuestra sensación es que Intuit ha estado buscando activamente crear negocios de nuevo crecimiento a través de medios disruptivos. Pero para la gran mayoría de las empresas, la disrupción ha sido a lo sumo un evento puntual, una sola vez.

3. Nuevamente remitimos a los lectores a *Strategy is Destiny*, de Robert Burgelman, una crónica extraordinariamente perspicaz de cómo se distribuyó el carácter *ex ante* y *ex post* de las decisiones estratégicas de alto impacto entre los niveles de gestión de Intel Corporation.

4. Prácticas como la del *management by walking around*, popularizada por Thomas Peters y Robert Waterman en su clásico *In Search of Excellence* (New York: Warner Books, 1982) apuntan a ese desafío. La esperanza es que al interactuar, los gerentes *senior* puedan tener una idea de cuáles son las preguntas importantes, de modo que puedan solicitar la información correcta necesaria para tomar buenas decisiones.

5. Algunos sostendrán que la mayoría de los ejecutivos *senior* deben seguir participando en las decisiones sobre gastos importantes debido a su responsabilidad fiduciaria de no gastar más de lo que la empresa tiene para gastar. Pero incluso decisiones como esas se pueden tomar a través de procesos eficientes.

6. La descripción que sigue condensa un caso de enseñanza de Clayton Christensen y Rebecca Voorheis, "Managing Innovation at Nypro, Inc. (A)," Case 9-696-061 (Boston: Harvard Business School, 1995) y "Managing Innovation at Nypro, Inc. (B)," Case 9-697-057 (Boston: Harvard Business School, 1996).

7. En nuestro relato de esta historia, estamos usando el lenguaje de nuestros modelos. Lankton no sabía de nuestra investigación y, por lo tanto, se guió por su propia intuición, no por nuestro consejo. Sin embargo, su intuición fue asombrosamente congruente con la forma en que nosotros habríamos visto la situación.

8. Es interesante señalar que, a pesar de que la empresa ha perdido (hasta ahora) la oportunidad de aprovechar esa ola de crecimiento disruptivo en la fabricación de gran variedad y bajo volumen por pieza, le ha ido muy bien. La empresa siguió el patrón descrito en el Capítulo 6 de abrirse camino hacia adelante desde el *back-end*, integrándose desde la fabricación de componentes hasta subensamblajes tecnológicamente interdependientes e incluso el ensamblaje del producto final. *Triplicó* (muy provechosamente) sus ingresos a casi mil millones de dólares entre 1997 y 2002, un período en el que fracasaron varios competidores importantes.

9. La naturaleza de las disrupciones de esas empresas se analiza en la Figura 2-4 y el apéndice del Capítulo 2.

10. Algo más que vale la pena señalar es que no hemos estudiado las tasas de éxito relativas de las iniciativas disruptivas dirigidas por fundadores *versus* las dirigidas por agentes. Todo lo que podemos decir basándonos en el análisis que hemos hecho hasta ahora es que la incidencia relativa de la disrupción exitosa liderada por fundadores es más alta que la disrupción dirigida por agentes. Todavía no podemos decir quién tiene un mejor promedio de aciertos. Por razones lamentables pero comprensibles, los datos sobre los esfuerzos fallidos de creación de empresas son difíciles de obtener.

11. Clayton M. Christensen, Mark Johnson, y Darrell K. Rigby, "Foundations for Growth: How to Identify and Build Disruptive New Businesses," *MIT Sloan Management Review*, Spring 2002, 22-31. Agradecemos a Darrell Rigby por señalar la posibilidad de que se pueda crear un motor de crecimiento.

12. Una buena herramienta para usar en este proceso de presupuestación es la llamada planificación de proyectos agregados. Steven C. Wheelwright y Kim B. Clark describieron este método en su libro *Revolutionizing Product Development* (New York: Free Press, 1992). Su concepto fue extendido al proceso de asignación de recursos corporativos en un apunte de curso de Clayton Christensen, "Using Aggregate Project Planning to Link Strategy, Innovation, and the Resource Allocation Process," Note 9-301-041 (Boston: Harvard Business School, 2000).

13. Véase Rita G. McGrath e Ian MacMillan, "Discovery-Driven Planning", *Harvard Business Review*, July-August 1995, 44-54.

Pasar la batuta

Los gerentes rara vez pueden ejercer el libre albedrío irrestricto. Fuerzas poderosas y predecibles actúan sobre ellos. Esas fuerzas incluyen la necesidad de ascender en el mercado para mantener los márgenes de beneficio; la necesidad de satisfacer a los clientes existentes; las fuerzas de comoditización y des-comoditización, el mandato de crecer a partir de una base de ingresos cada vez mayor, y el hecho de que los procesos y valores que definen las capacidades de un modelo de negocio simultáneamente definen discapacidades para otros modelos de negocio. Esas fuerzas no predestinan de manera calvinista a los gerentes a tomar una serie particular de medidas, pero influyen fuertemente en el tipo de elecciones que los gerentes enfrentan o no enfrentan, y moldean el atractivo de las diferentes opciones con relación a las situaciones de los gerentes. En este libro hemos tratado de mostrar que cuando las empresas abordan el lado equivocado de esas fuerzas, conducen a patologías de crecimiento predecibles. Pero cuando aprovechan esas mismas fuerzas, pueden llegar a buen puerto. La previsibilidad de esas fuerzas hace posible tomarlas y aprovecharlas para buscar, explotar y sostener nuevas oportunidades de crecimiento.

Si este fuera un libro para marineros, estaría lleno de consideraciones sobre navegar con o contra las mareas y corrientes y sobre cómo partir para aprovechar los vientos dominantes. Ese libro le permitiría ver que dónde y cuándo comience, con relación a la dirección en la que esas fuerzas quieren llevarlo, puede marcar una gran diferencia en lo fácil que resulte llegar adonde usted quiere ir.

De manera similar, esperamos que este libro le permita ver que donde comience, con relación a la dirección de las fuerzas competitivas, tecnológicas y de búsqueda de ganancias que actúan sobre usted, puede hacer una gran diferencia en las probabilidades de que tenga éxito. Ver eso simplifica el desafío de crear negocios de nuevo crecimiento. Eso significa que cuando usted inicia un nuevo negocio, no necesita visualizar con precisión los detalles de su estrategia o predecir con anticipación cómo evolucionará la tecnología. Más bien, debe concentrarse principalmente en obtener las condiciones iniciales correctas. Si comienza desde un buen lugar, las opciones que conducen al éxito se verán como las opciones correctas. Para explotar esas opciones, debe crear un modelo de negocio cuyos recursos, procesos y valores puedan aprovechar esas fuerzas para que lo impulsen hacia el éxito en vez de alejarlo.

Historias investigadas y fielmente escritas revelarían que muchos fundadores de empresas exitosas, incluidas muchas de las empresas disruptivas que se muestran en la Figura 2-4, tenían en mente la estrategia equivocada cuando comenzaron.

Pero por una combinación de intuición y suerte, se pusieron en una situación en la que se hallaron ante opciones atractivas. Hacer lo que tenía sentido condujo a un nuevo conjunto de opciones atractivas, y así sucesivamente. Las condiciones iniciales bajo las cuales comenzaron y las estructuras comerciales que crearon les permitieron captar las tendencias y fuerzas que posteriormente los impulsaron hacia un crecimiento exitoso.

Las estructuras y las condiciones iniciales que se requieren para un crecimiento exitoso están señaladas en los capítulos de este libro. Incluyen el comenzar con una estructura de costos en la que se puedan obtener ganancias atractivas a precios bajos y que luego puedan llevarse a un nivel de mercado más alto; estar en una posición disruptiva con respecto a los competidores para motivarlos a huir en vez de pelear; comenzar con un conjunto de clientes que hayan sido no consumidores para que estén conformes con productos modestos; apuntar a un trabajo que los clientes están tratando de hacer; ir hacia donde estará el dinero, no hacia donde estuvo; asignar gerentes que hayan tomado los cursos correctos en la escuela de la experiencia y ponerlos a trabajar en procesos y valores organizacionales que estén en sintonía con lo que se necesita hacer; tener la flexibilidad para responder cuando surge una estrategia viable, y comenzar con un capital que pueda ser paciente para el crecimiento. Si usted comienza en esas condiciones, no necesita ver a fondo el futuro. Se presentarán solas opciones atractivas que conducen al éxito. Cuando usted empieza en condiciones opuestas a esas es cuando pueden no aparecer opciones atractivas, y se hará difícil tomar las decisiones correctas.

También creemos que las abrumadoras probabilidades de que las corporaciones dejen de crecer y no puedan reiniciar el crecimiento pueden posponerse mucho más tiempo de lo que hasta ahora parecía posible. Los ejecutivos que entienden de qué manera esas fuerzas crean patologías de crecimiento pueden contrarrestarlas mejor cuando la marea de esas fuerzas comienza a pasar de oportunidad a amenaza.

Un estribillo principal en este libro es que copiar ciegamente las mejores prácticas de compañías exitosas sin la guía de la teoría supeditada a las circunstancias es como fabricar alas con plumas y aletear fuerte. Reproducir su éxito no es cuestión de copiar sus atributos; es cuestión de entender cómo generar sustentación. Las buenas teorías se basan en las circunstancias. Describen cómo deben emplear los gerentes estrategias diferentes para lograr los resultados necesarios cuando las circunstancias cambian. El uso de procesos y valores de talla única ha hecho históricamente que la creación del crecimiento sea tortuosa.

Por lo tanto, una de las contribuciones más valiosas que usted puede hacer en el proceso de creación de crecimiento- es mantenerse atento a los cambios en las circunstancias. Si hace eso podrá comprender cuándo y por qué se deben realizar cambios mucho antes de que la evidencia sea clara para aquellos cuya visión no está esclarecida por la teoría.

¿Quién? ¿Yo? ¿Usar la teoría?

Mientras que *El dilema de los innovadores* buscó *construir* una teoría, nuestro propósito al escribir *La solución de los innovadores* ha sido el de enseñarle, como gerente, cómo usar la teoría. Si su reacción ha sido que la teoría es demasiado complicada, que usted es un gerente impulsado por la acción y no una persona impulsada por la teoría, piénselo de nuevo. Vuelva a leer el pasaje de *El burgués gentilhombre* de Molière en el que Monsieur Jourdain encuentra intimidante la escritura de poesía. ¿Recuerda lo encantado que está Jourdain al saber que puede usar la otra opción, que es redactar su carta de amor en prosa, porque sin saberlo ha estado hablando en prosa toda su vida? Aunque tal vez no lo sepa, usted ha estado usando la teoría durante toda su vida como gerente. Cada vez que tomó una medida o hizo un plan, se basó en una teoría albergada en su mente de que sus acciones conducirían al resultado previsto. Así que usar la teoría para crear negocios de crecimiento exitosos no tiene por qué parecer extraño. Usted es, aunque quizás involuntariamente, un teórico experimentado.

Concluimos con un resumen de nuestros consejos para ejecutivos que buscan soluciones al dilema del innovador.

1. Nunca diga que sí a una estrategia que apunte a clientes y mercados que sean atractivos para un competidor consolidado. Siga enviando al equipo de vuelta a la mesa de dibujo hasta que haya identificado un punto de apoyo disruptivo que los competidores consolidados estén encantados de ignorar o del que les dé alivio alejarse. Si usted crea asimetrías de motivación, sus competidores lo ayudarán a ganar. Aunque es posible que no haya hecho eso antes, si usted está acostumbrado a peleas sangrientas para sostener la innovación contra competidores motivados, es algo que debería hacerlo sentirse bien.

2. Si su equipo apunta a clientes que ya están usando productos bastante buenos, envíelo a ver de nuevo si puede hallar una manera de competir contra el no consumo. Cuando sus clientes estén encantados de tener un producto simple y económico porque su alternativa es no tener nada, todas las técnicas para complacer a los

clientes que aprendió en Marketing 101 serán fáciles y económicas. Eso también debería significar un alivio en comparación con la alternativa, que es la inversión masiva que generalmente se requiere para hacer que las tecnologías disruptivas sean preferibles a los productos establecidos que los clientes ya están usando satisfechos.

3. Si no hay no consumidores disponibles, pídale a su equipo que vea si es factible una disrupción de gama baja. El equipo debe diseñar un modelo de negocio que pueda generar ganancias atractivas a los precios de descuento requeridos para captar en el extremo inferior del mercado clientes que no pueden usar toda la funcionalidad por la que actualmente deben pagar. Si eso tampoco es posible, entonces no invierta, o al menos, no invierta con la expectativa de que eso creará un negocio de crecimiento significativo.

4. Si el líder del proyecto alguna vez usa la frase, "Si tan solo pudiéramos lograr que el cliente ...", finalice la conversación.

   Envíe al equipo de vuelta a encontrar una forma de ayudar a los clientes a hacer de manera más cómoda y económica lo que ya están tratando de hacer. Competir ilusoriamente contra las prioridades manifiestas de los clientes ha acortado la permanencia en el trabajo de alguna gente bastante buena

5. Si el producto o el plan de *marketing* del equipo se enfoca en segmentos de mercado cuyos límites reflejan los límites de su organización, o si el mercado apuntado está segmentado en las líneas sobre las que hay datos fácilmente disponibles (por tipo de producto, precio o categoría demográfica), envíe al equipo de vuelta y pídale que segmente el mercado de manera que refleje los trabajos que los clientes están tratando de hacer. Recuérdele al equipo que uno todavía no tiene otra alternativa que contratar un batido de talla única para al menos dos trabajos diferentes que surgen regularmente en

su vida. El negocio de los batidos está estancado porque los restaurantes de servicio rápido siguen mejorando los atributos del batido en vez de hacer cada trabajo cada vez mejor –lo que haría crecer la categoría al ayudar a los batidos a quitarle cuota de mercado a la competencia *real*–.

6. Si la hoja de ruta de mejora del producto elaborada por su equipo asume que la base de la competencia no cambiará –que los tipos de mejoras que obtuvieron buenos márgenes en el pasado continuarán obteniendo esos márgenes en el futuro– mire la gama baja. A menudo allí se puede ver la oportunidad de cambiar la base de la competencia.

7. Si su producto o servicio disruptivo aún no es lo suficientemente bueno y su equipo parece embelesado con los estándares de la industria y los acuerdos de tercerización y asociación relacionados, ice una bandera roja grande. Si usted busca prematuramente la modularidad y los estándares abiertos, o si mantiene cerrada una arquitectura propia mientras cambia la base de la competencia, tendrá que luchar para tener éxito. Recuerde lo que hizo tan bueno a Wayne Gretzky. Es mejor desarrollar competencias donde se ganará el dinero en el futuro que aferrarse tenazmente a aquellas habilidades que lo hicieron exitoso en el pasado.

8. Si su equipo le asegura que tendrá éxito porque una determinada iniciativa nueva se ajusta a la capacidad principal de su empresa, dígale que usted no puede manejarse con conceptos vagos. Pida respuestas a tres preguntas específicas:

   - ¿Tenemos los recursos para tener éxito?
   - ¿Nuestros procesos –las formas en que hemos aprendido a trabajar juntos para tener éxito en nuestros negocios consolidados– facilitarán lo que hay que hacer para tener éxito en el nuevo negocio?
   - ¿Nuestros valores, o los criterios que la gente aquí usa para priorizar una cosa sobre otra, permitirán

que las personas clave le den la prioridad necesaria a esa iniciativa al compararlas con las otras iniciativas que compiten por su tiempo, dinero y talento?

Use las respuestas a esas preguntas para elegir la estructura organizacional adecuada y la base organizacional adecuada para ese proyecto.

9. Haga también esas tres preguntas sobre cada una de las entidades que constituyen los canales de la empresa. No se trata solo de usted. Los procesos y valores de las empresas del canal –sus métodos y motivaciones– pueden hacer que su iniciativa se descarrile o incluso se estanque antes de salir de la estación.

10. Lamentablemente, es posible que deba desconfiar de los gerentes en quienes ha aprendido a confiar. Los gerentes de su organización que más constantemente mostraron resultados en el pasado pueden ser los menos capacitados para lograr el éxito en negocios de nuevo crecimiento. Al elegir el equipo administrativo para su nuevo emprendimiento, no mire los *atributos* que describen a las personas a las que podría recurrir para dirigir una iniciativa de nuevo crecimiento, o la magnitud de sus responsabilidades pasadas. Mire sus currículums y fíjese en los problemas con los que han lidiado y compárelos con los problemas que usted sabe que enfrentará ese emprendimiento.

11. Asegúrese de que en los primeros años después del lanzamiento de una iniciativa el equipo de desarrollo siga convencido de no estar seguro acerca de cuál es la mejor estrategia en términos de productos, clientes y aplicaciones. Insista en que el equipo le presente un plan para acelerar el surgimiento de una estrategia viable. Frene los planes para implementar cualquier estrategia decididos antes de que haya evidencia de que esta funciona.

12. Sea impaciente para las ganancias. Cuando alguien le dice a usted como ejecutivo *senior* que debe soportar años de pérdidas sustanciales antes de que un negocio

nuevo se vuelva muy grande y rentable, eso significa un plan para forzar una tecnología disruptiva a desempeñar un papel de apoyo en un mercado consolidado. Algunas inversiones en tecnologías de apoyo con interdependencias extendidas a lo largo de la cadena de valor pueden en efecto requerir años de inversión masiva. Deje que las encaren los competidores consolidados.

En circunstancias disruptivas, soportar pacientemente años de pérdidas generalmente permite que un equipo siga la estrategia equivocada durante mucho tiempo.

13. Mantenga su empresa creciendo para poder ser paciente para el crecimiento. La disrupción –y competir contra el no consumo en particular– requiere una pista más larga antes de que sea posible un ascenso empinado. Si el crecimiento corporativo se ralentiza y usted obliga a los nuevos negocios a intentar un despegue demasiado rápido, obligará a la gerencia a cometer otros errores fatales. La otra cara de este mandato también es importante. Si usted es elegido para dirigir un nuevo proyecto y la gerencia de la corporación le dice que el emprendimiento necesita volverse muy grande muy rápido, lo que usted en realidad está escuchando es que la gerencia le hará introducir forzadamente su tecnología disruptiva en un mercado consolidado. Cuando sienta eso, no acepte el trabajo. Es muy probable que fracase.

Nótese que en la lista precedente no hay ningún mandato que exija a los ejecutivos ser estrategas brillantes para supervisar la construcción de nuevos negocios de crecimiento disruptivos. Ese es el punto principal de este libro. Las empresas disruptivas mencionadas en el Capítulo 2 no tuvieron éxito porque sus fundadores previeron toda la estrategia. Si dependiera de la brillantez de los fundadores y de la corrección de sus estrategias, el éxito sería ciertamente impredecible.

Muchas empresas exitosas disrumpieron una sola vez. Algunas, entre ellas IBM, Intel, Microsoft, Hewlett-Packard, Johnson

& Johnson, Kodak, Cisco e Intuit, disrumpieron varias veces. Sony lo hizo reiteradamente entre 1955 y 1982, antes de que su motor disruptivo se apagara.

Hasta donde sabemos, ninguna empresa ha podido construir un motor de crecimiento disruptivo y mantenerlo funcionando indefinidamente. Esa realidad ha hecho que fuera arriesgado escribir este libro: pocos libros de negocios dicen "Haga esto; nadie lo ha hecho antes". Pero hay pocas opciones. Hablando históricamente, crear y sostener el crecimiento exitoso ha atormentado a algunos grandes gerentes.

Dada la existencia de principios pero no de precedentes, simplemente hemos hecho todo lo posible para sugerir cómo se puede crear y sostener un crecimiento exitoso. Hemos ofrecido un cuerpo teórico integral derivado de los éxitos y fracasos de cientos de empresas diferentes, cada una de los cuales ha esclarecido un aspecto diferente del dilema del innovador. Y ahora le pasamos la batuta a usted, esperando que encuentre en nuestros esfuerzos una base valiosa sobre la cual construir su propia solución del innovador.